商管 全華圖書
叢書 BUSINESS MANAGEMENT

U0045062

第2版

個人理財
Personal Finance

陳伯源・林士貴・黃美華・陳國堅　編著

作者序

「個人理財」的發展，始於1927年學者佩克西托（Peixotto）「家庭經濟學」的相關研究，其目的是探討如何在家庭有限的「金錢」（Money）、「時間」（Time）與「人力」（Manpower）等資源下，追求家庭經營的最大效用（Utility）。在實務界的發展背景，則爲1960年代，二次世界大戰後的嬰兒潮（Baby Boom）造成中產階級的興起，伴隨大量金融理財工具的盛行，刺激個人理財專業顧問的需求殷切，引發「理財規劃師」（Certified Financial Planner, CFP）專業認證的推廣，隨後「個人理財」逐漸受到學術界的重視。

2003年美國聯邦政府共有20個獨立機構合作將「理財素養」（Financial Literacy）相關內容編撰成課綱，並列爲中小學生（1~12年級）基礎教育的一環。至此，專業化理財教育逐漸轉變爲普及化公民教育。而在臺灣「個人理財」、「生活理財」、「理財規劃」與「財富管理」等課程，也逐漸受到各大專院校的重視，成爲最受大學生青睞的課程之一。

「個人理財」在方法論上，雖然沿用「公司理財」（Corporate Finance）的理論架構，但有其顯著的差異性，例如：兩者的「財務目標」與「財務決策」差異甚大。換言之，公司理財以追求公司（股東）最大價值爲目的，而個人理財則以追求家庭最大經營效用爲主軸。再如公司理財需遵循會計學的「權責基礎」（Accrual Basis）以編製公司財務報表，而個人理財則採用「現金基礎」（Cash Basis）來編製家庭財務報表。

本書第二版除了介紹個人理財的相關財務決策外，更加入逐漸受到重視的風險性投資主題。為了讓讀者能深入瞭解投資活動與個人理財的互動運作原理，特別融入相關實作的操作教程內容，讓讀者能親自動手練習「如何正確編製家庭財務報表？」（Personal / Household Financial Statements）。在完成家庭完整生命週期的財務報表後，方能進一步進行家庭財務分析（Financial Analysis），以進一步擬定最佳的家庭財務策略（Financial Strategy）。

　　本書的內容架構融入目前世界各國一流商管教育重視的「大數據量化分析」（Quantitative Analysis with Big Data）最新趨勢。讀者可透過本書精進研讀，不僅能徹底瞭解個人理財的運作邏輯，更能學習透過應用軟體來獨力完成家庭財務規劃。這就是本書提供給社會大眾自我提升「理財素養」，以增進家庭經營效率與效用的方便法門。

陳伯源　林士貴　黃美華　陳國堅

謹識

2023年6月

目 錄

04 專業職能與教育學習

05 個人信用與消費支出

06 日常生活與交通支出

目　錄

10 樂齡生活與退休計畫

11 穩健投資與健全理財

附錄

NOTE

Chapter

01

個人理財概論

學習目標

1. 瞭解個人理財發展歷史與趨勢。

2. 瞭解個人理財與公司理財方法上的差異性。

3. 瞭解個人理財生命週期。

4. 瞭解個人理財的六大程序。

1-1 個人理財的發展

「**個人理財**」（Personal Finance）相關研究的目的，在於探討如何以最有效率的方式，來爲**家計單位**（Household）準備將來的**財務需求**（Financial Needs）。這裡所謂的財務需求，涵蓋了整個家庭生命週期中的所有**財務目標**（Financial Targets），包括日常生活中的食衣住行育樂支出、購車交通支出、購屋置產支出、子女養育支出、旅行觀光支出與退休後享樂生活所需的必要花費等項目。根據上述的家庭財務目標與財務需求，因家庭的經濟資源通常是有限制的，甚至是不足的，因此如何在有限資源下，規劃與分配資源，以滿足家庭生命週期中各階段所需，以順利達成各階段的財務目標，就是個人理財規劃與執行的終極目的。

因爲資源是有所限制的，相關**財務決策**（Financial Decisions）就是個人理財所要探討的主要課題。例如，要購車、租車或是搭乘大眾運輸工具？結婚後要購屋或是租屋？畢業後自行創業或是選擇上班？送小孩上公立或是私立學校就讀？與家人出國觀光或在國內旅遊？購車付款選擇一次付清或是分期付款等，都是與我們日常生活息息相關的重要議題。

「個人理財」在學術理論上之發展，可以追溯至1927年學者佩克西托（Peixotto）開始研究「**家庭經濟學**」（Home Economics），積極探討如何完善地經營家庭成員的經濟生活等實際技巧與原則。之後，學者貝克（Becker）於1965年進一步修正只有敘述觀點的家庭經濟經營原則，提出**時間成本**（Cost of Time）與**家計生產**（Household Production）的觀念。其認爲任何家庭內的家務，只要涉及時間的運用，就以時間成本來量化成爲貨幣價值。在此論點下，家務可視爲一種生產行爲，因此巧妙的將非工作性質的**家務活動**（Non-Work Activities）轉化爲具有**貨幣價值**（Monetary Value）的經濟活動，也奠定了現代「個人理財」量化分析的基礎。

學者莫迪里安尼（Modigliani）與布倫伯格（Brumberg）於1954年提出「經濟生命週期理論」。他們認為「**效用**」（Utility）是「**消費**」（Consumption）的函數，而現在與未來的「資源」（Resources）多寡會影響到消費。換言之，若將經濟生命週期理論套用於個人理財的領域，則可推論成：家庭生命週期各階段的經濟資源決定了家庭的消費能力，而家庭消費決定了家庭經營的效用。因此，Modigliani與Brumberg的觀點奠定了現代「個人理財」活動中，須先決定家庭生命週期各階段的消費需求的論點，這就是所謂的「**資金需求分析**」（Capital Needs Analysis）或稱為「**財務目標分析**」（Financial Targets Analysis）的理論依據。

在Becker與Modigliani等學者提出個人理財的重要論述後，許多財經學者也陸續發表相關著作，使得個人理財領域的研究，開始有蓬勃發展的榮景。其中貢獻較顯著者有蓋茲（Ghez）與貝克（Becker）於1975年，發表一篇主題名為「生命週期下的時間與商品配置理論」之著作，文中主張**工資率**（Wage Rate）會隨著個人年齡的增長而有所變動。首先會急速增加，再來會呈現走緩現象，最後甚至出現緩步下跌的**趨勢**。而這裡所謂的工資率就是個人理財所講的工作收入。

隨後，何（Ho）、米列夫斯基（Milevsky）與魯賓遜（Robinson）三位學者於1994年發表論文，討論平均壽命與資產配置的關聯性。他們將資產分為無風險與風險性資產兩大類，並主張將家庭資產適當的配置在這兩類資產上，以滿足個人退休生活的財務需求。他們建立了一個量化模型，目標在於最佳化（最小化）個人退休時，發生財務短缺的可能性（機率）。

換言之，透過適當的資產配置，個人於退休後將可以享受資金無虞的樂齡生活。他們的研究對個人理財的發展具有前瞻性的貢獻，包括確認下列四大重要課題：

1. 退休者須準備多少資金才可以過他們想要的退休生活？

2. 退休生活的財務支出要持續多少年度？

3. 退休生活是否要考慮通貨膨脹因素？

4. 如何將投資資金配置在不同的金融工具上（股票或債券）？

其研究結果證實，依賴**退休年金**（Pension Fund）者比依賴**投資收入**（Investment Income）者，更容易達成退休計畫，享受資金無虞的退休生活，由此可驗證個人理財規劃的重要性。最後，學術理論發展至此時，個人理財的量化模型與理論架構已逐步完備，也奠定了今日個人理財普及應用的厚實基礎。

另一方面，「個人理財」在實務應用上之發展，可以追溯至1960年代。當時正是第二次世界大戰後嬰兒潮帶來了美國社會中產階級的興起，再加上大量且複雜的金融工具與產品開始盛行，理財規劃的需求自然非常殷切。因此在1969年首先有**國際財務規劃協會**（International Association for Financial Planning ,IAFP）於美國科羅拉多州的丹佛市設立，其成立目的就是致力於個人理財規劃的推廣。該組織於2000年與**特許財務規劃師學會**（Institute of Certified Financial Planner,ICFP）合併，並改名為**財務規劃協會**（Financial Planning Association,FPA），目前擁有註冊會員超過3萬人。

在1972年，「理財規劃學院」於美國的科羅拉多州正式設立，其成立目的在於培養符合金融產業需求的個人理財專業人士，並授予CFP（Certified Financial Planner）認證專業證書。該學院教授課程涵蓋保險、投資、不動產、稅務、退休規劃等主題，提供學位或非學位學程，完成該學院專業訓練的畢業或結業生已達15萬人以上（圖1-1所示）。

在1983年，個人理財顧問協會（National Association of Personal Financial Advisors,NAPFA）於美國成立，該組織強調理財顧問須具備公正客觀的立場，以免損及客戶的權利。因此要成為該組織的會員，必須是**只收取顧問費**（Fee-Only）的獨立理財顧問，不能是傳統金融機構裏以**收取產品銷售佣金**（Commission-Based）的理財專員，目前會員人數有3千人。

圖1-1　理財規劃學院於1972年正式設立

圖片來源：http://www.cffpinfo.com/

　　在2003年，美國聯邦政府根據美國國會所頒布的「理財素養與教育改善法案」，成立了「聯邦理財素養與教育委員會」，由美國財政部秘書長擔任該委員會主席，消費者理財保護局局長擔任副主席，整合了二十個聯邦政府機構，共同為推動全美國的基礎理財教育而努力，並編撰適用於國小一年級至高中十二年級的相關課綱、教材、教具與教案，以提供老師上課使用。此委員會成員包括有：**聯邦準備委員會**（Fed）、**證券交易委員會**（SEC）、**商品期貨交易委員會**（CFTC）、**聯邦存款保險公司**（FDIC）、**聯邦貿易委員會**（FTC）、**社會安全局**（SSA）、財政部、內政部、國防部、教育部、勞動部、農業部、消費者理財保護局等重量級部會。其成立目的在於傾國家之力量，進行基礎理財教育的推動與改革。此舉使得傳統由金融業者所主導的理財規劃CFP課程，以行銷為導向的菁英式「專業教育」，轉化成與普羅大眾息息相關的普及化「公民教育」。

　　雖然理財教育在近十五年來有如此巨大的結構性轉變，但其方法論仍有共通之處，只是視野由金融業者主導的觀點，轉變成以消費者為中心的思維。例如，過去較重視金融市場的瞭解與金融工具的導入與推廣，現今則轉變為以消費

者為主體，強調消費者的**生涯與職涯規劃**（Career Planning），以擬定其終身**財務目標**（Financial Target），回歸至消費者的真正生活需求面。因此金融工具的選擇，不再是以追求漫無上限的報酬率為主要考量，而是以滿足家庭生命週期不同階段的財務目標與資金需求為依歸。

因為觀點的轉變，造成了金融業在執行個人理財的「**財富管理**」（Wealth Management）業務時，透過理財專員以銷售導向來收取銷售佣金（Commission-Based）的商業模式開始有了轉變。例如，臺灣金融業者在進行財富管理業務時，開始重視客戶的生涯規劃與財務目標的擬定，而不是直接推介金融商品給客戶。在此重視消費者權利的趨勢下，臺灣甚至出現外商銀行只收取固定顧問費（Fee-Only），不收取商品銷售佣金的理財服務，這都是消費者理財教育的普及與理財素養的提升，造成對金融市場生態的改變。今日在臺灣的大專院校所開授的個人理財課程，也隨之由專業的「財富管理」擴散至普及化的「**生活理財**」（Daily-Life Finance）相關課程。

1-2 個人理財與公司理財

個人理財的發展，除了是由「家庭經濟學」的延伸應用外，也結合了現代「**財務管理**」（Financial Management）的公司理財相關主題。在1952年，學者馬可維茲（Markowitz）提出「**現代投資組合理論**」（Modern Portfolio Theory/MPT），揭開投資活動需要同時考慮**報酬率**（Return）與**風險**（Risk）的序幕。在1958年，學者莫迪里安尼（Modigliani）與米勒（Miller）首先提出在沒有租稅的環境下，公司價值與公司採用負債融資的程度大小是無關聯的。他們的主要貢獻是揭開以數量化模型來分析公司理財相關議題的序幕。隨後，他們修正了在稅賦環境下，公司價值會隨著**負債比率**（Debt Ratio）的增加而逐漸增加，這就是所謂的「**稅盾效果**」（Tax Shield Effect），然而公司的**破產成本**（Bankruptcy Cost）也隨之增加，驅使公司價值會在一定臨界點後反轉而下。此公司價值反轉點就是公司**最佳資本結構**（Optimal Capital Structure），也是公司理財最重要的財務決策。

同樣在1958年，學者托賓（Tobin）提出了著名的「資本資產定價模型」，利用單一市場風險「貝他值」來計算金融資產的期望報酬率。在1970年，學者法馬（Fama）提出效率市場假說，認為金融市場的資產價格會迅速反映市場上的相關資訊，因此市場超額報酬是稍縱即逝，不復存在的。

以上所述的公司理財與投資相關理論，常被應用在今日個人理財的實務上。然而在應用上，公司理財與個人理財之間，還是有其本質上與方法上的差異性。

公司理財規劃的對象，顧名思義就是公司行號的法人機構，而個人理財規劃的對象是針對個人或家庭所有的成員。

就負責理財規劃的人員而言，公司理財通常是由會計師、公司的會計部門或財務部門的專業人士來負責，而個人理財則由金融機構的理財專員或理財規劃師來替客戶規劃。

公司理財需遵循公認會計**權責基礎**（Accrual Basis）的原則來進行，而個人理財則是依據**現金基礎**（Cash Basis）來進行。然而，不論是公司理財或是個人理財，兩者皆要考慮「**貨幣的時間價值**」（Time Value of Money），這是與一般會計準則不同之處。

就規劃期間而論，公司理財的規劃期間需涵蓋公司推動專案的期間，或是公司整體存續期間，一般是假設公司永續經營，而個人理財則涵蓋個人終身期間或是整個家庭的生命週期。

公司理財的規劃通常是在有推動專案的需求下來進行，例如，公司**資本投資**（Capital Budgeting）專案或是**融資**（Financing）專案，而個人理財的規劃則是針對個人或家庭的所有財務目標來進行。

公司理財通常會編製「**預估財務報表**」（Pro Forma Financial Statements），作為公司財務決策的分析工具，包括資產負債表、損益表與現金流量表。而個人理財因採用現金基礎，因此家庭損益表與現金流量表可合併成為「**收入支出結餘表**」（Income, Expenditure and Savings Statement），再配合家庭資產負債表，就可供個人理財決策分析使用。

　　公司理財的主要目的，理論上是在追求公司或股東的最大價值，實務上則在解決公司財務缺口等問題。而個人理財規劃的目的，理論上是在透過適當的資產配置（Asset Allocation），使得個人或家庭的財務短缺機率最小化，而實務上則希望能達成個人或家庭的終身財務目標。

　　公司理財的重要財務決策包括有資本預算、資本結構、股利政策、融資政策等。而個人理財則涵蓋與日常生活息息相關的重要財務決策，例如：要租車、購車還是搭乘大眾運輸工具來解決上班通勤問題；要租屋或是購屋來解決家庭居住的問題；大學畢業後要選擇到公司上班或是選擇自行創業？儲蓄下來的資金要用來投資**共同基金**（Mutual Fund）、**股票**（Stock）、**債券**（Bond），還是把它存到銀行儲蓄帳戶？工作到幾歲可以退休？退休要準備多少資金才可以享受富足的退休生活？

　　最後，茲將公司理財與個人理財的主要差異性列在表1-1，以供讀者進一步分析比較。

表1-1　公司理財與個人理財比較表

	公司理財	個人理財
規劃對象	公司行號法人	個人/家庭自然人
規劃人員	會計師、財務專家	理財專員、理財規劃師
會計基礎	權責/應計基礎	現金基礎
時間價值	適用	適用
規劃期間	公司存續或專案期限	個人終身或家庭生命週期
規劃性質	專案導向	財務目標導向
財務報表	資產負債表/損益表/現金流量表	資產負債表/收入支出結餘表
規劃目的	1.極大化公司/股東價值 2.解決資金缺口問題	1.極小化財務短缺機率 2.達成終身各財務目標
財務決策	1.資本預算 2.資本結構 3.股利政策 4.融資政策	1.租車購車 2.租屋購屋 3.資產配置 4.退休計畫

1-3 個人理財的生命週期

根據美國明尼亞波利聯邦準備銀行在1986年所做的「消費者支出調查」顯示，一般美國家庭收入會隨著年齡的增長而增加，但在55歲達到高峰，之後會急速下降至65歲退休年齡，退休後仰賴退休年金的收入則相當持平。至於家庭支出會在35歲至45歲之間達到高峰，因此40歲之前通常入不敷出，呈現透支狀態，40歲之後家庭開始有收支結餘的儲蓄產生。請參考圖1-2有關美國家庭個人理財生命週期示意圖。因為在個人理財生命週期的後期才有收支結餘，當時也面臨即將退休的問題，則累積的儲蓄或投資是否足以供給退休後的資金需求？此迫切的退休規劃，遂成為每個家庭必需正視的課題。

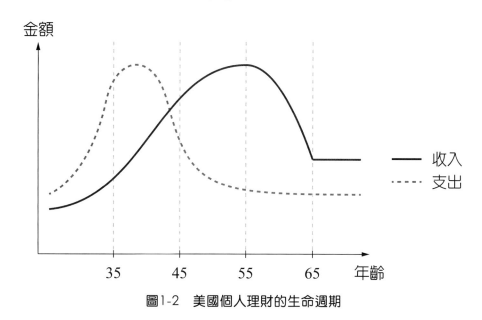

圖1-2 美國個人理財的生命週期

根據行政院主計總處「薪情平臺」的統計分析，臺灣個人理財生命週期各階段的年收入金額隨著年齡增長而先增後減，例如2020年24歲以下的平均年收入為37.7萬元，25~29歲的平均年收入驟增到53.0萬元，原因是由部分工時轉為全職工時。30~39歲的平均年收入增為64.0萬元，在40~49歲期間的平均年收入增加到74.8萬元，但50~64歲的期間平均年收入只微幅增加為75.5萬元。而在65歲退休後平均年收入降為62.6萬元，這是退休後只仰賴退休年金的定額收入，且所得替代率小於100%的正常現象。

在目前退休年金改革的年代，因政府財政負擔過重，各個不同的政府退休基金都面臨了破產的危機，可預期所得替代率勢必往下調降，這也大大刺激家庭積極進行退休規劃的需求。參考圖1-3，若以年薪中位數、Q1（25％百分位）或Q3（75％百分位）來看，年薪則在40~49歲區間達到高峰，這與美國個人收入的趨勢相近。詳細統計資訊請參考表1-2的內容。

表1-2　臺灣個人理財生命週期各階段的年收入金額

單位：萬人/元

年度變數 類別	年度	2016	2017	2018	2019	2020
Q1(25%)	24歲以下	24.0	25.0	26.4	27.4	28.1
	25~29歲	32.2	33.3	34.8	36.0	36.6
	30~39歲	35.0	35.8	37.5	38.5	39.2
	40~49歲	35.1	36.2	38.1	39.1	39.9
	50~64歲	33.9	34.6	36.1	37.2	37.8
	65歲以上	27.4	27.8	29.4	30.2	30.6
中位數	24歲以下	30.8	32.0	33.7	35.0	35.8
	25~29歲	43.5	44.7	46.2	47.2	47.8
	30~39歲	50.4	51.6	52.9	53.4	53.3
	40~49歲	53.6	55.2	56.5	56.8	56.9
	50~64歲	51.1	52.0	53.0	53.4	53.3
	65歲以上	38.7	38.5	39.8	40.2	40.9
Q3(75%)	24歲以下	40.2	41.6	43.2	44.3	45.1
	25~29歲	56.7	58.4	60.1	61.1	61.7
	30~39歲	72.2	73.8	75.8	76.8	77.0
	40~49歲	86.3	88.4	91.3	91.5	91.8
	50~64歲	83.1	85.1	87.6	88.2	88.4
	65歲以上	62.6	62.8	63.9	63.2	63.1
平均數	24歲以下	33.4	34.5	36.0	37.0	37.7
	25~29歲	47.7	49.1	50.9	52.3	53.0
	30~39歲	58.9	60.5	62.6	63.5	64.0
	40~49歲	69.1	71.0	73.6	74.3	74.8
	50~64歲	69.7	71.4	73.9	75.0	75.5
	65歲以上	60.8	61.0	63.1	63.5	62.6

說明：24歲以下薪資工作者多屬部分工時，若其日工作時數偏低，則月均薪資所得將有低估之可能性。

資料來源：行政院主計總處之薪情平臺。

　　由圖1-3的臺灣薪資隨著年齡增長而遞減的趨勢來看，似乎與美國薪資在退休前會下降的趨勢一致，然而進一步分析則可能發現情況並不如我們想像中的理想。根據表1-2的年薪收入金額，我們可以進一步計算出各年齡層的年薪成長率（每年調薪幅度），其計算步驟如下：

　　首先計算跨5個統計年度（2016~2020年）的平均年薪S_t，每一個S_t代表某一期間（5/10/15年）的平均年收入。

　　前後兩個平均數的成長率就代表某一期間的年收入累積成長率R_t，計算公式為 $R_t = \dfrac{S_t - S_{t-1}}{S_{t-1}}$，其中$S_t$與$S_{t-1}$分別代表這一期間與上一個期間的平均年薪。

　　例如10年（30~39歲）累積成長率R_t與年化成長率r_t的關係式為$R_t = (r_t + 1)^{10} - 1$。重新改寫上述關係式可得到年化成長率為下列式子 $r_t = \sqrt[10]{(R_t + 1)} - 1$。

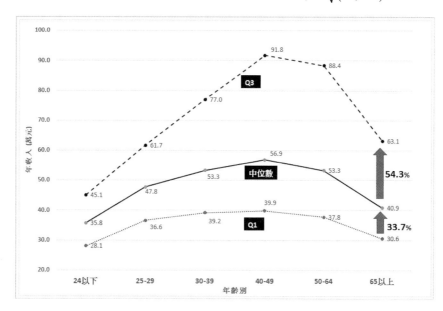

圖1-3　2020年臺灣家庭年收入隨年齡增長而增減

資料來源：行政院主計總處之薪情平臺

　　由表1-3所計算出來的年化收入成長率來看，隨著年齡的增長調薪幅度有降低的趨勢，在家庭理財生命週期步入中年50歲之後，年化調薪幅度只有0.05%，甚至已經低於臺灣消費者物價指數（CPI）的平均年增率（通貨膨脹率），臺灣

消費者物價指數年增率在2017~2021年間分別為0.62%、1.35%、0.56%、-0.23%與1.96%，平均為0.85%。這意味在即將踏入退休期50~65歲的個人收入成長率（0.05%）已經趕不上日常消費支出的成長率（0.85%），若不及早妥善的安排退休計畫，恐將面臨無法享受富足退休生活的窘況，這現象也凸顯了及早進行終身個人理財規劃的重要性。

💰表1-3 臺灣個人理財生命週期各階段的年收入成長率

年齡層	2016年	2017年	2018年	2019年	2020年	平均年收入S_t	累積成長率R_t	年化成長率r_t
24以下	33.4	34.5	36.0	37.0	37.7	35.7	n.a	n.a.
25~29	47.7	49.1	50.9	52.3	53.0	50.6	41.66%	7.21%
30~39	58.9	60.5	62.6	63.5	64.0	61.9	22.33%	2.04%
40~49	69.1	71.0	73.6	74.3	74.8	72.6	17.22%	1.60%
50~64	69.7	71.4	73.9	75.0	75.5	73.1	0.74%	0.05%
65以上	60.8	61.0	63.1	63.5	62.6	62.2	-14.91%	n.a

綜合上述有關個人理財生命週期的介紹，為了讓讀者有更深入的瞭解，我們將臺灣較為常見的人生歷程與相關財務狀況列表比較。我們將人生歷程分成：接受教育、展開職涯、離巢獨立、成家創業、當家重責承擔、空巢初老、退休準備、退休樂齡等八個階段，詳細說明請參考表1-4。

💰表1-4 人生歷程與理財生命週期各階段的財務狀況

	人生歷程	年齡	生命週期描述	財務狀況描述
1	完成高等教育	22	傳統學制大學專科畢業，準備進入職場就業。	身負助學貸款，開始還款計畫。資產淨值因助學貸款可能為負數。
2	展開職涯生活期	23~30	社會新鮮人開始累積人生、職場人脈及財務能力。	工作收入起薪較低，尚未成家，支出較少。
3	淬礪離巢獨立期	31~35	工作及財務能力大幅成長，開始獨立自主的生活。	工作收入大幅成長，開始買車或投資股票、基金等。

	人生歷程	年齡	生命週期描述	財務狀況描述
4	成家創業置產期	36~40	(1)在職場升為主管，承擔責任與壓力。 (2)結婚成立家庭，準備購屋。 (3)準備自行創業。	(1)工作收入雖多，但生活支出大幅成長。 (2)結婚後，負起家庭養育的責任。 (3)購屋後開始繳交房貸本息。 (4)自行創業有資金的需求。
5	當家重責承擔期	41~50	(1)擔起養育子女的責任。 (2)職場的管理傳承責任。 (3)創業的成敗期。 (4)退休計畫的準備。 (5)父母年長需要照顧的擔子逐漸沉重。	(1)工作收入持續成長。 (2)房貸需龐大支出。 (3)子女上中學、大學需大筆學費。 (4)創業資金需求殷切。 (5)逐行準備退休基金。 (6)父母孝養金的必要支出。
6	空巢初老期	51~60	(1)孩子離巢，有他們自己的生活或家庭。 (2)父母長照的壓力越來越大。 (3)自己身心的老化症狀慢慢出現。	(1)工作收入成長趨緩，若創業成功，收入將大大增加。 (2)養育子女的支出減少。 (3)父母長照的支出增加。 (4)自己的醫療支出逐漸增加。
7	退休準備期	61~65	(1)準備從職場退休。 (2)父母照顧成規律。 (3)子女工作後的孝養。 (4)自我實現的追求。	(1)工作收入較為平穩。 (2)子女孝養金的收入。 (3)父母長照的支出平穩。 (4)旅遊支出的增加。
8	退休樂齡生活	66	(1)進入退休銀髮族的生活階段。 (2)享受退休樂齡的生活型態。 (3)積極投入志工與公益活動。	(1)退休年金收入雖穩定，但金額較退休前減少。 (2)較無家計負擔，支出較先前為少。 (3)捐贈或公益支出增加。 (4)開始財富的傳承計畫。

1-4 個人理財的程序

關於個人理財規劃的程序，成立於1985年的非營利組織「**CFP執行準則委員會**」（CFP Board of Standards），制定了第100號－600號準則（請參考圖1-4），規範了個人理財程序的六個步驟（Six Steps，請參考圖1-5），然而因規劃時的觀點不同而有所差異，可分成金融業者與消費者兩種觀點來討論：

一、金融業者

若應用在金融業者協助客戶進行規劃時，採用的是CFP執行準則委員會所制定的六個**執行步驟準則**（Practice Standards），包括：

1. 建立及定義與客戶的關係

透過所謂的KYC（Know Your Customer）相關程序，來定義理財顧問與客戶彼此共同參與的範圍，包括雙方責任、執行期間與提供的服務內容等。

2. 收集客戶資料

收集客戶可量化資料與文件，以便充分瞭解客戶背景資訊，進而確認客戶的理財需求、理財目標與各目標的優先順序。

3. 分析及評估客戶財務狀況

分析並評估客戶財務現況，並制訂客戶認可的「個人假設」（退休年齡、期望壽命與風險因子等）與「經濟假設」（通膨率、投資報酬率與薪資成長率等）。

4. 發展及呈現財務規劃的建議

此為財務規劃的核心步驟，亦即發展出滿足客戶需求、財務目標與符合優先順序的財務建議方案，並以客觀有效的方式呈現給客戶。

5. 執行財務規劃的建議

由客戶決定是否接受顧問所呈現的財務規劃建議，或者需要進行修正。客戶一但接受後，必需自己負起執行財務建議相關活動的義務。

6. 追蹤檢視

與客戶共同制訂追蹤檢視的相關活動與責任歸屬，並確認需要追蹤的內容與需要檢視的頻率，以確認執行結果符合先前財務規劃的目標。

這六個CFP執行步驟準則，儼然已成為今日通行於金融業「財富管理」業務的標準執行程序。

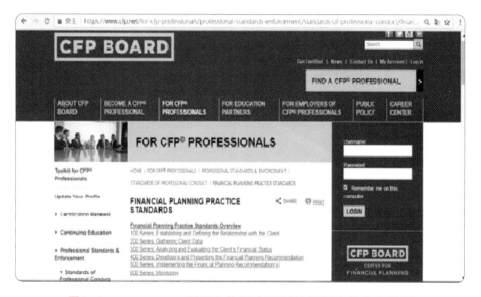

圖1-4　CFP Board所頒布的個人理財執行程序的六大準則

圖片來源：https://www.cfp.net/for-cfp-professionals/professional-standards-enforcement/standards-of-professional-conduct/financial-planning-practice-standards

圖1-5　CFP執行個人理財業務的六個步驟

二、消費者

　　若從全民理財素養教育的觀點來看，消費者爲維護自身權益時應該瞭解的理財規劃六大步驟（請參考圖1-6）爲：

圖1-6　個人進行理財規劃活動的六個步驟

1. 定義財務目標

　　根據個人理財價值觀，擬定理財生命週期的短中長期的**生涯與職涯選擇**（Career Choice），並確認適合自己價值觀的終身財務目標。

2. 發展財務計畫與策略

　　爲達成財務目標，必須擬定相關計畫與策略，例如：創業計畫、購屋計畫、子女養育計畫、退休計畫等，並確認各計畫的財務可行性。

3. 執行財務計畫與策略

　　依據計畫的時程與先後次序，開始行動以實踐計畫內容。

4. 透過預算來追蹤控制

　　編訂預算，定期追蹤並檢視是否偏離財務目標。

5. 利用財務報表來評估執行結果

編製每一年度的家庭資產負債表與收支結餘表，用此兩張財務報表來進行水平的動態分析或垂直的比率分析，以評估執行的成效。

6. 環境改變時重新定義財務目標

當環境因素有重大變動，會影響到當初擬定的財務目標時，應該回到第一步驟，重新定義財務目標，並進行下一輪的理財規劃程序，以確保能成功的達成人生各階段的財務目標。例如，預定的薪資成長率因總體經濟面表現不佳，公司久未能調漲薪給，則需重新定義並下調退休計畫的資金需求，或重新配置資產，以追求較高的報酬率來應對。

參考文獻

1. Becker, G. (1965), "A Theory of the Allocation of Time." The Economic Journal, 75, pp. 493-517.

2. Fama, E. (1970), "Efficient Capital Markets: A Review of Theory and Empirical Work." The Journal of Finance, 25, pp. 383-417.

3. Ghez, G. and Becker, G. (1975), "The Allocation of Time and Goods over the Life Cycle." National Bureau of Economic Research (NBER), pp. 1-45.

4. Ho, K., Milevsky, M. A. and Robinson, C. (1994), "Asset Allocation, Life Expectancy and Shortfall." Financial Services Review, 3 (2), pp. 109-126.

5. Markowitz, H. M. (1952), "Portfolio Selection." The Journal of Finance, 7, pp. 77-91.

6. Modigliani, F. and Brumberg (1954), "Utility Analysis and the Consumption Function: An Interpretation of the Cross Section Data. " New Brunswick, NJ, Rutgers University Press.

7. Modigliani, F. and Miller (1958), "The Cost of Capital, Corporation Finance and the Theory of Investment." The American Economic Review, 48, pp. 261-297.

8. Peixotto, J. (1927), "Supplement, Papers and Proceedings of the Thirty-ninth Annual Meeting of the American Association." The American Economic Review, 17, pp. 132-140.

Chapter

02

生涯規劃
與人生夢想

學習目標

1. 瞭解生涯規劃、人生夢想與個人理財活動的關聯架構。

2. 瞭解職涯規劃對家庭收入的影響,以做出正確的選擇。

3. 瞭解並探索個人終身的財務目標。

4. 瞭解財務計畫的工具:家庭收支結餘表與家庭資產負債表。

5. 瞭解如何擬定財務策略,並完善的執行財務計畫。

2-1 生涯、夢想與個人理財

人生欲追求的理想繁多，涵蓋了生活、學習、就業等層面的眾多課題。而**生涯規劃**（Life Planning）即是自我探索的一個過程，透過「知己」、「知彼」、「選擇」與「行動」的實踐，最終能彰顯自我價值的過程。例如：「知己」在於探索自己的**興趣**（Interest）與**性向**（Aptitude），從而發展自己的**職能**（Competency）；「知彼」在於瞭解社會發展趨勢與就業市場的供需；「選擇」則是依據自我能力與條件，衡量總體環境的**機會**（Opportunity）與**威脅**（Threat），進而選擇個人將來要從事的**產業**（Industry）與**職業**（Occupation）；「行動」則是將選擇具體化的實踐過程。

生涯規劃在學習上的應用，就是所謂的學習歷程規劃，在就業上的應用，就是**職涯規劃**（Career Planning），至於在生活上的應用，則是具體實現人生許多夢想的探索過程。至於生涯規劃與個人理財有比較密切關聯的，就屬職涯規劃，原因在於職涯規劃中，個人所接受**教育的程度**（Education Level）、所培養的技能、個人特質中的興趣、性向等因素，都會影響個人職涯規劃中的職業選擇，而職業的抉擇會影響到未來的**個人或家庭收入**（Personal/Household Income），再延伸至第一章所提及的家庭經濟學觀念，家庭可支配的收入會影響其**消費活動**（Consumption），消費最終會影響到家庭經營的**效用**（Utility）。因此，個人理財的收入面（資金的供給）深受個人職涯規劃的影響。

另一方面，個人的**價值觀**（Value）、**興趣**（Interest）、**慾望**（Desire）與**需求**（Need）等，會影響其生涯規劃中想要追求的人生夢想，這些夢想具體應用在個人理財時，就形成了個人終身的**財務目標**（Financial Target），要實現這些夢想，終究需要消耗一些資源或金錢，因此財務目標也就是個人理財活動中的支出面（資金的需求）。

　　例如，許多年輕人希望在三十歲前能到國外留學，體驗異國生活與文化，以提升自我語文、職能、視野等職場上的競爭力。這樣的理想若要實現，就必需擬定財務目標為「在三十歲前準備好新臺幣一百萬元的留學基金」，這也就是個人理財活動中的資金需求。最後，透過整合職涯規劃的收入面與財務目標的支出面，我們就可以獲得完整的個人理財活動的**財務計畫**（Financial Plan），在執行這個財務計畫的方法與行動方案，就是所謂的**財務策略**（Financial Strategy）。關於上述的職涯規劃、家庭收入、財務目標、財務計畫與財務策略彼此之間的關聯性，如圖2-1所示。

　　圖2-1中需求趨動因子是馬斯洛所說的需求五個階程，分別是生理的需求（日常食衣住行支出、緊急預備金）、安全的需求（人身保險、財產保險）、社會的需求（結婚、子女養育、購屋、父母長照）、自尊的需求（退休計劃）與自我實現（財務自由、不動產規劃、慈善捐贈）的需求。

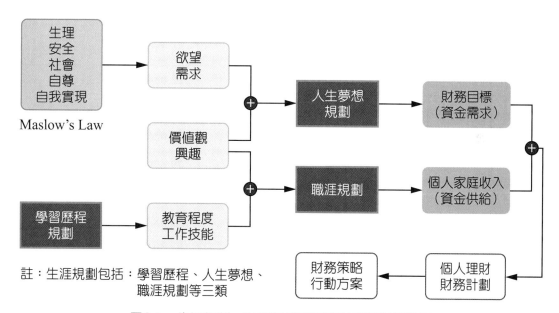

圖2-1　生涯規劃、財務目標與財務計畫關聯架構圖

2-2 職涯規劃與家庭收入

　　影響個人或家庭收入的因素非常多，包括教育水準、技能、職能、性別、年齡、工作態度等。而在統計上最常討論的是產業與職業別對個人或家庭收入的影響。在個人職涯發展中，探索適合自己的工作與職位是第一步驟。而在個人理財的活動中，瞭解每個工作職位所能帶來的收入多寡，將攸關後續能否完善擬定財務計畫的關鍵所在。因此，我們在下列表2-1詳細羅列臺灣的薪資統計資訊，以做為個人職涯規劃與理財探索的重要參考依據。

表2-1　2021年臺灣各產業不同職業別的薪資統計

	總薪資	經常薪資	非經常薪
(888800)總計	55,365	42,902	12,463
(100000)主管及監督人員	108,779	76,161	32,618
(112000)高階主管(總經理及總執行長)	222,884	149,734	73,150
(120090)中階主管(經理)	150,698	93,181	57,517
(312190)監督人員(含現場及辦公室主任、科/股長)	76,026	59,272	16,754
(200000)專業人員	79,670	58,852	20,818
(211000)物理、化學及地球科學專業人員	64,355	62,126	2,229
(212001)精算師(取得正式資格者)	185,383	176,573	8,810
(212091)數學、精算及統計專業人員	86,701	80,951	5,750
(213100)生物、植物及動物學專業人員	61,770	60,511	1,259
(213200)農、林、漁、牧業專業人員	67,452	54,918	12,534
(214102)品管工程師	89,459	57,431	32,028
(214191)工管及生管工程師	96,371	59,572	36,799
(214200)土木及水利工程師	68,505	62,606	5,899
(214300)環境工程師	60,997	54,784	6,213
(214402)航空機械工程師	83,417	81,343	2,074

	總薪資	經常薪資	非經常薪
(214403)冷凍空調工程師	98,772	55,264	43,508
(214491)機械工程師(含造船、輪機、鑄造)	105,655	61,310	44,345
(214502)食品工程師	61,399	54,518	6,881
(214591)化工工程師	79,665	62,541	17,124
(214600)地質、採礦、鑽探、冶金工程師	95,356	67,199	28,157
(214901)紡織工程師	49,460	46,545	2,915
(214902)醫療器材、醫學工程師	53,084	51,954	1,130
(214903)生物科學工程師	63,766	54,162	9,604
(214904)光學工程師	102,011	63,689	38,322
(215100)電機工程師	81,748	62,224	19,524
(215200)電子工程師	162,186	67,440	94,746
(215300)電信工程師	101,036	70,190	30,846
(216101)建築工程師(含建築師)	77,552	64,248	13,304
(216102)景觀設計師	51,583	50,314	1,269
(216200)都市及交通規劃師	—	—	—
(216300)測量師及製圖師	60,717	53,116	7,601
(217100)室內設計師	55,369	53,749	1,620
(217200)平面及多媒體設計師	45,086	43,829	1,257
(217300)產品及服裝設計師(含工業設計)	77,423	53,153	24,270
(221090)醫師	151,170	135,405	15,765
(222090)護理人員	46,723	42,605	4,118
(225000)獸醫師	64,505	52,768	11,737
(226090)藥事人員(含藥師)	51,664	46,410	5,254
(229100)勞安及衛生管理人員(含工業安全管理師)	87,087	55,873	31,214
(229200)物理治療師	42,491	41,313	1,178
(229300)營養師	40,901	38,600	2,301

	總薪資	經常薪資	非經常薪
(229400)聽力及語言治療師	48,540	46,885	1,655
(229500)職能治療師	41,977	40,558	1,419
(229901)呼吸治療師	47,733	45,207	2,526
(229902)醫院管理師	41,220	37,831	3,389
(229991)其他醫療保健專業人員	50,472	47,464	3,008
(233200)學前教育人員	32,723	31,708	1,015
(239190)補教業教師	21,274	20,893	381
(241100)會(審)計師(含會計稽核)	75,917	64,096	11,821
(241202)風險控管人員	73,562	66,596	6,966
(241291)財務、經濟及投資分析研究人員	115,190	75,957	39,233
(242100)專案管理師(含經營管理顧問)	83,910	65,536	18,374
(242101)稽核人員	107,011	69,721	37,290
(242200)人力資源管理師	77,314	58,619	18,695
(243100)廣告及行銷專業人員(含企劃)	63,286	52,222	11,064
(243200)公關專業人員	62,761	56,104	6,657
(251100)資訊系統分析及設計師	88,000	68,605	19,395
(251290)軟體開發及程式設計師	101,477	69,307	32,170
(252090)資料庫及網路專業人員	77,669	63,009	14,660
(261100)律師及相關專業人員	104,257	89,386	14,871
(261901)專利工程師及公證人	75,537	62,153	13,384
(263190)經濟、社會及哲學研究人員	61,940	60,140	1,800
(263590)社工、心理專業人員(含諮商人員)	40,596	38,446	2,150
(264100)編輯、作家及有關撰稿人員	54,045	53,373	672
(264200)新聞記者	53,053	52,119	934
(264300)翻譯人員	37,138	34,324	2,814
(265290)表演藝術人員(含演員、配音員)	28,674	28,283	391
(265400)電影、舞臺及有關導演與製作人	44,744	44,499	245

	總薪資	經常薪資	非經常薪
(265600)廣播、電視及其他媒體播報員	48,145	48,107	38
(300000)技術員及助理專業人員	56,905	45,726	11,179
(311100)物理、化學及地球科學技術員	43,793	43,767	26
(311200)營建工程技術員(含建築、土木、景觀、測量、水利)	51,532	47,968	3,564
(311300)電機技術員	53,238	42,886	10,352
(311400)電子技術員	69,209	40,702	28,507
(311502)航空機械技術員	56,229	53,993	2,236
(311503)冷凍空調技術員	48,840	40,540	8,300
(311591)機械技術員(含造船、輪機、鑄造)	54,570	41,601	12,969
(311602)食品技術員	43,115	40,570	2,545
(311691)化工技術員	56,480	44,690	11,790
(311702)品管技術員	56,401	38,267	18,134
(311791)工管及生管技術員	55,117	40,768	14,349
(311800)製圖員	41,808	36,906	4,902
(311901)地質、採礦、鑽探、冶金技術員	55,460	50,415	5,045
(311902)環境工程技術員	43,499	37,823	5,676
(311903)紡織技術員	38,425	34,883	3,542
(313100)發電設備操作員	122,755	62,684	60,071
(313200)焚化爐、水處理及氣(液)體設備操作員	58,875	48,078	10,797
(313300)化學加工設備中央控制員	65,857	54,383	11,474
(313400)石油及天然氣精煉設備操作員	67,896	59,009	8,887
(313500)金屬生產製程中央控制員	66,694	46,103	20,591
(314100)生命科學技術員	41,376	40,613	763
(314200)農業技術及農業推廣人員	80,848	50,775	30,073
(315190)船舶監管人員(含引水人員)	160,799	114,764	46,035
(315300)航空駕駛員	239,495	237,466	2,029

	總薪資	經常薪資	非經常薪
(315400)飛航管制員	—	—	—
(321100)醫療設備控制技術員	49,518	45,998	3,520
(321200)醫學及病理檢驗人員	51,130	46,509	4,621
(321400)義肢、義齒等人體輔具技術員	34,545	33,949	596
(323000)傳統醫學技術員	30,437	30,180	257
(329100)牙醫助理	26,795	25,519	1,276
(329200)病歷管理人員	31,655	29,952	1,703
(329300)配鏡、驗光技術員	29,430	29,110	320
(329490)物理、職能(復健)治療技術員	34,820	31,906	2,914
(329500)勞安及衛生技術員	58,233	39,522	18,711
(329900)其他醫療保健助理專業人員	31,865	30,193	1,672
(331100)證券金融交易員及經紀人 (含理財專員)	97,611	81,827	15,784
(331200)信用及貸款人員	64,684	55,751	8,933
(331300)會計人員	67,869	50,692	17,177
(331400)統計及精算助理專業人員	63,408	60,824	2,584
(331500)財物及損失鑑價人員	50,784	48,284	2,500
(331600)承銷人員	71,350	62,243	9,107
(332100)保險代理人 (含保險業務員)	59,488	54,059	5,429
(332290)工商業銷售代表(含業務員)	54,658	45,013	9,645
(332300)採購員	56,915	42,366	14,549
(333100)報關員(含報驗、船務人員)	57,086	39,358	17,728
(333200)會議及活動規劃人員	43,499	39,159	4,340
(333300)職業介紹人及承包人	36,800	35,610	1,190
(333400)不動產經紀人	42,302	38,804	3,498
(333901)拍賣員(不含電子購物、郵購)	61,553	45,172	16,381
(334200)專業秘書	62,771	51,388	11,383

	總薪資	經常薪資	非經常薪
(341102)土地代書(地政士)	37,960	37,893	67
(341191)法務人員	66,439	54,477	11,962
(341200)社會工作助理人員	31,793	30,606	1,187
(342100)職業運動員	116,009	115,995	14
(342200)運動、健身及休閒娛樂指導員	32,548	31,205	1,343
(343100)攝影師、攝影記者	39,182	38,907	275
(343900)節目助理及舞臺相關工作人員	35,300	35,079	221
(351090)資訊管理及維護技術員	50,513	43,981	6,532
(352100)廣播及視聽技術員(含放映員)	37,449	37,394	55
(352200)電信技術員	108,630	64,129	44,501
(399999)其他技術員及助理專業人員	—	—	—
(400000)事務支援人員	43,097	35,658	7,439
(411002)總務	41,121	36,127	4,994
(411090)一般辦公室事務人員(含文書)	38,830	34,997	3,833
(413000)資料輸入人員	36,077	31,114	4,963
(421100)銀行、郵局櫃臺事務人員	91,897	49,560	42,337
(421400)收帳、收費人員(含帳款催收)	62,640	48,678	13,962
(422100)旅遊諮詢人員(含旅行社事務人員)	37,647	37,537	110
(422200)接待員及服務臺事務人員	33,883	32,122	1,761
(422300)總機人員	33,235	30,751	2,484
(422400)電話及網路客服人員	42,894	39,106	3,788
(422500)統計調查訪談人員	52,592	38,491	14,101
(422900)醫院(診所)櫃臺事務人員	27,899	26,226	1,673
(431100)會計助理、簿記、出納	36,025	33,160	2,865
(431202)核保人員	55,679	51,384	4,295
(431291)統計、財務、證券及保險事務人員	76,444	52,217	24,227
(432100)存貨事務人員	40,943	34,228	6,715

	總薪資	經常薪資	非經常薪
(432200)生產及物料規劃事務人員	50,413	36,021	14,392
(432300)運輸事務人員(含稽查、調度、管理、航務)	52,098	40,794	11,304
(491000)人事事務人員	42,230	37,352	4,878
(499200)郵件處理及投遞人員	213,552	45,635	167,917
(499500)教務人員(含班導師、輔導員)	26,801	26,553	248
(500000)服務及銷售工作人員	31,039	28,939	2,100
(511190)隨車、船、飛機服務人員(含空服員)	43,140	40,626	2,514
(511300)導遊、領隊及解說員	34,405	34,405	—
(512090)廚師	40,565	39,637	928
(513100)飲料調配及調酒員	26,709	26,386	323
(513900)餐飲服務人員	23,279	22,965	314
(514000)美髮、美容及造型設計人員	24,811	24,264	547
(515901)旅館管家	33,771	33,771	—
(515902)宿舍舍監	33,004	33,004	—
(519200)殯葬服務人員	33,323	29,636	3,687
(519300)寵物美容師及動物照料工作人員	31,878	28,953	2,925
(519901)按摩師	24,079	23,636	443
(519902)伴舞陪酒人員	—	—	—
(522000)商店銷售人員(含百貨公司樓管人員)	32,981	30,241	2,740
(523000)收銀員及售票員	31,565	30,521	1,044
(529200)展售說明人員	36,357	32,233	4,124
(529400)電話及網路行銷人員	48,199	38,860	9,339
(529500)加油站服務員	28,510	25,176	3,334
(529600)餐食服務櫃臺工作人員	23,436	22,568	868
(531000)兒童照顧人員(含保母)	26,315	24,403	1,912
(532000)健康照顧人員(含看護、月子照護)	28,035	26,798	1,237
(540100)消防人員	76,544	61,045	15,499

	總薪資	經常薪資	非經常薪
(540490)建築物管理員、保全及警衛人員	34,950	30,966	3,984
(540901)救生員	22,735	22,336	399
(700000)技藝、機械設備操作及組裝人員	43,949	33,631	10,318
(601090)園藝及農牧業生產人員	33,867	30,963	2,904
(711100)砌磚及有關工作人員	37,337	34,583	2,754
(711200)砌石、裁石及石雕人員	28,581	27,522	1,059
(711302)鋼筋彎紮人員	36,301	34,595	1,706
(711303)模板人員	38,214	37,733	481
(711391)混凝土鋪設人員	45,640	36,567	9,073
(711400)營建木作人員	40,291	37,967	2,324
(711902)廣告招牌製作安裝人員	34,538	34,538	─
(711991)其他營建構造人員(含鷹架工)	34,074	32,838	1,236
(712100)屋頂工作人員	35,251	35,150	101
(712200)地面、牆面鋪設及磁磚鋪貼人員	36,205	36,121	84
(712300)泥作工作人員	36,282	36,225	57
(712400)絕緣材料安裝人員	31,893	31,893	─
(712500)玻璃安裝人員	33,854	33,854	─
(712600)管道裝設人員(含檢修)	37,553	36,280	1,273
(712700)空調及冷凍機械裝修人員	39,021	32,640	6,381
(713100)油漆、噴漆人員(含裱糊工)	36,979	33,355	3,624
(721100)金屬砂模及砂心製造人員	39,642	32,355	7,287
(721200)焊接及切割人員(含電焊工、氣焊工)	38,894	34,764	4,130
(721300)板金人員	37,087	32,728	4,359
(721400)金屬結構預備及組合人員	42,414	40,479	1,935
(722100)鍛造、錘造及鍛壓工作人員	42,138	34,695	7,443
(722200)工具製造人員(含模具工、鉗工)	38,531	33,892	4,639

	總薪資	經常薪資	非經常薪
(722300)金屬工具機設定及操作人員	36,024	30,094	5,930
(723190)車輛維修人員(含自行車、機車、汽車、火車)	37,799	36,130	1,669
(723200)航空器維修人員	69,911	54,222	15,689
(723300)產業用機器維修人員	56,903	40,327	16,576
(731100)精密儀器製造及修理人員	67,977	39,631	28,346
(731200)樂器製造及調音人員	34,814	32,784	2,030
(731300)珠寶及貴金屬製作人員	37,271	35,025	2,246
(731490)陶瓷製品有關工作人員(含磚瓦)	41,496	27,627	13,869
(731590)玻璃製品製造人員	49,573	34,267	15,306
(731790)各種材質手工藝人員	26,968	26,941	27
(732100)美編及印刷前置工作人員	31,338	30,028	1,310
(732200)印刷人員	34,540	30,950	3,590
(732300)裝訂及有關工作人員	30,355	27,710	2,645
(741100)建築物電力系統裝修人員(含水電工)	41,812	37,938	3,874
(741200)電力機械裝修人員	53,689	39,418	14,271
(741300)電力線路裝修人員	71,741	46,134	25,607
(742100)資(通)訊設備裝修人員(含電信、電話)	59,214	43,709	15,505
(742900)電子設備裝修人員(不含資通訊設備)	52,607	37,953	14,654
(791090)食品製造及處理人員(含酒類、飲料、製糖、菸葉)	34,088	29,913	4,175
(791500)食品、飲料試味及分級人員	29,237	27,883	1,354
(792190)木材處理、家具木工及有關工作人員	29,610	27,571	2,039
(793200)服飾打樣及剪裁人員	33,870	32,317	1,553
(793490)鞣(製)革、毛皮及皮革工作人員	35,434	33,315	2,119
(793590)製鞋及有關工作人員	53,140	31,269	21,871
(799100)潛水人員	114,374	61,151	53,223

	總薪資	經常薪資	非經常薪
(799300)非食品飲料產品分級及檢查人員	39,774	28,201	11,573
(799400)消毒及除蟲有關工作人員	34,562	33,816	746
(799991)光學鏡片製作人員	36,803	32,231	4,572
(811190)採礦及採石人員(含爆破人員)	43,424	32,596	10,828
(811200)礦石及石材處理設備操作員	58,120	38,170	19,950
(811300)鑽井及有關工作人員	61,909	45,241	16,668
(811400)水泥相關製品機械操作人員	42,147	35,309	6,838
(812100)金屬製造設備操作員(含熔煉、鑄造、輾軋、熱處理、抽製及擠型等)	44,090	34,261	9,829
(812200)金屬表面處理人員(含電鍍)	37,806	30,287	7,519
(813100)藥品及化粧品機械操作人員	40,018	32,699	7,319
(813902)印刷電路板製造工	57,299	36,046	21,253
(813903)人造纖維製造設備操作人員	39,353	34,428	4,925
(813904)原油處理工	60,380	54,790	5,590
(813991)化學產品機械操作員(不含藥品、化粧品及照相產品)	55,807	43,803	12,004
(814100)橡膠製品機械操作人員(含輪胎)	39,685	31,454	8,231
(814202)電線、電纜製造工	41,593	30,085	11,508
(814291)塑膠製品機械操作人員	36,833	29,875	6,958
(814300)紙製品機械操作人員	32,841	28,684	4,157
(815100)纖維準備、紡紗、併紗及撚線機械操作人員	33,047	29,359	3,688
(815200)紡織及針織機械操作人員	31,667	29,193	2,474
(815390)縫製機械操作人員(含裁縫、刺繡)	28,155	25,975	2,180
(815400)染整機械操作人員	33,728	29,063	4,665
(815790)洗滌工、熨燙工	26,888	26,494	394
(817200)紙漿及造紙設備操作人員	42,328	36,023	6,305
(819200)蒸汽引擎及鍋爐操作人員	62,751	49,163	13,588

	總薪資	經常薪資	非經常薪
(819300)包裝機械操作人員	36,447	29,847	6,600
(819901)半導體製品機械設備操作人員	97,455	40,048	57,407
(820000)組裝(現場)人員	41,500	30,022	11,478
(831100)軌道車輛駕駛人員	65,662	47,556	18,106
(831200)軌道制動器、號誌及轉轍器操作員	48,710	43,509	5,201
(832100)機車送件駕駛人員	37,356	31,959	5,397
(832200)小客、貨車駕駛人員	41,949	35,758	6,191
(833000)大客、貨車駕駛人員	41,288	37,230	4,058
(834000)推土、吊車、起重機等移運設備操作人員	47,183	41,549	5,634
(835000)船舶艙面水手及有關工作人員	85,372	60,377	24,995
(899902)電池製造工	46,719	32,141	14,578
(899999)其他技藝、機械設備操作及組裝人員	—	—	—
(900000)基層技術工及勞力工	30,408	27,536	2,872
(911090)清潔及家事工作人員(含建築清潔工)	28,118	27,141	977
(930090)勞力工	33,209	28,267	4,942
(933002)理貨員	32,040	29,432	2,608
(950100)廢棄物收集工及回收資源分類工	28,346	26,949	1,397
(990100)廚房幫工(含速食烹調)	22,772	22,286	486
(990200)抄表員及自動販賣機收款員	42,715	41,681	1,034
(990901)遊樂場所服務員	24,113	23,828	285
(990902)行李搬運工	25,313	25,152	161
(990903)收票員、引座員	29,905	27,068	2,837
(990904)停車場管理工	26,828	25,142	1,686

註：1.資料來源：勞動部2021年職業類別薪資調查。
　　2.總薪資包括經常性薪資及非經常性薪資。
　　3.非經常性薪資包括獎金及佣金等不定額薪給。

2-3　人生夢想與財務目標

　　個人理財生命週期所會面臨的重要決策事項，可概分為收入、支出、儲蓄與投資、融資、資產保全等五類，人生大部分的夢想若要實現，都需要仰賴這五種財務決策的交互運用。換言之，人生的夢想若要付諸行動，都需要資源與金錢的投入。因此，若我們想要將人生夢想具體化，並擬定實現的時間歷程與所需消耗的資源與金錢，這就是個人理財活動的終身財務目標。將這些財務目標依照規劃實現時間的先後次序來排列，又可分類成短期（3年內）、中期（10年內）與長期（10年以上）的財務目標。在個人理財的財務目標擬定過程，需參考個人生涯規劃的探索，有賴具體財務目標的輔助，方能築夢踏實以達成目標。

　　例如，家庭價值觀導向的個人，比較會夢想成立自己的家庭，會想在十年後購屋，讓家人有安身立命之居所，因此會有三十五歲前要籌措自備款200萬的購屋財務目標，因為十年後要實現，這屬於中期的財務目標。而事業價值觀導向的個人，比較會夢想出國留學，提升自己的專業能力與國際觀，以增加在職場上的競爭力，因此會有三年內要籌措出國念書100萬學費的財務目標，因為三年後要實現，這屬於短期的財務目標。其他因個人價值觀的不同而有獨特財務目標的例子，請參考表2-2的內容。

　　由以上的例子來看，先有人生夢想、理想，才能擬定相關的財務目標。換句話說，財務目標就是個人生涯規劃及人生探索過程中的產出物。而最後要能如期達成財務目標以實現人生夢想，其詳細的財務規劃與實施歷程，就是所謂的財務計畫。下列整理出完整的個人理財三步驟邏輯：

1. 人生夢想導引出財務目標。

2. 為達成財務目標，發展出具體詳細的財務計畫。

3. 為實踐財務計畫，必須有完善的方法與技巧，這就是財務策略。

🐷表2-2　不同個人價值觀下的主要財務目標

價值觀	人生夢想	財務目標
家庭導向	成家	結婚、購車、購屋、子女養育
事業導向	立業	進修、留學、創業
健康導向	追求健康	定期健檢、有機飲食計畫、加入健身俱樂部
父母導向	孝養父母	供奉孝養金、父母長照
朋友導向	交際與享樂	旅遊、宴會、育樂
流行導向	追求時尚	買名牌包、買名錶、買跑車
公益導向	追求公益	捐贈、當義工、創設非營利組織
共同的	富足退休生活	退休計畫

註：退休計畫是無論何種價值觀，大家都需面臨的共同課題。

　　最後，請您依據本節所探討的價值觀、人生夢想與財務目標的關聯性，並利用表2-3來擬定個人專屬的短、中、長期生涯與夢想計畫。

🐷表2-3　個人生涯夢想與財務目標的初步探索

	□進修	目標 短1		目標 短2		目標 短3	
短期目標	□留遊學	項目		項目		項目	
	□購車	達成時間		達成時間		達成時間	
	□旅遊	所需金額		所需金額		所需金額	
	□其他	執行頻率		執行頻率		執行頻率	
	□購屋	目標 中1		目標 中2		目標 中3	
中期目標	□創業	項目		項目		項目	
	□結婚	達成時間		達成時間		達成時間	
	□子女養育	所需金額		所需金額		所需金額	
	□其他	執行頻率		執行頻率		執行頻率	

		目標 長1		目標 長2		目標 長3	
長期目標	□退休						
	□父母長照	項目		項目		項目	
	□捐贈	達成時間		達成時間		達成時間	
	□其他	所需金額		所需金額		所需金額	
		執行頻率		執行頻率		執行頻率	

註：短期為1-3年、中期為4-10年、長期為10年以上。

2-4 財務計畫與策略

根據2-3所擬定的終身個人理財財務目標，並搭配2-2所討論的職涯規劃，就可以初步勾勒出個人理財的收入面與支出面。接著我們便可將收入支出編製成個人理財的家庭「收入支出結餘表」，並與家庭「資產負債表」互相勾稽，可用來作為家庭財務狀況分析的工具，並進一步擬定相關執行時的財務策略。

由家庭收入支出結餘表中來分析，若是收入面大於支出面，便是收支有結餘的情形，該結餘的金額會累積至資產負債表的現金或銀行存款下，形成財富的累積與膨脹。相反的情形，若是個人理財的收入面小於支出面，便是入不敷出的情況，短缺的金額會使得資產負債表下的現金或銀行存款減少，這情形若未獲改善而持續下去，最終可能發生家庭財務短缺而導致破產。

例如，圖2-2顯示某人的收入支出儲蓄表，從22歲起，每年因收入大於支出而有儲蓄，雖然結餘的金額在22~24歲時都不多。然而25~26歲時是入不敷出有透支，因此在這兩年度的銀行存款金額會呈現下降情形。而22~23歲時，因大學剛畢業，身負助學貸款尚未清償完畢，因此資產負債表下的淨值是負數，但當後續年度開始有大量儲蓄金額挹注時，淨值就轉為正數而恢復正常。一般情形是淨值為負數時，家庭便面臨破產的危機，因資金需求將無法透過銀行借款來融通，然而助學貸款的美意是政府教育政策所支持，因此無「淨值為負數時無法融通」的情形，這是屬於特殊狀況。

年度	2018	2019	2020	2021	2022	2023	2024	2025	2026
年齡	22	23	24	25	26	27	28	29	30
收入									
工作收入	392,000	392,000	392,000	392,000	392,000	392,000	392,000	392,000	392,000
利息收入	250	288	313	325	323	306	676	1,028	1,362
總收入	392,250	392,288	392,313	392,325	392,323	392,306	392,676	393,028	393,362
支出									
日常支出	300,000	303,600	307,243	310,930	314,661	318,437	322,258	326,126	330,039
支付學貸利息	4,600	3,680	2,760	1,840	920	0	0	0	0
償還學貸本金	80,000	80,000	80,000	80,000	80,000	0	0	0	0
總支出	384,600	387,280	390,003	392,770	395,581	318,437	322,258	326,126	330,039
收支結餘	7,650	5,008	2,310	-445	-3,259	73,869	70,417	66,902	63,323

圖2-2　個人財務規畫的工具之一：現金基礎下的「收入支出儲蓄表」

年度	2018(年初)	2018	2019	2020	2021	2022	2023	2024	2025	2026
年齡	22	22	23	24	25	26	27	28	29	30
資產										
銀行活儲	50,000	57,650	62,658	64,968	64,523	61,264	135,134	205,551	272,453	335,776
手機	26,000	24,000	22,000	20,000	18,000	16,000	14,000	12,000	10,000	8,000
電腦	40,000	38,000	36,000	34,000	32,000	30,000	28,000	26,000	24,000	22,000
機車	80,000	75,000	70,000	65,000	60,000	55,000	50,000	45,000	40,000	35,000
總資產	196,000	194,650	190,658	183,968	174,523	162,264	227,134	288,551	346,453	400,776
負債										
助學貸款	400,000	320,000	240,000	160,000	80,000	0	0	0	0	0
總負債	400,000	320,000	240,000	160,000	80,000	0	0	0	0	0
淨值										
淨值	-204,000	-125,350	-49,342	23,968	94,523	162,264	227,134	288,551	346,453	400,776
總淨值	-204,000	-125,350	-49,342	23,968	94,523	162,264	227,134	288,551	346,453	400,776
總負債淨值	196,000	194,650	190,658	183,968	174,523	162,264	227,134	288,551	346,453	400,776

圖2-3　個人財務規畫的工具之二：現金基礎下的「資產負債表」

　　當我們發現上述收入支出結餘表在25~26歲時，發生入不敷出的透支情形，若進一步尋求解決之道，我們可能構思出幾種完善的方法，這就是財務策略。例如，我們發現利息收入非常微薄，因為現金是放在銀行活期儲蓄存款帳戶，因此利率非常低。解決方法之一，是重新檢視資產配置的效率，可將現金配置在風險性資產上（例如共同基金），以獲取較高的報酬率，這種財務決策便是所謂的財務策略之一。

　　然而，金融市場往往是魚與熊掌不可得兼，獲取較高報酬率時，也引進了較高風險到我們的財務計畫裏。因此，較高報酬率可能在短期上解決25~26歲時的的透支問題，但經過我們的電腦模擬1,000次（設定風險資產的期望報酬率是2%，標準差是1.5%，請參考圖2-4），結果卻發現在35歲時的生息資產（銀行活

儲+風險資產）是圖2-5的鐘形分配，金額為負的機率（小於0的面積）不小，因此在35歲時發生破產（財務短缺）的機率很大。這就是引進風險性資產投資的重大影響。因此，我們的策略將改變成為將現金配置在風險較小、報酬率較小的金融工具上，例如考慮波動性較低的全球市場基金，而非波動較大的區域市場基金。

　　透過圖2-2與2-3的財務計畫，我們將可以發現潛在的財務問題，並擬定相關解決的財務策略方案，以供來日執行財務計畫的指導方針。因此，正確編製圖2-2與2-3的家庭財務報表，是家庭與個人理財的重要基礎工作。本書後續章節，將逐一介紹如何正確編製這兩張家庭財務報表，以完成後續的財務分析等個人理財活動。

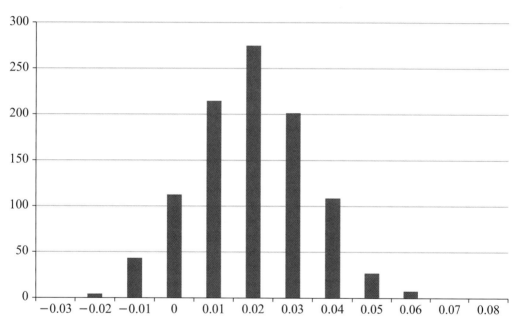

圖2-4　風險性資產的預期報酬率分配。X軸代表預期報酬率；Y軸代表模擬的出現次數。期望報酬率是2%，標準差是1.5%。

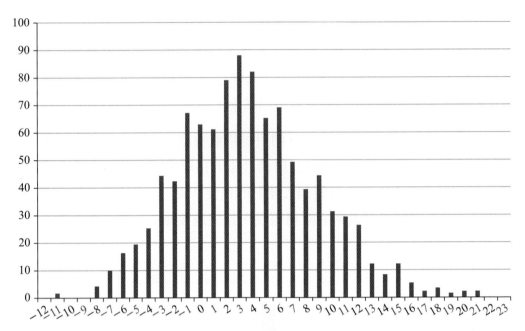

圖2-5　財務策略的工具：模擬將資金配置在風險性資產時，於35歲時的生息資產餘額分配
圖。X軸代表金額，單位為萬元；Y軸代表出現次數。

個案討論與分析

1. 請根據下列五位主角的興趣、需要、價值觀等因素,幫他們擬定終身財務目標。

2. 請試著分析這五位主角可能的收入支出儲蓄與資產負債狀況。

A. 銀行行員24歲

1. 五專畢業,月薪 2.6萬,年終1個月,年薪約34萬元。

2. 個性較缺乏自信。認為銀行是鐵飯碗,安分守己過日子總有好運到。

3. 屬於小資族,平日喜歡看電影、逛街、購物。下班喜歡與朋友享受食尚美食。消費會精打細算。

4. 覺得錢不好賺,但不積極於職涯成長。

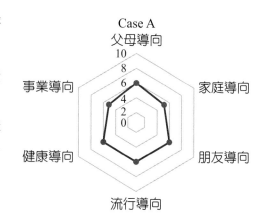

B. 手工藝皮飾女老闆28歲

1. 在夜市租攤位銷售飾品,半工半讀高職畢業。

2. 須自己打理生活,無父母兄弟姊妹的依靠,每月收入10萬元。

3. 個性有自信,生活歷練豐富。相信自己能掌控人生,有企圖心與事業心,屬於意見領袖。

4. 生活重視時尚與品味。吃好用好,常犒賞自己。

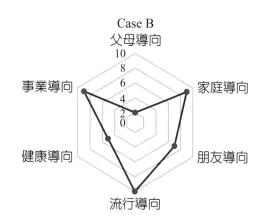

C. 市政府專員27歲

1. 市府正職專員,月薪3.5萬,年薪約50萬。

2. 大學畢業考了三年,終於考上公職。

3. 個性較沒自信。對工作沒太大企圖心,認為工作安穩就好。喜與朋友上上飯館,保守不喜歡變動的環境。

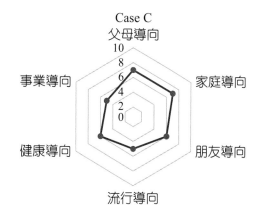

D. 公司人資專員26歲

1. 大學畢業，擔任上市櫃公司人資部門管理師，月薪2.7萬，年終2個月，年薪約38萬元。

2. 個性活潑、討人喜歡，工作積極有進取心，希望讓自己專業更提升，保守不喜變動。

3. 認真存錢，對未來充滿希望。

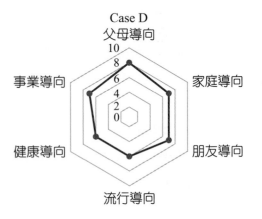

E. 公司工程師28歲

1. 月薪3.2萬，年薪約45萬元。賺來的錢都交給媽媽處理。

2. 生涯發展完全依照母親的意思來進行，缺乏獨立思考能力。

3. 個性較沒自信，但溫和體貼。

4. 職涯發展保守，較無企圖心。

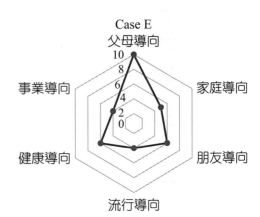

表2-4　價值觀評分表(1-10分)

價值觀	Case A	Case B	Case C	Case D	Case E
父母導向	6	2	7	8	10
家庭導向	5	9	7	7	5
朋友導向	6	7	6	7	6
流行導向	6	10	5	6	4
健康導向	6	5	6	6	6
事業導向	5	9	5	7	4

本章習題

張大雄現年20歲,單身且為大一學生,一個人在學校附近租屋,其相關財務現況如下列所述:

1. 現有銀行活期存款20,000元,年利率0.5%。

2. 預計從大二開始辦理就學貸款,每學期貸款40,000元來繳交學雜費(每年80,000元),貸款至大四為止,大學畢業正職工作後才需開始還款,就學貸款年利率為1.15%。

3. 剛剛購入二手機車一部,價格為20,000元,機車每年會折舊1,500元。

4. 食衣住行等日常必要花費中,飲食費用每年會上漲2%,其他費用因上漲有限,可視為固定支出。

5. 目前半工半讀,每個月打工收入為16,000元。預期畢業後的正職工作月收入為24,000元,年薪共12個月加上年終獎金2個月,此後每一年的預期調薪幅度為1.5%。

6. 為了感謝父母的養育之恩,張大雄希望在還清所有就學貸款後,安排一次三人的韓國之旅,預期團費每人12,000元,旅行社與銀行信用卡合作,提供客戶12期(12月)無息分期付款的活動。

請您仔細思考並回答下列問題:

1. 請您幫張大雄擬定適合他的短中長期財務目標,並填入下列表格。其中所需金額,請上網查詢相關網頁,以取得實際的資訊。

2. 根據您幫張大雄擬定的短中長期財務目標,以他將來的工作收入,可以順利達成這些目標嗎?如果無法達成這些所有目標,您將建議張大雄應該如何取捨?

3. 如果張大雄不願意捨棄這些短中長期財務目標,是否有其他的解決方案?

4. 如果張大雄不願意捨棄這些短中長期財務目標,您是否可以建議張大雄要加強他的職涯規劃,以增加達成這些短中長期財務目標的可能性?為什麼職涯規劃可以解決達成財務目標的問題?

5. 您覺得張大雄應不應該把「退休計畫」列為他的長期財務目標?為什麼?

	□進修	目標 短1		目標 短2		目標 短3	
短期 **目標**	□留遊學	項目		項目		項目	
	□購車	達成時間		達成時間		達成時間	
	□旅遊	所需金額		所需金額		所需金額	
	□其他	執行頻率		執行頻率		執行頻率	
	□購屋	目標 中1		目標 中2		目標 中3	
中期 **目標**	□創業	項目		項目		項目	
	□結婚	達成時間		達成時間		達成時間	
	□子女養育	所需金額		所需金額		所需金額	
	□其他	執行頻率		執行頻率		執行頻率	
	□退休	目標 長1		目標 長2		目標 長3	
長期 **目標**	□父母長照	項目		項目		項目	
	□捐贈	達成時間		達成時間		達成時間	
	□其他	所需金額		所需金額		所需金額	
		執行頻率		執行頻率		執行頻率	

Chapter

03

生活收支
與儲蓄投資

學習目標

1. 瞭解個人與家庭收入的來源與分類。

2. 瞭解個人與家庭支出的用途與分類。

3. 瞭解儲蓄與投資的金融工具。

4. 學習如何編製家庭收支結餘表。

5. 學習如何編製家庭資產負債表。

6. 瞭解家庭收支結餘表與資產負債表的關聯性與重
   要性。

3-1 個人與家庭的收入來源

在職涯規劃中，個人所接受教育的程度、所培養的技能、個人特質中的興趣、性向等因素，都會影響個人職涯規劃中的職業選擇，而職業的抉擇會影響到未來的**個人或家庭收入**（Personal/Household Income），再延伸至第一章所提及的家庭經濟學觀念，家庭可支配的收入會影響其**消費活動**（Consumption），而消費最終會影響到家庭經營的**效用**（Utility）。因此，個人理財的收入面深受個人職涯規劃的影響。

最常見的個人與家庭收入來源，主要包括有下列三種分類：

1. **主動式的「工作收入」**：薪水、紅利、獎金、佣金等。

2. **被動式的「投資（理財）收入」**：利息收入、股利收入、處分資產、租金收入等。

3. **「其他收入」**：移轉收入、繼承收入、中獎收入等。

所謂主動式收入，指的是個人要付出勞力與時間，以從事生產或提供勞務所獲得的報酬。相反的，若個人不需積極提供勞務或從事生產工作亦能獲取收入者，即是被動式收入。

在個人理財的收入面，往往是由客觀的個人學經歷、技能、態度、績效等決定收入的多寡，而企業主所願意提供的薪水高低，也常見有勞動市場的供需行情，或企業主的主觀認定，因此一般個人都站在比較屬於接受者的立場，鮮少有個人能改變之，除非選擇離職跳槽，但這也需依個人條件的提升來配合，方有獲取晉升的機會。因此，個人收入多寡是受制於外在總體與個體環境深刻影響，個人較難控制自如。

在個人理財的支出面，則由個人的慾望與期待的生活水準來決定，可藉由減少欲望或降低生活水準來充分控管，因此個人理財的支出面屬於可控制者。欲達成個人理財收支平衡或有所結餘，控管支出面遠比追求收入面成長來的容易，這是一般普羅大眾的思維，請參考圖3-1。如果想要追求個人理財有結構性的突破與

成長，以達成財富自由的理想，從收入面來突圍是必要的策略，但這遠比控管支出面來得難度高，且外在環境因素的限制，往往也更增加了難度。例如，多數人想透過投資理財活動來增加收入，但這是需要具備專業金融知識與豐富經驗方能達成。

然而追求高報酬率也相對帶來了高風險到個人理財活動中，使得財務目標的達成更增添許多不確定性，這是金融市場不變的鐵律：報酬（魚）與風險（熊掌）不可得兼。就算受過專業訓練且遵守紀律的專業投資人，也往往難以抵擋市場**系統風險**（Systematic Risk）的風暴。例如，2008年世界金融風暴的侵襲即歷歷在目，幾乎無專業投資人能倖免。因此，個人在追求收入面成長的同時，如何有效的控管風險是一個常常被普羅大眾忽略的重要課題。

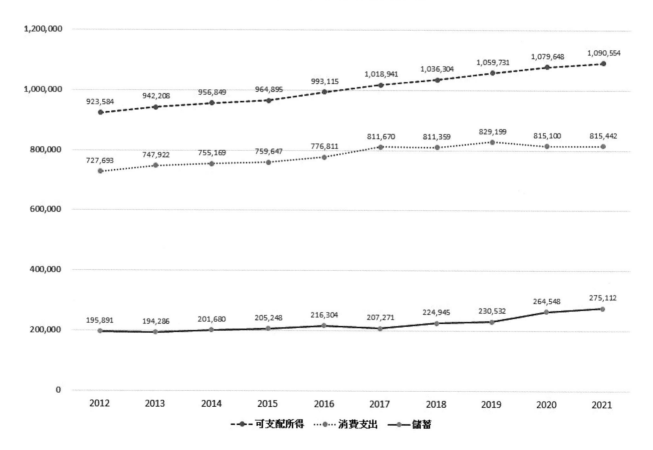

圖3-1　近10年（2012~2021）臺灣家庭可支配所得、消費支出與儲蓄趨勢

資料來源：行政院主計總處家庭收支統計

3-2　個人與家庭的支出用途

　　個人或家庭支出可概分成生活支出（食、衣、住、行、育、樂等支出，參考圖3-2）、資本支出（購車或購屋支出）、投資支出（購買股票、基金與保險商品支出）、理財支出（償還貸款本息的支出）等。我們可以從另一觀點來分類，將個人或家庭支出分成固定與變動支出兩大類，例如：銀行貸款的本息支付大多屬於債務人（借款人）於每個月支付固定金額給債權人（銀行），因此屬於固定支出，又如每個月定期定額購買基金，亦屬於固定支出。而生活支出大多屬於變動支出，因每個月消費金額是不固定的，唯有房屋租金是屬於固定的資金支出。

　　上述支出的各種分類中，「投資支出」雖名為支出，但因為會帶來投資報酬，且將來可以將投資的金融工具加以處分（賣掉），因此「投資支出」是屬於可以回收的資金支出。相反的，生活支出大多屬於不可回收的消費型支出，例如，食物飲食支出是屬於不可回收的消費型支出；而自用型購車雖屬於消費型支出，但因為二手車有熱絡的交易市場，所以仍可於將來將之處分（賣掉），因此自用型購車屬於可部分回收的資金支出。一般而言，為了讓家庭或個人財務狀況有正向的循環，個人理財的主要支出（消費）指導原則，就是盡量將資金投入可回收且有報酬的支出，因此建議家庭或個人支出的優先順序是：

> 可回收，有報酬的支出 ＞ 可回收，無報酬的支出 ＞ 不可回收的支出

　　上述支出的優先順序，是單純從財務面來考慮支出對個人理財的正向或負向影響。其中「可回收，有報酬的支出」是屬於會增值的「投資支出」，「可回收，無報酬的支出」是屬於可部分回收的「資本支出」，「不可回收的支出」是屬於「消費支出」。然而，有些消費型支出是維持生活所必需的，是無法由個人意志自由選擇，例如，為維持生命，食物飲食支出是必要的，雖屬於不可回收的支出，其順位並非屬於最後，但我們可以選擇將其支出金額最小化，例如，盡量減少外食的機會；而育樂相關消費並不是必要型的支出，又屬於不可回收，因此其順位應屬於最後。

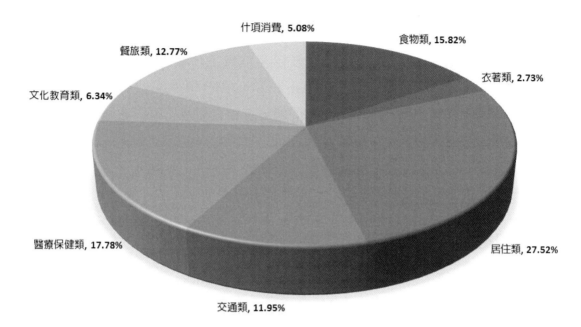

圖3-2　2021年臺灣家庭消費支出結構分析

資料來源：行政院主計總處家庭收支統計

3-3　儲蓄與投資的金融工具

　　個人理財活動中，最重要的資金源頭就是3-1、3-2所討論的家庭與個人的年度收入與支出，其差額構成了當年度的家庭**收支結餘**（Surplus）或**透支**（Deficit）。若不幸有透支情況發生，則必須進行提領銀行活存的現金或將投資資產變現（賣掉資產），以彌補當年度的透支金額。相反的，若當年度有收支結餘，則結餘的金額可以存進銀行活存（儲蓄），或者買進股票、共同基金等金融工具（投資），以追求更高的投資資產報酬率。因此，儲蓄與投資是確保家庭資金能否有正向生生不息循環的重要活動。

　　在個人理財活動中，可以選擇的金融工具與金融商品，分為「儲蓄」與「投資」兩大類（請參考表3-1）：

一、儲蓄型金融商品

第一類「儲蓄」型金融商品是以銀行存款為主，其中活期存款視為「現金」，定期存款視為「**約當現金**」（Cash Equivalent），約當現金的意思是等同於現金。而外幣存款因為有匯率轉換的問題，存款者要承擔匯率的風險，因此外幣存款的風險較高。換言之，雖然存款者可以獲得較高的存款利率，但若臺幣在短時間內急速升值，則高利率會被貶值外幣的匯率所抵銷，除非存款者不將外幣存款轉換回新臺幣，因此外幣存款比較適用於有外幣需求的個人或家庭。

二、投資型金融商品

第二類「投資」型金融商品則是較多元化，涵蓋了**貨幣市場**（Money Market）、**資本市場**（Capital Market）、**外匯市場**（Foreign Exchange Market）、**保險市場**（Insurance Market）、**不動產市場**（Real Estate Market）等。基本上，資本市場的金融商品是屬於較長期的投資，其報酬率是變動的，可以高達10%以上，但也有遭受虧損的可能性，因此其風險是較高的。相反的，貨幣市場的金融商品是屬於較短期的投資，其報酬率是相對固定且較低，因此其風險是較低的。外匯市場則深受經濟總體面的影響，例如：國際貿易的收支平衡、國家的利率水準、國家的政治風險、政府主導的政策等，因此其風險屬於波動高的金融工具，一般有外幣需求者才適合投資，例如：常常有國外旅行的計畫、小孩將赴及國外求學的家庭等。而保險市場的投資型保險，其投資標的大多為共同基金，因此具有資本市場的屬性。至於臺灣不動產市場的投資，主要是以獲取房租收入為主，因此其報酬率相對是穩定而固定，當然也有人以獲取房屋買賣差價的資本利得收入為主要投資目的，但在近年房地產市場的萎縮情形下，賺取資本利得的機會已經減少了許多。

💰 表3-1　個人理財儲蓄與投資的金融工具

性質	市場	金融工具	期別	報酬率	風險
儲蓄	貨幣市場	現金	無	無	無
		銀行活期儲蓄	短期	0.20%	無[1]
		銀行定期儲蓄	長期	1.07%	無[1]
		銀行外幣存款	長、短期	3%～4%	高/匯率風險
投資	貨幣市場	國庫券	短期一年以內	1%～2%	低[2]/信用風險
		商業本票		1%～2%	低[3]/信用風險
		銀行承兌匯票		1%～2%	低[3]/信用風險
		可轉讓定存單		1%～2%	低[3]/信用風險
	資本市場	股票	長期一年以上	變動	高/價格風險
		債券		變動	高[4]/利率風險
		共同基金		變動	中[5]/系統風險
	外匯市場	外幣買賣	長、短期	變動	高/匯率風險
		保證金交易	短期	變動	高[6]/匯率風險
	保險市場	投資型保險	長期	變動	中[7]/系統風險
		年金保險	長期	2%～3%	低/利率風險
	不動產市場	REITs	長、短期	2%～3%	低[8]/價格風險
		房屋	長期	2.22%[9]	高[9]/價格風險

註：1. 有銀行存款保險的保障，視為無風險。
　　2. 有政府保證，視為極低度風險。
　　3. 有銀行保證，視為低度風險。
　　4. 含有信用風險（違約風險），在全球資本市場高波動的環境下，視為高度風險。
　　5. 透過投資組合來分散個別公司風險，視為中度風險。
　　6. 透過融資來交易，財務槓桿非常高，視為極高度風險。
　　7. 投資標的是共同基金，風險等同於基金的中度風險。
　　8. 投資標的大多屬於非開發型不動產，租金收入穩定，視為低度風險。
　　9. 以臺灣壽險業的平均房地產租金年化報酬率為例。

3-4 編製家庭收支結餘表

我們若要編製家庭收支結餘表,首先要確認總體經濟面的相關數據,例如:物價指數年增率(物價上漲率)、薪資上漲率(調薪幅度)、銀行活存利率(市場利率)等。並且要透過觀察自己日常生活中的消費習性,瞭解屬於自己的相關數據,例如:飲食花費、交通花費等。以上這些重要參考數據,我們稱之為「**參數**」(Parameter),至於參數的取得則必須藉由資料收集與統計分析的結果來決定,此採集參數的過程,我們稱之為「**校準**」(Calibration)。圖3-3就是系統參數的一個範例,實際參數的數值,是會因人而異的,例如,有人有吃宵夜的習慣,則其宵夜金額就不會是圖3-3的0值。

	A	B	C	D	E	F	G	H
1	收	打工收入	17000	(月)		每年季數	4	(季)
2	入	工作起薪	24000	(月)		每年月數	12	(月)
3	參	年終獎金	2	(月)		每年日數	365	(日)
4	數	調薪幅度	1.5%	(%)				
5						學貸利率	1.15%	(%)
6	支	早餐花費	50	(天)		活存利率	0.50%	(%)
7	出	午餐花費	80	(天)				
8	參	晚餐花費	100	(天)				
9	數	消夜花費	0	(天)				
10		飲食上漲率	2%	(%)				
11		衣飾支出	2000	(季)				
12		住宿支出	8000	(月)				
13		油錢	800	(月)				
14		維修費	1500	(季)				
15		燃料費	2400	(年)				
16		牌照稅	2600	(年)				
17		保險費	1200	(年)				

圖3-3 編製家庭財務報表所需的相關參數

　　若想要了解個人或家庭的消費習性與結構，以作為後續財務規劃的依據，首先就是要每日記錄並追蹤個人或家庭日常生活支出的詳細帳目，經過2~4週的追蹤與手動紀錄後，其統計報表將可呈現出個人或家庭生活支出的真實樣貌。至於相關家庭支出記錄表的格式，可以參考表3-2所提供的樣式範本。

表3-2　個人或家庭支出的記錄表

星期一		星期二		星期三		星期四		星期五		星期六		星期日	
支出項目	金額	支出項目	金額	支出項目	金額	支出項目	金額	支出項目	金額	支出項目	金額	支出項目	金額
早餐		早餐		早餐		早餐		早餐		早餐		早餐	
午餐		午餐		午餐		午餐		午餐		午餐		午餐	
晚餐		晚餐		晚餐		晚餐		晚餐		晚餐		晚餐	
宵夜		宵夜		宵夜		宵夜		宵夜		宵夜		宵夜	
交通費		交通費		交通費		交通費		交通費		交通費		交通費	
加油		加油		加油		加油		加油		加油		加油	
手機		手機		手機		手機		手機		手機		手機	
治裝		治裝		治裝		治裝		治裝		治裝		治裝	
房租		房租		房租		房租		房租		房租		房租	
水電瓦斯		水電瓦斯		水電瓦斯		水電瓦斯		水電瓦斯		水電瓦斯		水電瓦斯	
娛樂		娛樂		娛樂		娛樂		娛樂		娛樂		娛樂	
其他		其他		其他		其他		其他		其他		其他	

　　有些參數值的決定，可以透過相關網頁的查詢，即可獲取相關資訊。例如圖3-4是臺灣銀行有關助學貸款的頁面，可以獲得助學貸款利率為1.15%的相關資訊。圖3-5是臺灣近10年（2012~2021）的消費者物價指數，可以看出物價逐年上漲，尤其近2年的年增率更是加劇，例如2021年的物價上漲率為1.96%（104.32 / 102.31 – 1），而2013年的物價上漲率只有0.79%（97.76 / 96.99 – 1）。而圖3-6所顯示的是2017~2022年的食、衣、住、行、醫療、休閒等各分類物價上漲的年增率。因此在圖3-3，我們的飲食上漲率參數設定為最近年度（2021年）的2%（四

捨五入）。其他的衣著、居住、交通等類別物價上漲率，則因支出佔比較低或年增率較少（請參考表3-3），對支出影響較不顯著，因此我們暫時將之忽略不計。但因個人消費習性可能差異甚大，例如，個人價值觀較重視時尚享樂者，則其衣著支出佔比可能會佔非常顯著比例，在此情況下則需將衣著消費支出年增率考慮進來。

圖3-4　透過網頁進行助學貸款利率的查詢

圖片來源：臺灣銀行官網

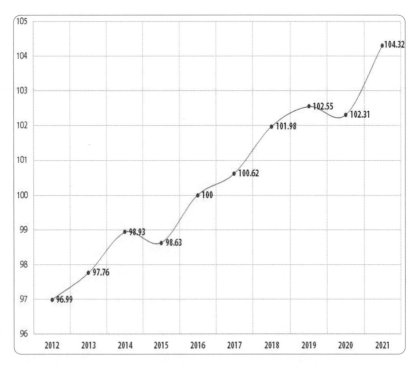

圖3-5　近10年（2012~2021）臺灣消費者物價指數逐年上漲

資料來源：行政院主計總處物價統計資料

統計期	總指數	一.食物類	二.衣著類	三.居住類	四.交通及通訊類	五.醫藥保健類	六.教養娛樂類	七.雜項類
106年	0.62	-0.37	-0.25	0.86	1.82	1.71	0.29	1.90
107年	1.36	1.00	0.29	0.91	2.26	1.06	0.22	4.74
108年	0.55	1.90	-0.73	0.62	-1.45	0.85	0.75	0.58
109年	-0.23	0.67	1.22	0.28	-3.87	0.80	-0.97	0.97
110年	1.97	2.45	1.77	0.92	6.08	0.23	1.20	0.39

圖3-6　近5年（2017~2021）各類物價上漲的年增率（％）

圖片來源：行政院主計總處物價統計資料

💰表3-3　臺灣家庭支出結構與年增率

	食物類	衣著類	居住類	交通類
支出佔比	15.56%	2.79%	26.75%	12.26%
年增率	1.13%	0.46%	0.72%	0.97%

註：支出佔比與年增率是5年（2017~2021）的平均數，醫療、休閒育樂與雜費支出未列入統計。
資料來源：行政院主計總處物價統計資料。

　　有關家庭收支結餘表的編製，除了上述總收入與總支出的估計外，最後就是要計算家庭年度總收入減去總支出的餘額。若總收入大於總支出，收支餘額會大於0，則稱為「收支結餘」；若年度總收入小於總支出，收支餘額會小於0，則稱為「收支透支」；若年度總收入等於總支出，我們稱為「收支兩平」。上述三種家庭年度收支情形，請參考下列相關公式。

$$年度收支餘額 = 總收入 - 總支出$$
$$收支結餘 = 總收入 - 總支出 > 0$$
$$收支兩平 = 總收入 - 總支出 = 0$$
$$收支透支 = 總收入 - 總支出 < 0$$

　　圖3-7提供我們編製家庭收支結餘表的一個標準範例，其中2018~2020年發生家庭收支透支的情形。在此範例中，我們假設家庭收支結餘表的編製，是基於此範例的家庭成員是一個個人，目前是大學二年級學生，經濟上已經獨立自主，在校外租屋，課餘時間在校外打工，以供給自己的學雜費與日常生活的支出。這範

例描繪了目前部分大學生的現況，我們希望從個人理財的觀點，陸續來說明如何解決家庭收支透支的窘境。

在編製家庭收支結餘表時需要依據個人理財與收支相關的實務與邏輯，於試算表中編寫一些公式。例如，若工作收入每年有一個固定比率的調薪幅度，則我們必須將此邏輯編寫成公式：

> 本年度工作收入 = 上一年度工作收入 ×（1+ 調薪幅度）

又如在校外租屋這一情況，必需編寫成公式如下：

> 本年度住宿支出 = 每月房租 ×12 個月

其他與編製家庭收支結餘表相關的公式，請參考表3-4的詳細說明。

	A	B	C	D	E	F	G	H	I	J	K	L
1	年度	2018	2019	2020	2021	2022	2023	2024	2025	2026	2027	2028
2	年齡	20	21	22	23	24	25	26	27	28	29	30
3		大二	大三	大四	正職工作							
4	工作收入	204,000	204,000	204,000	336,000	341,040	346,156	351,348	356,618	361,967	367,397	372,908
5	利息收入	250	223	186	142	748	1,374	2,019	2,684	3,369	4,075	4,802
6	總收入	204,250	204,223	204,186	336,142	341,788	347,529	353,367	359,302	365,337	371,472	377,710
7	飲食支出	83,950	85,629	87,342	89,088	90,870	92,688	94,541	96,432	98,361	100,328	102,335
8	衣飾支出	8,000	8,000	8,000	8,000	8,000	8,000	8,000	8,000	8,000	8,000	8,000
9	住宿支出	96,000	96,000	96,000	96,000	96,000	96,000	96,000	96,000	96,000	96,000	96,000
10	交通支出	21,800	21,800	21,800	21,800	21,800	21,800	21,800	21,800	21,800	21,800	21,800
11	總支出	209,750	211,429	213,142	214,888	216,670	218,488	220,341	222,232	224,161	226,128	228,135
12	收支結餘	-5,500	-7,207	-8,955	121,253	125,118	129,042	133,025	137,070	141,176	145,344	149,575

圖3-7　家庭收入支出結餘表的編製

表3-4　家庭收入支出結餘表的項目與公式

項目	年齡	公式
工作項目	20~22	打工收入×月數
工作收入	23	工作起薪×（月數+年終獎金）
工作收入	24~30	前一年度工作收入×（1+調薪幅度）
利息收入	20~30	前一年度銀行活存×活存利率
飲食支出	20	（早餐花費+午餐花費+晚餐花費+宵夜花費）×日數
飲食支出	21~30	前一年度飲食支出×（1+飲食上漲率）

項目	年齡	公式
衣飾支出	20~30	衣飾支出×季數
住宿支出	20~30	住宿支出×月數
交通支出	20~30	油錢×月數+維修費×季數+燃料費+牌照稅+保險費
收支結餘	20~30	總收入−總支出

在編製「家庭收支結餘表」時，有關金融商品的買賣交易，其資金進出的支出與收入，有兩種不同的記錄方法，包括「買賣差額法」與「買賣總額法」。

一、買賣差額法

此方法對買進金融商品的處理方式，其支出金額（買進價格）雖然是現金的流出，但不記錄於「家庭收支結餘表」的支出項目下；相反的，當賣出此金融商品時，收入金額（賣出價格）雖然是現金的流入，但於「家庭收支結餘表」的收入項目下，僅記錄買賣的價格差額（資本利得）。換言之，這種方法只在賣出金融商品時，記錄買賣價格差額為「理財收入」或「投資收入」，至於買入金融商品的現金流出與賣出時的現金流入，則必須另外編製「家庭現金流量表」來做記錄。

這種「買賣差額法」是CFP Guide的建議方法，臺灣所出版的個人理財相關書籍大多沿用此方法，其優點是編製財務報表的方法，與公司行號處理帳務所遵循的會計原理完全一致，但缺點是光有「家庭資產負債表」與「家庭收支結餘表」是不夠的，需要另外編製「家庭現金流量表」，方能真實反映家庭的財務狀況與資金進出的動態。

二、買賣總額法

此方法對買進金融商品的處理方式，其支出金額（買進價格）必須記錄於「家庭收支結餘表」的支出項目下；相反的，當賣出此金融商品時，收入金額（賣出價格）也必須記錄於「家庭收支結餘表」的收入項目下。換言之，「家庭收支結餘表」記錄了買賣金融商品時，其現金流出與流入的總額，這種記錄方法下的「家庭收支結餘表」等同於「家庭現金流量表」。因此，這種方法只需要

「家庭資產負債表」與「家庭收支結餘表」，就可以充分反映家庭的財務狀況與資金進出的動態。

此種「買賣總額法」是美國「Personal Finance」教科書常常建議採用的方法，本書各章節的個案模型的建置，也是採用此種方法。而「買賣總額法」主要優點在於編製家庭財務報表簡單易懂，只需編製「家庭資產負債表」與「家庭收支結餘表」兩張報表；其缺點是帳務處理方式與傳統公司理財所遵循的會計原理是不完全相同的。

最後必須特別強調的是，不管採用「買賣差額法」或是「買賣總額法」，請讀者務必小心謹慎，千萬不要混用此兩種方法，例如，在買進金融商品時，於「家庭收支結餘表」的支出項目下，記錄買進價格（現金流出）為「理財支出」或「投資支出」（亦即採用買賣總額法），卻於賣出金融商品時，於「家庭收支結餘表」的收入項目下，記錄資本利得（買賣差額）為「理財收入」或「投資收入」（亦即採用買賣差額法）。這裡需要再次特別強調的是，當買進金融商品時，若採用「買賣總額法」，則賣出金融商品時，亦必須要採用相同的「買賣總額法」；當買進金融商品時，若採用「買賣差額法」，則賣出金融商品時，亦必須要採用相同的「買賣差額法」。若買進金融商品與賣出金融商品採用不同的方法（混用），是不正確的帳務處理方式，會使家庭財務狀況嚴重失真。關於這兩種交易記錄方法的詳細比較，請參考表3-5的進一步說明。

表3-5　家庭收支結餘表兩種交易記錄方法的比較

範例	買入證券$10,000，賣出證券$12,000，買賣差額（資本利得）$2,000			
比較	買賣差額法		買賣總額法	
	收入支出結餘表	資產負債表	收入支出結餘表	資產負債表
買入證券時	不做記錄	記錄「證券資產」$10,000	記錄「投資支出」$10,000	記錄「證券資產」$10,000
賣出證券時	記錄「理財收入」或「投資收入」$2,000	記錄「證券資產」$0	記錄「理財收入」或「投資收入」$12,000	記錄「證券資產」$0

現金流量	單獨由「收入支出結餘表」無法看出買賣證券時的現金流量。	單獨由「資產負債表」無法看出賣證券時的現金流量。	單獨由「收入支出結餘表」就可知道買賣證券時的現金流量。	無需再透過「資產負債表」計算現金流量。
	必需另外編製「現金流量表」 －（\$0−\$10,000）+\$2,000=\$12,000		無需另外編製「現金流量表」，「收入支出結餘表」等同於「現金流量表」。	
兩張報表關聯性	每一年度的「收支結餘」必需累加入該年度的「淨值」科目。		每一年度的「收支結餘」必需累加入該年度的「現金」科目。	
參考文獻	美國CFP Guide[1]		美國Personal Finance Textbook[2]	
採用者	臺灣「個人理財」或「財富管理」教材採用此方法建立分析模型。		本書採用此方法建立分析模型。	

註：1.請參考由CFP準則委員會所出版的「Financial Planning Competency Handbook」一書。
　　2.請參考由Gitman, Joehnk與Billingsley三人所合著的「Personal Financial Planning」一書。

3-5　編製家庭資產負債表

當我們要編製家庭「資產負債表」時，顧名思義可分成「**資產**」（Asset）與「**負債**」（Liability）兩大類。「資產」是家庭與個人所擁有的資金，依照其是否可於未來產生「理財收入」（包括利息、股息、處分資產、租金收入等），又可分為「自用資產」與「投資資產」（生息資產）。

以下舉例說明：

1. **不動產**：不動產如果是用來自住，不會產生租金收入，因此是屬於「自用資產」；但不動產如果是用來出租，因為有租金收入，因此須歸類於「投資資產」。

2. **購車**：家庭購車如果是爲了自用，方便
   家人上班通勤或載小孩上下學，則屬
   於「自用資產」，如果是爲了營業用
   途，例如擔任計程車司機，則須歸類於
   「投資資產」。

然而，雖稱爲「自用資產」，若資
產仍保有殘值，在不需要時可以將之處分
（賣掉），亦可帶來一筆可觀的現金收入。

「負債」指的是家庭或個人向債權人（金融機構、商品銷售方、親朋好友
等）所借貸的金額，需於未來時日一次性或分期「還本」、「付息」的相關債
務，例如：助學貸款、購車貸款、購屋貸款、信用貸款等。因此家庭或個人所擁
有的資產，不全然屬於自己所有，因有部分資產需於將來的時日用以償還負債的
本金或利息，所以眞正屬於自己的**財富**（Wealth）是資產減去負債後的餘額（差
額），我們稱之爲「**淨值**」（Net Worth）。根據上述的定義，寫出以下方程式：

$$淨值 = 資產 - 負債$$

我們亦可改寫上述方程式爲：

$$資產 = 負債 + 淨值$$

我們稱此方程式爲「資產負債表恆等式」，等號的左方稱爲**借方**
（Debit），等號的右方稱爲**貸方**（Credit），「借貸必須相等」是編製家庭資產
負債表的基本原則。此外，右方（貸方）亦代表家庭或個人的**資金來源**（Source
of Funds），其來源管道包括有借貸而來的負債，或自有資金的淨值；而左方
（借方）代表家庭或個人的**資金用途**（Usage of Funds），包括銀行活存（現
金）、購車、購屋等。

最後，所謂借貸平衡（左右相等），意味著資金來源等於資金用途。否則
若是資金來源大於資金用途，代表資金憑空消失了，不知資金去向爲何？若是
資金來源小於資金用途，代表有些資金來源不明？不管是上述兩種情況的哪一
種，都屬於發生弊端的狀況。因此，當我們在編製家庭資產負債表的時候，必須

特別留意借貸平衡（相等）的基本要求。請參考圖3-8的家庭資產負債表，確認每一年度的借方金額（資產合計）與貸方金額（負債淨值合計）都是相等的，例如，2020年借方金額（資產合計）是$68,338，而貸方金額（負債淨值合計）也是$68,338，因此確認是正確的編製家庭資產負債表。

　　而編製家庭資產負債表除了要遵循上述「借貸平衡」的要求外，有另外一個需要遵循的原則，就是每一年度的家庭收支結餘，必需累加到家庭資產負債表的「銀行活存」或「現金」科目（依據表3-5，本書採用買賣總額法），因為在這裏我們假設家庭收支結餘全數用於儲蓄。依循此原則，可以寫出下列公式：

> 本年（年底）現金餘額＝上年（年底）現金餘額＋本年度家庭收支結餘

　　因為現金餘額就是家庭資產負債表的「銀行活存」或「現金」科目，而「收支結餘」屬於家庭收支結餘表的最後一個科目，上述公式描繪了家庭資產負債表與家庭收支結餘表的連結關係（關聯性）。因此，若家庭收支有結餘（結餘大於0），則累加入現金餘額會使現金越來越多；相反的，若家庭收支是透支（結餘小於0），則累加入現金餘額會使現金越來越少。例如，在圖3-8中的例子A，2026年度的家庭收支結果是結餘$141,176（收支結餘+$141,176），2026年年初（可視為2025年年底）的現金餘額是$673,846，我們可依公式計算2026年年底的現金餘額是：

> 2026 年（年底）現金餘額＝$673,846＋$141,176＝$815,022

　　要注意的是，通常在家庭收支結餘表裏所說的2026年度，指的是2026/1/1~2026/12/31，而在家庭資產負債表裏所說的2026年，指的是年底2026/12/31，因此在家庭資產負債表裏的年底可以省略不說。

　　在圖3-8中，我們發現2018、2019與2020三個年度，其家庭收支是屬於透支的情況，這三年的家庭資產負債表的現金餘額，從2018年年初的$50,000，一路下滑至$44,500、$37,294與$28,338。在此後的年度，因家庭收支都是有結餘，因此現金餘額就反轉為一路增加。經由上述的例子，可以清楚瞭解到家庭收支結餘表與家庭資產負債表的編製原則與彼此連動的關聯性。我們必須嚴格遵守這些編製原

則與關聯性，才可以編製出正確且可靠的家庭財務報表，後續的財務分析也才會正確可靠。

當瞭解「家庭資產負債表」與「家庭收支結餘表」的連動關係時，為什麼是進行個人理財活動最基本且重要的能力呢？讓我們來看看有關個人理財的世界暢銷書，由美國知名作家羅伯特清崎（Robert T. Kiyosaki）所編著的個人理財著作**「富爸爸窮爸爸」**（Rich Dad Poor Dad），其書中也非常強調透過「家庭資產負債表」與「家庭收支結餘表」的連動關係，來分析富爸爸（泛指有錢人）之所以致富、窮爸爸（泛指中產階級或窮人）之所以變窮的關鍵點。

Kiyosaki認為富爸爸的現金流量型態應為圖3-8的例子B，也就是富爸爸擁有非常多的生息資產（儲蓄或投資類金融工具），這些資產會帶來豐厚的理財或投資收入（利息、股利、資本利得等），進而使得家庭收支有結餘，這些結餘又可以進一步用來儲蓄或投資，現金流如此生生不息的循環，終於使得家庭財務狀況有正向的發展。相反的，窮爸爸的現金流型態如圖3-8的例子C所示，也就是窮爸爸主要透過工作來獲取家庭收入，雖然現金流入是穩定的，但家庭收入的成長有限，且因為負擔了非常沉重的家庭生計的支出，因此可能時而出現家庭收支有透支的情形發生，為了彌補資金需求的缺口，窮爸爸轉而向金融機構申辦貸款，有了負債之後，開始每年要向金融機構償還大筆金額的本金與利息，使得家庭理財支出更為擴大，家庭收支愈來越難平衡，終於導致要繼續向金融機構借錢融通的負向循環，這惡性循環的關鍵點在於，窮爸爸終身為償還負債而工作，無法透過升息資產來創造更多的家庭理財收入。

最後，透過本章節的實際例子說明，瞭解編製家庭財務報表的重要性。要如何編製正確的家庭財務報表，需要進一步的熟悉「家庭資產負債表」與「家庭收支結餘表」的彼此連動關係。不管於將來，我們是要透過金融機構的理財人員為我們做個人理財規劃，或是依照本書所教導的個人理財相關原理來替自己進行理財活動，我們都要先確認能夠獲取正確編製的家庭財務報表，否則華麗的家庭或個人理財規劃報告書，都可能淪為金融商品銷售的行銷工具，對家庭或個人終身的理財活動並無實質的幫助。但要怎樣才能具備有獨立判斷理財規劃書優劣的敏銳能力？精進閱讀本書所介紹的個人理財原理，並實際動手製作屬於您個人量身

訂做的家庭財務報表，將是培養自己具備理財素養，進而能洞悉理財機會與陷阱的方便法門。

	A	B	C	D	E	F	G	H	I	J	K	L
1	年度	2018	2019	2020	2021	2022	2023	2024	2025	2026	2027	2028
2	年齡	20	21	22	23	24	25	26	27	28	29	30
3		大二	大三	大四	正職工作							
4	工作收入	204,000	204,000	204,000	336,000	341,040	346,156	351,348	356,618	361,967	367,397	372,908
5	利息收入	250	223	186	142	748	1,374	2,019	2,684	3,369	4,075	4,802
6	總收入	204,250	204,223	204,186	336,142	341,788	347,529	353,367	359,302	365,337	371,472	377,710
7	飲食支出	83,950	85,629	87,342	89,088	90,870	92,688	94,541	96,432	98,361	100,328	102,335
8	衣飾支出	8,000	8,000	8,000	8,000	8,000	8,000	8,000	8,000	8,000	8,000	8,000
9	住宿支出	96,000	96,000	96,000	96,000	96,000	96,000	96,000	96,000	96,000	96,000	96,000
10	交通支出	21,800	21,800	21,800	21,800	21,800	21,800	21,800	21,800	21,800	21,800	21,800
11	總支出	209,750	211,429	213,142	214,888	216,670	218,488	220,341	222,232	224,161	226,128	228,135
12	收支結餘	-5,500	-7,207	-8,955	121,253	125,118	129,042	133,025	137,070	141,176	145,344	149,575

	A	B	C	D	E	F	G	H	I	J	K	L	M
1	年度	2018年初	2018	2019	2020	2021	2022	2023	2024	2025	2026	2027	2028
2	年齡	20	20	21	22	23	24	25	26	27	28	29	30
3		大一	大二	大三	大四	正職工作							
4	現金(活存)	50,000	44,500	37,294	28,338	149,592	274,709	403,751	536,776	673,846	815,022	960,366	1,109,941
5	手機	16,000	16,000	16,000	16,000	16,000	16,000	16,000	16,000	16,000	16,000	16,000	16,000
6	機車	24,000	24,000	24,000	24,000	24,000	24,000	24,000	24,000	24,000	24,000	24,000	24,000
7	資產合計	90,000	84,500	77,294	68,338	189,592	314,709	443,751	576,776	713,846	855,022	1,000,366	1,149,941
8	助學貸款	0	0	0	0	0	0	0	0	0	0	0	0
9	總負債	0	0	0	0	0	0	0	0	0	0	0	0
10	淨值	90,000	84,500	77,294	68,338	189,592	314,709	443,751	576,776	713,846	855,022	1,000,366	1,149,941
11	總淨值	90,000	84,500	77,294	68,338	189,592	314,709	443,751	576,776	713,846	855,022	1,000,366	1,149,941
12	負債淨值合計	90,000	84,500	77,294	68,338	189,592	314,709	443,751	576,776	713,846	855,022	1,000,366	1,149,941

圖3-8 家庭資產負債表與收支結餘表的關聯性（A：本書模型的連動；B：富爸爸的現金流型態；C：窮爸爸的現金流型態）

本章習題

張凱盛現年30歲（2018年初），單身上班族，一人在外租屋，其相關財務現況如下列所述：

1. 現有銀行活期存款643,000元，年利率0.5%。

2. 現有股票2張（2,000股），投資成本100,000元，預期每年會配發現金股利每股2.5元，且預期每年股價會上漲4%。

3. 剛剛購入汽車一部，價格為600,000元，享有400,000元零利率分期付款，預期5年內需還清貸款，汽車每年會折舊40,000元。

4. 食衣住行等日常必要花費，請參考下列參數表所列金額。其中飲食費用每年會上漲2%，其他費用因上漲有限，可視為固定支出。

5. 現在工作收入為年薪12個月加上年終獎金2個月，每一年的預期調薪幅度為1.5%。

請您幫張凱盛完成下列「家庭收支結餘表」與「家庭資產負債表」至他40歲為止。並請回答下列問題：

1. 40歲前，張凱盛的年度收支會發生入不敷出的現象嗎？

2. 若張凱盛想要在40歲時購屋，目標房價是850萬元，可以貸款8成，自備款需要2成（170萬元），請問她可以如期在40歲時完成購屋的夢想嗎？

3. 若張凱盛想要在40歲時購屋，目標房價是1,000萬元，可以貸款8成，自備款需要2成（200萬元），請問她可以如期在40歲時完成購屋的夢想嗎？

4. 若張凱盛想要在40歲時購屋，目標房價是850萬元，可以貸款8成，自備款需要2成（170萬元），但預期股價上漲率會是-1%（每年下跌1%），請問她可以如期在40歲時完成購屋的夢想嗎？

5. 請您幫張凱盛想想，他在40歲前可能還會有哪些想要實現的夢想（財務目標）？以他的財務規劃狀況，可能實現這些夢想嗎？

參數表

	A	B	C	D	E	F	G
1	工作起薪	32,000	(月)		每年季數	4	(季)
2	年終獎金	2	(月)		每年月數	12	(月)
3	調薪幅度	1.50%	(年)		每年日數	365	(日)
4	早餐花費	50	(天)		活存利率	0.50%	(年)
5	午餐花費	80	(天)		股價上漲率	4.0%	(年)
6	晚餐花費	100	(天)		現金股利	2.5	(每股/年)
7	消夜花費	60	(天)		油錢	4,000	(月)
8	飲食上漲率	2.00%	(年)		維修費	3,000	(季)
9	衣飾支出	2,000	(季)		燃料費	4,800	(年)
10	住宿支出	12,000	(月)		牌照稅	7,120	(年)
11	汽車折舊	40,000	(年)		保險費	8,800	(年)
12					車貸還款	80,000	(年)

家庭收支結餘表

	A	B	C	D	E	F	G	H	I	J	K	L
1												
2	年度	2018	2019	2020	2021	2022	2023	2024	2025	2026	2027	2028
3	年齡	30	31									
4	工作收入	448,000	454,720									
5	利息收入	3,215	2,403									
6	股利收入	5,000	5,000									
7	總收入	456,215	462,123									
8												
9	飲食支出	105,850	107,967									
10	衣飾支出	8,000	8,000									
11	住宿支出	144,000	144,000									
12	交通支出	80,720	80,720									
13	購車支出	280,000	80,000									
14	總支出	618,570	420,687									
15												
16	收支結餘	- 162,355	41,436									

家庭資產負債表

	A	B	C	D	E	F	G	H	I	J	K	L	M
1													
2	年度	2018年初	2018	2019	2020	2021	2022	2023	2024	2025	2026	2027	2028
3	年齡	30	30	31	32	33	34	35	36	37	38	39	40
4	銀行活存	643,000	480,645	522,081									
5	股票投資	100,000	104,000	108,160									
6	汽車資產	600,000	560,000	520,000									
7	資產合計	1,343,000	1,144,645	1,150,241									
8													
9	汽車貸款	400,000	320,000	240,000									
10	總負債	400,000	320,000	240,000									
11	淨值	943,000	824,645	910,241									
12	總淨值	943,000	824,645	910,241									
13	負債淨值合計	1,343,000	1,144,645	1,150,241									

NOTE

04 專業職能
與教育學習

學習目標

1. 瞭解個人專業職能與工作收入的相關性。

2. 瞭解個人專業職能增長與教育學習支出的相關性。

3. 瞭解與個人教育學習相關的金融工具。

4. 學習如何擬定個人教育學習目標,並完成相關財務
   規劃。

4-1 專業職能與工作收入

　　影響個人與家庭收入的眾多因素中,教育程度與職業類別是最常被討論的議題。根據行政院主計總處的調查結果顯示,2021年臺灣每人每月總薪資與接受教育程度的高低有顯著的相關性。例如,國小教育程度者的每人每月總薪資僅有28,669元,而研究所教育程度者的每人每月總薪資卻高達60,942元,是國小教育程度者每月收入的2.13倍,其差異不可說不大。詳細調查結果,請參考圖4-1的統計圖表。

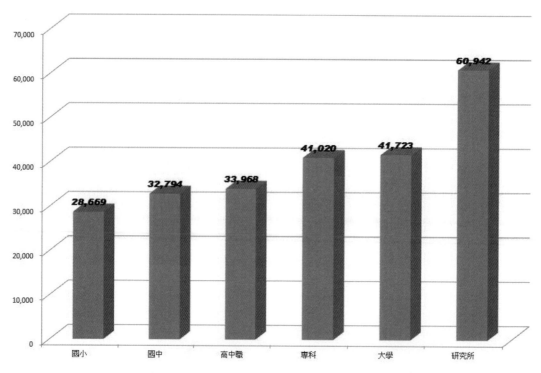

圖4-1　2021年臺灣每人每月總薪資與教育程度有高度相關

資料來源:行政院主計總處之薪資與生產力統計

　　同一年度的調查結果顯示,家庭成員所從事的不同職業類別,其每人每月總薪資(包含經常性與非經常性薪資)的差異也非常顯著。例如,補教從業者(非各級公私立學校)的平均每人每月總薪資僅有31,389元,而金融保險從業者

的平均每人每月總薪資卻高達98,875元，是從事補教工作者每人每月總薪資的3.15倍，其差異比教育程度的影響更大。有關不同職業類別對個人工作所得的影響，請參考圖4-2的統計圖表。

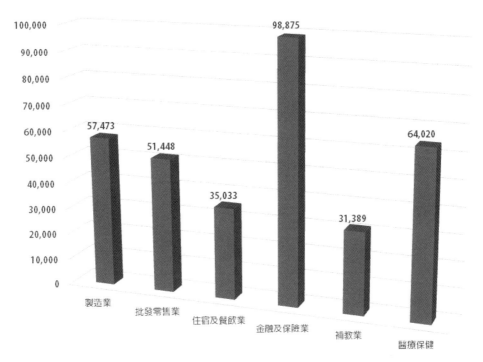

備註：補教業不包含各級公私立學校

圖4-2　2021年臺灣每人每月總薪資與職業別具有高度相關

資料來源：行政院主計總處之薪資與生產力統計

　　而不論影響家庭可支配所得的因素來自於「教育程度」或是「職業類別」，都與個人的專業職能有高度關聯性。也就是說，個人接受教育程度越高，其所習得的專業職能也會相對較豐富，可以選擇的職業類別也相對較廣，當然其個人與家庭收入也相對會較高。因此接受教育，學習專業技能，是提高個人與家庭工作收入的主要方法。

　　接受教育的途徑，可分為「正式教育」與「職業訓練」兩種管道，所謂正式教育指的是接受「國民義務教育」與接受「高等教育」，更可延伸至「研究所教育」；而「職業訓練」則可透過政府職業訓練教育機構或私人補習教育機構等管道來學習。不管是透過那一個管道來學習與成長，重要的是不僅要獲取文憑與證

照，更重要的關鍵點是要學習專業職能與技術，因為這才是真正能提高個人與家庭工作收入的關鍵因素。

　　有關於要如何選擇個人的學習與專業成長的途徑與目標？首先，我們必須要探索能提供職業類別、工作內容、職能技術、工作收入相關資訊的網站，在眾多的人力銀行網站上都有提供相關訊息。圖4-3顯示1111人力銀行所提供的職業探索網頁。我們可以依個人興趣與性向，選擇我們想要從事的職業類別與職位屬性，例如在圖4-3中，選擇「餐飲烘焙」類的「餐飲主管」一職。依個人偏好做好初步選擇後，接著我們可以進一步瀏覽餐飲主管的職務定義與工作內容，詳情請參考圖4-4的說明。此時，我們需要確認真正的工作內容是否與我們當初的想像與期望是一致的。若工作內容不符合我們的期望、興趣與性向，則應該及時思考是否要選擇其他更適合自己的職業類別與職位。例如：「餐飲烘焙」類的「餐飲主管」一職，要求需具備與客戶溝通的基本能力，若自己的興趣與性向都不符合此要求時，就要積極思考是否轉換至其他職業別或不同職位。相反的，與客戶溝通是我們有興趣想做的，但目前能力不及而無法勝任，則可透過教育學習與職業訓練來提升這方面的職能。因此，我們會很清楚自己學習的目標，就在於提升個人**商業溝通**（Business Communication）的技巧與能力，根據此一學習目標，最後就可以開始擬定個人的教育學習計畫。

圖4-3　人力銀行網頁上所提供的職業類別選擇

資料來源：1111人力銀行網站

圖4-4　餐飲主管的職務定義與工作內容

資料來源：1111人力銀行網站

　　至於「餐飲主管」一職還需具備哪些職能才能充分勝任，攸關我們是否要進一步設定更多的學習目標。例如，圖4-5羅列餐飲主管需要具備的所有職能，包括需具備「檢視企業營運績效」的職能。為了進一步培養自己具備經營管理的能力，我們就要擬訂學習「企業管理」、「財務管理」、「財務報表分析」等專業學科的學習目標，並將之納入個人的教育學習計畫當中。

圖4-5　擔任餐飲主管所必需具備的職能

資料來源：1111人力銀行網站

　　在確認自己所選擇的職業類別與職位屬性，並據以訂出相關學習目標後，下一個步驟則是要決定我們個人的教育學習計畫要延伸至那一個階段？高中職、大學，亦或是研究所？要做出此重大的決定，並不是光想像或是人云亦云就可辦得到。我們不妨從就業市場需求面來參考更客觀的資訊，那就是企業主對餐飲主管一職的學經歷要求。從圖4-6的說明中，我們發現許多企業主要求餐飲主管只需具備「高中職」、「專科」的學歷，甚至開出「學歷不拘」的要求條件。這些企業主的學經歷要求條件，只能說是評選人才的最低標準與門檻。若再進一步參考圖4-7的餐飲主管的工作收入，我們會發現學經歷顯著影響工作收入，月薪可從最低的35,300元提升到最高的58,300元。因此，個人教育學習計畫要延伸至那一格階段的決策，不只是要參考企業主的學經歷要求，更要進一步要思考個人的職涯規劃、學習意願、學習興趣與工作收入等眾多因素，方能建構出最適合自己的學習目標與教育計畫。

圖4-6　餐飲主管的職涯規劃與學經歷要求

資料來源：1111人力銀行網站

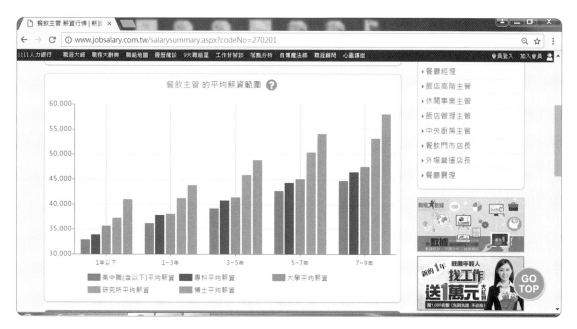

圖4-7 餐飲主管的工作收入因學歷與年資的不同而有所差異

資料來源：1111人力銀行網站

4-2 教育學習與學費支出

　　為具體落實前面章節所擬定的個人教育學習計畫，我們必須進一步思考執行學習計畫時的相關成本，包括學雜費的支出，與學習時間的機會成本（因學習而佔用的時間，無法用於工作而減少收入）。表4-1列出在臺灣接受高等教育的相關學雜費支出，其中大學部修業期間一般為4年，每年學雜費最低為公立技專院校的49,159元，最高為私立大學的109,944元，公私立大學學雜費的差異頗大。碩士班修業期間一般為2年，公立研究所每年學雜費為52,360元，而私立研究所每年學雜費則高達91,920元。博士班修業期間一般為5年，前兩年學雜費與碩士班相近，後3年學雜費則以每個人實際修習學分數來收費，因此金額差異頗大。

　　至於研究所碩士班有一種特別的學制設計，以方便在職的社會人士來進修相關碩士學位，特別是商管學院或工學院所提供的在職專班，例如**EMBA**（Executive Master of Business Administration）**高階經營管理碩士**學位課程，其

收取的學分費可高達每學分1萬元,修習一門3學分的課程,其學費就要3~4萬元。其課程設計目的在於提供企業高階經理人在職進修的機會,因此與一般以研究導向的碩士課程並不相同。

　　臺灣高等教育各個學校所收取的學雜費,一般都需要經過教育部審定同意後,方能向學生收取,因此學雜費的收取金額變動不大。在此只列出高等教育的學費支出,義務教育的學雜費支出並未被列出,原因在於臺灣的高等教育開始有較精細的專業分流與專業職能訓練(高職教育例外),而學生將來的職業與職位選擇,也與高等教育有高度相關性。因此在臺灣接受大學教育已成為就業前的基本專業訓練。例如,2015年臺灣25~34歲人口中,接受高等教育的比率高達71.6%,明顯高於日本的59.6%、英國的49.2%與美國的46.5%。因此就讀大學儼然已成為臺灣年輕人進入就業市場所必需具備的基本要求。

💰 表4-1　臺灣高等教育每學年的學雜費

單位:新臺幣

教育階段	就學年齡	修業期間	公立學雜費	私立學雜費
一般大學大學部*	18~22	4年	$58,726	$109,944
技專校院大學部*			$49,159	$98,887
研究所碩士班**	22~24	2年	$52,360	$91,920
博士班前2年**	24~26	5年	$42,640	$91,920
博士班後3年**	26~29		$23,200	$13,088

註:1. 大學部學雜費是2017年各校平均值。
　　2. 研究所碩士班、博士班以2016年商管學院為例。
　　3. 博士班後3年以每學期修習4學分為例。
　　4. 資料來源:*教育部統計處、**臺灣科技大學、輔仁大學學雜費收費標準。

4-3　教育學習與金融工具

　　一般而言，接受「義務教育」的學雜費支出較低，而「高等教育」的學雜費支出會較高。原因是「義務教育」是政府強制國民要接受的基礎教育，享有政府的高度補助，而公立「高等教育」也享有政府教育經費的挹注與補貼，因此其學雜費是相對便宜的。至於私立學校的經營成本，主要是由學生的學雜費來支應，因此為反映學校的實際支出，其收取的學雜費是相對高的。但不論是公立或私立的大學院校，臺灣學生與家長所要支出的學雜費占人均國民生產毛額（人均GDP）的比例，與其他國家相比都算是非常低。例如，根據教育部107年統計資料顯示，臺灣公立大學學費占人均GDP的7.9%，私立大學學費占人均GDP的14.8%，公立技專院校學費占人均GDP的6.6%，私立技專院校學費占人均GDP的13.3%。而日本公私立大學的比例分別是20.2%與32.4%；美國公私立大學的比例分別是15.7%與48.7%。

　　雖然臺灣每一家庭在高等教育學雜費的支出，相對於其他國家是便宜的，然而仍有許多家庭需依賴政府補貼利息的就學貸款來支付學費。有些經濟條件較佳的家庭，則會選擇一些與子女教育基金相關的金融工具，及早替子女籌劃高等教育學費的準備。表4-2列出家庭進行高等教育基金準備時可以運用的金融工具。

　　若家庭日常收支是處於結餘的狀態，則年度的家庭收支結餘可以投入「儲蓄型」或「投資型」的金融工具。其中「儲蓄型」金融工具除了一般大眾所熟知的銀行活期存款或定期存款外，還可以運用臺幣或外幣儲蓄型保險來累積較高報酬率的高等教育基金。以外幣計價的儲蓄險通常較適用於子女將赴國外求學的家庭，否則未來若將外幣轉換回新臺幣時，可能會面臨匯兌損失的高度風險。因為將來子女若要赴國外求學，必需以外幣來支付學費，而外幣儲蓄險將來可從保險公司收到以外幣計價的到期保險金，無需再轉換成新臺幣，因此不會承擔匯率風險。此金融商品運用在家庭的教育基金規劃上，就變成了低風險的金融工具。

另一類的「投資型」金融商品，包括有ETF、共同基金、股票等，則屬於較高報酬率與較高風險的金融工具，其報酬率雖然說是較高，但投資報酬並不像儲蓄型金融商品穩定，可能會遭遇虧損的情形，嚴重者甚會影響到子女的求學計畫，因此投資型金融商品較適合風險承擔能力較強的家庭來採用。

若家庭的日常收支經常處於透支的階段，可以選擇的金融工具就是「助學貸款」（或稱為就學貸款），因為屬於銀行借款的工具，所以報酬率是負值，代表要支付利息給銀行，但支付利息的利率（1.15%）會比一般銀行借款來得低，原因在於申辦者享有政府的利息補貼，且享有還款寬限期，也就是還本付息的開始期可遞延至大學畢業後。申請就學貸款的條件與相關訊息，可以上網查詢臺灣銀行的網站，如圖4-8所示。

💰 **表4-2　與教育基金相關的金融工具**

家庭收支	性質	金融工具	報酬率	風險	適用情況
結餘	儲蓄（資產）	活期儲蓄存款	0.20%	無	社會大眾最常使用工具，但資金易被綁用。
		定期存款	1.07%	無	社會大眾最常使用工具，但資金易被綁用。
		臺幣儲蓄險保單	2%~3%	極低	強迫儲蓄已累積教育基金，專款專用。
		外幣儲蓄險保單	4%~5%	低	子女未來將赴國外求學者，專款使用。
	投資（資產）	ETF	同證券市場平均數	同證券市場平均數	想追求證券市場平均報酬率，但沒時間可以盯盤買賣者。
		共同基金	略高於證券市場平均數	中等	想追求高於證券市場平均報酬率，但沒時間可以盯盤買賣者。
		股票	高於證券市場平均數	高	想追求超額報酬率，有時間可以盯盤買賣者。
透支	融資（負債）	助學貸款	-1.15%	無	家庭年所得符合標準者，可申請國中、高中與大學助學貸款。

註：另有兼具保障與投資性質的投資型保險，可以其壽險成分做為子女教育基金的保障，並以其投資成分來定期定額投資共同基金，做為子女教育基金的累積。

圖4-8　就學貸款入口網站

圖片來源：臺灣銀行網站

4-4　專業成長與財務規劃

　　在第3章的範例中，假設家庭成員是一個個人，目前是大學二年級學生，經濟上已經獨立自主，在校外租屋，課餘時間在校外打工，以供給自己的學雜費與日常生活的支出。然而因為年度收支仍處於透支的情況，根據表4-2的說明，可以選擇的教育相關的金融工具是「就學貸款」。另根據表4-1的高等教育學費表，每一學年私立技專院校學雜費為98,887元。因此，大學四年的就學貸款未清償總額將是98,887元 × 4年 = 395,548元。

　　根據「高級中等以上學校學生就學貸款辦法」的規定，就學貸款的償還計畫有還款寬限期，每增貸一學期就可延長還款期限一年，因此於大學四年（8個學期）申請就學貸款，可以分期8年來還款，還款開始期是從大學畢業後一年開始還本付息（23歲開始還款），目前還款利率扣除政府的利息補貼後，年

利率是1.15%。每年應還本與付息的金額，可以使用Excel的函式 = PPMT（　）與 = IPMT（　）來計算。例如，圖4-9是此範例的就學貸款的還款計畫明細。其中，2021年「還本」金額的計算式爲：

[B9] = PPMT（$B$4,B6,$B$3,$B$2,）

2021年「付息」金額的計算式爲：

[B10] = IPMT（$B$4,B6,$B$3,$B$2,）

	A	B	C	D	E	F	G	H	I
1									
2	學貸金額	395548	(元)						
3	還款期限	8	(年)						
4	學貸利率	1.15%	(%)						
5									
6	序	1	2	3	4	5	6	7	8
7	年度	2021	2022	2023	2024	2025	2026	2027	2028
8	年齡	23	24	25	26	27	28	29	30
9	還本	47,488	48,034	48,586	49,145	49,710	50,282	50,860	51,445
10	付息	4,549	4,003	3,450	2,892	2,326	1,755	1,177	592

圖4-9　就學貸款還款計畫的試算

　　圖4-9的就學貸款還款計畫，必需進一步帶入家庭收支結餘表的支出類別下，如圖4-10所顯示，還款期從大學畢業後一年（23歲）開始，貸款本金可分期8年來償還，至30歲時所有就學貸款清償完畢。

N17			✕ ✓ fx									
	A	B	C	D	E	F	G	H	I	J	K	L
2	年齡	20	21	22	23	24	25	26	27	28	29	30
3		大二	大三	大四	正職工作							
4	工作收入	204,000	204,000	204,000	336,000	341,040	346,156	351,348	356,618	361,967	367,397	372,908
5	利息收入	250	223	186	142	488	852	1,234	1,635	2,055	2,494	2,953
6	總收入	204,250	204,223	204,186	336,142	341,528	347,007	352,582	358,253	364,023	369,891	375,861
7	飲食支出	83,950	85,629	87,342	89,088	90,870	92,688	94,541	96,432	98,361	100,328	102,335
8	衣飾支出	8,000	8,000	8,000	8,000	8,000	8,000	8,000	8,000	8,000	8,000	8,000
9	住宿支出	96,000	96,000	96,000	96,000	96,000	96,000	96,000	96,000	96,000	96,000	96,000
10	交通支出	21,800	21,800	21,800	21,800	21,800	21,800	21,800	21,800	21,800	21,800	21,800
11	學貸還本	0	0	0	47,488	48,034	48,586	49,145	49,710	50,282	50,860	51,445
12	學貸付息	0	0	0	4,549	4,003	3,450	2,892	2,326	1,755	1,177	592
13	總支出	209,750	211,429	213,142	266,925	268,707	270,524	272,378	274,268	276,197	278,164	280,171
14	收支結餘	-5,500	-7,207	-8,955	69,217	72,821	76,484	80,205	83,985	87,826	91,727	95,690

圖4-10　家庭收支結餘表的學貸還本與付息

此外，就學貸款在家庭資產負債表中，屬於「負債」類別，必須記錄所有未清償的貸款餘額。20~22歲屬於求學借款期間，因尚未開始還款，因此就學貸款的負債金額逐漸累積，23歲後開始還款，負債金額也隨之逐漸減少，至30歲時全部清償完畢，因此負債金額歸零，請參考圖4-11家庭資產負債表的詳細負債金額的變化過程，分為借款期與還款期兩個階段。其中的借款期屬於負債的累積期，就學貸款以每年98,887元的金額增加，到23歲時進入還款期，每年以4萬7千~5萬1千元不等的金額遞減，至負債餘額為0，亦即學貸的負債全部清償完畢。請參考圖4-12的就學貸款未清償餘額增減變化過程。

O18	A	B	C	D	E	F	G	H	I	J	K	L	M
1	年度	2018年初	2018	2019	2020	2021	2022	2023	2024	2025	2026	2027	2028
2	年齡	20年初	20	21	22	23	24	25	26	27	28	29	30
3		大一	大二	大三	大四	正職工作							
4	現金(活存)	50,000	44,500	37,294	28,338	97,555	170,377	246,860	327,065	411,050	498,875	590,602	686,292
5	手機	16,000	16,000	16,000	16,000	16,000	16,000	16,000	16,000	16,000	16,000	16,000	16,000
6	機車	24,000	24,000	24,000	24,000	24,000	24,000	24,000	24,000	24,000	24,000	24,000	24,000
7	資產合計	90,000	84,500	77,294	68,338	137,555	210,377	286,860	367,065	451,050	538,875	630,602	726,292
8	助學貸款	98,887	197,774	296,661	395,548	348,060	300,027	251,441	202,296	152,586	102,305	51,445	0
9	總負債	98,887	197,774	296,661	395,548	348,060	300,027	251,441	202,296	152,586	102,305	51,445	
10	淨值	-8,887	-113,274	-219,368	-327,210	-210,505	-89,650	35,419	164,769	298,464	436,571	579,158	726,292
11	總淨值	-8,887	-113,274	-219,368	-327,210	-210,505	-89,650	35,419	164,769	298,464	436,571	579,158	726,292
12	負債淨值合計	90,000	84,500	77,294	68,338	137,555	210,377	286,860	367,065	451,050	538,875	630,602	726,292

圖4-11　家庭資產負債表的負債與淨值變化

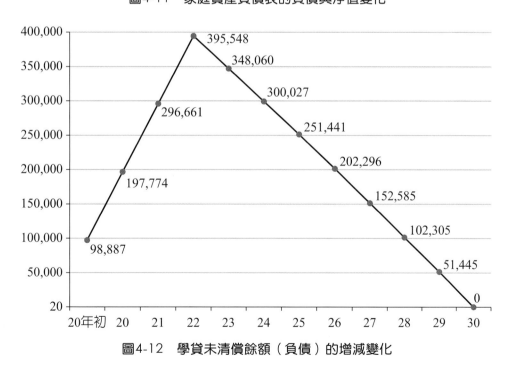

圖4-12　學貸未清償餘額（負債）的增減變化

我們從圖4-11家庭資產負債表中發現，24歲前的淨值都是負的數值，一般情況下，這代表家庭已經面臨資金週轉不靈的危機，嚴重者可能導致家庭必須宣告破產。原因在於淨值代表資產與負債的差額，淨值為正代表資產大於負債，也就是家庭所擁有的資產足以用來清償負債，因此不會週轉不靈而發生破產。相反的，若淨值為負則代表家庭負債多於資產，因此有負債無法清償的危機。通常在這種情況下，銀行是不願意把資金借給這家庭的成員，因為極有可能發生呆帳而無法收回借款本金。但為何還是可以申請得到就學貸款呢？原因在於就學貸款是政府為鼓勵家庭經濟條件較弱勢的年輕人就學的一項便民政策，並由政府補貼利息以減輕學子們的財務負擔。

政府原從民國65年就開辦「助學貸款」，後來於民國83年更名為「就學貸款」（請參考圖4-13），因為有政府政策的保證，因此開辦銀行就不會以淨值來做為貸款與否的標準。相反的，是以家庭年所得必須在120萬元以下為核貸的標準，其目的在幫助經濟條件較弱勢的家庭成員仍能完成學業。更何況在圖4-11中，負的淨值就是因為辦理就學貸款所造成，這算是在政府政策之美意下的唯一例外情形。

而申辦銀行最後會不會核准貸款，還要經過「信用審查」的程序，以確認申辦者是具備好的信用，不會因違約而不還款。因此，優良的「個人信用」是個人與銀行往來的必要條件，其重要性極高。至於甚麼是「信用」？要具備哪些條件才會有好的信用？在第5章，我們將更深入來討論這些主題。

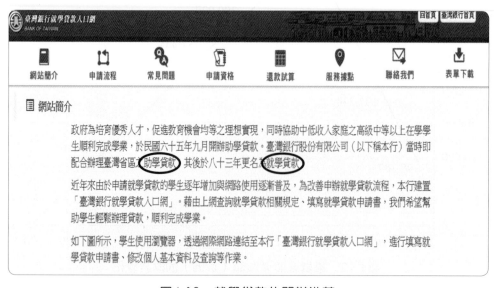

圖4-13　就學貸款的開辦沿革

圖片來源：臺灣銀行網站

最後，從本章互為關聯的個人職涯與財務規劃的流程中，我們已經深刻瞭解到，個人學涯歷程的職能培養是達成職涯目標的關鍵因素，這當中還要考慮個人的職業性向與興趣、就業市場的職位供需、工作收入等條件，方能達成個人適才適性的職涯發展，並確保長期的家庭財務狀況的妥善。

圖4-14顯示從個人的興趣與性向為出發點，首先需瞭解就業市場所提供的職業與職位選擇，並探索相關職位的工作內容，以確認是否符合個人的期望。若符合，則進一步探索該職位所必需具備的職能，並自我反思是否已經具備必要的職能。若尚未具備，則需進一步擬定相關學習目標，以期踏入職場前能具備必要的職能。緊接著需要瞭解企業主對該職位的學經歷要求，並瞭解與工作收入的關聯性，據以擬定個人教育學習的完成階段，是高中職、大學還是研究所？我們一旦擬定了個人學涯歷程，這學習過程的學費支出，與將來就學完畢進入就業市場的工作收入也大致確認，將來可在職涯上再度提升的個人條件，主要就是個人的經歷與工作表現，當然在必要時，可進一步在職學習進修，以增加個人更豐富的職能。

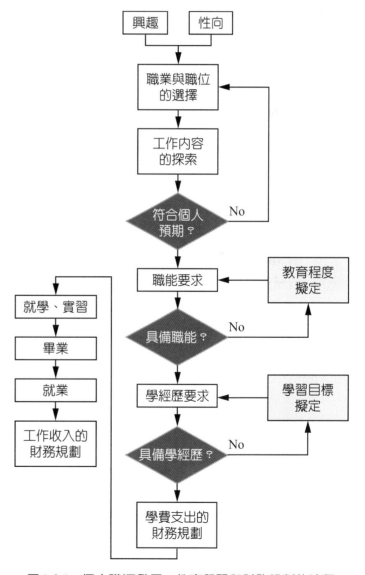

圖4-14　個人職涯發展、教育學習與財務規劃的流程

本章習題

 張巧盈現年20歲（2018年初），單身大一學生，一個人在學校附近租屋，其相關財務現況如下列所述：

1. 現有銀行活期存款20,000元，年利率0.5%。

2. 預計從大二開始辦理就學貸款，每學期貸款40,000元來繳交學雜費（每年80,000元），貸款至大四為止，大學畢業正職工作後才需開始還款，就學貸款年利率為1.15%。

3. 剛購入二手機車一部，價格為20,000元，機車每年會折舊1,500元。

4. 食衣住行等日常必要花費，請參考下列參數表所列金額。其中飲食費用每年會上漲2%，其他費用因上漲有限，可視為固定支出。

5. 目前半工半讀，每個月打工收入為16,000元。預期畢業後的正職工作月收入為24,000元，年薪共12個月加上年終獎金2個月，此後每一年的預期調薪幅度為1.5%。

6. 預期正職工作後，第一年會定期定額投資共同基金，將選定年報酬率6%的基金來投資，每個月投資金額2,000元，將與基金公司簽約扣款投資一年。投資後將享受基金增值的樂趣，暫時不處分變現。

 請您幫張巧盈完成下列「學貸還款計畫表」、「家庭收支結餘表」與「家庭資產負債表」至她30歲為止。並請回答下列問題：

1. 張巧盈的就學貸款到何時就可以全部還清？根據規定最多可以還款幾年？

2. 張巧盈的資產負債表上的淨值，到何時可以由負值轉為正值？

3. 30歲時，張巧盈可以累積到人生的第一桶金1,000,000元（包括活期存款基金投資合計金額）嗎？

4. 30歲時，張巧盈若累積不到第一桶金1,000,000元（包括活期存款與基金投資合計金額），那麼她要如何延長定期定額的投資年限才能達到此目標？

5. 30歲時，張巧盈若累積不到第一桶金1,000,000元（包括活期存款與基金投資合計金額），那麼是否有其他投資策略可以達到此目標？

參數表

	A	B	C	D	E	F	G
1	打工收入	16,000	(月)		每年季數	4	(季)
2	工作起薪	24,000	(月)		每年月數	12	(月)
3	年終獎金	2	(月)		每年日數	365	(日)
4	調薪幅度	1.5%	(年)		學貸利率	1.15%	(年)
5					活存利率	0.50%	(年)
6	早餐花費	50	(天)		基金報酬率	6.00%	(年)
7	午餐花費	60	(天)		機車折舊	1,500	(年)
8	晚餐花費	80	(天)		油錢	1,000	(月)
9	消夜花費	60	(天)		維修費	2,000	(季)
10	飲食上漲率	2.0%	(年)		燃料費	450	(年)
11	衣飾支出	2,000	(季)		牌照稅	0	(年)
12	住宿支出	6,000	(月)		保險費	1,200	(年)

學貸還款計畫表

	A	B	C	D	E	F	G
1							
2	學貸金額	240,000					
3	還款期限						
4	學貸利率	1.15%					
5							
6	年度	2021	2022	2023	2024	2025	2026
7	年齡	23	24	25	26	27	28
8	還款年序	1	2	3	4	5	6
9	學貸還本						
10	學貸付息						
11	總金額	41,625	41,625	41,625	41,625	41,625	41,625

家庭收支結餘表

	A	B	C	D	E	F	G	H	I	J	K	L
1												
2	年度	2018	2019	2020	2021	2022	2023	2024	2025	2026	2027	2028
3	年齡	20	21	22	23	24	25	26	27	28	29	30
4		大二	大三	大四	正職工作							
5	工作收入	192,000	192,000									
6	利息收入	100	96									
7	總收入	192,100	192,096									
8												
9	飲食支出	91,250	93,075									
10	衣飾支出	8,000	8,000									
11	住宿支出	72,000	72,000									
12	交通支出	21,650	21,650									
13	投資基金	0	0									
14	學貸還本	0	0									
15	學貸還息	0	0									
16	總支出	192,900	194,725									
17												
18	收支結餘	- 800	- 2,629									

家庭資產負債表

	A	B	C	D	E	F	G	H	I	J	K	L	M
1													
2	年度	2018年初	2018	2019	2020	2021	2022	2023	2024	2025	2026	2027	2028
3	年齡	20	20	21	22	23	24	25	26	27	28	29	30
4			大一	大二	大三	大四	正職工作						
5	銀行活存	20,000	19,200	16,571									
6	基金投資	0	0	0									
7	機車一部	20,000	18,500	17,000									
8	資產合計	40,000	37,700	33,571									
9													
10	學貸	0	80,000	160,000									
11	總負債	0	80,000	160,000									
12	淨值	40,000	- 42,300	- 126,429									
13	總淨值	40,000	- 42,300	- 126,429									
14	負債淨值合計	40,000	37,700	33,571									

Chapter

05

個人信用
與消費支出

學習目標

1. 瞭解個人信用的重要性。

2. 瞭解個人信用與消費支出的相關性。

3. 瞭解個人信用相關的金融工具。

4. 學習如何擬定個人消費目標,並完成相關財務規劃。

5-1 個人信用的重要性

在第4章的範例中，主角大雄目前是大學二年級學生，經濟上已經獨立自主，其學雜費用的支出是透過政府補貼利息的「就學貸款」來支付。雖然大雄家庭年所得不到100萬元，符合申辦就學貸款的條件，但承辦銀行（臺灣銀行、臺北富邦銀行、高雄銀行）最後會不會核准此貸款，還要經過貸款申辦人的「**信用**」（Credit）審查程序方能定奪。透過此範例，我們深刻瞭解到「信用」的優劣決定了銀行是否會貸款給消費者，甚至連貸款金額與貸款利率也都與個人信用的優劣有緊密關係。可是到底甚麼是個人的信用？我們怎麼維持自己的優良信用，以方便日後與銀行往來（交易）呢？這是本章節要詳細說明的主要議題。

所謂「信用」就是個人於將來支付借款本金利息的能力，也就是履行與金融機構間借貸合約的能力。若個人工作收入或理財收入越多於理財支出（支付借款本息），則越有能力來償還借款本金與利息，則越不會違約，信用評分就越高，個人信用就越優良。

此外，個人信用的評分除了由收入支出的結構來決定外，過去與銀行往來的記錄（信用歷史）也會影響到現在的信用評分。例如，個人過去有延遲支付借款本息的情形發生，則現在的信用評分會較低。整體而言，個人信用的優劣是由5C來決定：

1. 品格 (Character)

個人的品格是金融機構衡量消費者是否能依照約定的時間來償還借款本息的主要依據。好的品格能確保消費者是有意願履行借款約定與還款義務，也確保消費者不至於中途違約。

2. 能力（Capacity）

消費者光有主觀上履行還款義務的意願還不夠，且必須具備在客觀的還款能力上，達到金融機構的要求才行。而還款能力通常會以消費者的收入與負債的比例來衡量。

3. 資本（Capital）

消費者擁有越多的未抵押或未質押的**資產**（Unencumbered Asset），則金融機構會認定為越有還款能力，個人信用評分也會越高。

4. 擔保品（Collateral）

若消費者提供越多的擔保品給金融機構，則個人信用評分會越高。擔保品屬於影響消費者信用的外部因素，而品格、能力與資本則屬於內部因素。

5. 環境（Condition）

另一個影響個人信用評分的外部因素是外在經濟環境的狀況。例如，在其他條件相同下，若消費者服務於優良的上市櫃公司，則其個人信用評分會較服務於中小企業的消費者為高。

5-2　個人信用與消費支出

我們日常生活的小額消費性支出，例如食、衣、住、行、育、樂等的花費，大多是以經常性的工作收入或理財收入來支應。然而，當有大筆金額的消費支出時，例如，購買房車需支付數十萬元，往往因為金額太大，導致個人無法立即拿出一筆足額現金來支付，可能需要去銀行提領大筆現金，或銀行存款不足以支付一次付清所需的金額。此時，商品銷售商通常會提供**分期付款**（Installment Payment）的服務，以讓消費者能夠「**先享受、後付款**」（Buy Now, Pay Later），且可以透過分期付款的機制，讓無法以一大筆金額付清貨款的消費者，頓時變成「負擔得起」的大買家，自然也刺激了消費者的購買意願。

消費者若要辦理分期付款購物，商品銷售商通常要求要簽定分期付款的合約書，或者是透過信用卡設定的方式來辦理，而分期付款最後是否能被銷售商核准，主要是憑藉消費者的信用優劣狀況，銷售商需負責審核或者是透過信用卡相關機構（Visa, Master與發卡銀行）來進行消費者的信用審核。

分期付款的合約通常分為無息（零利率）或付息兩種類型，若屬於付息分期付款者，則分期付款的合約其實就是消費型貸款的一種形式。若消費者選擇一次付清，為了方便支付一大筆金額，以省去提領大額現金的不方便與避免現金遺失的風險，仍可透過信用卡來刷卡支付貨款，也因為信用卡持卡人的信用審核，早在申請信用卡時已由發卡銀行審核通過，在購物時就可省去信用審核的繁瑣程序，加速了商品交易的完成。即使在商品交易時採用目前最新的行動支付技術，例如：Apple Pay、Samsung Pay、Line Pay等，第三方支付機構往往也要求消費者要綁定自己的信用卡，因此還是離不開個人信用的應用範圍。我們可以說，當今消費市場的支付行為，都與個人信用有離不開的深厚關係。圖5-1是Apple Pay可綁定信用卡、金融卡與會員卡的功能，實際消費時不用出示實體卡片，可防止實體信用卡被盜刷的風險，又可享受以手機或手錶付款的方便性。雖然金融支付技術日新月異，但以個人信用為核心的商業模式並無改變。

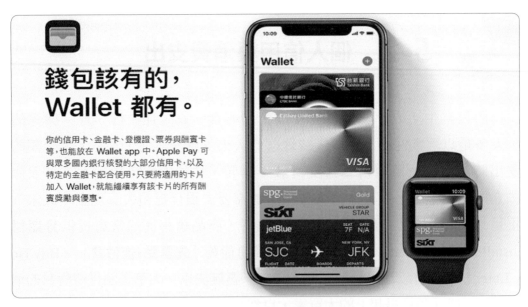

圖5-1　Apple Pay行動支付可綁定信用卡與金融卡

圖片來源：Apple官方網站

根據調查顯示，臺灣消費者使用信用卡支付消費已成大趨勢，除了日常生活食、衣、住、行、育、樂等消費外，以信用卡繳稅也是當前新趨勢。根據經濟日報引用財政部統計資料顯示，107年以信用卡繳納綜合所得稅件數達106萬8000件，件數比106年成長了11.11%，而以信用卡繳稅金額則達到841億新臺幣，金額也比106年成長了8.78%。足見信用卡在臺灣已經成為人們日常生活所必需的主要支付與融通的金融工具。而一般認為信用卡消費族群應該是以高所得者為主，但根據工商時報引用聯合信用卡中心調查結果顯示，104~106年度臺灣年收入在50萬元（大約月薪4萬元）以下的消費族群，其刷卡筆數與刷卡總金額最高，而年收入在175萬元~200萬元（大約月薪15萬元）的消費族群，其刷卡筆數與刷卡總金額則是最低。這說明信用卡在臺灣已經深入一般小資族的日常生活當中，維持良好的個人信用也已經變成是全民運動，不再只是高薪消費族群的專利了。

5-3 個人信用與金融工具

一般而言，與「個人信用」相關的金融工具，主要是以金融借貸為主。原因是不論消費者向金融機構辦理信用貸款、抵押貸款或是質押貸款，金融機構都會先進行個人信用審查，而信用評分的高低，不僅是金融機構是否核准貸款的主要依據，更會直接影響到貸款的額度與利率。金融機構所提供客戶的融資工具，不僅包括來自銀行的消費型貸款，還包括來自保險公司的保單借款、證券公司融資交易的投資型貸款等，因此貸款資金的來源可以說是非常多元，但是消費者要能順利獲得這些金融機構的貸款核准，都有一個共同不變的原則，那就是必須具備有良好的個人信用。在表5-1與個人信用相關的金融借貸工具中，我們將之分成信用貸款、抵押貸款與質押貸款三大類型：

一、信用貸款

第一類的「信用貸款」，消費者只要具備良好的個人信用與還款能力，就可以獲得金融機構的貸款，並不需要任何形式的資產抵押或質押，因此可以說是「個人信用」最極致的運用。而信用貸款可進一步依據客戶貸款的用途，再細分

成「消費型」或「投資型」貸款兩種類別。所謂消費型貸款指的是用於購物、家庭裝潢修繕、繳交學費等貸款，而投資型貸款則是用於金融交易或創業投資等活動。

二、抵押貸款

第二類的「抵押貸款」，消費者必須提供房屋或汽車等固定資產做為貸款的抵押品，將來如果客戶違約而未能依照貸款合約書來償還本金與利息時，則貸款的金融機構可以依法來拍賣其抵押品，以取回原先貸款的本金。對金融機構而言，這類貸款因為有抵押品的保障，其貸款給客戶所要承擔的風險較信用貸款小，因此貸款利率通常也較低。例如：小額信貸的利率通常在2%以上，最高可以到達18%，而房屋抵押貸款通常介於1.5%與3%之間，可見抵押貸款的利率比信用貸款減少了很大的幅度。

三、質押貸款

第三類的「質押貸款」，與第二類抵押貸款很類似，但消費者需提供流動性金融資產做為貸款的質押品，例如：客戶將股票或定存單等金融資產質押在銀行處，方能取得銀行的貸款。與抵押貸款相似的，金融機構因為質押品的保障而承擔較低的貸款違約風險，因此貸款利率也較信用貸款低。另外，盛行於保險界的保單貸款，就屬於質押貸款的一種形式。

表5-1　與個人信用相關的金融工具

分類	金融工具	用途	期別	利率	信用
信用貸款	就學貸款	消費	長期	1.15%	需要
	購物分期付款	消費	短期	0%~5.99%	需要
	小額信貸	消費/投資	長期	1.66%~18%	需要
	信用卡預借現金	消費/投資	短期	7.99%~15%	需要
	證券融資交易	投資	短期	3%~6%	需要
	外匯保證金交易	投資	短期	貨幣利差*	需要
	青年創業貸款	投資	長期	1.67%	需要

分類	金融工具	用途	期別		
抵押貸款	汽車貸款	消費	長期	3%	
	房屋貸款	消費	長期	2%	
質押貸款	保險單貸款	消費/投資	短期	3%	

*註：假設英鎊利率5.5%，日幣利率0.5%，若買進日幣且賣出英鎊，即須支付5.5% － 0.5% ＝ 5% 的利息成本。反之，若買進英鎊且賣出日幣，則可獲得5%的利息收入。

　　除了上述的金融借貸工具與個人信用息息相關外，我們還要介紹一項與我們日常生活密不可分的金融工具，那就是幾乎每個家庭都擁有的「信用卡」。信用卡除了提供**預借現金**（Cash Advance）的借貸功能外，更是我們日常消費的重要支付工具，因此有「塑膠貨幣」的稱號。當我們消費時，可以直接刷信用卡來付款，省去提領現金的麻煩，也避免攜帶現金的遺失風險。信用卡又採用月結制，因此消費者真正付款的日期，可以延至信用卡結帳日後約15天的付款期限日。因為消費者是在所有消費交易月結後，再以單筆現金付款，使得消費既方便省時又安全，且可以累積消費紅利點數，以換取額外的禮品，並享有許多的信用卡友專屬的權益，例如：免費拖吊車、免費機場接送等福利。

　　若消費者遇有資金不足的問題時，更可啟動延遲付款的功能，或啟動預借現金的功能，但需繳交高額的延遲付款利息。雖然延遲付款或者預借現金是銀行提供給客戶非常方便的借貸管道，但其利率非常高，僅適用於極短期的資金融通，以避免負擔過高的利息成本。

　　消費者若要享受上述這些消費付款的方便性與相關優惠權益，必須先具備良好的個人信用，方能向發卡銀行申請到屬於個人的信用卡。由此可見，若沒有擁有個人信用卡，真會寸步難行，因信用卡不只是讓個人消費付款更有效

率,背後意義也代表個人擁有良好的信用。而有良好的信用,個人與銀行間的交易與往來才會暢行無阻。這也是我們再三強調,在當今無現金交易的世界潮流下,必須擁有良好「個人信用」的必要性與重要性。

5-4 個人信用與財務規劃

　　延續第4章的例子,大雄於大學畢業後開始了職涯生活,他找到了一個不錯的工作機會,有了穩定的工作收入,也開始償還就學貸款的本金與利息,每年都有一定金額的儲蓄。此時大雄24歲,為了感恩父母親的辛勞養育,決定在尚為單身時,與父母一同到他們最想去的歐洲旅遊。於是大雄上網搜尋相關旅遊網站,終於找到了滿意的歐洲瑞士10日的團體旅遊行程,請參考圖5-2的內容。

圖5-2　透過旅遊網頁來查詢旅遊行程與旅遊團費支出

圖片來源:雄獅旅遊網

　　此行程的每人團費為新臺幣116,900元,另外需支付每人每天10美元的小費給領隊與司機。大雄與父母親共三人的旅遊支出,請參考下列式子的計算金額。此金額未包括個人購物與雜費支出,如果不去大肆採購商品,則無其他支出費用。這裏假設美元的匯率是1美元兌換30元新臺幣。

$$[F13] = （NT\$116,900 + US\$10 \times 10 \text{ 天} \times NT\$30）\times 3 \text{ 人} = NT\$359,700$$

經由上述公式計算旅遊支出是新臺幣359,700元，可是大雄的銀行存款沒有足夠的餘額可供一次付清旅費，因為他把旅遊支出納入家庭收支結餘表（圖5-3）與資產負債表（圖5-4）後，發現24~26歲時的銀行活存現金餘額為負值，代表身邊的現金不足以支付旅費，造成銀行存款有透支，意味著大雄需向銀行借錢才行。

	A	B	C	D	E	F	G	H	I	J	K	L
1	年度	2018	2019	2020	2021	2022	2023	2024	2025	2026	2027	2028
2	年齡	20	21	22	23	24	25	26	27	28	29	30
3		大二	大三	大四	正職工作							
4	工作收入	204,000	204,000	204,000	336,000	341,040	346,156	351,348	356,618	361,967	367,397	372,908
5	利息收入	250	223	186	142	488	-947	-573	-181	230	660	1,109
6	總收入	204,250	204,223	204,186	336,142	341,528	345,209	350,775	356,437	362,197	368,057	374,017
7	飲食支出	83,950	85,629	87,342	89,088	90,870	92,688	94,541	96,432	98,361	100,328	102,335
8	衣飾支出	8,000	8,000	8,000	8,000	8,000	8,000	8,000	8,000	8,000	8,000	8,000
9	住宿支出	96,000	96,000	96,000	96,000	96,000	96,000	96,000	96,000	96,000	96,000	96,000
10	交通支出	21,800	21,800	21,800	21,800	21,800	21,800	21,800	21,800	21,800	21,800	21,800
11	學貸還本	0	0	0	47,488	48,034	48,586	49,145	49,710	50,282	50,860	51,445
12	學貸付息	0	0	0	4,549	4,003	3,450	2,892	2,326	1,755	1,177	592
13	旅遊支出					359,700						
14	總支出	209,750	211,429	213,142	266,925	628,407	270,524	272,378	274,268	276,197	278,164	280,171
15	收支結餘	-5,500	-7,207	-8,955	69,217	-286,879	74,685	78,397	82,168	86,000	89,892	93,846

圖5-3　一次付清旅遊團費的家庭收支結餘表圖

	A	B	C	D	E	F	G	H	I	J	K	L	M
1	年度	2018年初	2018	2019	2020	2021	2022	2023	2024	2025	2026	2027	2028
2	年齡	20年初	20	21	22	23	24	25	26	27	28	29	30
3		大一	大二	大三	大四	正職工作							
4	現金(活存)	50,000	44,500	37,294	28,338	97,555	-189,323	-114,638	-36,241	45,927	131,927	221,819	315,665
5	手機	16,000	16,000	16,000	16,000	16,000	16,000	16,000	16,000	16,000	16,000	16,000	16,000
6	機車	24,000	24,000	24,000	24,000	24,000	24,000	24,000	24,000	24,000	24,000	24,000	24,000
7	資產合計	90,000	84,500	77,294	68,338	137,555	-149,323	-74,638	3,759	85,927	171,927	261,819	355,665
8	助學貸款	98,887	197,774	296,661	395,548	348,060	300,027	251,441	202,296	152,586	102,305	51,445	0
9	總負債	98,887	197,774	296,661	395,548	348,060	300,027	251,441	202,296	152,586	102,305	51,445	0
10	淨值	-8,887	-113,274	-219,368	-327,210	-210,505	-449,350	-326,079	-198,537	-66,659	69,623	210,375	355,665
11	總淨值	-8,887	-113,274	-219,368	-327,210	-210,505	-449,350	-326,079	-198,537	-66,659	69,623	210,375	355,665
12	負債淨值合計	90,000	84,500	77,294	68,338	137,555	-149,323	-74,638	3,759	85,927	171,927	261,819	355,665

圖5-4　一次付清旅遊團費的家庭資產負債表

這時，旅行社的服務人員跟大雄說，若有信用卡的話，可以享受12期零利率的分期付款，或許可以解決一次付清旅費的財務短缺問題。於是大雄開始試算分期付款的可行性。圖5-5是以信用卡進行零利率分12期付款的還款計畫，信用卡帳單是月結制，因此每一期是一個月的期間。但因為小費是以現金直接付給領隊，所以不列入分期款項中，必須將之獨立計算，且於9月出團時就需支付小費給

領隊。因為零利率，所以每期支付金額為總金額$359,700除以12期。其他金額的計算，請參考下列的計算式。

每人需支付給領隊司機小費：

$$[C3]=US\$10*10\text{天}*NT\$30=NT\$3,000$$

旅遊總支出(不包含自費購物)：

$$[C5]=(C2+C3)*C4$$

小費需於旅遊時支付：

$$[B9]=C3*C4$$

信用卡12期零息分期付款：

$$[C9]=C2*C4/12$$

2022年總還款金額：

$$[E10]=SUM(B9:E9)$$

2023年總還款金額：

$$[N10]=SUM(F9:N9)$$

	A	B	C	D	E	F	G	H	I	J	K	L	M	N
1														
2		團費	116,900	元/人		信貸利率	5.99%	%						
3		小費	3,000	元/人		期數	36	月						
4		人數	3	人										
5		總金額	359,700	元										
6														
7	年度		2022						2023					
8	月份	9	10	11	12	1	2	3	4	5	6	7	8	9
9	還款	9,000	29,225	29,225	29,225	29,225	29,225	29,225	29,225	29,225	29,225	29,225	29,225	29,225
10				總還款	96,675								總還款	263,025

圖5-5　以信用卡分12期零利率來支付旅遊團費

若將信用卡零利率分期付款的還款計畫納入家庭收支結餘表（圖5-6）[illegible]，大雄發現旅遊支出已經被分散至24~25歲兩個年度來支付，稍稍減緩一次付清的財務短缺的壓力。但從圖5-7的家庭資產負債表來看，仍會造成25~26歲時的銀行存款現金不足的問題，雖財務短缺的問題已經比一次付清緩解許多，但仍然有2個年度尚未解決。實際上，一次付清會造成3個年度現金不足，而信用卡零利率分12期付款則減至2個年度現金不足，雖已經有改善但仍然不可行。

	A	B	C	D	E	F	G	H	I	J	K	L
1	年度	2018	2019	2020	2021	2022	2023	2024	2025	2026	2027	2028
2	年齡	20	21	22	23	24	25	26	27	28	29	30
3		大二	大三	大四	正職工作							
4	工作收入	204,000	204,000	204,000	336,000	341,040	346,156	351,348	356,618	[illegible]	[illegible]	372,908
5	利息收入	250	223	186	142	488	369	[illegible]	[illegible]	[illegible]	[illegible]	[illegible]
6	總收入	204,250	204,223	204,186	336,142	341,528	346,524	350,781	356,444	362,204	368,063	374,021
7	飲食支出	83,950	85,629	87,342	89,088	90,870	92,688	94,541	[illegible]	[illegible]	100,328	102,335
8	衣飾支出	8,000	8,000	8,000	8,000	8,000	8,000	8,000	8,000	8,000	8,000	8,000
9	住宿支出	96,000	96,000	96,000	96,000	96,000	96,000	96,000	96,000	96,000	96,000	96,000
10	交通支出	21,800	21,800	21,800	21,800	21,800	21,800	21,800	21,800	21,800	21,800	21,800
11	學貸還本	0	0	0	47,488	48,034	48,586	49,145	[illegible]	50,282	50,860	51,445
12	學貸付息	0	0	0	4,549	4,003	3,450	2,892	[illegible]	1,755	[illegible]	[illegible]
13	旅遊支出					96,675	263,025					
14	總支出	209,750	211,429	213,142	266,925	365,382	533,549	272,378	274,268	276,197	278,104	280,171
15	收支結餘	-5,500	7,207	8,955	69,217	-23,854	187,025	78,404	82,175	86,007	89,399	93,853

圖5-6 以信用卡分期付款支付旅遊團費的家庭收支結餘表

	A	B	C	D	E	F	G	H	I	J	K	L	M
1	年度	2018年初	2018	2019	2020	2021	2022	2023	2024	2025	2026	2027	2028
2	年齡	20年初	20	21	22	23	24	25	26	27	28	29	30
3		大一	大二	大三	大四	正職工作							
4	現金(活存)	50,000	44,500	37,294	28,338	97,555	[illegible]	[illegible]	[illegible]	[illegible]	[illegible]	[illegible]	[illegible]
5	手機	16,000	16,000	16,000	16,000	16,000	16,000	16,000	16,000	16,000	16,000	16,000	16,000
6	機車	24,000	24,000	24,000	24,000	24,000	24,000	24,000	24,000	24,000	24,000	24,000	24,000
7	資產合計	90,000	84,500	77,294	68,338	137,555	113,702	-73,323	5,080	87,256	173,262	263,161	357,014
8	助學貸款	98,887	197,774	296,661	395,548	348,060	300,027	251,441	202,296	152,556	102,305	51,445	0
9	信用卡款						263,025						
10	總負債	98,887	197,774	296,661	395,548	348,060	563,052	251,441	202,296	152,556	102,305	51,445	0
11	淨值	[illegible]	[illegible]	[illegible]	[illegible]	[illegible]	[illegible]	[illegible]	[illegible]	[illegible]	70,958	211,716	[illegible]
12	總淨值	-8,887	-113,274	-219,368	[illegible]	[illegible]	[illegible]	[illegible]	[illegible]	[illegible]	70,958	211,716	[illegible]
13	負債淨值合計	90,000	84,500	77,294	68,338	137,555	113,702	-73,323	5,080	87,256	173,262	263,161	357,014

圖5-7 以信用卡分期付款支付旅遊團費的家庭資產負債表

此時，大雄面臨一個很重要的抉擇，就是必須放棄旅遊計畫，亦或是[illegible]繳款期限更長的個人信用貸款，但需付出額外的借款利息。若大雄認為旅遊是父母親長久以來就很想成行的計畫，基於孝順之心，大雄就可能選擇以銀行信用貸款來支付旅遊團費，若父母親沒有很強烈的出遊意願，則大雄可能就放棄此次的

旅遊計畫。因此很多的家庭消費支出，需優先考慮實際需求與偏好，再根據需求來擬定實施的財務規劃，並進一步進行財務可行性分析，若財務上不可行，則要回頭來修正消費計畫，或尋求其他可行的金融工具。因此，消費計劃需以實際需求與偏好為依歸，再配合可實施的金融工具與完善的財務規劃，方能達成消費目標。

圖5-8是大雄以銀行信用貸款來支付旅費的還款計畫，借款計率為5.99%，還款期限為36期。因信用貸款與信用卡類似，都是每月繳款一次，因此在計算還款的本金與利息時，需使用Excel的PPMT（ ）與 IPMT（ ）兩個函式，利率的部分需記得要換算成每月的適用利率，亦即是5.99%除以12。 其他相關公式，請參考下列的計算式。其中，[C18]式計算每個月要償還的本金金額；[C19]式計算每個月要償還的利息金額；[C20]式匯總第一年度償還本金的總金額；[C21]式匯總第一年度償還利息的總金額。其他式子則是計算第二、三、四年度的還本付息的總金額。這些各年度的還本付息總金額，必需融入家庭收支結餘表各相關年度的支出項目下，請參考圖5-9的相關說明。

每月貸款還本金額：

[C18]=PPMT（ $G$2/12,C17,$G$3,-$C$5 ）

每月貸款付息金額：

[C19]=IPMT（ $G$2/12,C17,$G$3,-$C$5)

2022年貸款還本金額：

[E20]=SUM（ C18:E18 ）

2022年貸款付息金額：

[E21]=SUM（ C19:E19 ）

2023年貸款還本金額：

[E28]=SUM（ F18:N18,C26:E26 ）

2023年貸款付息金額：

[E29]=SUM（F19:N19,C27:E27）

2024年貸款還本金額：

[E36]=SUM（F26:N26,C34:E34）

2024年貸款付息金額：

[E37]=SUM（F27:N27,C35:E35)

2025年貸款還本金額：

[N36]=SUM（F34:N34）

2025年貸款付息金額：

[N37]=SUM（F35:N35）

	A	B	C	D	E	F	G	H	I	J	K	L	M	N
14														
15		年度		2022						2023				
16		月份	10	11	12	1	2	3	4	5	6	7	8	9
17		期數	1	2	3	4	5	6	7	8	9	10	11	12
18		還本	9,146	9,191	9,237	9,283	9,330	9,376	9,423	9,470	9,517	9,565	9,613	9,661
19		付息	1,796	1,750	1,704	1,658	1,612	1,565	1,518	1,471	1,424	1,376	1,329	1,281
20				總還本	27,574									
21				總付息	5,249									
22														
23		年度		2023						2024				
24		月份	10	11	12	1	2	3	4	5	6	7	8	9
25		期數	13	14	15	16	17	18	19	20	21	22	23	24
26		還本	9,709	9,757	9,806	9,855	9,904	9,954	10,003	10,053	10,103	10,154	10,204	10,255
27		付息	1,232	1,184	1,135	1,086	1,037	988	938	888	838	787	737	686
28				總還本	114,509									
29				總付息	16,785									
30														
31		年度		2024						2025				
32		月份	10	11	12	1	2	3	4	5	6	7	8	9
33		期數	25	26	27	28	29	30	31	32	33	34	35	36
34		還本	10,307	10,358	10,410	10,462	10,514	10,566	10,619	10,672	10,725	10,779	10,833	10,887
35		付息	635	583	531	479	427	375	322	269	216	162	108	54
36				總還本	121,560								總還本	96,057
37				總付息	9,734								總付息	2,413

圖5-8　以信用貸款分36期、利率5.99%來支付旅遊團費

　　若將申請信用貸款分期付款的還款計畫納入家庭收支結餘表（圖5-9）中，大雄發現旅遊支出已經被分散至24~27歲四個年度來支付，大大減緩一次付清的財務短缺的壓力。且從圖5-10的家庭資產負債表來看，銀行存款現金不足的問題已經完全解決了。以上述討論的結果來分析，一次付清會造成3個年度現金不足，以信用卡零利率分12期付款則減至2個年度現金不足，若申請信用貸款分36期來償還本金與利息，則現金不足的狀況已不復存在。那麼大雄現在要抉擇的問題就是放棄旅遊計畫，或是向銀行申請小額信用貸款。圖5-10說明若申辦信用貸款後，大雄將有兩筆負債，包括就學貸款與旅遊信用貸款，其中的就學貸款將於30歲償還完畢，而旅遊信用貸款將於27歲償還完畢，因此財務規劃是可行的。所以最後的決策關鍵點就在於，大雄與父母親共同去旅遊的意願高不高。最後，個人與家庭所擬定的消費計劃是否能實施，還需要經過財務規劃的詳細驗證，相關流程請參考圖5-11的說明。

	A	B	C	D	E	F	G	H	I	J	K	L
1	年度	2018	2019	2020	2021	2022	2023	2024	2025	2026	2027	2028
2	年齡	20	21	22	23	24	25	26	27	28	29	30
3		大二	大三	大四	正職工作							
4	工作收入	204,000	204,000	204,000	336,000	341,040	346,156	351,348	356,618	361,967	367,397	372,908
5	利息收入	250	223	186	142	488	688	413	153	74	503	951
6	總收入	204,250	204,223	204,186	336,142	341,528	346,843	351,761	356,771	362,041	367,900	373,859
7	飲食支出	83,950	85,629	87,342	89,088	90,870	92,688	94,541	96,432	98,361	100,328	102,335
8	衣飾支出	8,000	8,000	8,000	8,000	8,000	8,000	8,000	8,000	8,000	8,000	8,000
9	住宿支出	96,000	96,000	96,000	96,000	96,000	96,000	96,000	96,000	96,000	96,000	96,000
10	交通支出	21,800	21,800	21,800	21,800	21,800	21,800	21,800	21,800	21,800	21,800	21,800
11	學貸還本	0	0	0	47,488	48,034	48,586	49,145	49,710	50,282	50,860	51,445
12	學貸付息	0	0	0	4,549	4,003	3,450	2,892	2,326	1,755	1,177	592
13	信貸還本					27,574	114,509	121,560	96,057			
14	信貸付息					5,249	16,785	9,734	2,413			
15	總支出	209,750	211,429	213,142	266,925	301,530	401,818	403,671	372,739	276,197	278,164	280,171
16	收支結餘	-5,500	-7,207	-8,955	69,217	39,998	-54,974	-51,911	-15,967	85,844	89,735	93,688

圖5-9　以信用貸款來支付旅遊團費的家庭收支結餘表

	A	B	C	D	E	F	G	H	I	J	K	M
1	年度	2018年初	2018	2019	2020	2021	2022	2023	2024	2025	2026	2027	2028
2	年齡	20年初	20	21	22	23	24	25	26	27	28	29	30
3		大一	大二	大三	大四	正職工作							
4	現金(活存)	50,000	44,500	37,294	28,338	97,555	137,553	82,579	30,668	14,701	100,545	190,280	283,969
5	手機	16,000	16,000	16,000	16,000	16,000	16,000	16,000	16,000	16,000	16,000	16,000	16,000
6	機車	24,000	24,000	24,000	24,000	24,000	24,000	24,000	24,000	24,000	24,000	24,000	24,000
7	資產合計	90,000	84,500	77,294	68,338	137,555	177,553	122,579	70,668	54,701	140,545	230,280	323,969
8	助學貸款	98,887	197,774	296,661	395,548	348,060	300,027	251,441	202,296	152,586	102,305	51,445	0
9	信用貸款						332,126	217,617	96,057	0			
10	總負債	98,887	197,774	296,661	395,548	348,060	632,153	469,058	298,353	152,586	102,305	51,445	0
11	淨值	-8,887	-113,274	-219,368	-327,210	-210,505	-454,600	-346,479	-227,685	-97,885	38,240	178,836	323,969
12	總淨值	-8,887	-113,274	-219,368	-327,210	-210,505	-454,600	-346,479	-227,685	-97,885	38,240	178,836	323,969
13	負債淨值合計	90,000	84,500	77,294	68,338	137,555	177,553	122,579	70,668	54,701	140,545	230,280	323,969

圖5-10　以信用貸款來支付旅遊團費的家庭資產負債表

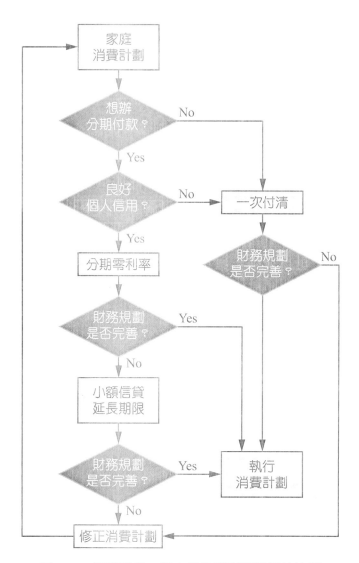

圖5-11　消費計畫、個人信用與財務規劃的流程

張巧盈現年20歲（2018年初），單身且為大一學生，一個人在學校附近租屋，其相關財務現況如下列所述：

1. 現有銀行活期存款20,000元，年利率0.5%。

2. 預計從大二開始辦理就學貸款，每學期貸款40,000元來繳交學雜費（每年80,000元），貸款至大四為止，大學畢業正職工作後才需開始還款，就學貸款年利率為1.15%。

3. 剛剛購入二手機車一部，價格為20,000元，機車每年會折舊1,500元。

4. 食衣住行等日常必要花費，請參考下列參數表所列金額。其中飲食費用每年會上漲2%，其他費用因上漲有限，可視為固定支出。

5. 目前半工半讀，每個月打工收入為16,000元。預期畢業後的正職工作月收入為24,000元，年薪共12個月加上年終獎金2個月，此後每一年的預期調薪幅度為1.5%。

6. 預期正職工作後，第一年會定期定額投資共同基金，將選定年報酬率8%的成長型基金來投資，每個月投資金額2,000元，將與基金公司簽約扣款投資一年。投資後將享受基金增值的樂趣，暫時不處分變現。

7. 為了感謝父母的養育之恩，張巧盈希望在還清所有就學貸款後，安排一次三人的韓國之旅，預期團費每人12,000元，小費每人每天10美元，匯率是30元臺幣兌換1美元。旅行社與銀行信用卡合作，提供客戶12期（12月）無息分期付款的活動。

 請您幫張巧盈完成下列「學貸還款計畫表」、「旅遊付款計畫表」、「家庭收支結餘表」與「家庭資產負債表」至她30歲為止。並請回答下列問題：

1. 張巧盈計畫的「韓國之旅」最快甚麼時候可以成行？

2. 你覺得張巧盈的「韓國之旅」團費，應該一次付清或是辦理分期付款？為什麼？

3. 考慮「韓國之旅」後，張巧盈可以在30歲時累積到人生的第一桶金1,000,000元（包括活期存款與基金投資合計金額）嗎？

4. 30歲時，張巧盈若累積不到第一桶金1,000,000元（包括活期存款與基金投資合計金額），那麼她是否應該放棄「韓國之旅」以達到此目標？

5. 30歲時，張巧盈若累積不到第一桶金1,000,000元（包括活期存款與基金投資合計
   金額），那麼她要如何進行定期定額的投資，才能兼顧「韓國之旅」與「第一桶
   金」的雙重目標？

參數表

	A	B	C	D	E	F	G
1	打工收入	16,000	(月)		每年季數	4	(季)
2	工作起薪	24,000	(月)		每年月數	12	(月)
3	年終獎金	2	(月)		每年日數	365	(日)
4	調薪幅度	1.5%	(年)		學貸利率	1.15%	(年)
5					活存利率	0.50%	(年)
6	早餐花費	50	(天)		基金報酬率	6.00%	(年)
7	午餐花費	60	(天)		機車折舊	1,500	(年)
8	晚餐花費	80	(天)		油錢	1,000	(月)
9	消夜花費	60	(天)		維修費	2,000	(季)
10	飲食上漲率	2.0%	(年)		燃料費	450	(年)
11	衣飾支出	2,000	(季)		牌照稅	0	(年)
12	住宿支出	6,000	(月)		保險費	1,200	(年)

學貸還款計畫表

	A	B	C	D	E	F	G
1							
2	學貸金額	240,000					
3	還款期限						
4	學貸利率	1.15%					
5							
6	年度	2021	2022	2023	2024	2025	2026
7	年齡	23	24	25	26	27	28
8	還款年序	1	2	3	4	5	6
9	學貸還本						
10	學貸付息						
11	總金額	41,625	41,625	41,625	41,625	41,625	41,625

旅遊付款計畫表

	A	B	C	D	E	F	G	H	I	J	K	L	M	N
1														
2		團費	12,000	元/人										
3		小費		元/人										
4		人數	3	人										
5		總金額		元										
6														
7	年度		2027						2028					
8	月份	9	10	11	12	1	2	3	4	5	6	7	8	9
9	還款													
10				總還款								總還款		

家庭收支結餘表

	A	B	C	D	E	F	G	H	I	J	K	L
1												
2	年度	2018	2019	2020	2021	2022	2023	2024	2025	2026	2027	2028
3	年齡	20	21	22	23	24	25	26	27	28	29	30
4		大二	大三	大四	正職工作							
5	工作收入	192,000	192,000									
6	利息收入	100	96									
7	總收入	192,100	192,096									
8												
9	飲食支出	91,250	93,075									
10	衣飾支出	8,000	8,000									
11	住宿支出	72,000	72,000									
12	交通支出	21,650	21,650									
13	投資基金	0	0									
14	學貸還本	0	0									
15	學貸還息	0	0									
16	旅遊支出	0	0									
17	總支出	192,900	194,725									
18												
19	收支結餘	- 800	- 2,629									

家庭資產負債表

	A	B	C	D	E	F	G	H	I	J	K	L	M
1													
2	年度	2018年初	2018	2019	2020	2021	2022	2023	2024	2025	2026	2027	2028
3	年齡	20	20	21	22	23	24	25	26	27	28	29	30
4		大一	大二	大三	大四	正職工作							
5	銀行活存	20,000	19,200	16,571									
6	基金投資	0	0	0									
7	機車一部	20,000	18,500	17,000									
8	資產合計	40,000	37,700	33,571									
9													
10	學貸	0	80,000	160,000									
11	旅遊分期	0	0	0									
12	總負債	0	80,000	160,000									
13	淨值	40,000	- 42,300	- 126,429									
14	總淨值	40,000	- 42,300	- 126,429									
15	負債淨值合計	40,000	37,700	33,571									

Chapter

06

日常生活
與交通支出

學習目標

1. 瞭解如何選擇日常生活的交通工具。

2. 瞭解與交通工具相關的費用支出。

3. 瞭解與交通費用相關的金融工具。

4. 學習如何擬定交通費用支出,並完成相關財務規劃。

6-1　日常生活交通工具的選擇

在日常生活中行的問題，最常見的是運輸工具的選擇，包括使用公共運輸工具、騎摩托車、開車、步行走路等。而交通工具選擇所需要考量的因素很多，包括個人偏好、工作所需、生活所需與支出費用等經濟因素。上述每一個選項皆可再細分成交通工具品牌與功能屬性的選擇，例如：購車計畫須考慮購買國產車、進口車、休旅車、房車等。最後實際購買行為則由購車財務規劃的可行性來決定。

以騎摩托車還是開車的決策為例，騎摩托車的機動性較高，所需花費的購車成本與油耗、保養、稅金等支出較省，但可以搭載人數最多只有兩人，安全性也較低，以一個四口家庭的日常生活所需，若主要考量安全因素與搭載人數時，當然以開車較適合，然而需要付出較高的購車、油耗、保養、稅金等家庭支出。再以公共運輸工具或是私人運輸工具的選擇為例，若公共運輸工具的基礎建設很完整且方便時，就會吸引人們放棄私人運輸工具而採用公共運輸工具，例如，臺北捷運系統的完整與方便性，使許多人放棄騎摩托車或開車，也節省了許多交通運輸費用。

在大都會以外的地區，往往因為公共運輸工具的路網並不完善，且行車班距可能需要一小時以上，造成人們只好選擇機車或汽車的私人運輸交通工具。然而，雖然個人居住地區的大眾運輸工具的行車班次少，且搭乘耗時而不方便，但若個人負擔不起私人交通工具的花費與支出時，只好忍受不方便而採用較便宜的大眾運輸工具。因此「是否負擔得起？」將是個人與家庭選擇交通工具的最後且最實際的考量。而「是否負擔得起？」則需要從個人財務規劃的觀點來深入分析。

　　圖6-1說明如何進行交通工具的選擇。首先就是要考慮個人與家庭在工作上或是生活上的實際需求，並考慮個人的偏好，並依據需求與偏好來選定適合的交通工具，據以確認此交通工具相關的支出與費用，之後便可以將交通支出列入個人與家庭的收入支出結餘表，若是決定購入機車或是汽車，則購買的車價應列入資產負債表中的資產項目，並在耐用年限之內應逐年攤提折舊費用，以減損交通工具資產科目的帳面價值。最後再檢視資產負債表以確認購車後的財務規劃是否適當，若不適當則應回過頭去調整相關購車計畫，例如調整配備或選擇其他較便宜的品牌，以降低購車支出，使得財務規劃能夠更完善而且可以實施。

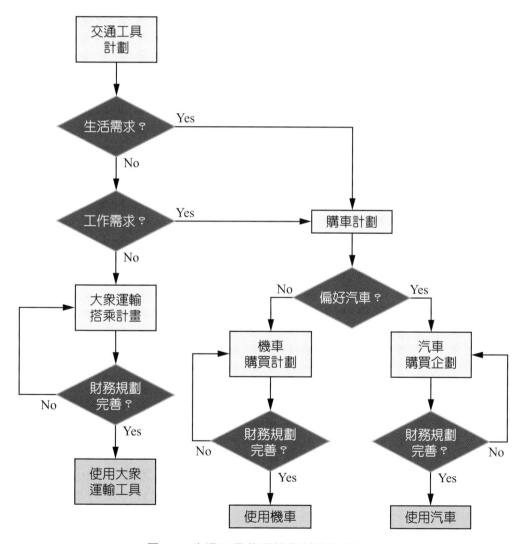

圖6-1　交通工具的選擇與財務規劃流程

6-2　交通工具與費用支出

　　為具體落實6-1所擬定的交通工具使用計畫，我們必須進一步思考執行選定計畫的相關成本。若是選擇購車，不論是機車還是汽車，相關費用的支出皆包括有下列八大項目：

1. **購車款**：一次付清款項、分期付款頭期款與分期款。

2. **規費**：過戶相關行政費用。

3. **稅費**：牌照稅、燃料稅。

4. **保險費**：車體險、竊盜險、災損險、強制險、任意險。

5. **財務費用**：貸款利息。

6. **油耗**：汽油費用。

7. **維修費**：進廠維修保養支出。

8. **停車費**：車位租金、停車費用。

　　以上與交通工具相關的費用支出，可以從網路上的網頁獲得相關資訊。例如，若要購買新車，可以連線至汽車廠牌的官方網站，則可以獲得許多車款規格、售價、促銷活動等資訊，以做為後續購車的依據。圖6-2是車商的官網畫面，可以依據個人偏好來選擇雅致、經典或豪華三種不同的車型，同時會顯示各種車型的規格、配備與售價等資訊。而相關規費與稅金也會同時出現。消費者在家裡上網，就可以很輕鬆的在無業務員催促購買的壓力下，比較各車商所提供的購車資訊。

　　在比較過幾家車商所提供的資訊後，消費者就可以很客觀的選擇到符合自己需求與負擔得起的車款。而以上這些交通工具的支出費用估計，也必需在家庭財務規劃的架構下，來驗證此購車計劃實施的可行性，以及對家庭財務規劃的後續影響。換言之，車商與車款的選擇，是以個人與家庭的偏好與需求來做為選擇的依據，而購車計畫的具體實現，則必須透過家庭財務規劃的驗證，方可實際啟動

購車行動。

圖6-2　購買汽車的車價與相關稅費

圖片來源：TOYOTA官方網站

　　表6-1羅列與購車相關的保險產品與費用支出。一般而言，新車購買者通常會投保車體損失險與第三人責任險，因為新車價值較高且容易失竊，因此消費者在購買新車三年內，通常會投保車體或竊盜險，而第三人責任險則是保障車禍發生時需賠償對方的醫療支出或財產損失。若是舊車購買者，因車價較低，則可以只考慮第三人責任險。以上這些購車相關保險費用，是購車者的必要支出，必需在家庭財務規劃過程中考慮進去。

💰表6-1　購車相關保險種類與費用支出

保險名稱	保險種類	每年保費	保險內容
車體損失險	甲式	6~8萬	車對車、車對物碰撞、火災、爆炸、閃電、墜落物、第三人非善意、不明原因造成車損皆可理賠。
	乙式	3~4萬	車對車、車對物碰撞、火災、爆炸、閃電、墜落物造成車損皆可理賠。
	丙式	1~2萬	車對車碰撞造成車損才可理賠。

保險名稱	保險種類	每年保費	保險內容
第三人責任險	強制與任意險	0.4~0.8萬	因車禍造成第三人醫療支出與財損可以理賠，其中強制險為政府法規強制駕駛人投保、任意險非為強制性。

圖6-3羅列與購車相關的油耗費用支出。一般而言，汽油價格每星期調整一次，以最近幾年來的九五無鉛汽油價格波動來看，最低曾經跌到每公升22元，最高則漲到將近每公升32元，價格起伏幅度甚大。而在家庭財務規劃時，每年行車的油耗總支出，可以用每年行車里程的公里數，除以每公升汽油的可行公里數，再乘以每公升汽油的價格，即可估計出每年的油耗總支出費用。

「汽、柴油零售」參考牌價表　友善列印

2018年5月21日0時0分起實施　(實際價格以各營業地點公告為準)

產品編號	產品名稱	包裝	銷售對象	交貨地點	計價單位	參考牌價	營業稅	貨物稅	備註
113F 1209800	98無鉛汽油	散裝	一般自用客戶	中油自營站	元/公升	32.5	5%	內含	
113F 1209500	95無鉛汽油	散裝	一般自用客戶	中油自營站	元/公升	30.5	5%	內含	
113F 1209200	92無鉛汽油	散裝	一般自用客戶	中油自營站	元/公升	29	5%	內含	
113F 1229500	酒精汽油	散裝	一般自用客戶	中油自營站	元/公升	30.5	5%	內含	
113F 5100100	超級柴油	散裝	一般自用客戶	中油自營站	元/公升	27.1	5%	內含	
113F 5100700	海運輕柴油	散裝	車隊卡合約客戶	中油自營漁船站	元/公秉	27100	5%	內含	
113F 5100800	海運重柴油	散裝	一般自用客戶	中油自營漁船站	元/公秉	26600	5%	內含	

圖6-3　購車所需油耗相關費用支出

圖片來源：臺灣中油公司官方網站

圖6-4羅列與購車相關的車價支出，一般而言，車商爲了促銷其主力車款，會提供許多的購車優惠活動，例如：購車分期付款零利率、購車免頭期款等皆是常見的優惠活動。以圖中「40萬30期0利率」的購車優惠活動來看，若車價爲圖6-5所示爲60.9萬元，則表示可以貸款40萬元，那麼消費者就必須自備頭期款20.9萬元的現金，方能享受此優惠方案，而30期則表示需在購車後30個月內，平均攤還40萬元的購車貸款，但因爲是0利率，所以無需繳納任何利息費用，這對想購買新車的年輕人來講是一大誘因。然而，消費者在購車當下必需支出20.9萬元的現

金，這對屬於小資族的年輕人來講，將是主要的資金調度的一大挑戰，且是否會排擠家庭後續的財務目標，這些問題皆需在家庭財務規劃活動中，整體考量其可行性與其影響家庭財務狀況的程度。

圖6-4　購車車款的選擇與優惠方案

圖片來源：TOYOTA官方網站

請選擇車款	YARIS ⌄	YARIS ⌄	YARIS ⌄
請選擇等級	雅緻 ⌄	經典 ⌄	豪華 ⌄
	585,000 TWD (建議售價)	609,000 TWD (建議售價)	655,000 TWD (建議售價)
- 規格表			
全長(mm)	4145	4145	4145
全寬(mm)	1730	1730	1730
全高(mm)	1500	1500	1500
引擎型式	2NR-FE直列四汽缸 DOHC 16汽門 Dual VVT-i雙連續可變汽門正時控制系統	2NR-FE直列四汽缸 DOHC 16汽門 Dual VVT-i雙連續可變汽門正時控制系統	2NR-FE直列四汽缸 DOHC 16汽門 Dual VVT-i雙連續可變汽門正時控制系統
排氣量(c.c.)	1496	1496	1496

圖6-5　購車車款規格與購車款支出

圖片來源：TOYOTA官方網站

6-3 交通支出與金融工具

　　與購車支出相關的金融工具，主要有貸款與信用卡兩大類。購車貸款的申辦對象，可以是車商或是銀行，通常車商會提供購車零利率的優惠方案，而銀行貸款則屬於消費型抵押貸款或信用貸款，皆會收取一定程度的利息費用，但信用貸款屬於無抵押品的貸款，對銀行來講，其面臨客戶違約的風險較高，因此利率也相對要求較高。而稅費的繳交可以透過信用卡來支付，銀行通常會提供分期零利率或免收手續費的優惠活動。

　　至於油耗費用，則可於加油時以信用卡來支付，若以信用卡在加油站來進行自助加油時，每公升還可減免0.8元以上。有些加油站甚至提供以信用卡（認同卡）加油時，可以每公升減免達2元。消費者可以多加比較，方能享受信用卡所帶來的便利與省錢。停車費用部分，許多停車場、百貨公司或賣場皆有提供信用卡（認同卡）的持有人可以免費停車的福利，消費者若善加利用，可省下一大筆的停車費用，因此消費者要詳加比較與利用。

表6-2　與購車支出相關的金融工具

購車支出	金融工具	利率	相關內容
購車款	車商零利率貸款	0%	需自備頭期款，方能享受分期零利率貸款的優惠，一般可分36期付款。
	銀行汽車抵押貸款	3%~6%	汽車與房屋貸款皆屬於消費型抵押貸款，貸款利率一般較無擔保信用貸款的利率為低。
	銀行無擔保信用貸款	1.99%~15%	無擔保貸款的利率會比抵押貸款 高，實際利率依照個人信用評分與還款能力來決定。
稅費	信用卡	0%	以信用卡繳納政府稅費，可以享受分期零利率的付款優惠。
保險費	信用卡	0%	以信用卡進行線上投保，可以享受投保保費折扣的優惠。

購車支出	金融工具	利率	相關內容
油耗	信用卡	0%	自助加油使用信用卡,每公升可節省0.8元,聯名卡每公升最多可省2元。部分信用卡有加油現金回饋活動。
停車費	信用卡	0%	百貨公司聯名卡提供免費停車活動, 部分停車場可以信用卡紅利點數來折抵停車費。

6-4 交通工具與財務規劃

在第3章的範例中,假設目前家庭成員是大雄一個人,他是大學二年級學生,經濟上已經獨立自主,在校外租屋,課餘時間在校外打工,以供給自己的學雜費與日常生活的支出。經過就學貸款還款計畫的詳細分析,其「就學貸款」合約要求於大學畢業後的下一個年度開始償還本息,預計30歲時將可以還清所有貸款本金。而大雄畢業後有穩定的工作收入,也開始累積了一些儲蓄。因生活與工作上的需要,大雄開始思考購買汽車代步的可行性,於是展開他個人的購車計畫與財務規劃。他所面臨的第一個難題就是甚麼時候可以買下一部自己喜歡的新車?他計畫購買的車款如圖6-5所示,車價為60.9萬元,可辦理零利率分期付款,但是貸款金額只有40萬元,因此大雄於購車的年度必須準備下列金額的現金(銀行存款):

$$[B3] = B2 - B4$$

亦即

$$購車頭期款 = 車價 - 可貸款金額$$
$$= 60.9 \text{ 萬元} - 40 \text{ 萬元}$$
$$= 20.9 \text{ 萬元}$$

假設汽車耐用年限為20年，以直線法來攤提折舊費用，則每一年的折舊率是5%，請參考下列公式：

[B8] = B2*0.05

假設大雄於30歲的年底購車，則當年度需要支付頭期款，其公式如下：

[F3] = B3

下一年度大雄31歲，需償還一年12期的貸款本金，因0利率的緣故，所以無需支付任何利息費用：

[G3] = B4/B6*12

再下一年度大雄32歲，仍需償還一年12期的貸款本金：

[H3] = B4/B6*12

當大雄33歲時，只需償還半年6期的貸款本金：

[I3] = B4/B6*6

上述所有公式計算的結果，請參考圖6-6購車貸款的還款計畫所示。

	A	B	C	D	E	F	G	H	I	J
1	車款	Yaris				2028	2029	2030	2031	
2	車價	609,000	元			30	31	32	33	
3	頭款	209,000	元		分期付款	209,000	160,000	160,000	80,000	
4	貸款	400,000	元							
5	利率	0%	%							
6	期限	30	月							
7		2.5	年							
8	每年折舊	30,450	元							
9										

圖6-6　購車貸款還款計畫

　　當我們想要進一步進行家庭財務規劃時，首先必須確認相關交通費用支出的參數，如圖6-7所示。其中包括使用機車或汽車的支出參數：油耗費、維修費、停車費、保險費、燃料稅與牌照稅等。而購車款視為貸款支出，因此列在購車貸款支出項目裏。

	A	B	C	D	E	F	G
1	收	打工收入	17,000	(月)	每年季數	4	(季)
2	入	工作起薪	24,000	(月)	每年月數	12	(月)
3	參	年終獎金	2	(月)	每年日數	365	(日)
4	數	調薪幅度	1.5%	(%)			
5					學貸利率	1.15%	(%)
6	支	早餐花費	50	(天)	活存利率	0.50%	(%)
7	出	午餐花費	80	(天)	學貸金額	98,887	(年)
8	參	晚餐花費	100	(天)			
9	數	宵夜花費	0	(天)			
10		飲食上漲率	2%	(%)			
11		衣飾支出	2,000	(季)			
12		住宿支出	8,000				
13		機車油錢	800	(月)	汽車油錢	3,000	(月)
14		機車停車費	0	(月)	汽車停車費	3,000	(月)
15		機車維修費	600	(季)	汽車維修費	2,000	(季)
16		機車燃料稅	450	(年)	汽車燃料稅	4,800	(年)
17		機車牌照稅	0	(年)	汽車牌照稅	7,120	(年)
18		機車保險費	600	(年)	汽車保險費	6,000	(年)

圖6-7　購車財務規劃參數

　　根據上述已經確認的購車財務規劃參數，我們可以開始編製家庭收入支出結餘表。其中交通支出的油錢與停車費是以「月」計，因實務上大約一季會進廠維修一次，因此維修費以「季」計算，而稅金與保險費用則是以「年」來計算。相關公式如下所示。

交通支出＝（油錢＋停車費）＊月數＋維修費＊季數＋燃料稅＋牌照稅＋保險費

[L10] ＝（參數 !C13＋參數 !C14）＊參數 !F2＋參數 !C15＊參數 !F1＋參數 !C16＋參數 !C17＋參數 !C18

[M10] ＝（參數 !F13＋參數 !F14）＊參數 !F2＋參數 !F15＊參數 !F1＋參數 !F16＋參數 !F17＋參數 !F18

年度	2018	2019	2020	2021	2022	2023	2024	2025	2026	2027	2028	2029	2030	2031	2032
年齡	20	21	22	23	24	25	26	27	28	29	30	31	32	33	34
	大二	大三	大四	正職工作											
工作收入	204,000	204,000	204,000	336,000	341,040	346,156	351,348	356,618	361,967	367,397	372,908	378,502	384,179	389,942	395,791
利息收入	250	266	274	274	664	909	679	464	430	904	1,399	868	434	15	12
總收入	204,250	204,266	204,274	336,274	341,704	347,064	352,027	357,082	362,397	368,301	374,307	379,370	384,613	389,956	395,803
飲食支出	83,950	85,629	87,342	89,088	90,870	92,688	94,541	96,432	98,361	100,328	102,335	104,381	106,469	108,598	110,770
衣飾支出	8,000	8,000	8,000	8,000	8,000	8,000	8,000	8,000	8,000	8,000	8,000	8,000	8,000	8,000	8,000
住宿支出	96,000	96,000	96,000	96,000	96,000	96,000	96,000	96,000	96,000	96,000	96,000	96,000	96,000	96,000	96,000
交通支出	13,050	13,050	13,050	13,050	13,050	13,050	13,050	13,050	13,050	13,050	13,050	97,920	97,920	97,920	97,920
學貸還本	0	0	0	47,488	48,034	48,586	49,145	49,710	50,282	50,860	51,445	0	0	0	0
學貸付息	0	0	0	4,549	4,003	3,450	2,892	2,326	1,755	1,177	592	0	0	0	0
信貸還本					27,574	114,509	121,560	96,057	0	0	0	0	0	0	0
信貸付息					5,249	16,785	9,734	2,413	0	0	0	0	0	0	0
車貸支出											209,000	160,000	160,000	80,000	0
總支出	201,000	202,679	204,392	258,175	292,780	393,068	394,921	363,989	267,447	269,414	480,421	466,301	468,389	390,518	312,690
收支結餘	3,250	1,587	-117	78,099	48,924	-46,003	-42,895	-6,906	94,950	98,887	-106,114	-86,931	-83,776	-562	83,113

圖6-8　購車計畫與家庭收入支出結餘表

在編製家庭資產負債表時，要特別注意的是，若是一次以現金付清所有購車款，則會增加汽車資產的科目，但沒有負債科目的產生。若是以分期付款的方式來購車，則除了汽車資產的科目增加外，還會伴隨著增加汽車貸款的負債科目。其中汽車資產的帳面價值會隨著每年折舊5%而減少，而汽車貸款的金額則會隨著每年還款金額而逐漸減少，直到大雄33歲的年中將還清所有汽車貸款，因此在大雄33歲的年底，汽車貸款負債科目的金額歸0。詳細過程，請參考圖6-9所示。

❖「汽車資產」逐年折舊公式：

$$[N7] = M7 - 車貸還款計劃！\ \$B\$8$$

❖「車貸負債」逐年還本公式：

$$[N11] = M11 - 家庭收入支出結餘表！\ M15$$

年度	2018年初	2018	2019	2020	2021	2022	2023	2024	2025	2026	2027	2028	2029	2030	2031	2032
年齡	20年初	20	21	22	23	24	25	26	27	28	29	30	31	32	33	34
	大一	大二	大三	大四	正職工作											
現金(活存)	50,000	53,250	54,837	54,720	132,819	181,743	135,740	92,845	85,938	180,888	279,775	173,661	86,730	2,954	2,392	85,504
手機	16,000	15,000	14,000	13,000	12,000	11,000	10,000	9,000	8,000	7,000	6,000	5,000	4,000	3,000	2,000	1,000
機車	24,800	24,000	23,200	22,400	21,600	20,800	20,000	19,200	18,400	17,600	16,800	16,000				
汽車												609,000	578,550	548,100	517,650	487,200
資產合計	90,800	92,250	92,037	90,120	166,419	213,543	165,740	121,045	112,338	205,488	302,575	803,661	669,280	554,054	522,042	573,704
助學貸款	98,887	197,774	296,661	395,548	348,060	300,027	251,441	202,296	152,586	102,305	51,445	0	0	0	0	0
信用貸款						332,126	217,617	96,057	0	0	0	0	0	0	0	0
汽車貸款												400,000	240,000	80,000	0	0
總負債	98,887	197,774	296,661	395,548	348,060	632,153	469,058	298,353	152,586	102,305	51,445	400,000	240,000	80,000	0	0
淨值	-8,087	-105,524	-204,624	-305,428	-181,642	-418,610	-303,318	-177,308	-40,248	103,184	251,131	403,661	429,280	474,054	522,042	573,704
總淨值	-8,087	-105,524	-204,624	-305,428	-181,642	-418,610	-303,318	-177,308	-40,248	103,184	251,131	403,661	429,280	474,054	522,042	573,704
負債淨值合計	90,800	92,250	92,037	90,120	166,419	213,543	165,740	121,045	112,338	205,488	302,575	803,661	669,280	554,054	522,042	573,704

圖6-9　購車計畫與家庭資產負債表

　　最後，我們若詳細檢視圖6-9的家庭資產負債表，可以確認融入購車計畫後，現金與淨值科目皆保持為正數，因此可以驗證此購車計畫確實是可以實踐的。

張巧盈現年20歲（2018年初），單身且為大一學生，一個人在學校附近租屋，其相關財務現況如下列所述：

1. 現有銀行活期存款20,000元，年利率0.5%。

2. 預計從大二開始辦理就學貸款，每學期貸款40,000元來繳交學雜費（每年80,000元），貸款至大四為止，大學畢業正職工作後才需開始還款，就學貸款年利率為1.15%。

3. 剛剛購入二手機車一部，價格為20,000元，機車每年會折舊1,500元。

4. 食衣住行等日常必要花費，請參考下列參數表所列金額。其中飲食費用每年會上漲2%，其他費用因上漲有限，可視為固定支出。

5. 目前半工半讀，每個月打工收入為16,000元。預期畢業後的正職工作月收入為24,000元，年薪共12個月加上年終獎金2個月，此後每一年的預期調薪幅度為1.5%。

6. 預期正職工作後開始定期定額投資共同基金，將選定年報酬率6%的基金來投資，每個月投資金額2,000元，將與基金公司簽約扣款投資四年。投資後將享受基金增值的樂趣，預期30歲時將累積至人生第一桶金1,000,000萬元（活期存款＋基金投資）。請參考下列「購車前」相關財務資訊。

7. 張巧盈計畫購買新車一部，車商提供360,000元36期零息分期付款專案，車價600,000元。其他購車支出請參考下列參數表。

 請您幫張巧盈完成下列「購車計畫表」、「購車後家庭收支結餘表」與「購車後家庭資產負債表」至她30歲為止。並請回答下列問題：

1. 張巧盈最快甚麼時候（那一年度）可以買到他喜歡的汽車？

2. 為了實現張巧盈的「購車計畫」，他應該一次付清或是辦理分期付款？為什麼？

3. 考慮「購車計畫」後，張巧盈是否仍可以在30歲時累積到人生的第一桶金1,000,000元（活期存款＋基金投資）？

4. 30歲時，張巧盈若累積不到第一桶金1,000,000元（包括活期存款與基金投資合計金額），那麼她是否應該放棄「購車計畫」以達到此目標？

5. 30歲時，張巧盈若累積不到第一桶金1,000,000元（活期存款＋基金投資），那麼她要如何重新擬定投資策略，才能兼顧「購車計畫」與「第一桶金」的雙重目標？

參數表

	A	B	C	D	E	F	G	H	I
1	打工收入	16,000	(月)		每年季數	4	(季)		
2	工作起薪	24,000	(月)		每年月數	12	(月)		
3	年終獎金	2	(月)		每年日數	365	(日)		
4	調薪幅度	1.5%	(年)		學貸利率	1.15%	(年)		
5					活存利率	0.50%	(年)		
6	早餐花費	50	(天)		基金報酬率	6.00%	(年)		
7	午餐花費	60	(天)		機車折舊	1,500	汽車折舊	30,000	(年)
8	晚餐花費	80	(天)		機車油錢	1,000	汽車油錢	4,000	(月)
9	消夜花費	60	(天)		機車維修費	2,000	汽車維修費	4,000	(季)
10	飲食上漲率	2.0%	(年)		機車燃料費	450	汽車燃料費	4,800	(年)
11	衣飾支出	2,000	(季)		機車牌照稅	0	汽車牌照稅	7,120	(年)
12	住宿支出	6,000	(月)		機車保險費	1,200	汽車保險費	8,000	(年)
13					機車停車費	0	汽車停車費	3,000	(月)

學貸還款計畫表

	A	B	C	D	E	F	G
1							
2	學貸金額	240,000					
3	還款期限	6					
4	學貸利率	1.15%					
5							
6	年度	2021	2022	2023	2024	2025	2026
7	年齡	23	24	25	26	27	28
8	還款年序	1	2	3	4	5	6
9	學貸還本	38,865	39,312	39,764	40,222	40,684	41,152
10	學貸付息	2,760	2,313	1,861	1,404	941	473
11	總金額	41,625	41,625	41,625	41,625	41,625	41,625

「購車前」家庭收支結餘表

	A	B	C	D	E	F	G	H	I	J	K	L
1												
2	年度	2018	2019	2020	2021	2022	2023	2024	2025	2026	2027	2028
3	年齡	20	21	22	23	24	25	26	27	28	29	30
4		大二	大三	大四	正職工作							
5	工作收入	192,000	192,000	192,000	336,000	341,040	346,156	351,348	356,618	361,967	367,397	372,908
6	利息收入	100	96	83	60	420	797	1,192	1,604	2,155	2,725	3,522
7	總收入	192,100	192,096	192,083	336,060	341,460	346,953	352,540	358,222	364,122	370,122	376,430
8												
9	飲食支出	91,250	93,075	94,937	96,835	98,772	100,747	102,762	104,818	106,914	109,052	111,233
10	衣飾支出	8,000	8,000	8,000	8,000	8,000	8,000	8,000	8,000	8,000	8,000	8,000
11	住宿支出	72,000	72,000	72,000	72,000	72,000	72,000	72,000	72,000	72,000	72,000	72,000
12	交通支出	21,650	21,650	21,650	21,650	21,650	21,650	21,650	21,650	21,650	21,650	21,650
13	投資基金	0	0	0	24,000	24,000	24,000	24,000	0	0	0	0
14	學貸還本	0	0	0	38,865	39,312	39,764	40,222	40,684	41,152	0	0
15	學貸還息	0	0	0	2,760	2,313	1,861	1,404	941	473	0	0
16	車貸還本	0	0	0	0	0	0	0	0	0	0	0
17	總支出	192,900	194,725	196,587	264,111	266,047	268,023	270,038	248,093	250,189	210,702	212,883
18												
19	收支結餘	- 800	- 2,629	- 4,504	71,950	75,413	78,930	82,502	110,130	113,933	159,419	163,546

「購車前」家庭資產負債表

	A	B	C	D	E	F	G	H	I	J	K	L	M
1													
2	年度	2018年初	2018	2019	2020	2021	2022	2023	2024	2025	2026	2027	2028
3	年齡	20	20	21	22	23	24	25	26	27	28	29	30
4			大一	大二	大三	大四	正職工作						
5	銀行活存	20,000	19,200	16,571	12,067	84,017	159,430	238,360	320,862	430,992	544,925	704,344	867,890
6	基金投資	0	0	0	0	24,000	49,440	76,406	104,991	111,290	117,968	125,046	132,548
7	機車一部	20,000	18,500	17,000	15,500	14,000	12,500	11,000	9,500	8,000	6,500	5,000	3,500
8	汽車一部	0	0	0	0	0	0	0	0	0	0	0	0
9	資產合計	40,000	37,700	33,571	27,567	122,017	221,370	325,766	435,353	550,282	669,392	834,390	1,003,939
10													
11	學貸	0	80,000	160,000	240,000	201,135	161,822	122,058	81,836	41,152	0	0	0
12	車貸	0	0	0	0	0	0	0	0	0	0	0	0
13	總負債	0	80,000	160,000	240,000	201,135	161,822	122,058	81,836	41,152	0	0	0
14	淨值	40,000	- 42,300	- 126,429	- 212,433	- 79,118	59,548	203,708	353,517	509,130	669,392	834,390	1,003,939
15	總淨值	40,000	- 42,300	- 126,429	- 212,433	- 79,118	59,548	203,708	353,517	509,130	669,392	834,390	1,003,939
16	負債淨值合計	40,000	37,700	33,571	27,567	122,017	221,370	325,766	435,353	550,282	669,392	834,390	1,003,939

購車計畫表

	A	B	C	D	E	F	G	H	I
1									
2	車價	600,000	元		年度	2025	2026	2027	2028
3	頭款		元		年齡	27	28	29	30
4	貸款	360,000	元		年序	0	1	2	3
5	利率	0%	年		分期款				
6	期限	36	月						
7		3.0	年						

「購車後」家庭收支結餘表

	A	B	C	D	E	F	G	H	I	J	K	L
1												
2	年度	2018	2019	2020	2021	2022	2023	2024	2025	2026	2027	2028
3	年齡	20	21	22	23	24	25	26	27	28	29	30
4		大二	大三	大四	正職工作							
5	工作收入	192,000	192,000	192,000								
6	利息收入	100	96	83								
7	總收入	192,100	192,096	192,083								
8												
9	飲食支出	91,250	93,075	94,937								
10	衣飾支出	8,000	8,000	8,000								
11	住宿支出	72,000	72,000	72,000								
12	交通支出	21,650	21,650	21,650								
13	投資基金	0	0	0								
14	學貸還本	0	0	0								
15	學貸還息	0	0	0								
16	車貸還本	0	0	0								
17	總支出	192,900	194,725	196,587								
18												
19	收支結餘	- 800	- 2,629	- 4,504								

「購車後」家庭資產負債表

	A	B	C	D	E	F	G	H	I	J	K	L	M
1													
2	年度	2018年初	2018	2019	2020	2021	2022	2023	2024	2025	2026	2027	2028
3	年齡	20	20	21	22	23	24	25	26	27	28	29	30
4		大一	大二	大三	大四	正職工作							
5	銀行活存	20,000	19,200	16,571	12,067								
6	基金投資	0	0	0	0								
7	機車一部	20,000	18,500	17,000	15,500								
8	汽車一部	0	0	0	0								
9	資產合計	40,000	37,700	33,571	27,567								
10													
11	學貸	0	80,000	160,000	240,000								
12	車貸	0	0	0	0								
13	總負債	0	80,000	160,000	240,000								
14	淨值	40,000	- 42,300	- 126,429	- 212,433								
15	總淨值	40,000	- 42,300	- 126,429	- 212,433								
16	負債淨值合計	40,000	37,700	33,571	27,567								

NOTE

Chapter

07

子女養育
與家庭計畫

學習目標

1. 瞭解成立家庭與養育子女的計畫。

2. 瞭解與家庭計畫相關的費用支出。

3. 瞭解與子女養育相關的金融工具。

4. 學習如何擬定子女養育支出,並完成相關財務規劃。

7-1 組織家庭的計畫

臺灣人口結構逐漸走向「晚婚不生」或「不婚不生」所造成的「少子化」與「人口老化」的趨勢。這現象可以由表7-1與表7-2的國人婚姻狀況統計資料來驗證。根據內政部統計處的人口資料庫，有關年齡15歲以上國人的婚姻狀況來分析，2012~2021年間15歲以上人口數由1,990萬人成長至2,048萬人，其中未婚人口數由694萬人成長至698萬人，未婚人口占比為34.5%上下。而有偶人口數約為1,022萬人左右，占比約為50%上下，最後的離婚或喪偶人口約占16%。若進一步從適婚人口來看，根據內政部2017年度統計資料顯示，20歲以上、40歲以下的適婚人數約為690萬人，其中約有440萬人是單身狀態，因此臺灣適婚人口的未婚占比高達63.7%。根據以上資料分析，在臺灣「晚婚」或「單身」是社會的新趨勢，這趨勢會改變整個社會結構，進而影響經濟的發展與經濟的型態。

表7-1 15歲以上國人婚姻狀況統計表（人數）

	15歲以上總人數	未婚	有偶	離婚	喪偶
2012年	19,904,145	6,942,080	10,235,154	1,496,101	1,230,810
2013年	20,026,916	6,957,942	10,271,403	1,543,498	1,254,073
2014年	20,156,453	6,987,591	10,304,233	1,587,914	1,276,715
2015年	20,304,294	7,032,477	10,342,769	1,630,352	1,298,696
2016年	20,397,935	7,041,373	10,364,347	1,673,523	1,318,692
2017年	20,479,354	7,057,410	10,365,393	1,718,652	1,337,899
2018年	20,540,705	7,058,572	10,362,098	1,763,667	1,356,368
2019年	20,592,770	7,054,060	10,356,627	1,808,456	1,373,627
2020年	20,597,840	7,036,146	10,322,361	1,849,802	1,389,531
2021年	20,485,406	6,980,709	10,228,786	1,875,561	1,400,350

資料來源：內政部統計處

💰 表7-2　15歲以上國人婚姻狀況統計表（百分比）

	15歲以上總人數	未婚	有偶	離婚	喪偶
2012年	19,904,145	34.88%	51.42%	7.52%	6.18%
2013年	20,026,916	34.74%	51.29%	7.71%	6.26%
2014年	20,156,453	34.67%	51.12%	7.88%	6.33%
2015年	20,304,294	34.64%	50.94%	8.03%	6.40%
2016年	20,397,935	34.52%	50.81%	8.20%	6.46%
2017年	20,479,354	34.46%	50.61%	8.39%	6.53%
2018年	20,540,705	34.36%	50.45%	8.59%	6.60%
2019年	20,592,770	34.26%	50.29%	8.78%	6.67%
2020年	20,597,840	34.16%	50.11%	8.98%	6.75%
2021年	20,485,406	34.08%	49.93%	9.16%	6.84%

資料來源：內政部統計處

　　針對臺灣人口趨勢與社會結構的轉變，專家學者紛紛提出相關的分析，例如，中央研究院社會學研究所楊文山教授研究臺灣年輕人選擇不結婚的主要原因是幸福感的喪失與女性教育水準的提高等，而其他學者認為選擇不婚甚至是不生的因素尚包括有經濟因素、養育子女與長輩照護等問題。雖然社會趨勢是如此，然而根據研究結果顯示，結婚與組織家庭仍然是**社會的常規**（Normative），亦是人生的轉淚點，正規的家庭生活可以帶給人們幸福感，也可以使人們過著更規律的生活，進而使得人生更充實而健康，這些都是組織家庭所帶給個人的好處。

　　然而組織家庭也帶給個人養育家庭與教育子女的義務，包括時間上的投入與經濟上的支出等。若組織家庭是您個人的重要人生夢想，那麼家庭與子女養育的龐大財務支出就是您的重要財務目標，這些支出費用涵蓋有子女養育的日常生活食衣住行支出、教育學雜費、才藝補習費等。而子女養育相關支出費用變異頗大，例如臺灣私立大學學雜費是公立大學的兩倍，出國留學的學雜費更是留在國內求學的數十倍費用。因此，從子女出生至大學畢業為止的養育子女支出，少則

數百萬元，多則上千萬元的費用，這對一般小康家庭而言，可是一筆爲數不小的預算，而時間幅度更延伸至20年的期間（從子女出生至大學畢業），因此組織家庭是人生當中最重要的夢想與最主要的財務目標，而家庭計畫必需融入個人理財的規劃中，方能具體實現組織家庭與養兒育女的人生目標。

7-2　家庭計畫的費用支出

　　爲具體落實7-1所擬定的組織家庭與子女養育計畫，我們必須進一步思考執行家庭計畫的相關費用支出，包括有下列四大項目：

1. **托育費用**：托嬰保母費、幼兒園學雜費。

2. **教育支出**：學雜費、書籍費、課外活動費、才藝補習費。

3. **生活支出**：伙食費、治裝費、房租、交通費、旅遊支出、零用金。

4. **保險費**：壽險、醫療險、意外險、學生平安險。

　　上述養育子女的相關支出費用中，以托育與教育費用金額較龐大。從小孩剛出生時，若父母親皆在上班而無法親自餵養，則小孩必須請人照顧，這就是所謂的托育。一般私人托育的保母費用約在每個月2萬元上下，一年就要有25萬元以上的預算。三歲大的小孩就可以進入幼兒園就讀，公立幼兒園每月的費月（月費＋分攤註冊費）在1萬元以下，若是私立幼兒園每月的費用約在1萬2千元至2萬元不等，一年需要15萬元以上的預算。只是公立幼兒園因爲名額不多，家長需要抽籤才能獲取入學資格，一般中籤率在10%以下，因此大部分家長必須每年支出爲數不小的教育費用。

　　小孩成長至6~7歲時就可進入小學就讀，因爲小學是屬於義務教育，因此大部分學童都進入公立小學就讀，每年學雜費與才藝補習費約在7萬元上下（請參考圖7-1）。但有些家長望子成龍、望女成鳳，希望小孩能有更精進的學習，因此爭相將小孩送入私立小學就讀，每年學雜費用支出可能高達20萬元以上。

小學教育

- 台灣的小朋友6,7歲開始上小學

- 花6年完成教育

- 要上的科目有：國文、英語、健康與體育、社會、藝術與人文、自然與生活科技、數學和綜合活動

- 然後學校用段考檢測他們的學習，升國中時則是按照戶籍分發到學區的國中

私立小學平均教育支出		公立小學平均教育支出	
學校相關支出*	NT$ 125,300	學校相關支出*	NT$ 14,300
校外補習等活動費	NT$ 72,800	校外補習等活動費	NT$ 48,500
其他書籍、參考書等學用品	NT$ 12,500	其他書籍、參考書等學用品	NT$ 6,500
全學年教育支出	NT$ 210,700	全學年教育支出	NT$ 69,300

圖7-1 小孩上小學的教育支出

圖片來源：money101官方網站

中學教育亦屬於義務教育，因此公立學校學雜費用與小學差異不大（請參考圖7-2）。但因為面臨升學的壓力，許多家長會讓小孩於課後去補習，這是額外的一大筆開銷。大學階段屬於高等教育，學雜費用較多元，端賴科系學院別與公私立別而有較大的差異化，一般私立大學一年學雜費用是10萬元上下，公立學雜費約為私立的一半（請參考圖7-3）。若是小孩遠赴國外留學，則一年學雜費與生活費用少則數十萬、多則數百萬元。

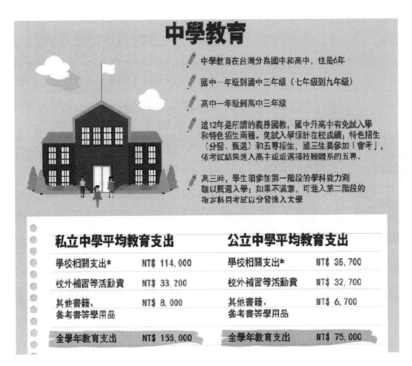

圖7-2　小孩上中學的教育支出

圖片來源：money101官方網站

圖7-3　小孩上大學的教育支出

圖片來源：money101官方網站

7-3 養育子女相關的金融工具

　　如表7-3所述，扶養與教育子女需要長期且龐大資金的投入，因此每一個家庭都應該要預先準備，累積平日儲蓄，專款專用做為小孩將來的教育基金。若家庭收支無法持續累積到足額的教育基金，則可以考慮政府開辦的「就學貸款」或「留學貸款」，與其他消費型貸款相比較，就學貸款享有政府的利息補貼，且寬限期長、額度較高、利率較低。此貸款是政府為讓學子專心念書的政策性金融工具，符合資格的家庭可以好好運用這些融通的金融工具，對整體家庭的財務規劃有不少的助益。至於其他與養育子女相關的金融工具，請參考表7-3詳細說明。

💰表7-3　與子女養育支出相關的金融工具

養育支出	金融工具	利率	相關內容
學雜費	就學貸款	1.15%	家庭年收入在120萬元以下的公私立高中以上學生可以申辦。政府補貼利息，就學期間不用還本付息。
	留學貸款	3%~6%	家庭年收入在145萬元以下且將赴國外就讀碩博士學位的學生可以申辦。貸款期限為5~10年。
	銀行定存	1%上下	到期領取整筆本利金額，做為小孩專款專用的教育基金。
	儲蓄險	2%以上	到期領取整筆保險金額，做為小孩專款專用的教育基金。
	外幣保單	2%以上	適合小孩將赴國外求學，應選擇小孩留學國家的幣別，以規避匯率風險。
生活費	信用貸款	1.99%~15%	消費型信用貸款可以用來支付日常生活食衣住行的支出費用。
保險費	信用卡	-2%~0%	以信用卡進行保費自動扣款，可以享受投保保費折扣的優惠。

7-4　子女養育與財務規劃

　　在前面章節的範例中，假設目前家庭成員是大雄一個人，現在他已經完成大學學業且開始專職工作，在經濟上已獨立運作，並於27歲還清信用貸款本息，於30歲還清所有就學貸款與汽車貸款的本息。在工作與財務狀況已經趨於穩定的情形下，大雄與他的女朋友大美決定於當年度步入禮堂共組歡樂的家庭，並計畫於結婚3年後生下第一個小孩，再隔3年後生下第二個小孩。於是大雄展開他與大美的家庭計畫與財務規劃。

　　結婚後大雄將面臨的第一個難題，就是小孩出生後的教養與龐大費用支出的家庭財務規劃問題。大雄與大美計畫兩人繼續上班，所以小孩出生後需要聘請保母照顧，三歲以後若能幸運抽中籤，希望讓小孩進入公立幼兒園就讀，將可省下一筆學雜費支出，但因為中籤率實在是太低了，他們沒有十足的把握可以抽中

籤，所以有讓小孩念私立幼兒園與學校的打算。因此決定採取較為折衷的計畫，他們預估小雄（兒）將順利進入公立幼兒園與公立學校就讀，而小美（女）則是念私立幼兒園與私立學校。相關的養兒育女的家庭經營計畫與財務規劃，請參考圖7-4~7-6所顯示的內容。

　　在圖7-4中增加了大美的相關參數，包括她的月薪、年終獎金、日常食衣住行花費等參數。並加入不同階段的小孩養育支出參數，包括學（雜）費與生活費。其他相關支出費用，請參考下列計算公式。圖7-5顯示大雄與大美結婚後的家庭收入支出結餘表，根據他們的家庭經營計畫，大雄30歲與大美結婚，因此當年度大美的工作收入與日常生活支出就開始出現在家庭收入支出結餘表上。而大雄33歲時，第一個小孩小雄出生，當年度小雄的托育費用就開始出現在家庭收入支出結餘表上，其後的公立學校教育費用也陸續出現在表上，直至小雄大學畢業為止。

相類似的情況，於大雄36歲時，第二個小孩小美出生，當年度小美的托育費用就開始出現在家庭收入支出結餘表上，其後的私立學校教育費用也將陸續出現在表上，直至小美大學畢業為止。

　　詳細檢視融入家庭經營計畫的收入支出結餘表，我們可以發現在大雄36~38歲與42~47歲時，大雄與大美將經歷家庭入不敷出的透支問題，這就是他們即將承擔家庭經營的養兒育女龐大開銷的影響結果。也因為透支的金額都不大，所以當進一步檢視圖7-6家庭資產負債表時，在透支的年度裏，雖然現金餘額（銀行活存）是減少的，但減幅都不大，因此現金餘額都還是正的數值，並沒有出現資金缺口而週轉不靈的破產危機。至此，我們可以確認的是，大雄與大美的組織家庭、養育子女的家庭計畫是具體可行的。

	A	B	C	D	E	F	G	H	I	J	K
1			大雄	大美							
2	收	打工收入	17,000	-	（月）		每年季數	4	（季）		
3	入	工作起薪	24,000	30,000	（月）		每年月數	12	（月）		
4	參	年終獎金	2	1.5	（月）		每年日數	365	（日）		
5	數	調薪幅度	1.5%	1.5%	（%）						
6			大雄	大美			學貸利率	1.15%	（%）		
7	支	早餐花費	50	40	（天）		活存利率	0.50%	（%）		
8	出	午餐花費	80	60	（天）		就學貸款	98,887	（年）		
9	參	晚餐花費	100	100	（天）						
10	數	宵夜花費	0	0	（天）		養育階段	年齡	公立學費	私立學費	生活費
11		飲食上漲率	2%	2%	（%）		托嬰	0	108,000	264,000	40,000
12		衣飾支出	2,000	5,000	（季）		幼稚園	4	52,000	145,000	50,000
13		住宿支出	8,000	8,000	（月）		國小	7	68,000	215,000	70,000
14			汽車	機車			國中	13	75,000	155,000	75,000
15		油錢	4,000	800	（月）		高中職	16	75,000	155,000	85,000
16		停車費	3,000	0	（季）		大學	19	62,000	117,000	120,000
17		維修費	4,000	600	（年）		就業	23	0	0	0
18		燃料稅	4,800	450	（年）						
19		牌照稅	7,120	0	（年）						
20		保險費	8,000	600							
21											

圖7-4　家庭理財規劃參數

結婚後飲食支出 = 大雄飲食支出 + 大美飲食支出

[L11]= K11*（1+ 參數 !C11）+（參數 !D7+ 參數 !D8+ 參數 !D9+ 參數 !D10）* 參數 !H4*（1+ 參數 !D11）^10

結婚後衣飾支出 = 大雄衣飾支出 + 大美衣飾支出
[L12] =（參數 !C12+ 參數 !D12）* 參數 !H2

結婚後居住支出 = 大雄房租支出 + 新增房租支出
[L13] = 參數 !C13+ 參數 !D13

結婚後交通支出 = 大雄開車支出 + 大美騎車支出

[M14]=L14+（參數 !C15+ 參數 !C16）* 參數 !H3+ 參數 !C17* 參數 !H2+ 參數 !C18+ 參數 !C19+ 參數 !C20

子養育支出 = 小雄學費支出 + 小雄生活費支出

[O15]=VLOOKUP（O4, 參數 !$H$11:$K$17,2,True）+VLOOKUP（O4, 參數 !$H$11:$K$17,4,True）

女養育支出 = 小美學費支出 + 小美生活費支出

[R16]=VLOOKUP（R5, 參數 !$H$11:$K$17,3,True）+ VLOOKUP（R5, 參數 !$H$11:$K$17,4,True）

	A	B	C	D	E	F	G	H	I	J	K	L	M	N	O	P	Q	R	S
1	年度	2018	2019	2020	2021	2022	2023	2024	2025	2026	2027	2028	2029	2030	2031	2032	2033	2034	2035
2	大雄年齡	20	21	22	23	24	25	26	27	28	29	30	31	32	33	34	35	36	37
3	大美年齡											27	28	29	30	31	32	33	34
4	小雄年齡														1	2	3	4	5
5	小美年齡																	1	2
6		大二	大三	大四	正職工作							結婚			小雄出生			小美出生	
7	工作收入(大雄)	204,000	204,000	204,000	336,000	341,040	346,156	351,348	356,618	361,967	367,397	372,908	378,502	384,179	389,942	395,791	401,728	407,754	413,870
8	工作收入(大美)											429,852	436,300	442,845	449,487	456,229	463,073	470,019	477,069
9	利息收入	250	266	274	274	664	909	679	464	430	904	1,399	1,993	2,536	3,124	3,416	4,153	4,937	4,478
10	總收入	204,250	204,266	204,274	336,274	341,704	347,064	352,027	357,082	362,397	368,301	804,159	816,794	829,560	842,553	855,437	868,954	882,710	895,418
11	飲食支出	83,950	85,629	87,342	89,088	90,870	92,688	94,541	96,432	98,361	100,328	191,321	195,148	199,051	203,032	207,092	211,234	215,459	219,768
12	衣飾支出	8,000	8,000	8,000	8,000	8,000	8,000	8,000	8,000	8,000	8,000	28,000	28,000	28,000	28,000	28,000	28,000	28,000	28,000
13	住宿支出	96,000	96,000	96,000	96,000	96,000	96,000	96,000	96,000	96,000	96,000	192,000	192,000	192,000	192,000	192,000	192,000	192,000	192,000
14	交通支出	13,050	13,050	13,050	13,050	13,050	13,050	13,050	13,050	13,050	13,050	13,050	132,970	132,970	132,970	132,970	132,970	132,970	132,970
15	養育支出(小雄)														148,000	148,000	148,000	102,000	102,000
16	養育支出(小美)																	304,000	304,000
17	學貸還本	0	0	0	47,488	48,034	48,586	49,145	49,710	50,282	50,860	51,445	0	0	0	0	0	0	0
18	學貸付息	0	0	0	4,549	4,003	3,450	2,892	2,326	1,755	1,177	592	0	0	0	0	0	0	0
19	信貸還本					27,574	114,509	121,560	96,057	0	0	0	0	0	0	0	0	0	0
20	信貸付息					5,249	16,785	9,734	2,413	0	0	0	0	0	0	0	0	0	0
21	車貸支出											209,000	160,000	160,000	80,000	0	0	0	0
22	總支出	201,000	202,679	204,392	258,175	292,780	393,068	394,921	363,989	267,447	269,414	685,408	708,118	712,021	784,002	708,062	712,204	974,429	978,738
23	收支結餘	3,250	1,587	-117	78,099	48,924	-46,003	-42,895	-6,906	94,950	98,887	118,752	108,677	117,539	58,551	147,375	156,750	-91,719	-83,320

	A	T	U	V	W	X	Y	Z	AA	AB	AC	AD	AE	AF	AG	AH	AI
1	年度	2036	2037	2038	2039	2040	2041	2042	2043	2044	2045	2046	2047	2048	2049	2050	2051
2	大雄年齡	38	39	40	41	42	43	44	45	46	47	48	49	50	51	52	53
3	大美年齡	35	36	37	38	39	40	41	42	43	44	45	46	47	48	49	50
4	小雄年齡	6	7	8	9	10	11	12	13	14	15	16	17	18	19	20	21
5	小美年齡	3	4	5	6	7	8	9	10	11	12	13	14	15	16	17	18
6																	
7	工作收入(大雄)	420,078	426,379	432,775	439,266	445,855	452,543	459,331	466,221	473,215	480,313	487,518	494,830	502,253	509,787	517,433	525,195
8	工作收入(大美)	484,225	491,489	498,861	506,344	513,939	521,648	529,473	537,415	545,476	553,658	561,963	570,393	578,949	587,633	596,447	605,394
9	利息收入	4,062	3,688	3,723	3,804	3,931	3,657	3,429	3,248	3,055	2,911	2,816	2,996	3,229	3,515	4,329	5,202
10	總收入	908,365	921,556	935,359	949,414	963,726	977,848	992,233	1,006,884	1,021,746	1,036,882	1,052,297	1,068,219	1,084,430	1,100,934	1,118,210	1,135,791
11	飲食支出	224,163	228,647	233,219	237,884	242,642	247,494	252,444	257,493	262,643	267,896	273,254	278,719	284,293	289,979	295,779	301,694
12	衣飾支出	28,000	28,000	28,000	28,000	28,000	28,000	28,000	28,000	28,000	28,000	28,000	28,000	28,000	28,000	28,000	28,000
13	住宿支出	192,000	192,000	192,000	192,000	192,000	192,000	192,000	192,000	192,000	192,000	192,000	192,000	192,000	192,000	192,000	192,000
14	交通支出	132,970	132,970	132,970	132,970	132,970	132,970	132,970	132,970	132,970	132,970	132,970	132,970	132,970	6,000	6,000	6,000
15	養育支出(小雄)	102,000	138,000	138,000	138,000	138,000	138,000	138,000	150,000	150,000	150,000	160,000	160,000	160,000	182,000	182,000	182,000
16	養育支出(小美)	304,000	195,000	195,000	195,000	285,000	285,000	285,000	285,000	285,000	285,000	230,000	230,000	230,000	240,000	240,000	240,000
17	學貸還本	0	0	0	0	0	0	0	0	0	0	0	0	0	0	0	0
18	學貸付息	0	0	0	0	0	0	0	0	0	0	0	0	0	0	0	0
19	信貸還本	0	0	0	0	0	0	0	0	0	0	0	0	0	0	0	0
20	信貸付息	0	0	0	0	0	0	0	0	0	0	0	0	0	0	0	0
21	車貸支出	0	0	0	0	0	0	0	0	0	0	0	0	0	0	0	0
22	總支出	983,133	914,617	919,189	923,854	1,018,612	1,023,464	1,028,414	1,045,463	1,050,613	1,055,866	1,016,224	1,021,689	1,027,263	937,979	943,779	949,694
23	收支結餘	-74,768	6,939	16,169	25,560	-54,886	-45,616	-36,181	-38,579	-28,867	-18,984	36,073	46,531	57,167	162,955	174,432	186,096

	A	AJ	AK	AL	AM	AN	AO	AP
1	年度	2052	2053	2054	2055	2056	2057	2058
2	大雄年齡	54	55	56	57	58	59	60
3	大美年齡	51	52	53	54	55	56	57
4	小雄年齡	22						
5	小美年齡	19	20	21	22			
6								
7	工作收入(大雄)	533,073	541,069	549,185	557,423	565,784	574,271	582,885
8	工作收入(大美)	614,475	623,692	633,047	642,543	652,181	661,964	671,894
9	利息收入	6,132	7,137	9,112	11,153	13,261	16,621	20,057
10	總收入	1,153,680	1,171,898	1,191,344	1,211,119	1,231,226	1,252,856	1,274,835
11	飲食支出	307,728	313,883	320,160	326,564	333,095	339,757	346,552
12	衣飾支出	28,000	28,000	28,000	28,000	28,000	28,000	28,000
13	住宿支出	192,000	192,000	192,000	192,000	192,000	192,000	192,000
14	交通支出	6,000	6,000	6,000	6,000	6,000	6,000	6,000
15	養育支出(小雄)	182,000	0	0	0	0	0	0
16	養育支出(小美)	237,000	237,000	237,000	237,000	0	0	0
17	學貸還本	0	0	0	0	0	0	0
18	學貸付息	0	0	0	0	0	0	0
19	信貸還本	0	0	0	0	0	0	0
20	信貸付息	0	0	0	0	0	0	0
21	車貸支出	0	0	0	0	0	0	0
22	總支出	952,728	776,883	783,160	789,564	559,095	565,757	572,552
23	收支結餘	200,952	395,015	408,184	421,555	672,131	687,100	702,283

圖7-5　家庭養育計畫與家庭收入支出結餘表

	B	C	D	E	F	G	H	I	J	K	L	M	N	O	P	Q	R
1 年度	2018年初	2018	2019	2020	2021	2022	2023	2024	2025	2026	2027	2028	2029	2030	2031	2032	2033
2 大雄年齡	20年初	20	21	22	23	24	25	26	27	28	29	30	31	32	33	34	35
3 大美年齡												27	28	29	30	31	32
4 小雄年齡															1	2	3
5 小美年齡																	
6	大一	大二	大三	大四	正職工作							結婚			小雄出生		
7 現金(活存)	50,000	53,250	54,837	54,720	132,819	181,743	135,740	92,845	85,938	180,888	279,775	398,527	507,204	624,743	683,294	830,668	987,418
8 手機	16,000	15,000	14,000	13,000	12,000	11,000	10,000	9,000	8,000	7,000	6,000	5,000	4,000	3,000	2,000	1,000	1,000
9 機車	24,800	24,000	23,200	22,400	21,600	20,800	20,000	19,200	18,400	17,600	16,800	16,000	15,200	14,400	13,600	12,800	12,000
10 汽車												609,000	578,550	548,100	517,650	487,200	456,750
11 資產合計	90,800	92,250	92,037	90,120	166,419	213,543	165,740	121,045	112,338	205,488	302,575	1,028,527	1,104,954	1,190,243	1,216,544	1,331,668	1,457,168
12 就學貸款	98,887	197,774	296,661	395,548	348,060	300,027	251,441	202,296	152,586	102,305	51,445	0	0	0	0	0	0
13 信用貸款						332,126	217,617	96,057	0	0	0	0	0	0	0	0	0
14 汽車貸款												400,000	240,000	80,000	0	0	0
15 總負債	98,887	197,774	296,661	395,548	348,060	632,153	469,058	298,353	152,586	102,305	51,445	400,000	240,000	80,000	0	0	0
16 淨值	-8,087	-105,524	-204,624	-305,428	-181,642	-418,610	-303,318	-177,308	-40,248	103,184	251,131	628,527	864,954	1,110,243	1,216,544	1,331,668	1,457,168
17 總淨值	-8,087	-105,524	-204,624	-305,428	-181,642	-418,610	-303,318	-177,308	-40,248	103,184	251,131	628,527	864,954	1,110,243	1,216,544	1,331,668	1,457,168
18 負債淨值合計	90,800	92,250	92,037	90,120	166,419	213,543	165,740	121,045	112,338	205,488	302,575	1,028,527	1,104,954	1,190,243	1,216,544	1,331,668	1,457,168

	S	T	U	V	W	X	Y	Z	AA	AB	AC	AD	AE	AF	AG	AH
1 年度	2034	2035	2036	2037	2038	2039	2040	2041	2042	2043	2044	2045	2046	2047	2048	2049
2 大雄年齡	36	37	38	39	40	41	42	43	44	45	46	47	48	49	50	51
3 大美年齡	33	34	35	36	37	38	39	40	41	42	43	44	45	46	47	48
4 小雄年齡	4	5	6	7	8	9	10	11	12	13	14	15	16	17	18	19
5 小美年齡	1	2	3	4	5	6	7	8	9	10	11	12	13	14	15	16
6	小美出生															
7 現金(活存)	895,699	812,379	737,611	744,550	760,720	786,280	731,394	685,779	649,598	611,019	582,152	563,168	599,241	645,772	702,939	865,894
8 手機	1,000	1,000	1,000	1,000	1,000	1,000	1,000	1,000	1,000	1,000	1,000	1,000	1,000	1,000	1,000	1,000
9 機車	11,200	10,400	9,600	8,800	8,000	7,200	6,400	5,600	4,800	4,000	3,200	2,400	1,600	800	0	0
10 汽車	426,300	395,850	365,400	334,950	304,500	274,050	243,600	213,150	182,700	152,250	121,800	91,350	60,900	30,450	0	0
11 資產合計	1,334,199	1,219,629	1,113,611	1,089,300	1,074,220	1,068,530	982,394	905,529	838,098	768,269	708,152	657,918	662,741	678,022	703,939	866,894
12 就學貸款	0	0	0	0	0	0	0	0	0	0	0	0	0	0	0	0
13 信用貸款	0	0	0	0	0	0	0	0	0	0	0	0	0	0	0	0
14 汽車貸款	0	0	0	0	0	0	0	0	0	0	0	0	0	0	0	0
15 總負債	0	0	0	0	0	0	0	0	0	0	0	0	0	0	0	0
16 淨值	1,334,199	1,219,629	1,113,611	1,089,300	1,074,220	1,068,530	982,394	905,529	838,098	768,269	708,152	657,918	662,741	678,022	703,939	866,894
17 總淨值	1,334,199	1,219,629	1,113,611	1,089,300	1,074,220	1,068,530	982,394	905,529	838,098	768,269	708,152	657,918	662,741	678,022	703,939	866,894
18 負債淨值合計	1,334,199	1,219,629	1,113,611	1,089,300	1,074,220	1,068,530	982,394	905,529	838,098	768,269	708,152	657,918	662,741	678,022	703,939	866,894

A	AJ	AK	AL	AM	AN	AO	AP	AQ
1 年度	2051	2052	2053	2054	2055	2056	2057	2058
2 大雄年齡	53	54	55	56	57	58	59	60
3 大美年齡	50	51	52	53	54	55	56	57
4 小雄年齡	21	22						
5 小美年齡	18	19	20	21	22			
6								
7 現金(活存)	1,226,422	1,427,374	1,822,389	2,230,574	2,652,129	3,324,260	4,011,360	4,713,643
8 手機	1,000	1,000	1,000	1,000	1,000	1,000	1,000	1,000
9 機車	0	0	0	0	0	0	0	0
10 汽車	0	0	0	0	0	0	0	0
11 資產合計	1,227,422	1,428,374	1,823,389	2,231,574	2,653,129	3,325,260	4,012,360	4,714,643
12 就學貸款	0	0	0	0	0	0	0	0
13 信用貸款	0	0	0	0	0	0	0	0
14 汽車貸款	0	0	0	0	0	0	0	0
15 總負債	0	0	0	0	0	0	0	0
16 淨值	1,227,422	1,428,374	1,823,389	2,231,574	2,653,129	3,325,260	4,012,360	4,714,643
17 總淨值	1,227,422	1,428,374	1,823,389	2,231,574	2,653,129	3,325,260	4,012,360	4,714,643
18 負債淨值合計	1,227,422	1,428,374	1,823,389	2,231,574	2,653,129	3,325,260	4,012,360	4,714,643

圖7-6 家庭養育計畫與家庭資產負債表

本章習題

 張大雄現年28歲（2018年初），單身上班族，一個人在公司附近租屋，其相關財務現況如下列所述：

1. 現有銀行活期存款450,000元，年利率0.5%。

2. 大學就學貸款已全部還清。

3. 剛剛購入二手機車一部，價格為20,000元，機車每年會折舊800元。

4. 食衣住行等日常必要花費，請參考下列參數表所列金額。其中飲食費用每年會上漲2%，其他費用因上漲有限，可視為固定支出。

5. 目前的正職工作月收入為32,000元，年薪共12個月加上年終獎金2個月，此後每一年的預期調薪幅度為1.5%。

6. 從28歲年初開始定期定額投資共同基金，將選定年報酬率5%的基金來投資，每個月投資金額3,000元，將與基金公司簽約扣款投資三年。投資後將享受基金增值的樂趣。

7. 大雄28歲時認識了大美，大雄比大美大了2歲，大雄希望於30歲時結婚，預期結婚將花費500,000元。

8. 大美28歲時的工作收入為月薪28,000元，年薪共12個月加上年終獎金1.5個月，此後每一年的預期調薪幅度為1.5%。

9. 結婚後小美也將購入與大雄一樣的摩托車代步。其他日常支出的增加金額請參考參數表所列。

10. 兩人計畫結婚3年後生一個小孩，白天由私立托育機構代為照顧，此後的幼兒園與小學皆唸私立學校。

 請您幫張大雄完成下列「家庭收支結餘表」與「家庭資產負債表」至他40歲為止。並請回答下列問題：

1. 張大雄希望於40歲時累積到500萬元的購屋基金（活期存款+基金投資），請問這目標可以順利達成嗎？

2. 若無法達成上述目標，請問應該如何調整基金投資策略才能達標？

3. 若調整基金投資策略還是無法達標，是否可以考慮調整育兒計畫，例如讓小孩唸公立學校，看看是否可以在40歲時達成購屋目標？

7-13

4. 40歲時，張大雄若累積不到購屋基金5,000,000元，那麼他是否應該放棄「育兒計畫」以達到此目標？

5. 張大雄要如何重新擬定財務策略，才能兼顧「育兒計畫」與「購屋基金」的雙重目標？

參數表

	A	B	C	D	E	F	G	H	I	J
1	收		大雄28歲	大美28歲		每年季數	4	(季)		
2	入	工作月薪	32,000	28,000	(月)	每年月數	12	(月)		
3	參	年終獎金	2	1.5	(月)	每年日數	365	(日)		
4	數	調薪幅度	1.5%	1.5%	(年)					
5			大雄28歲	結婚後增額		基金報酬率	5.00%	(年)		
6	支	早餐花費	50	40	(天)	活存利率	0.50%	(年)		
7	出	午餐花費	80	60	(天)					
8	參	晚餐花費	100	100	(天)	養育階段	年齡	公立學費	私立學費	生活費
9	數	宵夜花費	0	0	(天)	托嬰	0	108,000	264,000	40,000
10		飲食上漲率	2%	2%	(%)	幼稚園	4	52,000	145,000	50,000
11		衣飾支出	2,000	5,000	(季)	國小	7	68,000	215,000	70,000
12		住宿支出	8,000	8,000	(月)	國中	13	75,000	155,000	75,000
13			汽車	機車	(月)	高中職	16	75,000	155,000	85,000
14		油錢	4,000	800	(月)	大學	19	62,000	117,000	120,000
15		停車費	3,000	0	(季)	就業	23	0	0	0
16		維修費	4,000	600	(年)					
17		燃料稅	4,800	450	(年)					
18		牌照稅	7,120	0	(年)					
19		保險費	8,000	600	(年)					

家庭收支結餘表

	A	B	C	D	E	F	G	H	I	J	K	L	M	N
1	年度	2018	2019	2020	2021	2022	2023	2024	2025	2026	2027	2028	2029	2030
2	大雄年齡	28	29	30	31	32	33	34	35	36	37	38	39	40
3	大美年齡			28	29	30	31	32	33	34	35	36	37	38
4	小雄年齡						1	2	3	4	5	6	7	8
5				結婚			小孩出生							購屋準備
6	工作收入(大雄)	448,000												
7	工作收入(大美)	0												
8	利息收入	2,250												
9	總收入	450,250												
10	飲食支出	83,950												
11	衣飾支出	8,000												
12	居住支出	96,000												
13	交通支出	13,050												
14	投資基金	36,000												
15	結婚支出	0												
16	育兒支出	0												
17	總支出	237,000												
18	收支結餘	213,250												

家庭資產負債表

	A	B	C	D	E	F	G	H	I	J	K	L	M	N	O
1	年度	2018	2018	2019	2020	2021	2022	2023	2024	2025	2026	2027	2028	2029	2030
2	大雄年齡	28年初	28	29	30	31	32	33	34	35	36	37	38	39	40
3	大美年齡				28	29	30	31	32	33	34	35	36	37	38
4	小雄年齡							1	2	3	4	5	6	7	8
5					結婚			小孩出生							購屋準備
6	現金(活存)	450,000	663,250												
7	基金投資	0	36,000												
8	機車	20,000	19,200												
9	資產合計	470,000	718,450												
10	貸款	0	0												
11	總負債	0	0												
12	淨值	470,000	718,450												
13	總淨值	470,000	718,450												
14	負債淨值合計	470,000	718,450												

唸私立學校的家庭收支結餘表

	A	B	C	D	E	F	G	H	I	J	K	L	M	N
1	年度	2018	2019	2020	2021	2022	2023	2024	2025	2026	2027	2028	2029	2030
2	大雄年齡	28	29	30	31	32	33	34	35	36	37	38	39	40
3	大美年齡			28	29	30	31	32	33	34	35	36	37	38
4	小雄年齡						1	2	3	4	5	6	7	8
5				結婚			小孩出生							購屋準備
6	工作收入(大雄)	448,000												
7	工作收入(大美)	0												
8	利息收入	2,250												
9	總收入	450,250												
10	飲食支出	83,950												
11	衣飾支出	8,000												
12	居住支出	96,000												
13	交通支出	13,050												
14	投資基金	36,000												
15	結婚支出	0												
16	育兒支出	0	0	0	0	0	304,000	304,000	195,000	195,000	195,000	285,000	285,000	285,000
17	總支出	237,000												
18	收支結餘	213,250												

唸公立學校的家庭收支結餘表

	A	B	C	D	E	F	G	H	I	J	K	L	M	N
1	年度	2018	2019	2020	2021	2022	2023	2024	2025	2026	2027	2028	2029	2030
2	大雄年齡	28	29	30	31	32	33	34	35	36	37	38	39	40
3	大美年齡			28	29	30	31	32	33	34	35	36	37	38
4	小雄年齡						1	2	3	4	5	6	7	8
5				結婚			小孩出生							購屋準備
6	工作收入(大雄)	448,000												
7	工作收入(大美)	0												
8	利息收入	2,250												
9	總收入	450,250												
10	飲食支出	83,950												
11	衣飾支出	8,000												
12	居住支出	96,000												
13	交通支出	13,050												
14	投資基金	36,000												
15	結婚支出	0												
16	育兒支出	0	0	0	0	0	148,000	148,000	102,000	102,000	102,000	138,000	138,000	138,000
17	總支出	237,000												
18	收支結餘	213,250												

NOTE

Chapter

08

居住選擇
與購屋計畫

學習目標

1. 瞭解選擇租屋或購屋的決策。

2. 瞭解租屋與購屋相關的費用支出。

3. 瞭解與購屋相關的金融工具。

4. 學習如何擬定購屋計畫,並完成相關財務規劃。

8-1 租屋或購屋的選擇

在我們日常生活中的居住問題，最常見的是租屋或是購屋的選擇，決策時需要考慮的因素甚多，包括家庭經濟負擔、區位、屋況、屋齡、生活機能等。根據圖8-1的近10年來臺灣「**房屋自有率**」（Self-Owned Housing，自有住宅戶數除以總住宅戶數）的趨勢來看，雖然從2012年的85.77%高峰，微幅下降至2014年的84.01%低點，再上升至2016年的85.36%，相較於英國的64.8%、美國的65.5%與日本的61.6%，這現象明確顯示國人仍然偏好選擇購屋，這可能與傳統「有土斯有財」的觀念息息相關。

然而，動輒上千萬元的購屋資金，還可能牽涉到20、30年的房屋貸款期限，這可算是個人的一生當中，金額最大、耗時最久的重大財務決策與財務目標，而且大部分的自用住宅屋主在一生當中，可能只有一兩次購屋的機會，因此在執行購屋計畫時，必須格外小心謹慎，以免蒙受財務上的損失，平白浪費了辛苦工作所累積的家庭儲蓄，更嚴重者，還可能排擠其他的家庭財務目標。

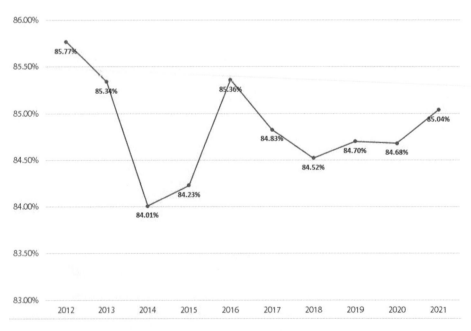

圖8-1 近10年（2012~2021）臺灣房屋自有住宅率趨勢

資料來源：行政院主計總處家庭收支統計

如前述所言，國人偏好購屋更甚於租屋，然而要能具體實現購屋計畫，關鍵因素在於個人或家庭是否負擔得起龐大的購屋資金或房屋貸款？圖8-2顯示從2022年第一季（Q1）開始的家庭「房貸負擔率」（年度房貸支出除以家庭可支配所得）。一般而言，房貸負擔率在30%以下才是合理的範圍，由圖8-2可以看出，從2011年Q1開始，臺灣整體房貸負擔率已經超過30%，2021年Q4來到最高點37.83%，這表示臺灣整體個人或家庭購屋的財務壓力越來越大，甚至還會排擠到家庭其他的消費支出。而2021年Q4臺北市的平均房貸負擔率更是高達65.09%，為臺灣最高，因此在臺北市購屋的財務負擔非常沉重，已超過合理值30%的2倍以上。

換句話說，在臺北市購屋者，其房貸支出超過家庭可支配所得的60%以上，當然家庭其他消費金額就會減少了許多。這沉重購屋負擔的現象，可以再度由圖8-3的「房價所得比」（平均房價除以家庭所得，亦即不吃不喝幾年可以負擔購屋支出）來得到驗證，臺灣整體的房價所得比率由2002年Q1的全國4倍多，一路攀升至2021年Q4接近10倍，顯示相對於家庭所得，房價一路攀升，使得消費者越來越難負擔得起高漲的房價。而臺北市房價所得比在2021年更飆高超過16倍，已經逐漸逼近世界最高的香港20.7倍。

世界各國主要城市的房價所得比，請參考圖8-4的「Median Multiple」這一欄位。例如，美國紐約房價所得比5.9倍、英國倫敦6.9倍。而新加坡4.7倍，是世界排名第50名負擔得起（Affordability）的城市。香港則是20.7倍，世界排名第92名（最後一名）負擔得起的城市，亦即是全世界房價相對最貴的城市。依此份報告顯示，臺北市（未列入此報告）的16倍將是排名世界最貴的城市之一，比倫敦、紐約、新加坡等金融大都市都貴上2~3倍。

根據**世界銀行**（World Bank）所提出的建議，**已發展國家**（Developed Countries）正常的房價所得比一般在1.8~5.5倍之間；**發展中國家**（Developing Countries）合理的房價所得比應該落於3~6倍之間，若倍數越大，代表家庭購屋能力越低。因此，在進行居住選擇時，租屋或是購屋的決策，高度依賴家庭經濟能力，也就是必需將購屋計劃融入家庭財務規劃中，方能決定「何時負擔得起購屋的資金支出」。

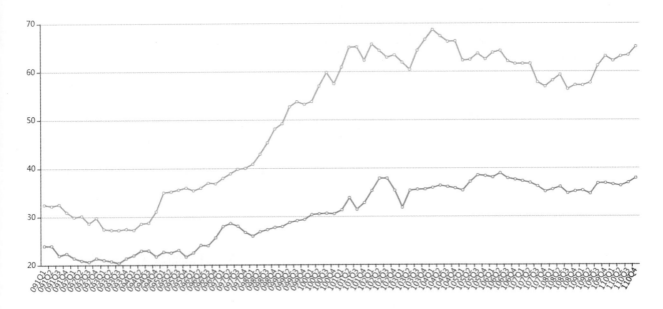

圖8-2　臺灣房貸負擔率趨勢

資料來源：內政部不動產資訊平臺

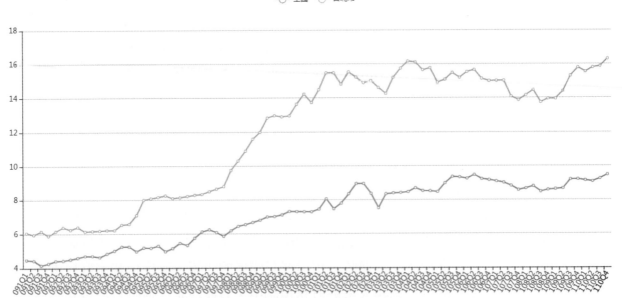

圖8-3　臺灣房價所得比趨勢

資料來源：內政部不動產資訊平臺

Table 3

MAJOR HOUSING MARKETS RANKED BY AFFORDABILITY: Most Affordable to Least Affordable
Median Multiple (Median House Price/Median Household Income): 2020 Third Quarter

Rank	Nation	Metropolitan Market	Median Multiple	Rank	Nation	Metropolitan Market	Median Multiple
1	U.S.	Pittsburgh, PA	2.6	45	U.S.	Charlotte, NC-SC	4.6
1	U.S.	Rochester, NY	2.6	45	U.S.	Phoenix, AZ	4.6
3	U.S.	Buffalo, NY	2.9	45	U.S.	Washington, DC-VA-MD-WV	4.6
4	U.S.	St. Louis,, MO-IL	3.0	50	Singapore	Singapore	4.7
5	U.S.	Tulsa, OK	3.1	50	U.K.	Hull & Humber	4.7
6	U.S.	Cleveland, OH	3.2	50	U.S.	Salt Lake City, UT	4.7
6	U.S.	Oklahoma City, OK	3.2	53	U.K.	Manchester & Greater Manchester	4.8
8	U.S.	Cincinnati, OH-KY-IN	3.3	53	U.K.	Nottingham & Nottinghamshire	4.8
8	U.S.	Grand Rapids, MI	3.3	55	U.S.	Orlando, FL	4.9
10	U.S.	Hartford, CT	3.4	55	U.S.	Providence, RI-MA	4.9
11	U.S.	Atlanta, GA	3.6	57	Canada	Ottawa-Gatineau, ON-QC	5.2
11	U.S.	Detroit, MI	3.6	57	U.K.	Birmingham & West Midlands	5.2
13	U.S.	Indianapolis. IN	3.7	59	Ireland	Dublin	5.4
13	U.S.	Louisville, KY-IN	3.7	60	U.S.	Las Vegas, NV	5.5
13	U.S.	San Antonio, TX	3.7	61	Canada	Montreal, QC	5.6
13	U.S.	Virginia Beach-Norfolk, VA-NC	3.7	61	U.K.	Leicester & Leicestershire	5.6
17	Canada	Edmonton, AB	3.8	61	U.S.	Sacramento, CA	5.6
17	U.K.	Glasgow	3.8	64	U.S.	Fresno, CA	5.7
17	U.S.	Columbus, OH	3.8	64	U.S.	Riverside-San Bernardino, CA	5.7
17	U.S.	Kansas City, MO-KS	3.8	66	U.S.	Denver, CO	5.8
21	U.S.	Birmingham, AL	3.9	67	U.K.	Northampton & Northamptonshire	5.9
21	U.S.	Minneapolis-St. Paul, MN-WI	3.9	67	U.S.	New York, NY-NJ-PA	5.9
21	U.S.	Philadelphia, PA-NJ-DE-MD	3.9	67	U.S.	Portland, OR-WA	5.9
21	U.S.	Raleigh, NC	3.9	70	Australia	Perth, WA	6.0
25	U.K.	Blackpool & Lancashire	4.0	71	U.K.	Swindon & Wiltshire	6.1
25	U.K.	Sheffield & South Yorkshire	4.0	71	U.S.	Boston, MA-NH	6.1
25	U.S.	Chicago, IL-IN-WI	4.0	73	U.K.	Plymouth & Devon	6.3
25	U.S.	Houston, TX	4.0	73	U.S.	Miami, FL	6.3
29	Canada	Calgary, AB	4.1	75	Australia	Brisbane, QLD	6.6
29	U.S.	Milwaukee, WI	4.1	75	U.S.	Seattle, WA	6.6
29	U.S.	New Orleans. LA	4.1	77	U.K.	London Exurbs (E & SE England)	6.9
29	U.S.	Richmond, VA	4.1	78	U.K.	Bristol-Bath	7.0
33	U.S.	Baltimore, MD	4.2	79	U.K.	Bournemouth & Dorsett	7.5
33	U.S.	Memphis, TN-MS-AR	4.2	80	Australia	Adelaide, SA	7.7
33	U.S.	Nashville, TN	4.2	81	U.S.	San Diego, CA	8.0
36	U.K.	Middlesborough & Durham	4.3	82	U.K.	London (Greater London Authority)	8.6
36	U.K.	Newcastle & Tyneside	4.3	83	U.S.	Los Angeles, CA	8.9
36	U.S.	Austin, TX	4.3	84	U.S.	Honolulu, HI	9.1
36	U.S.	Dallas-Fort Worth, TX	4.3	85	U.S.	San Francisco, CA	9.6
36	U.S.	Jacksonville, FL	4.3	85	U.S.	San Jose, CA	9.6
36	U.S.	Tampa-St. Petersburg, FL	4.3	87	Australia	Melbourne, VIC	9.7
36	U.S.	Tucson, AZ	4.3	88	Canada	Toronto, ON	9.9
43	U.K.	Derby & Derbyshire	4.4	89	N.Z.	Auckland	10.0
43	U.K.	Liverpool & Merseyside	4.4	90	Australia	Sydney, NSW	11.8
45	U.K.	Leeds & West Yorkshire	4.6	91	Canada	Vancouver, BC	13.0
45	U.K.	Stoke on Trent & Staffordshire	4.6	92	China	Hong Kong	20.7

圖8-4　世界各國主要城市房價所得比

資料來源：Urban Reform Institute and the Frontier Centre for Public Policy

　　最後，我們在擬定購屋計畫時，必須先確認購屋的眞正目的。對於以「投資」爲目的的購屋者而言，房屋區位與上漲的潛力是購屋決策的關鍵因素，然而對大部分以「自住」爲目的的購屋者而言，家庭的需求與個人的偏好才是優先考慮的購屋決策因素。在確認個人與家庭需求與偏好後，據以選擇區位、屋齡、屋況、生活機能等。最後再將購屋計畫融入家庭財務規劃中，以確認購屋計畫的可行性與購屋的時機（時間點）。圖8-5說明以自住爲目的的居住選擇，以決定選擇租屋或購屋方案，並融入家庭財務規劃中，以確認該計畫是具體可行的。

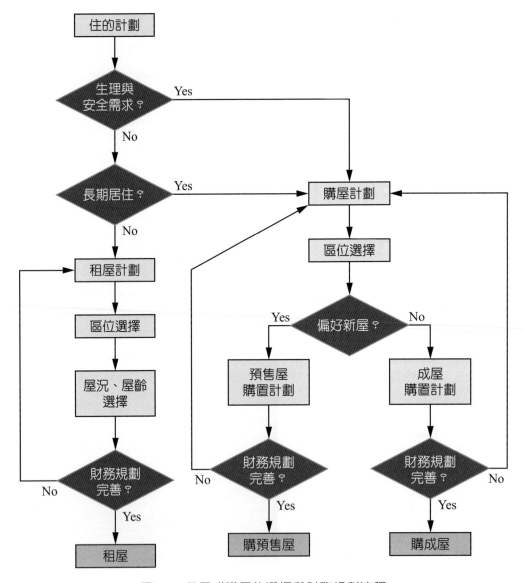

圖8-5　租屋或購屋的選擇與財務規劃流程

8-2　租屋或購屋的費用支出

　　為具體落實8-1所擬定的居住選擇決策，我們必須進一步思考執行選定居住計畫的相關支出費用，以進一步評估個人或家庭是否負擔得起。

　　若是選擇「租屋」，其支出費用包括：

1. 租金：需簽定租賃契約，載明每個月支付房租的金額與時間。

2. 押金：一般約定為兩個月租金。

　　若是選擇「購屋」，除了買賣價金外，還包括其他相關費用的支出：

1. 購屋款：一次付清款項、房貸的自備款與分期款。

2. 契稅：房屋稅單中的房屋評定現值的6%。

3. 印花稅：房屋評定現值和土地公告現值的0.1%。

4. 買賣登記規費：房屋評定現值和土地申報現值總和的0.1%。

5. 申貸設定登記規費：房屋貸款金額×1.2倍×0.1%。

6. 代書費：一筆一棟$12,000、抵押權設定費$4,000。

7. 仲介費：買方負擔買賣金額的2%、賣方負擔買賣金額的3%。

8. 裝修費：成屋一般需要房屋修繕與裝潢費用。

9. 房屋持有稅：每年需支付地價稅與房屋稅。

10.保險費：每年需支付地震險、火災險等產險費用。

　　關於上述保險費用一項，只要是向銀行辦理房屋貸款者，一般銀行皆會強制購屋貸款者購買火災與地震險，其相關產險類別與投保內容，請參考表8-1的說明。而投保保費皆由購屋貸款者負擔，其保費一般介於數百元與數千元之間，端賴銀行進行房屋鑑價所得的房屋價值而定。相對於汽車保險，與房屋相關的產險是比較便宜的。

💰 表8-1　購屋相關保險種類與費用支出

保險名稱	保險種類	每年保費	保險內容
火災險	住宅火災保險 住宅第三人責任保險	數百元	因火災、閃電雷擊、爆炸、航空器及其零配件之墜落、機動車輛碰撞、意外事故所致之煙燻、罷工、暴動、民眾騷擾、惡意破壞行為、竊盜所造成損失皆可理賠。
地震險	住宅玻璃保險住宅地震基本保險	數千元	地震震動、地震引起之火災、爆炸、地震引起之山崩、地層下陷、滑動、開裂、決口、地震引起之海嘯、海潮高漲、洪水所造成損失皆可理賠。

8-3　與購屋相關的金融工具

　　與購屋支出相關的金融工具，主要是用於支付房屋價金與相關費用的金融支付工具，包括支付房價的抵押房屋貸款、支付裝修費的無擔保信用貸款、支付稅費的信用卡等金融工具。其相關利率與貸款內容，請參考表8-2的說明，其中保險費若是透過線上投保的信用卡付款，可以獲取保費的折扣，因此其利率顯示為負值。而銀行貸款會收取一定金額的利息，端賴房屋變現價值與個人信用評分來決定收取利率的高低。

💰 表8-2　與購屋支出相關的金融工具

購屋支出	金融工具	利率	相關內容
購屋款	銀行房屋抵押貸款	1.5%~2.5%	房屋貸款屬於消費型抵押貸款，貸款利率一般較無擔保信用貸款的利率為低。
裝修費	銀行無擔保信用貸款	1.99%~15%	用途為房屋買賣價金以外的支出費用，包括房屋修繕裝潢費等，利率會比抵押貸款高，實際利率依照個人信用評分與還款能力來決定。
稅費	信用卡	0%	可以使用信用卡來繳納每一年度的地價稅與房屋稅等稅費。

購屋支出	金融工具	利率	相關內容
保險費	信用卡	-5%~0%	以信用卡進行線上投保，可以享受投保保費折扣的優惠。

8-4 購屋計畫與財務規劃

　　在第七章的範例中，假設目前家庭成員包括大雄（父）、大美（母）、小雄（兒）與小美（女）總共四個人，經濟上因逐年有收支結餘，已經逐漸步上累積財富的正向發展。於是大雄與大美決定擺脫無殼鍋牛的租屋生活，給下一代更穩定的成長環境，決定展開購屋計畫。經過家庭資產負債表的詳細分析，估計於大雄40歲時可以累積約100萬元的購屋自備款，若以首購房貸成數8成來推算，預計將可以購買500萬元上下的房屋，於是大雄與大美展開他們的購屋計畫與財務規劃。首先他們先上網查詢低總價的成屋資訊，如圖8-6所顯示，總共有47間待售房屋屬於低總價的成屋。接著進一步鎖定新北市的成屋，以方便自己上下班與接送小孩上下學，選定圖8-7位於新北市中和區的成屋，其屋價538萬元是他們可以負擔得起的物件，且區位與生活機能也都符合他們的偏好與家庭需求，雖然屋齡37年已經較高，但因土地持份較多而獲得他們的青睞。

圖8-6　上網查詢低總價的成屋銷售相關資訊

圖片來源：信義房屋官網

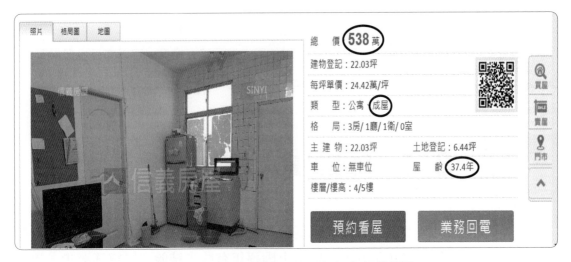

圖8-7　上網查詢購買成屋的價格與相關屋況

圖片來源：信義房屋官網

　　現在他們所面臨的第一個難題就是甚麼時候可以買下這類型他們喜歡的房子呢？他們計畫購買的房屋價格為538萬元，可以向銀行辦理20年期房屋貸款，自備款2成為106.7萬元，所以貸款金額有430.4萬元，因此大雄要準備106.7萬元頭期款的現金。其他相關購屋稅費與房貸還本付息資訊，請參考圖8-8與8-9的詳細說明。自備款、貸款金額與還本付息金額等計算公式如下列所示。根據家庭資產負債表的試算結果，他們於大雄40歲時可以儲蓄至足以支付自備款的現金餘額，因此他們最佳的購屋時機是大雄40歲時，此時大美將是37歲、小雄8歲，而小美為5歲。至此，他們購屋計畫的時程與相關財務規劃已經逐步具體可行。

$$購屋自備款 = 房價 - 可貸款金額$$
$$= 538 萬元 - （538 萬元 \times 0.8）$$
$$= 538 萬元 - 430.4 萬元$$
$$= 107.6 萬元$$

	A	B	C	D	E	F	G	H	I	J	K
1			大雄	大美							
2	收	打工收入	17,000	-	(月)		每年季數	4	(季)	房屋稅費	24,000
3	入	工作起薪	24,000	30,000	(月)		每年月數	12	(月)	代書費	16,000
4	參	年終獎金	2	1.5	(月)		每年日數	365	(日)	仲介費	70,000
5	數	調薪幅度	1.5%	1.5%	(%)					裝修費	100,000
6			大雄	大美			學貸利率	1.15%	(%)	房屋稅	2,800
7	支	早餐花費	50	40	(天)		活存利率	0.50%	(%)	地價稅	5,200
8	出	午餐花費	80	60	(天)		就學貸款	98,887	(年)		
9	參	晚餐花費	100	100	(天)						
10	數	宵夜花費	0	0	(天)		養育階段	年齡	公立學費	私立學費	生活費
11		飲食上漲率	2%	2%	(%)		托嬰	0	108,000	264,000	40,000
12		衣飾支出	2,000	5,000	(季)		幼稚園	4	52,000	145,000	50,000
13		住宿支出	8,000	8,000	(月)		國小	7	68,000	215,000	70,000
14			汽車	機車	(月)		國中	13	75,000	155,000	75,000
15		油錢	4,000	800	(月)		高中職	16	75,000	155,000	85,000
16		停車費	3,000	0	(季)		大學	19	62,000	117,000	120,000
17		維修費	4,000	600	(年)		就業	23	0	0	0
18		燃料稅	4,800	450	(年)						
19		牌照稅	7,120	0	(年)						
20		保險費	8,000	600							

圖8-8　購屋計畫的理財規劃參數

	A	B	C	D	E	F	G	H	I	J	K	L	M	N	O	P	Q	R
1	屋況	成屋37年																
2	房價	5,380,000	元	年度	2038	2039	2040	2041	2042	2043	2044	2045	2046	2047	2048	2049	2050	2051
3	自備款	1,076,000	元	大雄年齡	40	41	42	43	44	45	46	47	48	49	50	51	52	53
4	貸款	4,304,000	元	年序	0	1	2	3	4	5	6	7	8	9	10	11	12	13
5	利率	1.9%	%	房貸還本	1,076,000	178,909	182,309	185,772	189,302	192,899	196,564	200,299	204,104	207,982	211,934	215,961	220,064	224,245
6	期限	20	年	房貸付息	0	81,776	78,377	74,913	71,383	67,786	64,121	60,387	56,581	52,703	48,751	44,725	40,621	36,440
7	耐用年限	60	年															
8	殘值	4,842,000	元															
9	每年折舊	8,967	元															
10																		

圖8-9　購屋還款計畫的試算

❖ 房貸「可貸金額」為房價8成

$$[B4] = B2 \times 0.8$$

❖ 房貸「自備款」

$$[B3] = B2 - B4$$

❖ 房貸每年「還本金額」

$$[F5] = -PPMT (\$B\$5, F4, \$B\$6, \$B\$4)$$

❖ 房貸每年「付息金額」

$$[F6] = -IPMT (\$B\$5, F4, \$B\$6, \$B\$4)$$

❖ 房屋殘值為房價9折

$$[B8] = B2 \times 0.9$$

❖ 房屋每年「折舊金額」

$$[B9] = (B2 - B8) /B7$$

　　然而進一步檢視圖8-11的購屋後的家庭資產負債表時，發現了嚴重的財務缺口，亦即「現金餘額為負值」。原因是購屋後的年度收支增加了房貸還本付息支出，造成了大雄40~50歲時發生連續11年的入不敷出（參考圖8-10），因此現金（銀行存款）也發生不足的現象，這就是所謂的資金缺口，若不加以思考如何解決，大雄家庭會發生現金週轉不靈而破產的窘境。若更進一步檢視圖8-10的家庭收入支出表，結果發現小雄與小美分別於大雄33歲與36歲時出生，每年的養育費是一個很大的開銷，尤其是小美因為就讀私立托育、幼兒園、小學等，每年養育與教育支出約為30萬元上下，這對大雄家庭購屋後的財務狀況是很大的負擔，因此是否可以考慮讓小美跟他的哥哥一樣上公立學校，或許可以緩解大雄家庭的財務窘境。果真如此，如圖8-12所示，當小美改念公立學校後，家庭收支僅於購屋當年度（大雄40歲）發生透支，其後各年度就轉成收支有結餘，這些結餘轉為儲蓄的現金，因此現金餘額也逐年增加（如圖8-13），資金缺口不再發生，大雄家庭破產的危機也因此解除了。

　　最後值得進一步關注的是，大雄40歲購屋後，資產負債表會增加房屋資產538萬元（如圖8-11所示），但同時辦理銀行房屋貸款，因此資產負債表上會同時增加房屋貸款的430.4萬元負債（如圖8-11所示）。之後的年度，房屋資產會因為逐

年攤提折舊而逐漸減損價值（假設房屋價值不變），而房屋貸款的負債金額則會因為逐年還本付息而逐漸減少金額。這些邏輯都需要符合會計學與財務管理的基本原理，才能正確編製出家庭財務報表，後續的財務分析也才會客觀正確。否則一切的個人理財程序再怎麼精進，其分析的結論都會徒勞無功。這是學習個人理財時必須具備的基本功夫，希望所有有心學好個人理財的個人或家庭皆能慎思明辨。

	B	C	D	E	F	G	H	I	J	K	L	M	N	O	P	Q	R	S	T	U
年度	2018	2019	2020	2021	2022	2023	2024	2025	2026	2027	2028	2029	2030	2031	2032	2033	2034	2035	2036	2037
大雄年齡	20	21	22	23	24	25	26	27	28	29	30	31	32	33	34	35	36	37	38	39
大美年齡					21	22	23	24	25	26	27	28	29	30	31	32	33	34	35	36
小雄年齡														1	2	3	4	5	6	7
小美年齡																	1	2	3	4
	大二	大三	大四	正職工作							結婚			小雄出生			小美出生			
工作收入(大雄)	204,000	204,000	204,000	336,000	341,040	346,156	351,348	356,618	361,967	367,397	372,908	378,502	384,179	389,942	395,791	401,728	407,754	413,870	420,078	426,379
工作收入(大美)	0	0	0	0	0	0	0	0	0	0	429,852	436,300	442,845	449,487	456,229	463,073	470,019	477,069	484,225	491,489
利息收入	250	266	274	274	664	909	679	464	430	904	1,399	1,993	2,536	3,124	3,416	4,153	4,937	4,478	4,062	3,688
總收入	204,250	204,266	204,274	336,274	341,704	347,064	352,027	357,082	362,397	368,301	804,159	816,794	829,560	842,553	855,437	868,954	882,710	895,418	908,365	921,556
飲食支出	83,950	85,629	87,342	89,088	90,870	92,688	94,541	96,432	98,361	100,328	191,321	195,148	199,051	203,032	207,092	211,234	215,459	219,768	224,163	228,647
衣飾支出	8,000	8,000	8,000	8,000	8,000	8,000	8,000	8,000	8,000	8,000	28,000	28,000	28,000	28,000	28,000	28,000	28,000	28,000	28,000	28,000
居住支出	96,000	96,000	96,000	96,000	96,000	96,000	96,000	96,000	96,000	96,000	192,000	192,000	192,000	192,000	192,000	192,000	192,000	192,000	192,000	192,000
交通支出	13,050	13,050	13,050	13,050	13,050	13,050	13,050	13,050	13,050	13,050	132,970	132,970	132,970	132,970	132,970	132,970	132,970	132,970	132,970	132,970
養育支出(小雄)	0	0	0	0	0	0	0	0	0	0	0	0	0	148,000	148,000	148,000	102,000	102,000	102,000	138,000
養育支出(小美)	0	0	0	0	0	0	0	0	0	0	0	0	0	0	0	0	304,000	304,000	304,000	195,000
學貸還本	0	0	0	47,488	48,034	48,586	49,145	49,710	50,282	50,860	51,445	0	0	0	0	0	0	0	0	0
學貸付息	0	0	0	4,549	4,003	3,450	2,892	2,326	1,755	1,177	592	0	0	0	0	0	0	0	0	0
信貸還本	0	0	0	27,574	114,509	121,560	96,057	0	0	0	0	0	0	0	0	0	0	0	0	0
信貸付息	0	0	0	5,249	16,785	9,734	2,413	0	0	0	0	0	0	0	0	0	0	0	0	0
車貸支出	0	0	0	0	0	0	0	0	0	0	209,000	160,000	160,000	80,000	0	0	0	0	0	0
房貸還本	0	0	0	0	0	0	0	0	0	0	0	0	0	0	0	0	0	0	0	0
房貸付息	0	0	0	0	0	0	0	0	0	0	0	0	0	0	0	0	0	0	0	0
總支出	201,000	202,679	204,392	238,175	292,780	393,068	394,921	363,989	267,447	269,414	685,408	708,118	712,021	784,000	708,062	712,204	974,429	978,738	983,133	914,617
收支結餘	3,250	1,587	-117	78,099	48,924	-46,003	-42,895	-6,906	94,950	98,887	118,752	108,677	117,539	58,551	147,375	156,750	-91,719	-83,320	-74,768	6,939

	V	W	X	Y	Z	AA	AB	AC	AD	AE	AF	AG	AH	AI	AJ	AK	AL
年度	2038	2039	2040	2041	2042	2043	2044	2045	2046	2047	2048	2049	2050	2051	2052	2053	2054
大雄年齡	40	41	42	43	44	45	46	47	48	49	50	51	52	53	54	55	56
大美年齡	37	38	39	40	41	42	43	44	45	46	47	48	49	50	51	52	53
小雄年齡	8	9	10	11	12	13	14	15	16	17	18	19	20	21	22	23	24
小美年齡	5	6	7	8	9	10	11	12	13	14	15	16	17	18	19	20	21
														小雄大學畢業			
工作收入(大雄)	432,775	439,266	445,855	452,543	459,331	466,221	473,215	480,313	487,518	494,830	502,253	509,787	517,433	525,195	533,073	541,069	549,185
工作收入(大美)	498,861	506,344	513,939	521,648	529,473	537,415	545,476	553,658	561,963	570,393	578,949	587,633	596,447	605,394	614,475	623,692	633,047
利息收入	3,723	-2,626	-2,914	-3,606	-4,254	-4,857	-5,474	-6,044	-6,567	-6,817	-7,017	-7,166	-6,788	-6,355	-5,865	-5,304	-3,775
總收入	935,359	942,984	956,880	970,585	984,550	998,780	1,013,217	1,027,927	1,042,914	1,058,406	1,074,184	1,090,254	1,107,093	1,124,234	1,141,682	1,159,457	1,178,458
飲食支出	233,219	237,884	242,642	247,494	252,444	257,493	262,643	267,896	273,254	278,719	284,293	289,979	295,779	301,694	307,728	313,883	320,160
衣飾支出	28,000	28,000	28,000	28,000	28,000	28,000	28,000	28,000	28,000	28,000	28,000	28,000	28,000	28,000	28,000	28,000	28,000
居住支出	402,000	8,000	8,000	8,000	8,000	8,000	8,000	8,000	8,000	8,000	8,000	8,000	8,000	8,000	8,000	8,000	8,000
交通支出	132,970	132,970	132,970	132,970	132,970	132,970	132,970	132,970	132,970	132,970	132,970	6,000	6,000	6,000	6,000	6,000	6,000
養育支出(小雄)	138,000	138,000	138,000	138,000	138,000	150,000	150,000	150,000	160,000	160,000	160,000	182,000	182,000	182,000	182,000	0	0
養育支出(小美)	195,000	195,000	285,000	285,000	285,000	285,000	285,000	285,000	230,000	230,000	230,000	240,000	240,000	240,000	237,000	237,000	237,000
學貸還本	0	0	0	0	0	0	0	0	0	0	0	0	0	0	0	0	0
學貸付息	0	0	0	0	0	0	0	0	0	0	0	0	0	0	0	0	0
信貸還本	0	0	0	0	0	0	0	0	0	0	0	0	0	0	0	0	0
信貸付息	0	0	0	0	0	0	0	0	0	0	0	0	0	0	0	0	0
車貸支出	0	0	0	0	0	0	0	0	0	0	0	0	0	0	0	0	0
房貸還本	1,076,000	178,909	182,309	185,772	189,302	192,899	196,564	200,299	204,104	207,982	211,934	215,961	220,064	224,245	228,506	232,847	237,271
房貸付息	0	81,776	78,377	74,913	71,383	67,786	64,121	60,387	56,581	52,703	48,751	44,725	40,621	36,440	32,179	27,838	23,414
總支出	2,205,189	1,000,539	1,095,297	1,100,150	1,105,099	1,122,148	1,127,298	1,132,551	1,092,909	1,098,374	1,103,948	1,014,664	1,020,464	1,026,379	1,029,413	853,568	859,846
收支結餘	-1,269,831	-57,555	-138,416	-129,564	-120,549	-123,369	-114,081	-104,624	49,995	-39,968	-29,764	75,589	86,629	97,855	112,269	305,889	318,612

AZ28		▾	┊	×	✓	fx			
	A	AM	AN	AO	AP	AQ	AR	AS	AT	AU
1	年度	2055	2056	2057	2058	2059	2060	2061	2062	2063
2	大雄年齡	57	58	59	60	61	62	63	64	65
3	大美年齡	54	55	56	57	58	59	60	61	62
4	小雄年齡	25	26	27	28	29	30	31	32	33
5	小美年齡	22	23	24	25	26	27	28	29	30
6		小美大學畢業								
7	工作收入(大雄)	557,423	565,784	574,271	582,885	591,628	600,503	609,510	618,653	627,933
8	工作收入(大美)	642,543	652,181	661,964	671,894	681,972	692,202	702,585	713,123	723,820
9	利息收入	-2,182	-524	2,384	5,365					
10	總收入	1,197,784	1,217,442	1,238,619	1,260,144	1,273,600	1,292,704	1,312,095	1,331,776	1,351,753
11	飲食支出	326,564	333,095	339,757	346,552	353,483	360,553	367,764	375,119	382,621
12	衣飾支出	28,000	28,000	28,000	28,000	28,000	28,000	28,000	28,000	28,000
13	居住支出	8,000	8,000	8,000	8,000	8,000	8,000	8,000	8,000	8,000
14	交通支出	6,000	6,000	6,000	6,000	6,000	6,000	6,000	6,000	6,000
15	養育支出(小雄)	0	0	0	0	0	0	0	0	0
16	養育支出(小美)	237,000	0	0	0	0	0	0	0	0
17	學貸還本	0	0	0	0	0	0	0	0	0
18	學貸付息	0	0	0	0	0	0	0	0	0
19	信貸還本	0	0	0	0	0	0	0	0	0
20	信貸付息	0	0	0	0	0	0	0	0	0
21	車貸支出	0	0	0	0	0	0	0	0	0
22	房貸還本	241,780	246,373	251,055	255,825	-	-	-	-	-
23	房貸付息	18,906	14,312	9,631	4,861	0	0	0	0	0
24	總支出	866,249	635,780	642,442	649,237	395,483	402,553	409,764	417,119	424,621
25	收支結餘	331,536	581,662	596,177	610,907	878,117	890,152	902,331	914,657	927,132

圖8-10　小美（女）念私立學校時的家庭收入支出結餘表

AJ25		▾	┊	×	✓	fx						
	A	U	V	W	X	Y	Z	AA	AB	AC	AD	AE	AF	AG	AH
1	年度	2036	2037	2038	2039	2040	2041	2042	2043	2044	2045	2046	2047	2048	2049
2	大雄年齡	38	39	40	41	42	43	44	45	46	47	48	49	50	51
3	大美年齡	35	36	37	38	39	40	41	42	43	44	45	46	47	48
4	小雄年齡	6	7	8	9	10	11	12	13	14	15	16	17	18	19
5	小美年齡	3	4	5	6	7	8	9	10	11	12	13	14	15	16
6															
7	現金(活存)	737,611	744,550	-525,280	-582,835	-721,252	-850,816	-971,365	-1,094,734	-1,208,815	-1,313,438	-1,363,434	-1,403,402	-1,433,166	-1,357,576
8	手機	1,000	1,000	1,000	1,000	1,000	1,000	1,000	1,000	1,000	1,000	1,000	1,000	1,000	1,000
9	機車	9,600	8,800	8,000	7,200	6,400	5,600	4,800	4,000	3,200	2,400	1,600	800	0	0
10	汽車	365,400	334,950	304,500	274,050	243,600	213,150	182,700	152,250	121,800	91,350	60,900	30,450	0	0
11	房屋	0	0	5,380,000	5,371,033	5,362,067	5,353,100	5,344,133	5,335,167	5,326,200	5,317,233	5,308,267	5,299,300	5,290,333	5,281,367
12	資產合計	1,113,611	1,089,300	5,168,220	5,070,448	4,891,815	4,722,034	4,561,268	4,397,683	4,243,385	4,098,545	4,008,333	3,928,148	3,858,168	3,924,790
13	就學貸款	0	0	0	0	0	0	0	0	0	0	0	0	0	0
14	信用貸款	0	0	0	0	0	0	0	0	0	0	0	0	0	0
15	汽車貸款	0	0	0	0	0	0	0	0	0	0	0	0	0	0
16	房屋貸款	0	0	4,304,000	4,125,091	3,942,782	3,757,010	3,567,708	3,374,809	3,178,245	2,977,947	2,773,842	2,565,860	2,353,926	2,137,966
17	總負債	0	0	4,304,000	4,125,091	3,942,782	3,757,010	3,567,708	3,374,809	3,178,245	2,977,947	2,773,842	2,565,860	2,353,926	2,137,966
18	淨值	1,113,611	1,089,300	864,220	945,357	949,033	965,024	993,560	1,022,874	1,065,140	1,120,598	1,234,491	1,362,288	1,504,241	1,786,825
19	總淨值	1,113,611	1,089,300	864,220	945,357	949,033	965,024	993,560	1,022,874	1,065,140	1,120,598	1,234,491	1,362,288	1,504,241	1,786,825
20	負債淨值合計	1,113,611	1,089,300	5,168,220	5,070,448	4,891,815	4,722,034	4,561,268	4,397,683	4,243,385	4,098,545	4,008,333	3,928,148	3,858,168	3,924,790

圖8-11　小美（女）念私立學校時的家庭資產負債表

❖「房屋資產」逐年折舊公式：

$$[X11] = W11 - 購屋還款計劃！\$B\$9$$

❖「房貸負債」逐年還本公式：

$$[X16] = W16 - 家庭收入支出結餘表！W22$$

A	B	C	D	E	F	G	H	I	J	K	L	M	N	O	P	Q	R	S	T
年度	2018	2019	2020	2021	2022	2023	2024	2025	2026	2027	2028	2029	2030	2031	2032	2033	2034	2035	2036
大雄年齡	20	21	22	23	24	25	26	27	28	29	30	31	32	33	34	35	36	37	38
大美年齡				21	22	23	24	25	26	27	28	29	30	31	32	33	34	35	
小雄年齡														1	2	3	4	5	6
小美年齡																	1	2	3
	大二	大三	大四	正職工作							結婚			小雄出生			小美出生		
工作收入(大雄)	204,000	204,000	204,000	336,000	341,040	346,156	351,348	356,618	361,967	367,397	372,908	378,502	384,179	389,942	395,791	401,728	407,754	413,870	420,078
工作收入(大美)	0	0	0	0	0	0	0	0	0	0	429,852	436,300	442,845	449,487	456,229	463,073	470,019	477,069	484,225
利息收入	250	266	274	274	664	909	679	464	430	904	1,399	1,993	2,536	3,124	3,416	4,153	4,937	5,258	5,626
總收入	204,250	204,266	204,274	336,274	341,704	347,064	352,027	357,082	362,397	368,301	804,159	816,794	829,560	842,553	855,437	868,954	882,710	896,198	909,929
飲食支出	83,950	85,629	87,342	89,088	90,870	92,688	94,541	96,432	98,361	100,328	191,321	195,148	199,051	203,032	207,092	211,234	215,459	219,768	224,163
衣飾支出	8,000	8,000	8,000	8,000	8,000	8,000	8,000	8,000	8,000	8,000	28,000	28,000	28,000	28,000	28,000	28,000	28,000	28,000	28,000
居住支出	96,000	96,000	96,000	96,000	96,000	96,000	96,000	96,000	96,000	96,000	192,000	192,000	192,000	192,000	192,000	192,000	192,000	192,000	192,000
交通支出	13,050	13,050	13,050	13,050	13,050	13,050	13,050	13,050	13,050	13,050	13,050	132,970	132,970	132,970	132,970	132,970	132,970	132,970	132,970
養育支出(小雄)	0	0	0	0	0	0	0	0	0	0	0	0	0	148,000	148,000	148,000	102,000	102,000	102,000
養育支出(小美)	0	0	0	0	0	0	0	0	0	0	0	0	0	0	0	0	148,000	148,000	148,000
學貸還本	0	0	0	47,488	48,034	48,586	49,145	49,710	50,282	50,860	51,445	0	0	0	0	0	0	0	0
學貸付息	0	0	0	4,549	4,003	3,450	2,892	2,326	1,755	1,177	592	0	0	0	0	0	0	0	0
信貸還本	0	0	0	27,574	114,509	121,560	96,057	0	0	0	0	0	0	0	0	0	0	0	0
信貸付息	0	0	0	5,249	16,785	9,734	2,413	0	0	0	0	0	0	0	0	0	0	0	0
車貸支出	0	0	0	0	0	0	0	0	0	0	209,000	160,000	160,000	80,000	0	0	0	0	0
房貸還本	0	0	0	0	0	0	0	0	0	0	0	0	0	0	0	0	0	0	0
房貸付息	0	0	0	0	0	0	0	0	0	0	0	0	0	0	0	0	0	0	0
總支出	201,000	202,679	204,392	258,175	292,780	393,068	394,921	363,989	267,447	269,414	685,408	708,118	712,021	784,002	708,062	712,204	818,429	822,738	827,133
收支結餘	3,250	1,587	-117	78,099	48,924	-46,003	-42,895	-6,906	94,950	98,887	118,752	108,677	117,539	58,551	147,375	156,750	64,281	73,460	82,796

A	U	V	W	X	Y	Z	AA	AB	AC	AD	AE	AF	AG	AH	AI	AJ	AK
年度	2037	2038	2039	2040	2041	2042	2043	2044	2045	2046	2047	2048	2049	2050	2051	2052	2053
大雄年齡	39	40	41	42	43	44	45	46	47	48	49	50	51	52	53	54	55
大美年齡	36	37	38	39	40	41	42	43	44	45	46	47	48	49	50	51	52
小雄年齡	7	8	9	10	11	12	13	14	15	16	17	18	19	20	21	22	23
小美年齡	4	5	6	7	8	9	10	11	12	13	14	15	16	17	18	19	20
																小雄大學畢業	
工作收入(大雄)	426,379	432,775	439,266	445,855	452,543	459,331	466,221	473,215	480,313	487,518	494,830	502,253	509,787	517,433	525,195	533,073	541,069
工作收入(大美)	491,489	498,861	506,344	513,939	521,648	529,473	537,415	545,476	553,658	561,963	570,393	578,949	587,633	596,447	605,394	614,475	623,692
利息收入	6,040	6,551	681	875	937	1,047	1,205	1,354	1,553	1,803	1,994	2,239	2,536	3,363	4,246	5,189	6,080
總收入	923,908	938,187	946,292	960,670	975,128	989,851	1,004,842	1,020,045	1,035,524	1,051,284	1,067,218	1,083,440	1,099,956	1,117,243	1,134,835	1,152,737	1,170,841
飲食支出	228,647	233,219	237,884	242,642	247,494	252,444	257,493	262,643	267,896	273,254	278,719	284,293	289,979	295,779	301,694	307,728	313,883
衣飾支出	28,000	28,000	28,000	28,000	28,000	28,000	28,000	28,000	28,000	28,000	28,000	28,000	28,000	28,000	28,000	28,000	28,000
居住支出	192,000	402,000	8,000	8,000	8,000	8,000	8,000	8,000	8,000	8,000	8,000	8,000	8,000	8,000	8,000	8,000	8,000
交通支出	132,970	132,970	132,970	132,970	132,970	132,970	132,970	132,970	132,970	132,970	132,970	132,970	6,000	6,000	6,000	6,000	6,000
養育支出(小雄)	138,000	138,000	138,000	138,000	138,000	138,000	150,000	150,000	150,000	150,000	160,000	160,000	160,000	182,000	182,000	182,000	0
養育支出(小美)	102,000	102,000	102,000	138,000	138,000	138,000	138,000	138,000	138,000	150,000	150,000	150,000	160,000	160,000	160,000	182,000	182,000
學貸還本	0	0	0	0	0	0	0	0	0	0	0	0	0	0	0	0	0
學貸付息	0	0	0	0	0	0	0	0	0	0	0	0	0	0	0	0	0
信貸還本	0	0	0	0	0	0	0	0	0	0	0	0	0	0	0	0	0
信貸付息	0	0	0	0	0	0	0	0	0	0	0	0	0	0	0	0	0
車貸支出	0	0	0	0	0	0	0	0	0	0	0	0	0	0	0	0	0
房貸還本	0	1,076,000	178,909	182,309	185,772	189,302	192,899	196,564	200,299	204,104	207,982	211,934	215,961	220,064	224,245	228,506	232,847
房貸付息	0	0	81,776	78,377	74,913	71,383	67,786	64,121	60,387	56,581	52,703	48,751	44,725	40,621	36,440	32,179	27,838
總支出	821,617	2,112,189	907,539	948,297	953,150	958,099	975,148	980,298	985,551	1,012,909	1,018,374	1,023,948	934,664	940,464	946,379	974,413	798,568
收支結餘	102,291	-1,174,002	38,753	12,373	21,979	31,752	29,694	39,747	49,973	38,375	48,844	59,492	165,291	176,780	188,456	178,323	372,274

	A	AL	AM	AN	AO	AP
1	年度	2054	2055	2056	2057	2058
2	大雄年齡	56	57	58	59	60
3	大美年齡	53	54	55	56	57
4	小雄年齡	24	25	26	27	28
5	小美年齡	21	22	23	24	25
6			小美大學畢業			
7	工作收入(大雄)	549,185	557,423	565,784	574,271	582,885
8	工作收入(大美)	633,047	642,543	652,181	661,964	671,894
9	利息收入	7,942	9,868	11,861	14,832	17,875
10	總收入	1,190,174	1,209,834	1,229,827	1,251,066	1,272,653
11	飲食支出	320,160	326,564	333,095	339,757	346,552
12	衣飾支出	28,000	28,000	28,000	28,000	28,000
13	居住支出	8,000	8,000	8,000	8,000	8,000
14	交通支出	6,000	6,000	6,000	6,000	6,000
15	養育支出(小雄)	0	0	0	0	0
16	養育支出(小美)	182,000	182,000	0	0	0
17	學貸還本	0	0	0	0	0
18	學貸付息	0	0	0	0	0
19	信貸還本	0	0	0	0	0
20	信貸付息	0	0	0	0	0
21	車貸支出	0	0	0	0	0
22	房貸還本	237,271	241,780	246,373	251,055	255,825
23	房貸付息	23,414	18,906	14,312	9,631	4,861
24	總支出	804,846	811,249	635,780	642,442	649,237
25	收支結餘	385,329	398,586	594,047	608,625	623,416

圖8-12　小美（女）念公立學校時的家庭收入支出結餘表

	A	B	C	D	E	F	G	H	I	J	K	L	M	N	O	P
1	年度	2018年初	2018	2019	2020	2021	2022	2023	2024	2025	2026	2027	2028	2029	2030	2031
2	大雄年齡	20年初	20	21	22	23	24	25	26	27	28	29	30	31	32	33
3	大美年齡												27	28	29	30
4	小雄年齡															1
5	小美年齡															
6			大一	大二	大三	大四	正職工作						結婚			小雄出生
7	現金(活存)	50,000	53,250	54,837	54,720	132,819	181,743	135,740	92,845	85,938	180,888	279,775	398,527	507,204	624,743	683,294
8	手機	16,000	15,000	14,000	13,000	12,000	11,000	10,000	9,000	8,000	7,000	6,000	5,000	4,000	3,000	2,000
9	機車	24,800	24,000	23,200	22,400	21,600	20,800	20,000	19,200	18,400	17,600	16,800	16,000	15,200	14,400	13,600
10	汽車	0	0	0	0	0	0	0	0	0	0	0	609,000	578,550	548,100	517,650
11	房屋	0	0	0	0	0	0	0	0	0	0	0	0	0	0	0
12	資產合計	90,800	92,250	92,037	90,120	166,419	213,543	165,740	121,045	112,338	205,488	302,575	1,028,527	1,104,954	1,190,243	1,216,544
13	就學貸款	98,887	197,774	296,661	395,548	348,060	300,027	251,441	202,296	152,586	102,305	51,445	0	0	0	0
14	信用貸款	0	0	0	0	0	332,126	217,617	96,057	0	0	0				
15	汽車貸款	0	0	0	0	0	0	0	0	0	0	0	400,000	240,000	80,000	
16	房屋貸款	0	0	0	0	0	0	0	0	0	0	0	0	0	0	0
17	總負債	98,887	197,774	296,661	395,548	348,060	632,153	469,058	298,353	152,586	102,305	51,445	400,000	240,000	80,000	0
18	淨值	-8,087	-105,524	-204,624	-305,428	-181,642	-418,610	-303,318	-177,308	-40,248	103,184	251,131	628,527	864,954	1,110,243	1,216,544
19	總淨值	-8,087	-105,524	-204,624	-305,428	-181,642	-418,610	-303,318	-177,308	-40,248	103,184	251,131	628,527	864,954	1,110,243	1,216,544
20	負債淨值合計	90,800	92,250	92,037	90,120	166,419	213,543	165,740	121,045	112,338	205,488	302,575	1,028,527	1,104,954	1,190,243	1,216,544

	A	Q	R	S	T	U	V	W	X	Y	Z	AA	AB	AC	AD
1	年度	2032	2033	2034	2035	2036	2037	2038	2039	2040	2041	2042	2043	2044	2045
2	大雄年齡	34	35	36	37	38	39	40	41	42	43	44	45	46	47
3	大美年齡	31	32	33	34	35	36	37	38	39	40	41	42	43	44
4	小雄年齡	2	3	4	5	6	7	8	9	10	11	12	13	14	15
5	小美年齡			1	2	3	4	5	6	7	8	9	10	11	12
6				小美出生											
7	現金(活存)	830,668	987,418	1,051,699	1,125,159	1,207,955	1,310,246	136,244	174,996	187,369	209,348	241,100	270,793	310,540	360,513
8	手機	1,000	1,000	1,000	1,000	1,000	1,000	1,000	1,000	1,000	1,000	1,000	1,000	1,000	1,000
9	機車	12,800	12,000	11,200	10,400	9,600	8,800	8,000	7,200	6,400	5,600	4,800	4,000	3,200	2,400
10	汽車	487,200	456,750	426,300	395,850	365,400	334,950	304,500	274,050	243,600	213,150	182,700	152,250	121,800	91,350
11	房屋	0	0	0	0	0	0	5,380,000	5,371,033	5,362,067	5,353,100	5,344,133	5,335,167	5,326,200	5,317,233
12	資產合計	1,331,668	1,457,168	1,490,199	1,532,409	1,583,955	1,654,996	5,829,744	5,828,280	5,800,436	5,782,198	5,773,733	5,763,210	5,762,740	5,772,496
13	就學貸款	0	0	0	0	0	0	0	0	0	0	0	0	0	0
14	信用貸款	0	0	0	0	0	0	0	0	0	0	0	0	0	0
15	汽車貸款	0	0	0	0	0	0	0	0	0	0	0	0	0	0
16	房屋貸款	0	0	0	0	0	0	4,304,000	4,125,091	3,942,782	3,757,010	3,567,708	3,374,809	3,178,245	2,977,947
17	總負債	0	0	0	0	0	0	4,304,000	4,125,091	3,942,782	3,757,010	3,567,708	3,374,809	3,178,245	2,977,947
18	淨值	1,331,668	1,457,168	1,490,199	1,532,409	1,583,955	1,654,996	1,525,744	1,703,189	1,857,654	2,025,188	2,206,025	2,388,401	2,584,495	2,794,550
19	總淨值	1,331,668	1,457,168	1,490,199	1,532,409	1,583,955	1,654,996	1,525,744	1,703,189	1,857,654	2,025,188	2,206,025	2,388,401	2,584,495	2,794,550
20	負債淨值合計	1,331,668	1,457,168	1,490,199	1,532,409	1,583,955	1,654,996	5,829,744	5,828,280	5,800,436	5,782,198	5,773,733	5,763,210	5,762,740	5,772,496

	A	AE	AF	AG	AH	AI	AJ	AK	AL	AM	AN	AO	AP	AQ
1	年度	2046	2047	2048	2049	2050	2051	2052	2053	2054	2055	2056	2057	2058
2	大雄年齡	48	49	50	51	52	53	54	55	56	57	58	59	60
3	大美年齡	45	46	47	48	49	50	51	52	53	54	55	56	57
4	小雄年齡	16	17	18	19	20	21	22						
5	小美年齡	13	14	15	16	17	18	19	20	21	22			
6														
7	現金(活存)	398,888	447,731	507,223	672,514	849,294	1,037,750	1,216,073	1,588,347	1,973,675	2,372,261	2,966,308	3,574,932	4,198,348
8	手機	1,000	1,000	1,000	1,000	1,000	1,000	1,000	1,000	1,000	1,000	1,000	1,000	1,000
9	機車	1,600	800	0	0	0	0	0	0	0	0	0	0	0
10	汽車	60,900	30,450	0	0	0	0	0	0	0	0	0	0	0
11	房屋	5,308,267	5,299,300	5,290,333	5,281,367	5,272,400	5,263,433	5,254,467	5,245,500	5,236,533	5,227,567	5,218,600	5,209,633	5,200,667
12	資產合計	5,770,654	5,779,281	5,798,556	5,954,881	6,122,694	6,302,183	6,471,540	6,834,847	7,211,209	7,600,828	8,185,908	8,785,566	9,400,015
13	就學貸款	0	0	0	0	0	0	0	0	0	0	0	0	0
14	信用貸款	0	0	0	0	0	0	0	0	0	0	0	0	0
15	汽車貸款	0	0	0	0	0	0	0	0	0	0	0	0	0
16	房屋貸款	2,773,842	2,565,860	2,353,926	2,137,966	1,917,902	1,693,657	1,465,151	1,232,304	995,032	753,253	506,879	255,825	0
17	總負債	2,773,842	2,565,860	2,353,926	2,137,966	1,917,902	1,693,657	1,465,151	1,232,304	995,032	753,253	506,879	255,825	0
18	淨值	2,996,812	3,213,421	3,444,630	3,816,915	4,204,792	4,608,526	5,006,389	5,602,543	6,216,176	6,847,575	7,679,029	8,529,741	9,400,015
19	總淨值	2,996,812	3,213,421	3,444,630	3,816,915	4,204,792	4,608,526	5,006,389	5,602,543	6,216,176	6,847,575	7,679,029	8,529,741	9,400,015
20	負債淨值合計	5,770,654	5,779,281	5,798,556	5,954,881	6,122,694	6,302,183	6,471,540	6,834,847	7,211,209	7,600,828	8,185,908	8,785,566	9,400,015

圖8-13　小美（女）念公立學校時的家庭資產負債表

本章習題

 張大雄現年40歲（2038年初），已婚上班族，育有一子8歲，在公司附近租屋，其相關財務現況如下列所述：

1. 現有銀行活期存款5,000,000元，年利率0.5%。

2. 大學就學貸款已全部還清。

3. 剛剛購入二手機車兩部，價格為每部20,000元，每部機車每年會折舊800元，大雄與太太大美都以機車代步。

4. 食衣住行等日常必要花費，請參考下列參數表所列金額。其中飲食費用每年會上漲2%，其他費用因上漲有限，可視為固定支出。

5. 大雄目前的正職工作月收入為36,000元，年薪共12個月加上年終獎金2個月，此後每一年的預期調薪幅度為1.5%。大美目前的正職工作月收入為34,000元，年薪共12個月加上年終獎金1.5個月，此後每一年的預期調薪幅度為1.5%。

6. 大雄從40歲年初開始定期定額投資共同基金，將選定年報酬率5%的基金來投資，每個月投資金額3,000元，將與基金公司簽約扣款投資二年。投資後將享受基金增值的樂趣。

7. 小孩中學與大學皆唸私立學校。

8. 大雄預期於40歲年底購屋，目標房價12,000,000元，可以向銀行貸款屋價的6成，貸款年利率為1.9%。

 請您幫張大雄完成下列「購屋計畫表」、「家庭收支結餘表」與「家庭資產負債表」至他50歲為止。並請回答下列問題：

1. 張大雄50歲時可累積到100萬元的退休基金（活期存款+基金投資），以滿足他將來的退休所需嗎？

2. 若張大雄50歲時可累積到的退休基金（活期存款+基金投資）無法滿足將來退休所需，請問是否可以延長基金投資年限？為什麼？

3. 若調整基金投資策略還是無法滿足將來退休所需，是否可以考慮調整購屋計畫，例如降低購屋房價，看看是否可以在50歲時達成累積到100萬元的退休基金？

4. 50歲時，張大雄若累積不到退休基金1,000,000元，那麼他是否應該放棄「購屋計畫」以達到此退休金目標？

5. 張大雄要如何重新擬定財務策略，才能兼顧「購屋計畫」與「退休基金」的雙重目標？

參數表

	A	B	C	D	E	F	G	H	I	J	K
1			大雄40歲	大美38歲							
2	收	兼差收入	0	0	(月)		每年季數	4	(季)		
3	入	工作收入	36,000	34,000	(月)		每年月數	12	(月)		
4	參	年終獎金	2	1.5	(月)		每年日數	365	(日)		
5	數	調薪幅度	1.5%	1.5%	(年)						
6			大雄40歲	大美38歲			基金報酬率	5.00%	(年)		
7	支	早餐花費	80	80	(天)		活存利率	0.50%	(年)		
8	出	午餐花費	100	100	(天)						
9	參	晚餐花費	150	150	(天)		養育階段	年齡	公立學費	私立學費	生活費
10	數	宵夜花費	0	0	(天)		托嬰	0	108,000	264,000	40,000
11		飲食上漲率	2%	2%	(年)		幼稚園	4	52,000	145,000	50,000
12		衣飾支出	4,000	8,000	(季)		國小	7	68,000	215,000	70,000
13		住宿支出	30,000	0	(月)		國中	13	75,000	155,000	75,000
14			汽車	機車	(月)		高中職	16	75,000	155,000	85,000
15		油錢	4,000	800	(月)		大學	19	62,000	117,000	120,000
16		停車費	3,000	0	(季)		就業	23	0	0	0
17		維修費	4,000	600	(年)						
18		燃料稅	4,800	450	(年)						
19		牌照稅	7,120	0	(年)						
20		保險費	8,000	600	(年)						

購屋計畫表

	A	B	C	D	E	F	G	H	I	J	K	L	M	N	O
1	屋況	成屋20年													
2	房價	12,000,000	元	年度	2038	2039	2040	2041	2042	2043	2044	2045	2046	2047	2048
3	自備款	4,800,000	元	大雄年齡	40	41	42	43	44	45	46	47	48	49	50
4	貸款		元	年序	0	1	2	3	4	5	6	7	8	9	10
5	利率	1.9%	年	房貸還本	4,800,000	299,291									
6	期限	20	年	房貸付息	0	136,800									
7	耐用年限	60	年												
8	殘值	10,800,000	元												
9	每年折舊		元												

家庭收支結餘表

	A	B	C	D	E	F	G	H	I	J	K	L
1	年度	2038	2039	2040	2041	2042	2043	2044	2045	2046	2047	2048
2	大雄年齡	40	41	42	43	44	45	46	47	48	49	50
3	大美年齡	38	39	40	41	42	43	44	45	46	47	48
4	小雄年齡	8	9	10	11	12	13	14	15	16	17	18
5		年底購屋				小雄國一			小雄高一			小雄大一
6	工作收入(大雄)	504,000	511,560									
7	工作收入(大美)	459,000	465,885									
8	利息收入	25,000	978									
9	總收入	988,000	978,423									
10	飲食支出	240,900	245,718									
11	衣飾支出	48,000	48,000									
12	房租支出	360,000	0									
13	交通支出	22,500	22,500									
14	育兒支出	285,000	285,000									
15	投資基金	36,000	36,000									
16	房貸還本	4,800,000	299,291									
17	房貸付息	0	136,800									
18	總支出	5,792,400	1,073,309									
19	收支結餘	-4,804,400	-94,886									

家庭資產負債表

	A	B	C	D	E	F	G	H	I	J	K	L	M
1	年度	2038年初	2038	2039	2040	2041	2042	2043	2044	2045	2046	2047	2048
2	大雄年齡	40年初	40	41	42	43	44	45	46	47	48	49	50
3	大美年齡	38年初	38	39	40	41	42	43	44	45	46	47	48
4	小雄年齡	8年初	8	9	10	11	12	13	14	15	16	17	18
5			年底購屋				小雄國一			小雄高一			小雄大一
6	現金(活存)	5,000,000	195,600	100,714									
7	基金投資	0	36,000	73,800									
8	機車	40,000	38,400	36,800									
9	房屋	0	12,000,000	11,980,000									
10	資產合計	5,040,000	12,270,000	12,191,314									
11	房屋貸款	0	7,200,000	6,900,709									
12	總負債	0	7,200,000	6,900,709									
13	淨值	5,040,000	5,070,000	5,290,605									
14	總淨值	5,040,000	5,070,000	5,290,605									
15	負債淨值合計	5,040,000	12,270,000	12,191,314									

Chapter

09

風險管理
與金融工具

學習目標

1. 瞭解人生可能面臨的風險與預期的經濟損失。

2. 學習如何進行個人與家庭的風險管理。

3. 瞭解個人或家庭風險管理相關的金融工具。

4. 學習如何進行個人或家庭風險管理的財務規劃。

9-1 人生面臨的風險

　　首先，我們必須瞭解甚麼是人生所面臨的**風險**（Risk）？常會聽到「人生短短數十載」、「人生70才開始」。那麼到底一個人活多久算長，活多久算短，可以說是每個人的看法皆有所不同。然而人生中有些突發事故是無可預期且無法避免的，例如：突發疾病或交通事故等。這些事故，除了情感上會讓人覺得不開心外，在財務上可能會造成重大的損失，對於這些不開心的事故，我們就應該特別給予留意或事先預防以避免發生。而這些無可預期的事故，稱之為**「人生風險」**（Life Risk）。

　　古諺云：「天有不測風雲，人有旦夕禍福」，人的一生，都會面臨到生、老、病、死、殘及財產的損失等，這些突如其來的風險事故，可能會造成個人健康或生命的危害，也可能造成個人及家庭經濟上的損失，甚而擴及到社會經濟上的不穩定。

　　但這些**不確定性**（Uncertainty）、突如其來的事故，到底會何時發生？或發生後造成人身何種損害或人們經濟財產上的何種損失？我們都無從得知，這種事發突然的特性，我們即稱為「風險」。以突顯事故發生之不確定性及發生後會造成人身或財產經濟上損失之不確定性。

　　人生風險有幾個重要特性：

1. **發生的不確定性**：風險何時發生？會不會發生？發生後會造成什麼後果？因為發生的不確定性，因此一般會參考過去發生的機率，做為未來事件發生機率的參考，亦即以歷史機率做為未來發生的期望機率。

2. **損失大小的不確定性**：若風險事件發生皆會造成損失，我們一定要事先想辦法規避其損失，但其損失大小具有不確定性，所以才稱為風險。

3. **發生時點的未來性**：風險發生時間點是不確定的，其造成損失屬於未來可能的損失，而非已發生或已確定的。

　　雖然人生風險的發生皆有其原因，可能是人為的或天然的，換言之，這些因素可能是人為的風險，也可能是自然的風險，前者如人為傷害、過失傷害、偷盜、詐騙、罷工、暴動、戰爭等。而後者則為颱風、洪水、地震、颶風、冰雹等。

　　風險所造成的損失，則可分有形的損失及無形的損失，既稱有形的損失，即知這損失是可計量的，可以用數字來計算。而無形的損失，則大都是無法計量，即無法以數字來做計算。前者稱為經濟上的損失，後者稱為非經濟上的損失，也稱為精神上的損失。可計量的損失在損失發生時即以實際計算出來的損失給予補償，而不可計量的損失，則要依社會上各種慣例來評估損失發生時要如何補償。

　　人生風險的特性就是不確定，且其發生後的損失損害的大小也是不確定，不僅對個人及家庭情感上的影響大，對經濟上的影響也不可忽視，甚至對社會及國家造成經濟影響。對此不確定的損失的彌補，近代即有一種制度（或組織）稱之為「保險」，該制度在於保障人們面臨風險事故且有**經濟上的損失**（Economic Loss）時，可以給予經濟上的補償以保障其需承擔的損害或損失。

　　而保險可以保障的範圍，概分成三大類：

1. **人身的風險(Life Risk)**

　　人的身體有因意外或疾病致身故、殘廢、醫療、老化的風險，身故會造成喪葬收入終止、家人扶養費用中斷等損失。殘廢時則可能收入中斷、生活費用增加、醫療費用增加、照顧費用的增加。而醫療事故，則也可能收入中斷、醫療費用增加、照顧費用增加。而老化這事故，則會有收入終止、醫療及照顧上費用的增加、房屋改裝的費用支出等。

2. **財產的風險(Property Risk)**

　　打拼積存的財產如房屋、船舶、飛機、汽車等，也可能因為自然事故或人為事故的風險發生，而致財產的滅失或損害而價值滅失或減少。如颱風來襲，房屋及汽車都能受損，而經濟受有損失。

3. 責任的風險 (Liability Risk)

人在社會生活，難免有過失而造成別人人身的損害或財產上的損害，既有過失而造成別人損害，那就應該要賠償別人因人身受損害而受有經濟上的損失，如，開車未注意紅燈應停車而繼續開，造成行人受傷送醫，則肇事者應依民法侵權行為負起賠償受傷的行人醫療費用、精神慰藉金、減少工作的損失、及受傷後在生活上增加的必要支出等費用，這就是責任風險。

人生風險具有不確定的特性，而其發生後所造成的經濟損失，又可能造成個人、家庭及社會重大的損害，因此如何管理它就成為人生重要課題了。我們將人生風險管理的步驟概述如下：

一、確認風險種類

先行確認風險事故再為面對策略方法的安排，風險的事故如以下幾點：

1. 人身死亡。
2. 人身因意外或疾病造成身體受傷、殘廢，致工作中斷收入中止或需人照顧。
3. 人身因意外或疾病造成身體受傷殘廢，增加了醫療費用的支出。
4. 因個人能力未提昇或經濟環境改變致造成失業的風險。
5. 退休而致收入中斷。
6. 家人也有以上的風險。

二、評估風險發生頻率及造成損失大小

應依過去的經驗精算發生的頻率及造成損失的可能幅度，以評估這個損失是否個人或家庭可吸收？若是無法吸收吸納，則應考慮將風險轉嫁，以降低損失。

三、風險管理方法的選擇

風險的發生頻率及損失若經精算後，得知該損失是我們無法承擔的，那即應為該風險的發生作些轉嫁，此即為保險的規劃。

四、風險管理方案的規劃與執行

　　風險管理的方法經評估討論後，在預算內，擬定完整且適當的風險管理方法後，即應做出有效的執行，並確保風險管理得以有效，且維護個人、家庭及社會的穩定及和樂。

9-2　個人與家庭的風險管理

　　風險的發生既是無法確定，而損害亦無法事先確認大小，只能退而求其次，將可能損失的部份設法彌補，於是有保險制度的產生。而保險就是一種集合大眾人群的小金錢力量，在合理的精算後，集合社會大眾來共同聚資，於風險事故發生且造成經濟損失後，給予人們的經濟補償制度。

　　我們可於風險事故發生前，透過保險的規劃並加入保險制度，於風險事故發生且造成損失時，在保險制度下得到經濟上的補償，以降低或減少損失，安定個人、家庭及社會的經濟，並讓社會得以持續進步。

　　保險商品歷經多年的變革，除了可以彌補經濟上的損失，現在尚包含了儲蓄投資的功能，以因應在準備結婚、購屋、創業及教育基金、甚至退休養老等情況之所需。保險也從單純的壽險保障等，演進到有年金保險及長期照顧保障等，更因投資市場的變化，保險也連結了各種合適的金融工具，成為個人家庭投資理財中很重要的工具，更是現代社會大眾不可缺的一部份。

　　社會中最小的小社會單位即為個人，須先做好個人即為社會打下最好的根基。個人在著手進行風險管理時，應先有幾個步驟：

1. 評估自己的經濟責任：拉開人生時間軸，確實認真考慮自己現在的位置所擔負的經濟責任為何？簡單地說，就是要確實評估現在的今日，你的收入除了養你自己之外，還需要養誰？或你的收入除了養你自己外，還需要回饋誰？即養多少養多久養幾年？回饋多少回饋幾年？

2. 就工作環境的風險為何？死殘風險？醫療風險？照顧風險？養老退休風險？自己最在意及最擔心最掛罣為何？

3. 風險管理即保險規劃的預算為何？是依收入比例來規劃？還是以自己擔心的項目及擔心的規模來規劃？

4. 找個專業正直的保險顧問來討論。

5. 做出適當的規劃建議。

6. 執行並定期檢討，適當調整，以自己的財務目標為最終的依歸。

9-3 風險管理與金融工具

　　人生的無常，沒有任何人能夠漠視！不論是自己或家人人身的生、老、病、死、殘的風險，自己或家人的財產因人為或非人為因素造成的損失風險，或因自己或家人的過失或責任上對別人造成身體受傷或財物損失需賠償的風險，我們無法預知風險會何時發生。撇開情感上的沮喪、難過、痛苦與悲傷，風險發生時，個人與家庭財務上的損失常有機會甚為巨大，而發生風險造成家破人亡案例也比比皆是，因此，為避免個人（家庭）辛勤工作而累積的資產，因為發生風險時造成鉅額減少或不足需拖累其他家庭成員，造成自己或自己親友的人生必須打掉重練。

　　若自己或家人資產雄厚到不行，不做任何準備，或許也可抵禦，但大部分的人遇到肯定會有極大的影響。因此，個人與家庭應及早利用相關金融工具，做好**風險管理**（Risk Management），避免辛勤努力累積的資產被風險侵蝕，並應定期檢視，在不同人生階段調整為最適合的規劃。

　　個人（家庭）風險的管理的金融工具，有**人身保險**（Life Insurance）與**財產責任保險**（Property/Liability Insurance）兩大類，以下針對兩大類金融工具，大致簡述如下。

一、人身保險商品的種類（以下分別針對解決老、病、死、殘）

　　人身保險解決三大問題（如圖9-1）：死得太早、活得太久、病得太長（也含括殘的太重）。所謂死得太早責任未了，活得太久晚景淒涼，病得太長情何以堪，殘得太重無以為繼。而與個人或家庭風險管理相關的金融工具，請參考圖9-2所示。

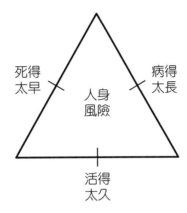

圖9-1　人身保險所要解決的三大人生風險來源

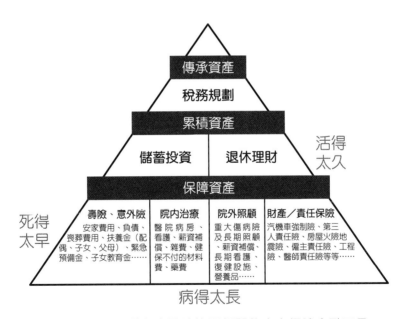

圖9-2　與個人或家庭風險管理相關的人身保險金融工具

（一）死得太早

1. 人壽保險

有終身型人壽保險（一般稱終身壽險）及定期型人壽保險（一般稱定期壽險）。前者有終身繳費保障終身、一定期間繳費保障終身，且保費較高；後者為一定期間繳費，該期間內有保障，保費較便宜。

2. 投資型壽險

(1) 變額壽險：保單利率是變動的，保單報酬率由保戶自由選擇投資標的自己承擔投資風險，保費及繳費期間是固定的，身故保險金會依投資績效好壞而變動。

(2) 萬能壽險：保費繳交的金額及時間都不固定，只要現金價值足以支付死亡保險成本及其他行政費用，即可不繳交保費，也可選擇多繳保費增加投資，投資標的由保]險公司決定。

(3) 變額萬能壽險：結合變額壽險及萬能壽險的優點，只要帳戶價值足以支付死亡保險成本及其他行政費用，保戶即可不繳保費，保障繼續有效，具彈性繳費的優點；可不定期的多繳保費增加投資；另因為保險成本為自然費率，因此青壯年時可以用較便宜的費用購買較高的壽險保障。

3. 意外傷害保險

(1) 意外傷害身故及殘廢保險：很多人將此險種當作家庭責任的保額來規劃，然而不完全正確，試想若身故不是因為意外身故，而是因為疾病身故，意外險會賠嗎？原來希望確保的家庭責任能確保嗎？當發生意外時是擔心身故還是殘呢？發生意外的殘對自己的影響才大，因此也可以將意外險當作發生較嚴重意外時需2~3年休養才會復元時，一筆殘廢給付讓我們可以度過該段時間，不用擔心休養期間生活等相關費用開銷規劃。因此該險種有時放在院外醫療的規劃項目中思考。

(2) 意外傷害住院日額保險：此保險在被保險人因意外事故而需要住院時，給予每日定額的保險金，例如每日給予1,000元的定額給付，最高給付住院90日，可以用於支付住院時單/雙人房的病房差額自付額。

(3) 意外傷害醫療限額給付保險：此保險在被保險人因意外事故而接受治療時，給予每次限額的保險金，例如每次意外給予30,000元限額的實支實付給付，可以用於支付意外醫療時的健保自付額。

(二) 病得太長（及殘的太重）

可分為院內醫療，與院外照顧，院外照顧又分為住院前醫療及住院後的醫療。

1. 院內醫療

顧名思義，為住院期間的醫療。

(1) 住院實支實付醫療健康保險：在健保不得不開源節流，加上日新月異的醫療水準進步之下，自費手術、自費醫材、自費用藥項目與金額節節升高，是最重要的醫療險。

(2) 住院定額給付醫療健康保險：依所規劃的保額定額理賠，主要目的為補償住院期間工作損失、或住院期間看護費所規劃，終身醫療險屬於此類。

(3) 防癌險：加強因為癌症住院時的醫療品質。

2. 院外照顧

院外照顧也可區分為住院前醫療及住院後醫療。住院前醫療，指住院治療前有一筆錢可以安心，並選擇自己想要的治療方式，可以重大疾病險/重大傷病險規劃。住院後醫療，指住院治療後尚未能痊癒之嚴重意外或疾病，出院後仍需長期居家照顧，沒人知道會被照顧多久，此種源源不絕的支出對於個人家庭所產生的影響更深更遠。

(1) 重大疾病/重大傷病險。

(2) 長期看護險/失能扶助險。

(三) 活得太久

在醫療水準進步，衛生條件大幅改善下，平均餘命越來越長，而老人化與少子化的社會趨勢，造成老人越來越多、未來繳社會保險保費者卻越來越少，可以支應未來老人的社會福利也越來越少，造成各國勞工退休的法定年齡不得不往後

延長，福利不得不往下縮減！因此，在現今的世界，應該從一出社會就為未來的退休做準備。有研究顯示，可安心退休的人應有一間自己居住的房子，安居；有一大筆現金（一桶金或許多桶金），安心；及源源不絕的收入（源源不絕的孳息資產），安穩。

除了需要為一定會發生的退休做準備外，退休前生活的過程中總有人生中想要完成的財務目標，例如：累積緊急預備金、結婚、買車、買房、子女教育金等，依每個人的理財屬性及不同的需要，亦需於人生過程中累積資產、累積許多一桶金完成人生不同階段財務目標。

關於一桶金累積資產與源源不絕的孳息資產，普遍會使用的相關金融工具簡述如下。

1. 一桶金累積資產

投資下列資產，在將來的時日處分以取得一大筆金額。

(1) 活（定）存：在將來某一時間點可以一筆提清所有存款餘額。

(2) 股票：在將來某一時間點可以一次處分所有股票投資。

(3) 基金：在將來某一時間點可以一次贖回所有基金投資。

(4) 權證：屬於短期投資，到期日結算一筆損益收入。

(5) 債券：屬於中長期投資，到期日領回一筆本金收入。

(6) 保險：屬於中長期投資，到期日可領回一筆保險金收入。

2. 源源不絕的孳息資產

投資下列資產，在將來的到期日後可以逐年領取多筆金額。

(1) 活（定）存：在未來時日逐年分批領回存款餘額。

(2) 股票：在未來時日逐年分批處分股票投資。

(3) 基金：在未來時日逐年分批贖回基金投資。

(4) 債券：在未來時日逐年分批領回票面利息，到期領回本金。

(5) 生存金保險：又稱儲蓄險，到期可逐年領回到期金。

(6) 年金保險：累積期繳保險費，給付期逐年領回年金給付。

二、財產或責任保險商品的種類

個人（家庭）除了人身風險外，還有兩種風險為財產（損失）風險與責任風險，後者指因自己或家人的過失責任對別人造成身體受傷或財物損失需賠償的風險。

若自己或家人為自營商、做生意或開公司，仍有許多責任相關風險需考量，若未納入考量，當風險發生時，不但可能造成事業的衰敗，也勢必對個人（家庭）造成極大的損失風險。例如：一把火燒掉辛苦經營的廠房、店面或機器設備；一個公安事件造成公司聲譽大跌；生產的產品造成使用者生命或財產的損失等。

以下綜合簡述出個人（家庭）較常使用的財產、責任保險金融工具：

1. 住宅火險/住宅地震險/住宅竊盜險/住宅,居家責任險。

2. 汽車車體險/汽車竊盜險/汽車第三人責任險（體傷、財損）/汽車乘客責任險。

3. 強制汽車三人責任保險。

4. 個人（家庭成員）意外責任保險。

若有創業開店、做生意、做老闆，應視狀況備齊公共意外責任險、僱主責任險、產品責任險、商業火險、工程險等。

9-4 風險管理與財務規劃

以下藉由大雄的個案，來思考大雄個人（家庭）在人生不同階段下應注意的風險管理及家庭財務規劃方向。

大雄於23歲開始出社會正職工作，至30歲與大美結婚成家買車，33歲大兒子出生，36歲小女兒出生，40歲買房，56歲2個小孩均大學畢業成年，工作至65歲退休，活至85歲。以下分別就下列四個時期進行討論：

1. 初入社會的單身期（22~35歲）。

2. 建立家庭的前期（35~45歲）。

3. 家庭成立的後期（中年時期45~60歲）。

4. 退休時期（60歲以後）。

一、初入社會單身期

大雄於23歲開始入社會展開他的職涯生活，至30歲時因結婚結束單身期間。

(一) 死得太早

可以依定期壽險的方式，用最低的保費規劃家庭責任。另也可以投資型變額萬能壽險來規劃家庭責任的保額，善用該工具優點，做高家庭責任保額的同時也開始投資累積資產，建議可以雙十原則（壽險保額為年收入的十倍，總保費支出以年收入的1/10），或精確地依自己目前的家庭責任（子女教育金需求、房貸餘額、遺族配偶5~10年生活費、父母孝養金的確保），規劃壽險保額。

例如，假設父母目前均50歲，活到80歲。不論父母要不要，都是自己回饋的孝心，為確保每月兩人共1萬元，未來30年共360萬，建議壽險保額至少做360萬元。

(二) 病得太長（及殘的太重）

1. 院內醫療

規劃住院實支實付醫療健康保險、住院定額給付醫療健康保險，若預算還有再規畫防癌險。

例如，建議先建立定期醫療為主，住院醫療實支實付醫療險雜費額度至少10萬元，住院日額至少達3,000~4,000元/日，防癌險有預算就至少規劃1單位，沒預算就待之後規劃。

2. 院外照顧

(1) 住院前醫療：意外險或重大疾病/重大傷病險以定期方式規畫，使發生較嚴重需治療休養3~5年才會好的意外或疾病時，馬上有3~5年收入可安心，建議保額至少是年收入是3~5倍。

例如，建議意外險至少為300萬元保額，發生殘廢狀況時，假設斷一隻手殘廢等級為50%至少有150萬元可安心。建議重大疾病/重大傷病險，因目前收入約30萬~40萬元之間，因此5倍年收入的保額為150萬~200萬元之間。

(2) 長期看護險/失能扶助險：因不知會發生甚麼事，若在年輕時發生意外或疾病造成此類狀況，鐵定對自己及家人造成深遠且長久的負擔，因不知會發生甚麼風險，建議預算若可以，應於此階段逐步完成。

例如，建議長期看護險/失能扶助險至少為1萬保額，即意外或疾病發生須備源源不絕照顧時，至少每月有1萬元可支應，下階段應規畫至少補則至3萬元較安心。

(三) 活得太久

在每個月的理財部位，為未來退休的自己不知不覺的固定提撥一小部分，且完全不動用它，利用複利的方式穩健地為自己建立一桶金的部位。

例如，建議於開始工作後，至少20年工作期間，每月以壽險型式的投資型保單，每月約2,400元固定繳交保費累積資產，同時也規劃壽險保額。前期用基金定期定額累積資產的過程，因有自身投入，同時也在學習理財知識，5~7年過後不只累積資產，理財知識也較具備，家庭責任保額也有，再來加碼定期定額投資累積資產，過程中若有急用可用之外，生活、家庭臨時有狀況也可彈性繳費，保障、資產仍然都在。

(四) 財產（損失）風險與責任風險

若有使用機車為代步工具，不論頻率，除了政府規定的強制險外，都應規畫第三人責任險，以免意外發生時，損了自己努力累積的資產。另外也應備齊個人責任險。

例如，目前大雄有騎機車，建議除了強制險外應加做第三人責任險，避免發生撞殘、撞死人，甚或撞壞名車、超跑時，自己累積存的錢不夠用，還拖累家人的窘境，每年約2,000~2,400元。

二、建立家庭的前期

大雄30歲與大美結婚成家買車，33歲大兒子出生，36歲小女兒出生，40歲買房。

(一) 死得太早

此階段結婚了，對另一半有責任，待小孩出生，家庭責任也提高，應適時調高家庭責任的壽險保額，可考量雙十原則規畫（壽險保額是年收入的十倍），也可精確地依自己的家庭責任（子女教育金需求、房貸餘額、遺族配偶5~10年生活費、父母孝養金的確保）多寡來規劃保額，以確保自己對家庭的經濟責任。

例如，30歲成家時對老婆有責任（配偶遺族5~10年生活費，2×12×10=240萬），當36歲兩個小孩都出生（一個小孩簡單國內教育完全不補習，教養費用至少約200萬，共400萬，假設與老婆擔負一人一半），加上未來父母孝養責任（大雄36歲，父母約63歲，假設至80歲，1×12×17=約200萬），因此大雄36歲時，家庭責任應為640萬元。此時應再補足不足保額。

例如，40歲買房，房貸430萬（假設與老婆擔負一人一半），買房後應再加強壽險保額以補強家庭責任，家庭責任應為855萬。

(二) 病得太長（及殘的太重）

1. 院內醫療

規劃住院實支實付醫療健康保險、住院定額給付醫療健康保險，若預算還有再規畫防癌險。此部分若之前已規劃，可適時斟酌住院日額提高及預算的需要。

2. 院外照顧

(1) 住院前醫療：意外險或重大疾病/重大傷病險以定期方式規畫，使發生較嚴重需治療休養3~5年才會好的意外或疾病時，馬上有3~5年收入可安心，建議保額至少是年收入是3~5倍。因此階段責任更高除前階段已規劃的保障額度，可斟酌於此階段適時提高保障額度。

(2) 長期看護險/失能扶助險：此時責任更加重大，若發生意外或疾病造成需要被長長久久照顧的失能，對自己及家人造成的負擔更鉅大，建議應提撥預算再作加強。若預算可以也應為子女們作預作規劃，畢竟若發生在子女身上，父母不可能置身事外，勢必對未來人生的財務造成極大影響。

例如，建議至少將自己長期看護險/失能扶助險的保額，至少做足至3~5萬元以上保額，才能大致承擔風險來時的壓力。

關於小朋友的醫療意外保障，應至少做基本的規劃，補償小孩成年前，父母的照顧責任。例如，建議至少規劃小朋友基本的醫療意外保障。

(三) 活得太久

隨著收入增加，應再每月多提撥為了退休時的固定保本儲蓄部位，及投資部位。若可以，應於此階段提撥預算作為子女教育金的提撥。

(四) 財產（損失）風險與責任風險

此時除了機車外也新購買了汽車，不論頻率，除了政府規定的強制險外，都應規畫第三人責任險，以免意外發生時，損了自己好不容易努力累積的資產，另也應為房屋相關的風險作適當的保險規劃。

關於小朋友在學校或日常生活中，如推傷別人，弄壞別人物品等，不小心對別人造成身體傷害或財物損失，也應適當規劃。

例如，新購汽車不論汽車新舊，建議除了強制險外應加做第三人責任險，避免發生撞殘、撞死人，甚或撞壞名車、超跑時，自己累積存的錢不夠用，還拖累家人，每年約5,000左右。或房屋火險及地震險不論貸款銀行有無要求都須做規劃，保費約2,500左右。

三、家庭成立後期的中年階段

大雄56歲2個小孩均大學畢業成年，與大美均工作至65歲退休。

(一) 死得太早

此階段隨著小孩慢慢長大出社會，家中房貸餘額也慢慢降低，家庭責任的擔子慢慢減輕，可於此階段末期適時逐步降低壽險保額。例如，建議57歲時將壽險總保額降低。

(二) 病得太長（及殘的太重）

1. 院內醫療

此部分若之前已規劃，可在預算下，適時斟酌住院日額提高及需要。

2. 院外照顧

(1) 住院前醫療：此階段若有多餘預算，可斟酌以還本資產型的工具替換原費用型的工具，或增購加強此部分規劃，兼顧退休保本部位及保障加強。

(2) 長期看護險/失能扶助險：此階段應將此部分規劃完成以利面對未來。在此階段大雄、大美的父母應也退休，意外或老化照顧的風險，遲早會落在身上，最好於上個階段就預作準備，或最晚在此階段一定要預作準備，才能避免發生時，對家庭整體的規劃，甚或兩人的退休生活造成巨大影響。

例如，建議至少將自己長期看護險/失能扶助險的保額，至少做足至4~5萬元以上保額，才能大致承擔風險來時的壓力。建議此時應再多建立保額部位。

(三) 活得太久

為了一定會到來地退休，應再新增退休投資儲蓄的一桶金部位，若可以應於此時家庭責任逐漸降低時，適時開始逐步建立源源不絕的退休部位作努力。

(四) 財產（損失）風險與責任風險

大雄自身的機車、汽車及房屋的保險仍應續保執行。

四、退休時期

為避免不健康的退休，應準備好病得太長的準備，以免到時風險侵蝕掉累積的資產，甚或累積的資產不夠用；另外健康的退休也應建立完成自己許多一桶金及源源不絕的部位準備，活得太久的風險管理，才算完成。

(一) 死得太早

此階段起子女皆已出社會好一陣子，房貸也已繳完，自己的家庭責任壽險保額可適時降低。也要提醒子女們做好家庭責任保額規劃，才不會發生時將大雄與大美的退休生活一併拖下水，影響自己的幸福人生劇本。

(二) 病得太長（及殘的太重）

1. 院內醫療

之前已規劃，應叮囑子女規劃好自己，以避免發生時拖累自己的退休生活。

例如，年紀70歲以上一發生意外很容易非常嚴重，但一般意外險最高只到75歲，但於70~75歲購買可保至85歲之意外險。

2. 院外照顧

(1) 重大疾病/重大傷病險：前階段已規劃完成。

(2) 長期看護險/失能扶助險：此階段大雄、大美的父母應有機會已發生意外或老化照顧的風險，若於上個階段就預作好準備，大雄大美仍開心過退休生活，此時應提醒子女做足此部分規劃，以確保自己與子女們各自的家庭，發生嚴重風險時，仍有美滿幸福的未來。

(三) 活得太久

此階段，除了身上留有多筆一桶金形式的資產外，源源不絕的部位應於此階段必須已逐步建立完成，或許將之前所累積的一桶金部位（基金、股票、活存、現金、定存、儲蓄險、房地產等）部分調整轉換，以因應未來長壽的風險。

(四) 財產（損失）風險與責任風險

大雄自身的機車、汽車及房屋的保險仍應續保執行。

五、於各年齡階段的保險規劃內容及應繳保費（以下未進行退休規劃）

根據表9-1的保費試算，大雄23歲時共需年繳保費62,043元，其中「投資型變額萬能壽險」與「重大疾病壽險」屬於終身壽險，是具有變現價值的資產，因

此需將保費扣除費用率後的現金價值，列為「家庭資產負債表」下的「資產」科目，其金額計算如下（這裡省略費用率）：

2021 年度「保險資產」
= 投資型變額萬能壽險保費的現金價值 ＋ 重大疾病壽險保費的現金價值
= 28,600 元 ＋ 5,643 元
= 34,243 元

其他保費則屬於定期保險，必需列為當年度的支出費用，因此不能列入「資產」科目，其計算公式如下：

2021 年度「保險費用」
= 意外險保費 ＋ 重大疾病定期險保費 ＋ 實支實付醫療險保費 ＋ 長照險保費
= 6,692 元 ＋ 4,577 元 ＋ 8,581 元 ＋ 7,950 元
= 27,800 元

☝ 表9-1　大雄23歲時的保險規劃

		大雄23歲	額度	繳費年期	年繳保費
家庭責任	壽險	投資型變額萬能壽險（投資型壽險保單）	500萬	20年	28,600
住院前醫療	意外險	意外死殘300萬及其他意外醫療	300萬	至75歲	6,692
	重大傷病/重大疾病險 壽險	100萬（費用）+50萬（費用）	150萬	至75歲	4,577
	重大傷病/重大疾病險 壽險	20萬（遞延資產）	20萬	20年	5,643

住院中醫療	醫療險	實支實付醫療險/定額給付醫療險		至75歲/至85歲	8,581
	防癌險				
住院後醫療	長照	1萬/月及殘廢金500萬		20年	7,950
					62,043

§ 表9-2　大雄36歲時的保險規劃

		大雄36歲	額度	繳費年期	年繳保費
家庭責任	壽險				
住院前醫療	意外險				
	重大傷病/重大疾病險	40萬（遞延資產）	40萬	20年	15,048
住院中醫療					
住院後醫療	長照	2萬/月		20年	12,712
					27,760

§ 表9-3　大雄36歲時納入小雄保障的保險規劃

		大雄36歲 小雄3歲保障	額度	繳費年期	年繳保費
家庭責任	壽險				
住院前醫療	意外險	意外殘200萬及其他意外醫療	200萬	至75歲	1,927
	重大傷病/重大疾病險 壽險	40萬（遞延資產）	40萬	20年	7,722
住院中醫療	醫療險	實支實付醫療險/定額給付醫療險		至75歲/至85歲	8,555
	防癌險				

		大雄36歲 小雄3歲保障	額度	繳費年期	年繳保費
住院後醫療	長照	2萬/月		20年	7,346
					25,550

💰 表9-4　大雄38歲時納入小美保障的保險規劃

		大雄38歲 小美2歲保障	額度	繳費年期	年繳保費
家庭責任	壽險				
住院前醫療	意外險	意外殘200萬及其他意外醫療	200萬	至75歲	1,927
	重大傷病/重大疾病險 壽險	40萬（遞延資產）	40萬	20年	7,128
住院中醫療	醫療險	實支實付醫療險/定額給付醫療險		至75歲/至85歲	8,669
	防癌險				
住院後醫療	長照	2萬/月		20年	5,920
					23,644

💰 表9-5　大雄40歲時的保險規劃

		大雄40歲	額度	繳費年期	年繳保費
家庭責任	壽險	20年期定期壽險180萬		20年	15,735
住院前醫療	意外險				
	重大傷病/重大疾病險 壽險				
住院中醫療	醫療險				
	防癌險				
住院後醫療	長照				
					15,735

💰 表9-6　大雄45歲時的保險規劃

		大雄45歲	額度	繳費年期	年繳保費
家庭責任	壽險				
住院前醫療	意外險				
	重大傷病/重大疾病險 壽險				
住院中醫療	醫療險				
	防癌險				
住院後醫療	長照	2萬/月（遞延資產）		20年	34,155
					34,155

💰 表9-7　大雄75歲時的保險規劃

		大雄75歲	額度	繳費年期	年繳保費
家庭責任	壽險				
住院前醫療	意外險				
	重大傷病/重大疾病險 壽險				
住院中醫療	醫療險				
	防癌險				
住院後醫療	長照				
		銀髮意外險 璀璨人生		繳至85歲	6,615

　　當我們將上述保費的計算帶入家庭收支結餘表時，將增加圖9-3的「保險費用」與「保險資產」兩個支出科目。我們也必須同時在家庭資產負債表中的資產類別，增加「保險資產」一個科目，如圖9-4所示。然而，透過家庭資產負債表的「現金」科目，我們發現從大雄25歲起，至他33歲為止，因有**保險費**（Insurance Premium）的額外支出，而使得「現金」科目的餘額由正數轉為負值，這代表大

雄將於這段期間面臨家庭資金周轉不靈的窘境，嚴重的話還可能導致大雄家庭的**財務破產**（Bankruptcy），不可不審慎面對此一問題。

		2018	2019	2020	2021	2022	2023	2024	2025	2026	2027	2028	2029	2030	2031	2032	2033	2034	2035	2036	2037
1	年度	2018	2019	2020	2021	2022	2023	2024	2025	2026	2027	2028	2029	2030	2031	2032	2033	2034	2035	2036	2037
2	大雄年齡	20	21	22	23	24	25	26	27	28	29	30	31	32	33	34	35	36	37	38	39
3	大美年齡				21	22	23	24	25	26	27	28	29	30	31	32	33	34	35	36	37
4	小綠年齡											0	1	2	3	4	5	6	7		
5	小美年齡														0	1	2	3	4	5	6
6		大二	大三	大四	正職工作							結婚				小綠出生			小美出生		
7	工作收入(大雄)	204,000	204,000	204,000	336,000	341,040	346,156	351,348	356,618	361,967	367,397	372,908	378,502	384,179	389,942	395,791	401,728	407,754	413,870	420,078	426,379
8	工作收入(大美)	0	0	0	0	0	0	0	0	0	0	429,852	436,300	442,845	449,487	456,229	463,073	470,019	477,069	484,225	491,489
9	利息收入	250	266	274	274	354	287	257	-786	-1,137	-980	-805	-533	-312	49	82	327	781	505	272	-36
10	總收入	204,250	204,266	204,274	336,274	341,394	346,442	351,091	355,832	360,830	366,417	801,955	814,269	826,711	839,380	851,938	865,127	878,554	891,444	904,575	917,832
11	飲食支出	83,950	85,629	87,342	89,088	90,870	92,688	94,541	96,432	98,361	100,328	191,321	195,148	199,051	203,032	207,092	211,234	215,459	219,768	224,163	228,647
12	衣飾支出	8,000	8,000	8,000	8,000	8,000	8,000	8,000	8,000	8,000	8,000	28,000	28,000	28,000	28,000	28,000	28,000	28,000	28,000	28,000	28,000
13	居住支出	96,000	96,000	96,000	96,000	96,000	96,000	96,000	96,000	96,000	96,000	192,000	192,000	192,000	192,000	192,000	192,000	192,000	192,000	192,000	192,000
14	交通支出	13,050	13,050	13,050	13,050	13,050	13,050	13,050	13,050	13,050	13,050	13,050	132,970	132,970	132,970	132,970	132,970	132,970	132,970	132,970	132,970
15	養育支出(小綠)	0	0	0	0	0	0	0	0	0	0	0	148,000	148,000	148,000	148,000	148,000	148,000	138,000	138,000	138,000
16	養育支出(小美)	0	0	0	0	0	0	0	0	0	0	0	0	0	102,000	102,000	102,000	148,000	148,000	148,000	102,000
17	學貸還本	0	0	0	47,488	48,034	48,586	49,145	49,710	50,282	50,860	51,445	0	0	0	0	0	0	0	0	0
18	學貸付息	0	0	0	4,549	4,003	3,450	2,892	2,326	1,755	1,177	592	0	0	0	0	0	0	0	0	0
19	信貸還本	0	0	0	0	27,574	114,509	121,560	96,057	0	0	0	0	0	0	0	0	0	0	0	0
20	信貸付息	0	0	0	0	5,249	16,785	9,734	2,413	0	0	0	0	0	0	0	0	0	0	0	0
21	車貸支出	0	0	0	0	0	0	0	0	0	0	209,000	160,000	160,000	80,000	0	0	0	0	0	0
22	房貸支出	0	0	0	0	0	0	0	0	0	0	0	0	0	0	0	0	0	0	0	0
23	房貸付息	0	0	0	0	0	0	0	0	0	0	0	0	0	0	0	0	0	0	0	0
24	保費支出	0	0	0	27,800	27,800	27,800	27,800	27,800	27,800	27,800	27,800	27,800	27,800	27,800	27,800	27,800	58,340	58,340	74,856	74,856
25	保費資產	0	0	0	34,243	34,243	34,243	34,243	34,243	34,243	34,243	34,243	34,243	34,243	34,243	34,243	34,243	57,013	57,013	64,141	64,141
26	總支出	201,000	202,679	204,392	320,218	354,823	435,111	456,964	426,032	329,490	331,457	747,451	770,161	774,064	846,045	770,105	774,247	933,782	938,091	966,130	960,614
27	收支結餘	3,250	1,587	-117	16,056	-13,429	-108,668	-105,873	-70,200	31,340	34,959	54,504	44,108	52,648	-6,665	81,833	90,880	-55,228	-46,647	-61,555	-42,782

圖9-3　加入保費支出後的家庭收支結餘表

		2018年初	2018	2019	2020	2021	2022	2023	2024	2025	2026	2027	2028	2029	2030	2031	2032	2033	2034	2035	2036
1	年度	2018年初	2018	2019	2020	2021	2022	2023	2024	2025	2026	2027	2028	2029	2030	2031	2032	2033	2034	2035	2036
2	大雄年齡	20年初	20	21	22	23	24	25	26	27	28	29	30	31	32	33	34	35	36	37	38
3	大美年齡												27	28	29	30	31	32	33	34	35
4	小雄年齡													1	2	3	4	5	6		
5	小美年齡															1	2	3	4	5	6
6			大一	大二	大三	大四	正職工作						結婚			小綠出生			小美出生		
7	現金(活存)	50,000	53,250	54,837	54,720	70,776	57,347	-51,322	-157,195	-227,394	-196,054	-161,095	-106,590	42,482	4,835	-16,500	65,333	156,213	100,985	54,339	-7,217
8	手機	16,000	15,000	14,000	13,000	12,000	11,000	10,000	9,000	8,000	7,000	6,000	5,000	4,000	3,000	2,000	1,000	1,000	1,000	1,000	1,000
9	機車	24,000	24,000	23,000	22,400	21,600	20,800	20,000	19,200	18,400	17,600	16,800	16,000	15,200	14,400	13,600	12,800	12,000	11,200	10,400	9,600
10	汽車	0	0	0	0	0	0	0	0	0	0	0	609,000	578,550	548,100	517,650	487,200	456,750	426,300	395,850	365,400
11	房屋	0	0	0	0	0	0	0	0	0	0	0	0	0	0	0	0	0	0	0	0
12	保險資產	0	0	0	0	34,243	68,486	102,729	136,972	171,215	205,458	239,701	273,944	308,187	342,430	376,673	410,916	445,159	502,172	559,185	623,326
13	資產合計	90,000	92,250	92,037	90,120	138,619	157,633	81,407	7,977	-29,779	34,004	101,406	797,354	843,455	898,095	893,423	977,249	1,071,122	1,041,657	1,020,774	992,109
14	就學貸款	98,887	197,774	296,661	395,548	348,060	300,027	251,441	202,296	152,586	102,305	51,445	0	0	0	0	0	0	0	0	0
15	信用貸款	0	0	0	0	0	332,126	217,617	96,057	0	0	0	0	0	0	0	0	0	0	0	0
16	汽車貸款	0	0	0	0	0	0	0	0	0	0	0	400,000	240,000	80,000	0	0	0	0	0	0
17	房屋貸款	0	0	0	0	0	0	0	0	0	0	0	0	0	0	0	0	0	0	0	0
18	總負債	98,887	197,774	296,661	395,548	348,060	632,153	469,058	298,353	152,586	102,305	51,445	400,000	240,000	80,000	0	0	0	0	0	0
19	淨值	-8,087	-105,524	-204,624	-305,428	-209,442	-474,520	-387,650	-290,376	-182,365	-68,300	49,962	397,354	603,455	818,095	893,423	977,249	1,071,122	1,041,657	1,020,774	992,109
20	總淨值	-8,087	-105,524	-204,624	-305,428	-209,442	-474,520	-387,650	-290,376	-182,365	-68,300	49,962	397,354	603,455	818,095	893,423	977,249	1,071,122	1,041,657	1,020,774	992,109
21	負債淨值合計	90,000	92,250	92,037	90,120	138,619	157,633	81,407	7,977	-29,779	34,004	101,406	797,354	843,455	898,095	893,423	977,249	1,071,122	1,041,657	1,020,774	992,109

圖9-4　加入保費支出後的家庭資產負債表

為了解決上述大雄家庭資金短缺的問題，可以考慮減少其家庭支出或增加其家庭收入，以增加家庭收支結餘，並將此結餘用來支應後續保險費的資金需求。但考量先前設定的大雄家庭財務目標皆是家庭經營最基本的需求，不宜貿然變更或取消，因此需從收入面來考量。而大雄家庭的收入來源，主要是依賴大雄夫妻倆人的雙薪工作收入與微薄的利息收入，無其他被動式的投資收入，而大美身兼母職，其工作收入雖然穩定，但薪水增加的幅度將較有所限制，因此責任就自然而然落在大雄的身上，也就是說，大雄必須積極在工作上爭取加薪的機會，以解決其後續可能面臨的家庭財務危機。

　　試算的結果顯示，大雄必須在25歲時爭取到加薪3成的機會，便可以順利解決其後續的財務窘境，否則其財務短缺問題仍然會繼續困擾著他們。相關計算公式如下：

> 2023 年度大雄工作收入 = 2022 年度大雄工作收入 × （1+30%）
> = 341,040 元 × （1+30%）
> = 443,352 元

　　換言之，大雄必須在25歲時，於公司內部爭取到相關管理職務，或是跳槽至其他薪資福利更好的公司，甚至考慮兼職工作，以增加其工作收入達3成以上，否則財務危機將持續困擾著大雄的家庭，影響其家庭經營的成效。若大雄能順利達成加薪3成的任務，則相關的家庭收支結餘表將如圖9-5所示，而大雄26歲以後的調薪幅度則依照物價調幅來增加。圖9-6顯示增加大雄工作收入後的家庭資產負債表，我們發現家庭財務危機已完全解決，家庭資產負債表的「現金」科目全部轉為正數，其財務困窘狀況迎刃而解。

年度	2018	2019	2020	2021	2022	2023	2024	2025	2026	2027	2028	2029	2030	2031	2032	2033	2034	2035	2036	2037
大雄年齡	20	21	22	23	24	25	26	27	28	29	30	31	32	33	34	35	36	37	38	39
大美年齡				21	22	23	24	25	26	27	28	29	30	31	32	33	34	35	36	37
小雄年齡														1	2	3	4	5	6	7
小美年齡																	1	2	3	4
	大二	大三	大四	正職工作							結婚			小雄出生			小美出生			
工作收入(大雄)	204,000	204,000	204,000	336,000	341,040	443,352	450,002	456,752	463,604	470,558	477,616	484,780	492,052	499,433	506,924	514,528	522,246	530,080	538,031	546,101
工作收入(大美)											429,852	436,300	442,845	449,487	456,229	463,073	470,019	477,069	484,225	491,489
利息收入	250	266	274	274	354	287	229	196	350	1,023	1,723	2,532	3,299	4,120	4,655	5,643	6,688	7,014	7,395	7,712
總收入	204,250	204,266	204,274	336,274	341,394	443,639	450,232	456,948	463,954	471,580	909,191	923,612	938,196	953,040	967,809	983,244	998,953	1,014,163	1,029,651	1,045,302
飲食支出	83,950	85,629	87,342	89,088	90,870	92,688	94,541	96,432	98,361	100,328	191,321	195,148	199,051	203,032	207,092	211,234	215,459	219,768	224,163	228,647
衣飾支出	8,000	8,000	8,000	8,000	8,000	8,000	8,000	8,000	8,000	8,000	28,000	28,000	28,000	28,000	28,000	28,000	28,000	28,000	28,000	28,000
居住支出	96,000	96,000	96,000	96,000	96,000	96,000	96,000	96,000	96,000	96,000	192,000	192,000	192,000	192,000	192,000	192,000	192,000	192,000	192,000	192,000
交通支出	13,050	13,050	13,050	13,050	13,050	13,050	13,050	13,050	13,050	13,050	13,050	132,970	132,970	132,970	132,970	132,970	132,970	132,970	132,970	132,970
養育支出(小雄)	0	0	0	0	0	0	0	0	0	0	0	0	0	148,000	148,000	148,000	102,000	102,000	102,000	138,000
養育支出(小美)	0	0	0	0	0	0	0	0	0	0	0	0	0	0	0	0	148,000	148,000	148,000	102,000
學貸還本	0	0	0	47,488	48,034	48,586	49,145	49,710	50,282	50,860	51,445	0	0	0	0	0	0	0	0	0
學貸付息	0	0	0	4,549	4,003	3,450	2,892	2,326	1,755	1,177	592	0	0	0	0	0	0	0	0	0
信貸還本	0	0	0	0	27,574	114,509	121,560	96,057	0	0	0	0	0	0	0	0	0	0	0	0
信貸付息	0	0	0	0	5,249	16,785	9,734	2,413	0	0	0	0	0	0	0	0	0	0	0	0
車貸支出	0	0	0	0	0	0	0	0	0	0	209,000	160,000	160,000	80,000	0	0	0	0	0	0
房貸還本	0	0	0	0	0	0	0	0	0	0	0	0	0	0	0	0	0	0	0	0
房貸付息	0	0	0	0	0	0	0	0	0	0	0	0	0	0	0	0	0	0	0	0
保費費用				27,800	27,800	27,800	27,800	27,800	27,800	27,800	27,800	27,800	27,800	27,800	27,800	27,800	58,340	58,340	74,856	74,856
保費資產				34,243	34,243	34,243	34,243	34,243	34,243	34,243	34,243	34,243	34,243	34,243	34,243	34,243	57,013	57,013	64,141	64,141
總支出	201,000	202,679	204,392	320,218	354,823	455,111	456,964	426,032	329,490	331,457	747,451	770,161	774,064	846,045	770,105	774,247	933,782	938,091	966,130	960,614
收支結餘	3,250	1,587	-117	16,056	-13,429	-11,472	-6,733	30,916	134,464	140,123	161,741	153,452	164,132	106,995	197,703	208,997	65,172	76,072	63,521	84,689

圖9-5　增加工作收入後的家庭收支結餘表

	A	B	C	D	E	F	G	H	I	J	K	L	M	N	O	P	Q	R	S	T	U	V
1	年度	2018年初	2018	2019	2020	2021	2022	2023	2024	2025	2026	2027	2028	2029	2030	2031	2032	2033	2034	2035	2036	2037
2	大雄年齡	20年初	20	21	22	23	24	25	26	27	28	29	30	31	32	33	34	35	36	37	38	39
3	大美年齡												27	28	29	30	31	32	33	34	35	36
4	小雄年齡															1	2	3	4	5	6	7
5	小美年齡																		1	2	3	4
6		大一	大二	大三	大四	正職工作							結婚			小雄出生			小美出生			
7	現金(活存)	50,000	53,250	54,837	54,720	70,776	57,347	45,875	39,142	70,058	204,522	344,645	506,386	659,838	823,970	930,965	1,128,668	1,337,666	1,402,837	1,478,910	1,542,430	1,627,119
8	手機	16,000	15,000	14,000	13,000	12,000	11,000	10,000	9,000	8,000	7,000	6,000	5,000	4,000	3,000	2,000	1,000	1,000	1,000	1,000	1,000	1,000
9	機車	24,800	24,000	23,200	22,400	21,600	20,800	20,000	19,200	18,400	17,600	16,800	16,000	15,200	14,400	13,600	12,800	12,000	11,200	10,400	9,600	8,800
10	汽車	0	0	0	0	0	0	0	0	0	0	0	609,000	578,550	548,100	517,650	487,200	456,750	426,300	395,850	365,400	334,950
11	房屋	0	0	0	0	0	0	0	0	0	0	0	0	0	0	0	0	0	0	0	0	0
12	保險資產	0	0	0	0	34,243	68,486	102,729	136,972	171,215	205,458	239,701	273,944	308,187	342,430	376,673	410,916	445,159	502,172	559,185	623,326	687,467
13	資產合計	90,800	92,250	92,037	90,120	138,619	157,633	178,604	204,314	267,673	434,580	607,146	1,410,330	1,565,775	1,731,900	1,840,888	2,040,584	2,252,575	2,343,509	2,445,345	2,541,756	2,659,336
14	就學貸款	98,887	197,774	296,661	395,548	348,060	300,027	251,441	202,296	152,586	102,305	51,445	0	0	0	0	0	0	0	0	0	0
15	信用貸款	0	0	0	0	0	332,126	217,617	96,057	0	0	0	0	0	0	0	0	0	0	0	0	0
16	汽車貸款	0	0	0	0	0	0	0	0	0	0	0	400,000	240,000	80,000	0	0	0	0	0	0	0
17	房屋貸款	0	0	0	0	0	0	0	0	0	0	0	0	0	0	0	0	0	0	0	0	0
18	總負債	98,887	197,774	296,661	395,548	348,060	632,153	469,058	298,353	152,586	102,305	51,445	400,000	240,000	80,000	0	0	0	0	0	0	0
19	淨值	-8,087	-105,524	-204,624	-305,428	-209,442	-474,520	-290,454	-94,039	115,087	332,276	555,701	1,010,330	1,325,775	1,651,900	1,840,888	2,040,584	2,252,575	2,343,509	2,445,345	2,541,756	2,659,336
20	總淨值	-8,087	-105,524	-204,624	-305,428	-209,442	-474,520	-290,454	-94,039	115,087	332,276	555,701	1,010,330	1,325,775	1,651,900	1,840,888	2,040,584	2,252,575	2,343,509	2,445,345	2,541,756	2,659,336
21	負債淨值合計	90,800	92,250	92,037	90,120	138,619	157,633	178,604	204,314	267,673	434,580	607,146	1,410,330	1,565,775	1,731,900	1,840,888	2,040,584	2,252,575	2,343,509	2,445,345	2,541,756	2,659,336

圖9-6　增加工作收入後的家庭資產負債表

本章習題

 張大雄現年20歲（2018年初），單身且為大一學生，一個人在學校附近租屋，其相關財務現況如下列所述：

1. 現有銀行活期存款50,000元，年利率0.5%。

2. 從大一開始辦理就學貸款至畢業為止，每學期可以貸款50,000元，貸款年利率1.15%，可以寬限至大學畢業後開始還款。

3. 剛剛購入二手機車一部，價格為20,000元，機車每年會折舊800元。

4. 食衣住行等日常必要花費，請參考下列參數表所列金額。其中飲食費用每年會上漲2%，其他費用因上漲有限，可視為固定支出。

5. 目前打工收入每月16,000元。大學畢業後正職工作月收入為24,000元，年薪共12個月加上年終獎金2個月，此後每一年的預期調薪幅度為1.5%。

6. 大雄28歲時認識了大美，大雄比大美大了2歲，大雄希望於30歲年底結婚，預期結婚將花費500,000元。

7. 大雄希望於結婚時購入汽車一部，車價60萬元，車商提供40萬元30期零利率貸款，每年折舊30,000元。原來的機車就給大美上班代步用。其他相關購車還款計畫請參考下列計畫表。

8. 大美28歲時的工作收入為月薪28,000元，年薪共12個月加上年終獎金1.5個月，此後每一年的預期調薪幅度為1.5%。

9. 結婚後家庭日常支出的增加金額請參考參數表所列。

10. 兩人計畫結婚3年後生第一個小孩小雄，隔3年再生第二胎小美，白天由私立托育機構代為照顧，此後的幼兒園與小學皆唸私立學校。

11. 大雄從大學畢業正職工作後就開始繳交保費，定期險保費年繳28,000元，終身或儲蓄險保費年繳36,000元，繳費期限20年。保險內容包括有重大疾病70萬元的一次金給付，重大疾病豁免保費等條款。

 請您幫張大雄完成下列「學貸還款表」、「購車計畫表」、「家庭收支結餘表」與「家庭資產負債表」至他36歲為止。並請回答下列問題：

1. 張大雄希望於36歲時累積到100萬元的購屋基金（活期存款），請問這目標可以順利達成嗎？

2. 若無法達成上述目標，請問應該如何調整財務計劃才能達標？

3. 若大雄於31歲時不幸罹患重大疾病，必須休養2年而無法工作，請問家庭財務狀況會出現問題嗎？（假設不考慮勞保保險給付，醫藥費用全由健保給付，工作年資保留）

4. 若大雄健康無恙，而大美於29歲時不幸罹患重大疾病，必須休養2年而無法工作，請問家庭財務狀況會出現問題嗎？（假設大美無商業保險，不考慮勞保保險給付，醫藥費用全由健保給付，工作年資保留）

5. 若大美於29歲時不幸罹患重大疾病，必須休養2年而無法工作，因而造成家庭財務狀況會有短缺，請問該如何調整家庭財務計畫？

參數表

	A	B	C	D	E	F	G	H	I	J	K
1			大雄	大美28歲							
2	收	打工收入	16,000	-	(月)		每年季數	4	(季)		
3	入	工作起薪	24,000	28,000	(月)		每年月數	12	(月)		
4	參	年終獎金	2	1.5	(月)		每年日數	365	(日)		
5	數	調薪幅度	1.5%	1.5%	(%)						
6			大雄	婚後增額			學貸利率	1.15%	(%)		
7	支	早餐花費	50	40	(天)		活存利率	0.50%	(%)		
8	出	午餐花費	80	60	(天)		就學貸款	100,000	(年)		
9	參	晚餐花費	100	100	(天)						
10	數	宵夜花費	0	0	(天)		養育階段	年齡	公立學費	私立學費	生活費
11		飲食上漲率	2%	2%	(%)		托嬰	0	108,000	264,000	40,000
12		衣飾支出	2,000	5,000	(季)		幼稚園	4	52,000	145,000	50,000
13		住宿支出	8,000	8,000	(月)		國小	7	68,000	215,000	70,000
14			汽車	機車	(月)		國中	13	75,000	155,000	75,000
15		油錢	4,000	800	(月)		高中職	16	75,000	155,000	85,000
16		停車費	3,000	0	(季)		大學	19	62,000	117,000	120,000
17		維修費	4,000	600	(年)		就業	23	0	0	0
18		燃料稅	4,800	450	(年)						
19		牌照稅	7,120	0	(年)						
20		保險費	8,000	600							

學貸還款計畫表

	A	B	C	D	E	F	G	H	I
1	學貸金額	400,000	(4年)						
2	還款期限	8	(年)						
3	學貸利率	1.15%	(年)						
4									
5	年 序	1	2	3	4	5	6	7	8
6	年 度	2021	2022	2023	2024	2025	2026	2027	2028
7	年 齡	23	24	25	26	27	28	29	30
8	還 本								
9	付 息								

購車計畫表

	A	B	C	D	E	F	G	H	I
1	車款	Yaxxs			年度	2028	2029	2030	2031
2	車價	600,000	元		大雄年齡	30	31	32	33
3	頭款		元		分期付款				
4	貸款		元						
5	利率	0%	年						
6	期限	30	月						
7		2.5	年						
8	折舊	30,000	年						

家庭收支結餘表

	A	B	C	D	E	F	G	H	I	J	K	L	M	N	O	P	Q	R
1	年度	2018	2019	2020	2021	2022	2023	2024	2025	2026	2027	2028	2029	2030	2031	2032	2033	2034
2	大雄年齡	20	21	22	23	24	25	26	27	28	29	30	31	32	33	34	35	36
3	大美年齡					22	23	24	25	26	27	28	29	30	31	32	33	34
4	小雄年齡														1	2	3	4
5	小美年齡																	1
6		大二	大三	大四	正職工作							結婚		小雄出生				小美出生
7	工作收入(大雄)	192,000	192,000	192,000	336,000	341,040	443,352	450,002	456,752	463,604	470,558							
8	工作收入(大美)	0	0	0	0	0	0	0	0	0	0							
9	利息收入	250	206	154	93	159	243	829	1,442	2,082	2,751							
10	總收入	192,250	192,206	192,154	336,093	341,199	443,595	450,831	458,194	465,686	473,308							
11	飲食支出	83,950	85,629	87,342	89,088	90,870	92,688	94,541	96,432	98,361	100,328							
12	衣飾支出	8,000	8,000	8,000	8,000	8,000	8,000	8,000	8,000	8,000	8,000							
13	居住支出	96,000	96,000	96,000	96,000	96,000	96,000	96,000	96,000	96,000	96,000							
14	交通支出	13,050	13,050	13,050	13,050	13,050	13,050	13,050	13,050	13,050	13,050							
15	結婚支出	0	0	0	0	0	0	0	0	0	0							
16	養育支出(小雄)	0	0	0	0	0	0	0	0	0	0							
17	養育支出(小美)	0	0	0	0	0	0	0	0	0	0							
18	學貸還本	0	0	0	48,022	48,574	49,133	49,698	50,269	50,848	51,432							
19	學貸付息	0	0	0	4,600	4,048	3,489	2,924	2,353	1,774	1,190							
20	車貸支出	0	0	0	0	0	0	0	0	0	0							
21	保費費用	0	0	0	28,000	28,000	28,000	28,000	28,000	28,000	28,000							
22	保費資產	0	0	0	36,000	36,000	36,000	36,000	36,000	36,000	36,000							
23	總支出	201,000	202,679	204,392	322,760	324,542	326,360	328,213	330,104	332,033	334,000							
24	收支結餘	-8,750	-10,473	-12,238	13,332	16,657	117,235	122,618	128,090	133,653	139,308							

家庭資產負債表

	A	B	C	D	E	F	G	H	I	J	K	L	M	N	O	P	Q	R	S
1	年度	2018年初	2018	2019	2020	2021	2022	2023	2024	2025	2026	2027	2028	2029	2030	2031	2032	2033	2034
2	大雄年齡	20年初	20	21	22	23	24	25	26	27	28	29	30	31	32	33	34	35	36
3	大美年齡												28	29	30	31	32	33	34
4	小雄年齡															1	2	3	4
5	小美年齡																		1
6		大一	大二	大三	大四	正職工作							結婚			小雄出生			小美出生
7	現金(活存)	50,000	41,250	30,777	18,540	31,872	48,529	165,764	288,382	416,472	550,125	689,433							
8	機車	20,000	19,200	18,400	17,600	16,800	16,000	15,200	14,400	13,600	12,800	12,000							
9	汽車	0	0	0	0	0	0	0	0	0	0	0							
10	保險資產	0	0	0	0	36,000	72,000	108,000	144,000	180,000	216,000	252,000							
11	資產合計	70,000	60,450	49,177	36,140	84,672	136,529	288,964	446,782	610,072	778,925	953,433							
12	就學貸款	100,000	200,000	300,000	400,000	351,978	303,404	254,271	204,573	154,304	103,456	52,024							
13	汽車貸款	0	0	0	0	0	0	0	0	0	0	0							
14	總負債	100,000	200,000	300,000	400,000	351,978	303,404	254,271	204,573	154,304	103,456	52,024							
15	淨值	-30,000	-139,550	-250,823	-363,860	-267,306	-166,875	34,693	242,209	455,768	675,469	901,409							
16	總淨值	-30,000	-139,550	-250,823	-363,860	-267,306	-166,875	34,693	242,209	455,768	675,469	901,409							
17	負債淨值合計	70,000	60,450	49,177	36,140	84,672	136,529	288,964	446,782	610,072	778,925	953,433							

若大雄罹患重大疾病時的家庭收支結餘表

	A	B	C	D	E	F	G	H	I	J	K	L	M	N	O	P	Q	R
1	年度	2018	2019	2020	2021	2022	2023	2024	2025	2026	2027	2028	2029	2030	2031	2032	2033	2034
2	大雄年齡	20	21	22	23	24	25	26	27	28	29	30	31	32	33	34	35	36
3	大美年齡				22	23	24	25	26	27	28	29	30	31	32	33	34
4	小雄年齡														1	2	3	4
5	小美年齡																	1
6		大二	大三	大四	正職工作							結婚			小雄出生			小美出生
7	工作收入(大雄)	192,000	192,000	192,000	336,000	341,040	443,352	450,002	456,752	463,604	470,558	477,616	0					
8	工作收入(大美)	0	0	0	0	0	0	0	0	0	0	378,000	383,670					
9	利息收入	250	206	154	93	159	243	829	1,442	2,082	2,751	3,447	1,617					
10	保險理賠收入												500,000					
11	總收入	192,250	192,206	192,154	336,093	341,199	443,595	450,831	458,194	465,686	473,308	859,063	885,287					
12	飲食支出	83,950	85,629	87,342	89,088	90,870	92,688	94,541	96,432	98,361	100,328	175,335	178,841					
13	衣飾支出	8,000	8,000	8,000	8,000	8,000	8,000	8,000	8,000	8,000	8,000	28,000	28,000					
14	居住支出	96,000	96,000	96,000	96,000	96,000	96,000	96,000	96,000	96,000	96,000	192,000	192,000					
15	交通支出	13,050	13,050	13,050	13,050	13,050	13,050	13,050	13,050	13,050	13,050	13,050	132,970					
16	結婚支出	0	0	0	0	0	0	0	0	0	0	500,000	0					
17	養育支出(小雄)	0	0	0	0	0	0	0	0	0	0	0	0					
18	養育支出(小美)	0	0	0	0	0	0	0	0	0	0	0	0					
19	學貸還本	0	0	0	48,022	48,574	49,133	49,698	50,269	50,848	51,432	52,024	0					
20	學貸付息	0	0	0	4,600	4,048	3,489	2,924	2,353	1,774	1,190	598	0					
21	車貸支出	0	0	0	0	0	0	0	0	0	0	200,000	160,000					
22	保費費用	0	0	0	28,000	28,000	28,000	28,000	28,000	28,000	28,000	28,000	0					
23	保費資產	0	0	0	36,000	36,000	36,000	36,000	36,000	36,000	36,000	36,000	0					
24	總支出	201,000	202,679	204,392	322,760	324,542	326,360	328,213	330,104	332,033	334,000	1,225,007	691,811					
25	收支結餘	-8,750	-10,473	-12,238	13,332	16,657	117,235	122,618	128,090	133,653	139,308	-365,943	193,476					

若大美罹患重大疾病時的家庭收支結餘表

	A	B	C	D	E	F	G	H	I	J	K	L	M	N	O	P	Q	R
1	年度	2018	2019	2020	2021	2022	2023	2024	2025	2026	2027	2028	2029	2030	2031	2032	2033	2034
2	大雄年齡	20	21	22	23	24	25	26	27	28	29	30	31	32	33	34	35	36
3	大美年齡				22	23	24	25	26	27	28	29	30	31	32	33	34
4	小雄年齡														1	2	3	4
5	小美年齡																	1
6		大二	大三	大四	正職工作							結婚			小雄出生			小美出生
7	工作收入(大雄)	192,000	192,000	192,000	336,000	341,040	443,352	450,002	456,752	463,604	470,558	477,616	484,780					
8	工作收入(大美)	0	0	0	0	0	0	0	0	0	0	378,000	0					
9	利息收入	250	206	154	93	159	243	829	1,442	2,082	2,751	3,447	1,617					
10	保險理賠收入												0					
11	總收入	192,250	192,206	192,154	336,093	341,199	443,595	450,831	458,194	465,686	473,308	859,063	486,398					
12	飲食支出	83,950	85,629	87,342	89,088	90,870	92,688	94,541	96,432	98,361	100,328	175,335	178,841					
13	衣飾支出	8,000	8,000	8,000	8,000	8,000	8,000	8,000	8,000	8,000	8,000	28,000	28,000					
14	居住支出	96,000	96,000	96,000	96,000	96,000	96,000	96,000	96,000	96,000	96,000	192,000	192,000					
15	交通支出	13,050	13,050	13,050	13,050	13,050	13,050	13,050	13,050	13,050	13,050	13,050	132,970					
16	結婚支出	0	0	0	0	0	0	0	0	0	0	500,000	0					
17	養育支出(小雄)	0	0	0	0	0	0	0	0	0	0	0	0					
18	養育支出(小美)	0	0	0	0	0	0	0	0	0	0	0	0					
19	學貸還本	0	0	0	48,022	48,574	49,133	49,698	50,269	50,848	51,432	52,024	0					
20	學貸付息	0	0	0	4,600	4,048	3,489	2,924	2,353	1,774	1,190	598	0					
21	車貸支出	0	0	0	0	0	0	0	0	0	0	200,000	160,000					
22	保費費用	0	0	0	28,000	28,000	28,000	28,000	28,000	28,000	28,000	28,000	0					
23	保費資產	0	0	0	36,000	36,000	36,000	36,000	36,000	36,000	36,000	36,000	0					
24	總支出	201,000	202,679	204,392	322,760	324,542	326,360	328,213	330,104	332,033	334,000	1,225,007	691,811					
25	收支結餘	-8,750	-10,473	-12,238	13,332	16,657	117,235	122,618	128,090	133,653	139,308	-365,943	-205,414					

Chapter

10

樂齡生活與退休計畫

學習目標

1. 瞭解退休後樂齡生活的目標。

2. 瞭解維持樂齡生活水平的支出費用。

3. 瞭解與退休計劃相關的金融工具。

4. 學習如何進行退休計畫的財務規劃。

10-1 樂齡生活的選擇

當我們辛苦工作一輩子後，達一定年齡時（60~65歲），將面臨人生另一個重要階段，那就是從職場引退，開始享受較為優閒的樂齡生活。當我們還在職場工作時，我們的生活作息通常是規律的，例如「朝九晚五」、「週休二日」等，而上班生活的目標通常也較為明確，例如：追求公司利潤、完成上司交辦任務等。雖然職涯生活是目標明確且任務具體，然而所謂「為五斗米折腰」，對大部分的人來說，工作或許是維持家庭生計的必要選擇，不必然是個人興趣與偏好所在。而退休後的生活型態將大為改變，例如：不再需要為工作而工作，生活作息也不若在職場時的規律，可以開始做自己想做的事，可以實踐人生尚未完成的夢想等。因此，退休後的樂齡生活之主導權是由我們自己掌握。

退休後個人生活型態與生活方式的自由度與彈性提高，然而卻也開始面臨個人體力衰減、家庭收入減少、生活頓失目標等問題，因此如何在有限的資源下，按部就班依照預定的規劃，使得我們的退休生活在經濟上不匱乏、心理上有所寄託、並對國家社會有所回饋，這就是「**退休計畫**」（Retirement Plan）所要達到「老有所終」的最高境界。

各國政府都應該保障所有人民退休後皆能安享晚年，提供他們退休生活的基本保障，這是各國政府皆努力實施**退休金**（Pension Fund）制度的原因，唯有好的退休金制度，人民才會安居，社會才會安定。因此世界各先進國家必定都有良好的退休金制度，例如美國的**社會安全系統**（Social Security System），臺灣的勞保、公保、國民年金等，都是由政府直接支持的退休基金。

綜觀各國家的退休金制度，一般可分為「**確定給付**」（Defined Benefit）與「**確定提撥**」（Defined Contribution）兩種型式。所謂「確定給付」是由政府全權負責退休金的撥付，若退休基金因管理不善而有所短缺時，政府就需編列預算來彌補其不足額，因此政府所要負擔的財務責任非常重，但對退休者的保障較佳，無須自我負擔退休基金的績效，其領取的退休年金也較為確定與固定。

近年來的全球經濟景氣起伏甚大，各國政府紛紛遭遇嚴重的財政赤字，逐漸無法負擔龐大的退休金支出，於是各國逐漸盛行「確定提撥制」，也就是由政府、企業與員工共同提撥繳付某一金額至員工的專屬帳戶，並由員工依照個人的風險屬性，決定其退休基金的操作方式，例如可選擇保守型或積極型的操作方式，而基金操作績效將決定員工可領退休金的多寡，因此績效好退休金就多，而績效差退休金就少。這種制度是由員工自訂其退休金操作方式，風險也由員工自己承擔，政府不再負擔龐大的財務責任。既然人民開始要對自己選擇的退休基金操作方式負責，因此個人退休基金可以累積多少金額？如何運用這些退休年金來支付樂齡生活的必要支出？如何利用有限的退休金來實現過去未能實現的夢想或理想？這些選擇都需要由個人來決定，這就是為什麼「退休計畫」越來越受大家的重視，原因在於從今以後，我們都需要運用有限的資源，來讓自己的樂齡生活更充實與富足。政府不再負完全的退休金給付責任以及承擔財務風險，而是個人都需要準備承擔自己的選擇。

近年來全世界各國資本市場風險日益加劇，退休基金的績效波動加大，在此金融環境下，我們皆要面對一個很嚴肅的問題，那就是：在退休金給付的不確定性影響下，你我是否有足夠的知識與能力來擬定自己的退休計畫呢？我們可以參考圖10-1的步驟來擬定適合的退休計畫。

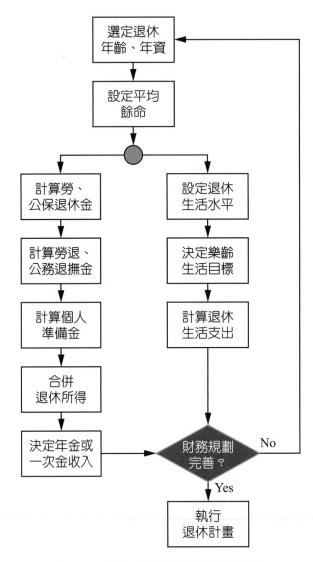

圖10-1 退休計畫與財務規劃的流程

　　首先我們必須先確認可以辦理退休的要件，依據勞工保險局網頁上的規範（請參考圖10-2），凡年滿60歲，保險年資合計滿15年，並辦理離職退休的勞工，方可領取勞保老年年金的給付，但請領年齡自民國98年至106年為60歲，107年提高為61歲，109年提高為62歲，111年提高為63歲，113年提高為64歲，115年以後為65歲。因此對大部分的年輕人來說，將來的退休年度必定是民國115年之後，因此退休年齡就是65歲。而保險年資須滿15年，也就是工作年資必須滿15年以上，方能領取「勞保老年給付」的退休年金，否則只能領取一次性的一筆退休金（一次金）。

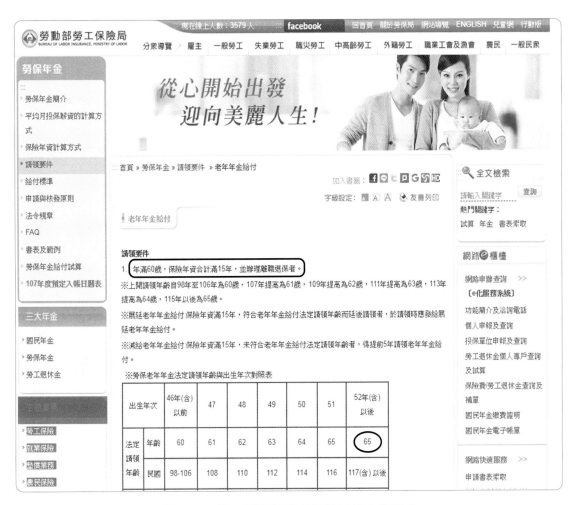

圖10-2　勞工領取勞保老年給付年金的要件
圖片來源：勞動部勞工保險局

　　下一步驟，我們必須瞭解退休後的樂齡生活將持續多少年？依據內政部統計處生命表統計結果顯示，臺灣人民的平均壽命（0歲者平均餘命）正逐年增加（請參考圖10-3）。以2021年為例，全體人民平均壽命為80.84歲，其中男性平均壽命為77.64歲，女性平均壽命為84.23歲。相較於2022年，其全體人民平均壽命為77.18歲，其中男性平均壽命為74.58歲，女性平均壽命為80.22歲，可以得知近20年來的國人平均壽命，足足增加了3.66歲，且增加的趨勢沒有改變。因此，我們擬定的退休計畫將涵蓋從退休65歲起至80歲平均壽命止，這段期間至少有15年的時間，也就是我們要擬訂退休計畫的期間。

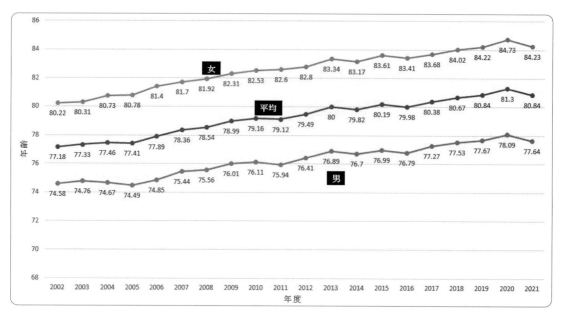

圖10-3　內政部統計結果顯示，臺灣平均壽命逐年增加。

資料來源：內政部統計處

10-2 退休生活的費用支出

　　個人退休規劃的最基本目標之一，就是退休生活必需維持一定程度的**生活水準**（Standard of Living）。在國外一般認為擁有退休前生活水準的60%~70%將是較佳的選擇，這其中包括銀髮族需求最殷切的醫療支出，而國外的醫療支出是非常昂貴的，因此要求退休時必須維持在退休前生活水準的60%~70%是必要的。然而在臺灣，醫療的普及與健保的保障，使得國人的醫療支出相對於國外是非常便宜，因此大部分國人期望的退休生活水平，是維持在退休前的40%~50%。而生活水平可以從收入面與支出面來衡量，收入面就是退休後的「所得替代率」，而支出面就是退休生活的必要費用支出。也就是說，若退休收入是退休前工作收入的60%，則退休後可以維持退休前生活支出的60%。

退休期間的支出費用有兩種方法來估計，第一種是「量入為出法」：根據退休後的收入多寡來決定支出的水準，第二種是「量出為入法」：根據期望的退休生活水平來決定費用支出金額，再依據資金需求來擬定退休金準備計畫。第一種方法需要節制退休後個人的支出花費，以符合退休後減少的收入。一般而言，我們可以用「**所得替代率**」（Replacement Ratio）來衡量退休後收入的減少幅度，例如所得替代率若為50%，代表退休後收入金額是退休前的50%，而臺灣一

般勞工的政府「勞保老年給付」加上企業「勞工退休金」的合併所得替代率約為44%，因此若採用第一種「量入為出法」，則退休後需抑制個人消費支出金額至退休前的一半以下，這對大多數的退休者而言，可能會影響其生活品質，因為一般所得替代率在50%以上的退休生活較為大部分人接受，例如：法國75%、德國71%、澳洲65%、美國59%、加拿大55%。

臺灣因所得替代率相對較少，因此大部分人的退休計畫會採行第二種方法，即先實際預估退休生活所需，再將退休金不足之處以個人準備的方式來補足，這也是為什麼在臺灣退休計畫格外重要的原因。根據摩根資產管理公司2017年的「退休快樂指數」調查，臺灣民眾認為退休後的花費，平均約占退休前薪資的46%，整體而言，近六成（55.5%）民眾認為，退休後隨著物質需求降低，每個月的花費只需要目前薪資的5成以下。因此所得替代率50%是大家共同的目標，而眾多勞工的實際所得替代率是44%，這6%的差額就有賴個人及早預作準備。此外，若個人有特殊的夢想與需求，例如歐洲旅遊計畫、銀髮族終身學習計畫等，則退休金的需求就更大，這些因素皆要在退休計畫中列入考量。

10-3 與退休相關的金融工具

根據行政院主計處的「中高齡工作歷程調查」結果顯示，在民國103年時，大部分45~65歲的國人，其規劃養老的收入來源，以「本人及配偶退休金」最多，占了30.74%，依賴「勞保老年給付」者占了29.60%，而自我準備「儲蓄」者也高達20.87%。而已退休的銀髮族群中（65歲以上），由「子女奉養」者高達28.55%之多，其次為「本人及配偶退休金」與「社會救助或津貼（含老農津貼、國民年金給付等）」分別占22.84%與21.73%。根據上述國人退休金規劃的調查報告，我們可以將個人退休金來源概分成「政府提供」、「企業提撥」與「個人準備」等三個管道，這就是**退休金的三大支柱**（Three Pillars of Pension Fund）：

1. 政府提供 (Government-Sponsored Program)

這一類的退休金來源屬於社會保險的一環，例如美國的社會安全制度、臺灣的公保退休金、勞保老年給付與國民年金等皆是。勞保的被保險人發生保險事故時，得依「勞工保險條例」請領保險給付，例如生育給付、死亡給付、老年給付等。而公保的法源依據則是「公教人員保險法」，主要的納保對象為公務員與教師。國民年金的法源依據則是「國民年金法」，主要的納保對象為未參加軍保、公保、勞保、農保的25歲以上未滿65歲中華民國國民。

依勞動部勞保局網站資訊顯示，民國98年1月1日勞保年金施行後，老年給付可分成三種給付項目：老年年金給付、老年一次金給付、一次請領老年給付。唯有97年12月31日之前有勞保年資者，才能選擇一次請領老年給付；98年1月1日勞保年金施行後初次參加勞工保險者，不得選擇一次請領老年給付。

而公立學校教職人員，則依據「公教人員保險法」享有養老年金給付，與享有「教育人員退休條例」之職業退休金兩筆退休給付。凡依「公教人員保險法」退休、資遣或繳付公保保險費滿15年且年滿55歲離職退保者，可領取一次金，年資每滿1年給與1.2個月，最高42個月，但辦理優惠存款者，最高36個月。另依據「教職人員退休條例」於民國85年2月開始實施退撫新制，凡符合學校教職員退休條例第6條的教學卓著、成績優異者可以領取一次退休金或月退休金。

2. 企業提撥（Employer-Sponsored Program）

這一類的退休金來源屬於職業退休金，是一種雇主應給付勞工退休金的制度，例如臺灣的勞工退休金（簡稱勞退）是由企業提撥員工薪水的6%，以存入員工退休金專戶，而美國則有401K公司退休計畫。而要特別注意的是，「勞保」與「勞退」為不同的制度。勞保被保險人之相關權益，例如：投保年資計算、老年給付請領等，並不會因為被保險人選擇勞退新、舊制而受到任何影響。臺灣的勞工退休金可以分為舊制與新制兩種，舊制是依據「勞動基準法」辦理，而新制則依據「勞工退休金條例」辦理。勞工退休金係勞動基準法退休金規定之改制，與勞保無關。

依據勞保局網站資訊顯示，勞工退休金部分，需滿60歲才能領取，亦有兩種請領選擇：一次退休金或月退金。依規定雇主應為適用勞基法之勞工（含本國籍、外籍配偶、陸港澳地區配偶、永久居留之外國專業人才），按月提繳不低於其每月工資6%勞工退休金，儲存於勞保局設立之勞工退休金個人專戶，退休金累積帶著走，不因勞工轉換工作或事業單位關廠、歇業而受影響，專戶所有權屬於勞工。勞工亦得在每月工資6%範圍內，個人自願另行提繳退休金，勞工個人自願提繳部分，得自當年度個人綜合所得總額中全數扣除。勞工年滿60歲即得請領退休金，提繳退休金年資滿15年以上者，得選擇請領月退休金或一次退休金。提繳退休金年資未滿15年者，應請領一次退休金。

3. 個人準備（Self-Directed Plan）

當前兩類「政府提供」與「企業提撥」的退休金不足以滿足個人退休後的資金需求時，第三個退休金支柱就是由個人自行準備的退休金金融商品，包括有商業年金、儲蓄、投資、保險、子女孝養金、以房養老年金等。商業年金是在退休前向保險公司購買年金保險，繳費期間屬於年金「累積期」，繳費期滿後的一定時日開始逐年領取年金給付，屬於年金「給付期」。此外，銀行活存與定存也是常見的退休金儲備工具，若個人風險承受度較高者，則會選擇風險性投資，如股票或基金，以追求較高報酬率，然而風險性投資相伴而來的風險亦需詳加考量，以免影響到退休計畫的資金來源與樂齡生活的品質。有些家庭則在子女正式專職工作後，會讓小孩提供部分薪水以貼補家用，這就是所謂的子女孝養金，亦可做為退休金的來源之一。

最後，在臺灣有一種新型退休養老的金融工具，叫做「以房養老」，屬於「逆向」房貸的性質，有別於一般房貸需由房屋所有人按月繳交房貸還本付息的金額給銀行，而個人還清貸款本息後，房屋所有權屬於個人。相反的，「以房養老」也是抵押貸款，但是個人卻是「逆向」每個月從銀行收取一筆年金（已扣除貸款利息），直到貸款期滿（一般是30年期），由銀行取得房屋處分權，以收回其貸款本金。而個人每個月收到的年金可充做為退休生活的收入來源。在觀念上，一般房貸屬於個人理財的「支出面」，因為個人每個月需支付房貸的本息給銀行，而「以房養老」屬於個人理財的「收入面」，因為個人每個月可以從銀行收取一筆年金，現金流屬於彼此逆向的操作。但「以房養老」的前題是個人必須擁有房屋的所有權，再將它活化變現以供退休養老之用。

綜合上述與退休金相關的金融工具中，有些可以一次領取一筆總金額後結清，稱之為「一次金」，或是選擇以逐年領取的方式來進行，稱之為「年金」。至於是要以哪一種型式來領取，則依照個人偏好與實際需求來決定。這些退休金融工具的適用對象、來源管道與給付型式的差異比較，請參考下列表10-1的說明。其中生存保險屬於儲蓄險的形式，繳費期滿到期後可以逐年領取生存保險金。而養老保險則是壽險的形式，到期領取一筆保險金。而不論是儲蓄險或壽險的形式，所領取的生存保險金就是做為個人準備的退休金來源，以補充政府與企業所提供退休金的不足之處。至於如何在這些金融商品中，配置適合個人的退休金投資組合，則是退休計劃的一個重要課題。

表10-1　與退休計畫相關的金融工具

	金融工具	適用對象	給付型式	退休金來源
1	國民年金	未就業者	年金/一次金	政府
2	公教人員保險	軍公教	年金/一次金	
3	勞保老年給付	勞工	年金/一次金	
4	勞工退休金	勞工	年金/一次金	任職企業

	金融工具	適用對象	給付型式	退休金來源
5	商業年金	不限	年金	個人準備
6	生存保險	不限	年金	
7	養老保險	不限	一次金	
8	活存/定存	不限	一次金	
9	股票、共同基金	不限	一次金	
10	以房養老	不限	年金	

　　針對上述退休金融工具中的「政府提供」與「企業提撥」這兩類退休金，勞保局與考試院銓敘部的官網上，皆有提供初步試算退休收入的功能，好讓國人在退休前，能依據試算的結果，預估退休金收入，來進行個人退休計畫，若有不足之處，也能及早知道退休後資金短缺的情形，以及早進行因應之道，以免遭遇退休後財務上的窘境而無法享受樂齡生活。圖10-4是勞保局網站上所提供的「勞保老年給付一次金」的試算畫面。例如，退休前3年平均月投保薪資為45,800元，23歲年底大學畢業後開始工作，則滿60歲前有37年投保年資，若計畫於滿65歲時退休，則60歲後年資有5年，輸入以上相關數據後，試算結果顯示將來滿65歲時退休可以一次領229萬元的退休金。

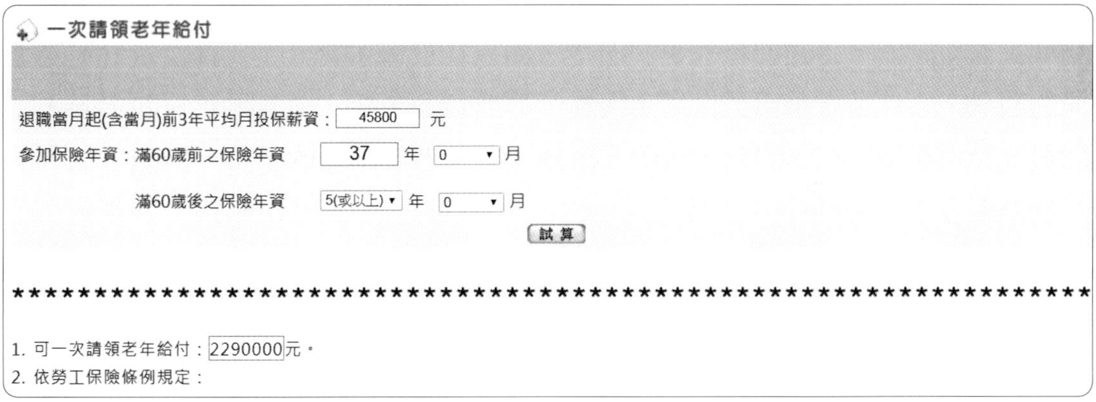

圖10-4　勞保局網站提供「勞保一次請領老年給付」之試算功能

圖片來源：勞動部勞工保險局

　　圖10-5則是勞保局網站上所提供的「勞保老年年金」的試算畫面。例如，退休前5年（60個月）平均月投保薪資為45,800元，民國42年出生，25歲年底碩士畢業後開始工作，則滿65歲時共有40年投保年資，若計畫於滿65歲時退休，則輸入以上相關數據後，試算結果顯示將來滿65歲時退休，則可以終身逐月領取34,075元的退休年金。下列試算結果有兩條計算式可以選取，理性的退休者當然會選擇第二式較高的金額。

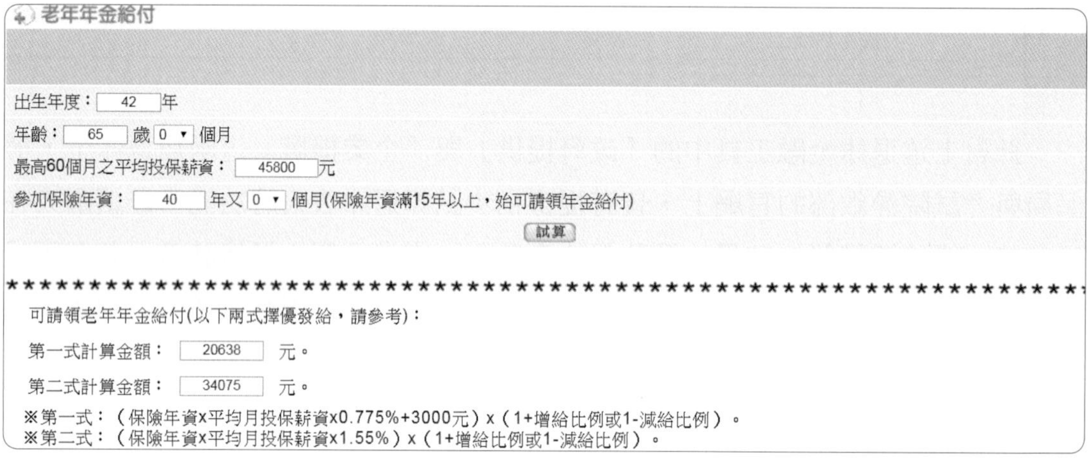

<table>
<tr><td>老年年金給付</td></tr>
<tr><td>出生年度：42 年</td></tr>
<tr><td>年齡：65 歲 0 ▼ 個月</td></tr>
<tr><td>最高60個月之平均投保薪資：45800 元</td></tr>
<tr><td>參加保險年資：40 年又 0 ▼ 個月(保險年資滿15年以上，始可請領年金給付)</td></tr>
<tr><td>試算</td></tr>
</table>

＊＊

可請領老年年金給付(以下兩式擇優發給，請參考)：

第一式計算金額： 20638 元。

第二式計算金額： 34075 元。

※第一式：（保險年資x平均月投保薪資x0.775%+3000元）x（1+增給比例或1-減給比例）。

※第二式：（保險年資x平均月投保薪資x1.55%）x（1+增給比例或1-減給比例）。

圖10-5　勞保局網站提供「勞保老年年金給付」之試算功能

圖片來源：勞動部勞工保險局

　　上述不論是勞保老年給付的一次金或是年金，在試算時皆要輸入退休前的平均「投保薪資」，這裡要特別說明的是，個人「投保薪資」與「實際薪資」是不同的觀念，投保薪資是由勞保局所規範，分成17個級距，並有天花板的上限，意即最高投保薪資為45,800元，也因此限制了勞保老年給付的上限。例如，個人每月實際薪資為120,000元，依據表10-2的「勞工保險投保薪資分級表」的規定，投保薪資只能列為45,800元的上限值。因此，對高所得者而言，若要在退休後維持一定的生活水平，因勞保老年給付受限於投保薪資45,800元的上限，與實際薪資相差甚多，因此必須加強在商業年金自我準備的部分，以免所得替代率太低而影響退休樂齡生活的品質。若不及早規劃準備，則每月工作收入120,000元將降為每月34,075元的退休收入（尚未考慮勞退收入），所得替代率僅為28%（=34,057/120,000）。然而為了反應物價上漲的**通貨膨脹**（Inflation）壓力，勞保局也會適時調整最高投保薪資的上限，以符合國人退休生活的實際需求。

💰 表10-2　勞工保險投保薪資分級表

勞工保險投保薪資分級表		中華民國111年10月26日勞動部勞動保2字第1110150621號令修正發布，自112年1月1日施行
投保薪資等級	月薪資總額（實物給付應折現金計算）	月投保薪資
第1級	26,400元以下	26,400元
第2級	26,401元至27,600元	27,600元
第3級	27,601元至28,800元	28,800元
第4級	28,801元至30,300元	30,300元
第5級	30,301元至31,800元	31,800元
第6級	31,801元至33,300元	33,300元
第7級	33,301元至34,800元	34,800元
第8級	34,801元至36,300元	36,300元
第9級	36,301元至38,200元	38,200元
第10級	38,201元至40,100元	40,100元
第11級	40,101元至42,000元	42,000元
第12級	42,001元至43,900元	43,900元
第13級	43,901元以上	45,800元

備註

一、本表依勞工保險條例第十四條第三項規定訂定之。

二、職業訓練機構受訓者之薪資報酬未達基本工資者，其月投保薪資分 13,500元（13,500元以下者）、15,840元（13,501元至15,840元）、16,500元（15,841元至16,500元）、17,280元（16,501元至17,280元）、17,880元（17,281元至17,880元）、19,047元（17,881元至19,047元）、20,008元（19,048元至20,008元）、21,009元(20,009元至21,009元)、22,000元（21,010元至22,000元）、23,100元（22,001元至23,100元）、24,000元（23,101元至24,000元）十一級及25,250元（24,001元至25,250元）十二級，其薪資總額超過25,250元而未達基本工資者，應依本表第一級申報。

三、部分工時勞工保險被保險人之薪資報酬未達基本工資者，其月投保薪資分11,100元(11,100元以下者)及12,540元(11,101元至12,540元)二級，其薪資總額超過12,540元者，應依前項規定覈實申報。

四、依身心障礙者權益保障法規定之庇護性就業身心障礙者被保險人之薪資報酬未達基本工資者，其月投保薪資分6,000元（6,000元以下）、7,500元（6,001元至7,500元）、8,700元（7,501元至8,700元）、9,900元（8,701元至9,900元）、11,100元（9,901元至11,100元）、12,540元(11,101元至12,540元)，其薪資總額超過12,540元者，應依第二項規定覈實申報。

五、本表投保薪資金額以新臺幣元為單位。

資料來源：勞動部勞工保險局

此外，勞保局網頁也提供勞工退休金的試算功能（圖10-6），例如輸入目前實際月薪60,000元、薪資成長率1.5%、投資報酬率3%、提繳（撥）率6%、工作年資40年等，便可以試算出退休一次金4,327,424元或年金23,940元的金額。要注意的是，滿60歲退休要選取「預估平均餘命24年」，若是滿65歲退休則要選取「預估平均餘命20年」。若要查看試算的詳細過程，則可以選取「計算明細」的按鈕，將會出現如圖10-7的試算明細表，針對每年的提繳金額與累計收益將一覽無遺。然而，以上所敘述的試算結果只是簡化的預估值，實際提繳金額與收益則可以從圖10-8的網頁以自然人憑證登入後，查詢個人勞工退休金專戶的實際正確金額。

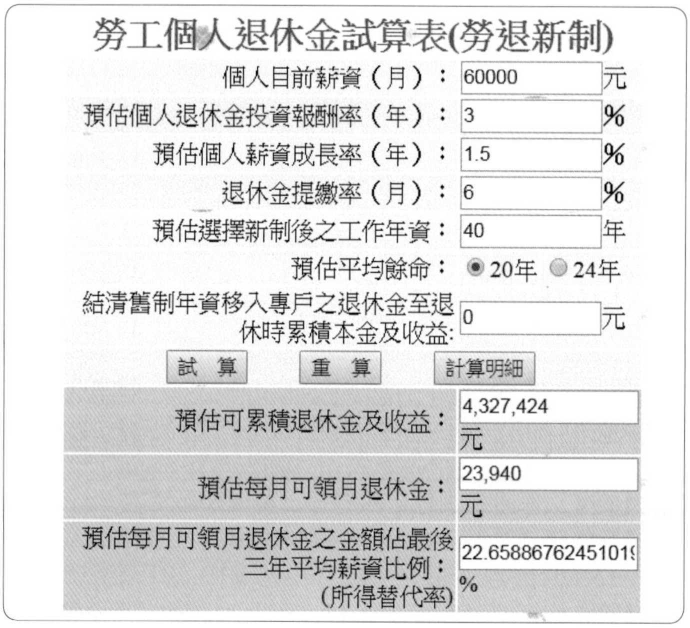
勞工個人退休金試算表(勞退新制)

個人目前薪資（月）： 60000 元
預估個人退休金投資報酬率（年）： 3 %
預估個人薪資成長率（年）： 1.5 %
退休金提繳率（月）： 6 %
預估選擇新制後之工作年資： 40 年
預估平均餘命： 20年 24年
結清舊制年資移入專戶之退休金至退休時累積本金及收益: 0 元
試 算　重 算　計算明細
預估可累積退休金及收益： 4,327,424 元
預估每月可領月退休金： 23,940 元
預估每月可領月退休金之金額佔最後三年平均薪資比例：(所得替代率) 22.6588676245101(%

圖10-6　勞保局網站提供「勞工退休金」之試算功能

圖片來源：勞動部勞工保險局網站

勞工個人退休金試算表(勞退新制)

年別	個人薪資（月）	年提繳數	累計收益	累計提繳本金	累計本金及收益年金
結清舊制年資移入專戶之退休金至退休時累積本金及收益：					0
1	60,000	43,776	602	43,776	44,378
2	60,900	45,936	2,565	89,712	92,277
3	61,814	45,936	5,965	135,648	141,613
4	62,741	45,936	10,845	181,584	192,429
5	63,682	45,936	17,249	227,520	244,769
6	64,637	48,096	25,254	275,616	300,870
7	65,607	48,096	34,941	323,712	358,653
8	66,591	48,096	46,362	371,808	418,170
9	67,590	50,256	59,598	422,064	481,662
10	68,604	50,256	74,739	472,320	547,059
11	69,633	50,256	91,842	522,576	614,418
12	70,677	52,416	110,995	574,992	685,987
13	71,737	52,416	132,295	627,408	759,703

圖10-7　勞保局網站提供「勞工退休金」之試算明細表

圖片來源：勞動部勞工保險局網站

圖10-8　勞保局網站提供以自然人憑證查詢「勞工退休金個人專戶」金額

圖片來源：勞動部勞工保險局網站

關於公務員保險的退休金試算，可以透過考試院銓敘部的網頁來進行。如圖10-9所示，首先輸入個人身分別、年齡與公務員年資等資料。接著分別輸入新舊制年資與退休生效日期等，如圖10-10所示。最後輸入退休職、俸點與最後在職待遇等資料，如圖10-11所示。將可試算出每月退休所得到的金額（包括新舊制合計），如圖10-12所示。

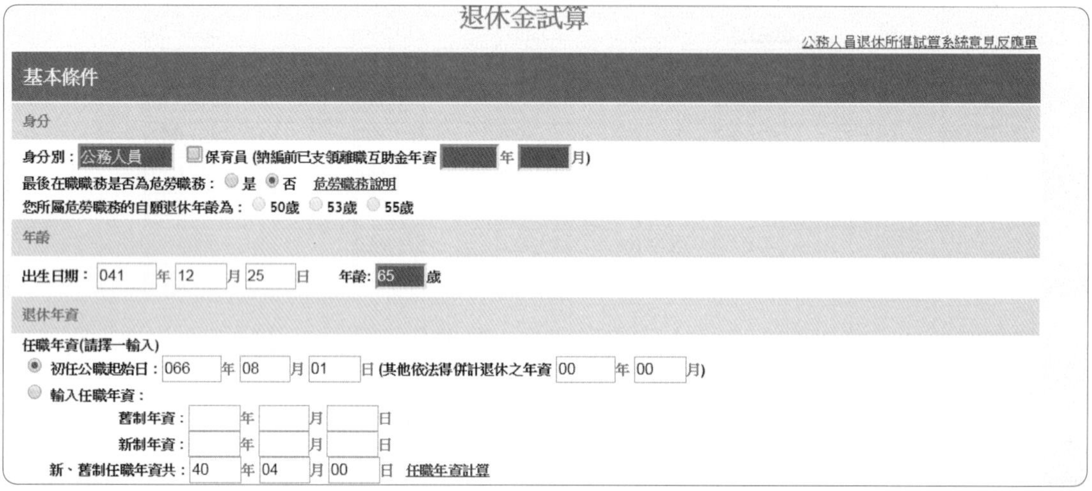

圖10-9　考試院銓敘部網站提供公保退休金試算功能

圖片來源：考試院銓敘部網站

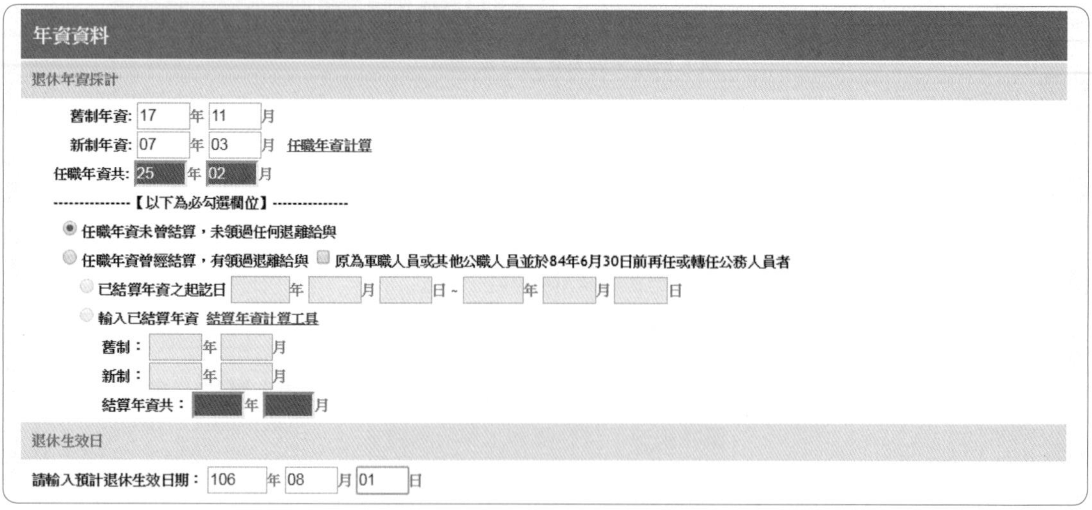

圖10-10　考試院銓敘部網站提供公保退休金試算功能

圖片來源：考試院銓敘部網站

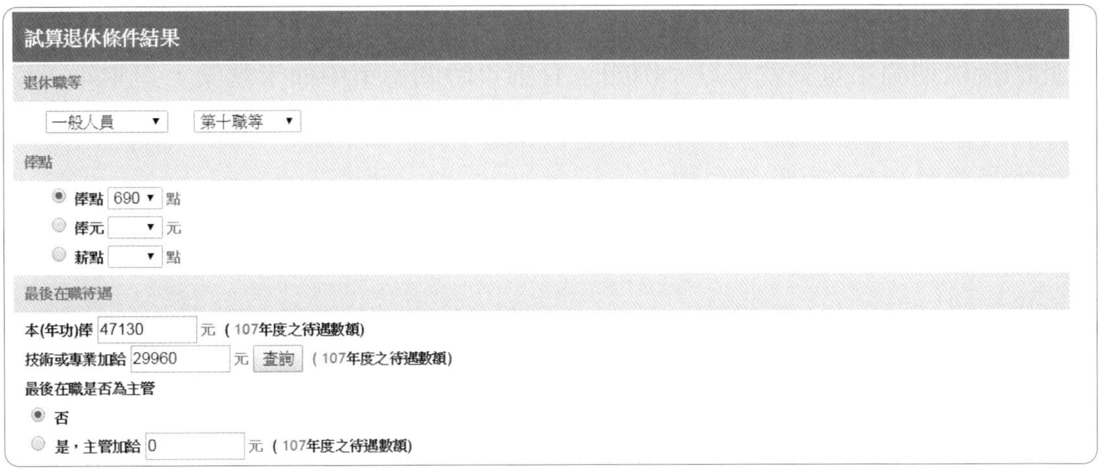

試算退休條件結果

退休職等

[一般人員 ▼] [第十職等 ▼]

俸點

◉ 俸點 [690 ▼] 點
○ 俸元 [　▼] 元
○ 薪點 [　▼] 點

最後在職待遇

本(年功)俸 [47130] 元（107年度之待遇數額）
技術或專業加給 [29960] 元 [查詢]（107年度之待遇數額）
最後在職是否為主管
◉ 否
○ 是，主管加給 [0] 元（107年度之待遇數額）

圖10-11　考試院銓敘部網站提供公保退休金試算功能

圖片來源：考試院銓敘部網站

擇領月退休金

項目		給付項目				優惠存款項目	每月退休所得			
新舊	月退休金	公保養老給付	其他現金補償金	第30條第2項之月補償金	第30條第3項增發一次補償金	公保養老給付優存金額	月退休金	月補償金	優存利息	合計
舊制	37,652.1									
新制	13,667.7	0	260,412	0	-47,130	0	51320	0	0	51320
合計	51,320									

(二).依第30條第2項規定：月補償金

圖10-12　考試院銓敘部網站提供公保退休金試算功能

圖片來源：考試院銓敘部網站

　　關於未加入勞保、公保、軍保與農保等任一社會保險者（未就業者），政府另行開辦國民年金保險，以確保每一位國人都享有退休年金的福利。勞保局網站亦提供國民年金試算的功能，只要輸入投保年資與月投保金額，就可以試算出國民年金月領金額，例如投保年資為5年6個月10日，月投保金額為18,282元，則退休國民年金可以月領4,285元，亦即取A、B兩式較優者。請參考圖10-13所顯示的

計算內容與相關說明。值得注意的是，國民年金與其他社會保險可以並存，只要彼此的投保期間不重疊就可以。例如，有兩年時間待業中而未就業，這兩年可以投保國民年金，其他期間則依個人就業身分別來投保相關的社會保險，因此其退休所得是兩者年金合計的總金額。

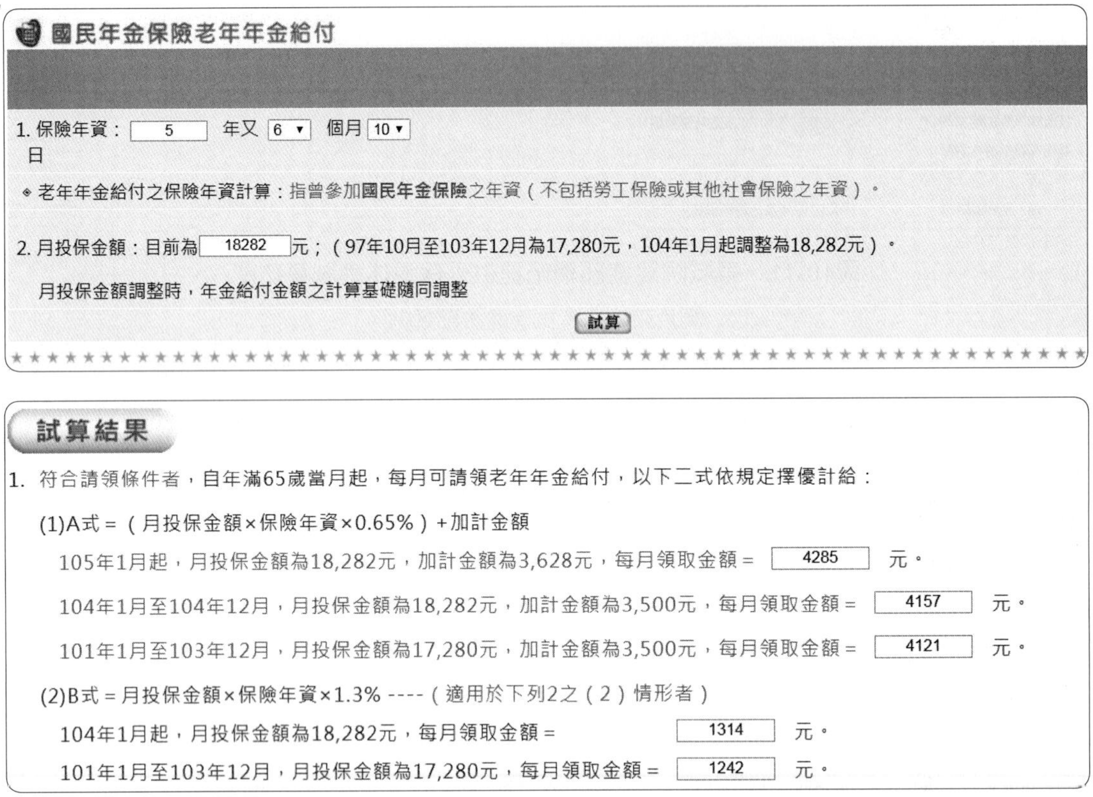

🟢 國民年金保險老年年金給付

1. 保險年資：　5　年又 6▼ 個月 10▼ 日

◈ 老年年金給付之保險年資計算：指曾參加**國民年金保險**之年資（不包括勞工保險或其他社會保險之年資）。

2. 月投保金額：目前為 18282 元；（97年10月至103年12月為17,280元，104年1月起調整為18,282元）。

月投保金額調整時，年金給付金額之計算基礎隨同調整

試算

★ ★

試算結果

1. 符合請領條件者，自年滿65歲當月起，每月可請領老年年金給付，以下二式依規定擇優計給：

(1)A式＝（月投保金額×保險年資×0.65%）＋加計金額

105年1月起，月投保金額為18,282元，加計金額為3,628元，每月領取金額＝ 4285 元。

104年1月至104年12月，月投保金額為18,282元，加計金額為3,500元，每月領取金額＝ 4157 元。

101年1月至103年12月，月投保金額為17,280元，加計金額為3,500元，每月領取金額＝ 4121 元。

(2)B式＝月投保金額×保險年資×1.3% ----（適用於下列2之（2）情形者）

104年1月起，月投保金額為18,282元，每月領取金額＝ 1314 元。

101年1月至103年12月，月投保金額為17,280元，每月領取金額＝ 1242 元。

圖10-13　勞保局網站提供「國民年金」之試算功能

圖片來源：勞動部勞工保險局網站

10-4 退休計畫與財務規劃

　　如同前面章節所敘述，大雄大學期間半工半讀，並辦理就學貸款，於大學畢業23歲正職工作後開始償還學貸，根據規定因貸款8個學期，所以可以分8年償還本息，並享有政府補貼的低利率1.15%，預計於大雄30歲的年底還清所有學貸金額。因此計畫於同一年度與小3歲的女朋友大美結婚，成立夢想中的家庭，因兩人尚處於事業打拼的階段，因此打算辦理公證結婚以節省婚禮相關支出，並將儲蓄用於購置一部新車，以準備迎接小孩的誕生，車商提供30期40萬元的零利率分期付款優惠活動。

　　大雄是一位孝順的小孩，準備在結婚前帶父母親至他們夢想中的歐洲度假，旅行社只提供6期零利率分期付款的優惠活動，因受限於資金的不足，於是大雄準備辦理銀行的36期分期付款的信用貸款，以紓減資金壓力。假設大美也是大學畢業23歲時開始正職工作，婚前收入皆用來孝養父母親，27歲結婚後的工作收入方才納入家庭收支結餘表中。有關其他日常生活支出的費用，請參考圖10-14的參數表。其中的房屋稅與地價稅是購屋後的居住支出，住宿支出是購屋前的房租費用。而房屋稅費、代書費、仲介費與裝修費屬於購屋當年度的居住支出。

			大雄	大美							
1			大雄	大美							
2	收	打工收入	17,000	-	(月)		每年季數	4	(季)	房屋稅費	24,000
3	入	工作起薪	24,000	30,000	(月)		每年月數	12	(月)	代書費	16,000
4	參	年終獎金	2	1.5	(月)		每年日數	365	(日)	仲介費	60,000
5	數	調薪幅度	1.5%	1.5%	(%)					裝修費	100,000
6			大雄	婚後增額			學貸利率	1.15%	(%)	房屋稅	2,800
7	支	早餐花費	50	40	(天)		活存利率	0.50%	(%)	地價稅	5,200
8	出	午餐花費	80	60	(天)		就學貸款	98,887	(年)		
9	參	晚餐花費	100	100	(天)						
10	數	宵夜花費	0	0	(天)		養育階段	年齡	公立學費	私立學費	生活費
11		飲食上漲率	2%	2%	(%)		托嬰	0	108,000	264,000	40,000
12		衣飾支出	2,000	5,000	(季)		幼稚園	4	52,000	145,000	50,000
13		住宿支出	8,000	8,000	(月)		國小	7	68,000	215,000	70,000
14			汽車	機車	(月)		國中	13	75,000	155,000	75,000
15		油錢	4,000	800	(月)		高中職	16	75,000	155,000	85,000
16		停車費	3,000	0	(季)		大學	19	62,000	117,000	120,000
17		維修費	4,000	600	(年)		就業	23	0	0	0
18		燃料稅	4,800	450	(年)						
19		牌照稅	7,120	0	(年)						
20		保險費	8,000	600							

圖10-14　大雄家庭財務規劃參數表

　　大雄結婚購置汽車後，機車將由大美當作機動性的代步工具。大雄與大美計畫於結婚後3年生第一胎（小雄），並送至公立托育中心、幼兒園及學校就讀。有關大雄的學貸還款計畫（圖10-15）、車貸還款計畫（圖10-16）、信貸還款計畫（圖10-17~18），請參考下列的表列。根據上述的參數與還款計畫表，我們可以幫大雄編製屬於他的20~35歲期間的「家庭收支結餘表」（圖10-19）與「家庭資產負債表」（圖10-20）。此期間的主要財務規劃目標包括有：學貸還款計畫（始於23歲）、信貸還款計畫（始於24歲）、車貸還款計畫（始於30歲）與育兒計畫（始於33歲）等。

　　根據圖10-19的家庭收支結餘表，我們可以充分瞭解大雄於工作事業的探索期，除了因孝敬父母的旅遊支出，造成他24~26歲期間，因償還信貸與學貸的支出而有透支，其他年度皆有結餘，因而開始透過銀行存款來累積個人的財富，於34歲時將累積到人生的第一桶金100萬元（參考圖10-20）。然而，大雄下一階段將有更大的挑戰，包括第二個小孩的誕生、購買屬與自己的房子，擺脫時常租屋搬家的不方便，也讓小孩有較穩定的家居生活與較優的成長環境。雖然眼前的目標是艱鉅的，然而大雄已經有了好的開始，因為他於35歲時已經存到138萬，可以做為達成下一階段夢想的基礎了。

	A	B	C	D	E	F	G	H	I
1									
2	學貸金額	395548	(元)						
3	還款期限	8	(年)						
4	學貸利率	1.15%	(%)						
5									
6	年 序	1	2	3	4	5	6	7	8
7	年 度	2021	2022	2023	2024	2025	2026	2027	2028
8	年 齡	23	24	25	26	27	28	29	30
9	還 本	47,488	48,034	48,586	49,145	49,710	50,282	50,860	51,445
10	付 息	4,549	4,003	3,450	2,892	2,326	1,755	1,177	592

圖10-15　大雄就學貸款還款計畫表

	A	B	C	D		E	F	G	H	I
1										
2	車款	Yaxxs				年序	0	1	2	3
3	車價	609,000	元			年度	2028	2029	2030	2031
4	頭款	209,000	元			年齡	30	31	32	33
5	貸款	400,000	元			分期付款	209,000	160,000	160,000	80,000
6	利率	0%	%							
7	期限	30	月							
8		2.5	年							
9	折舊	30,450	元							

圖10-16　大雄汽車貸款還款計畫表

	A	B	C	D	E	F	G	H	I	J	K	L	M	N
2		團費	116,900	元/人		信貸利率	5.99%	%						
3		小費	3,000	元/人		期數	36	月						
4		人數	3	人										
5		總金額	359,700	元										
15		年度	2022			2023								
16		月份	10	11	12	1	2	3	4	5	6	7	8	9
17		期數	1	2	3	4	5	6	7	8	9	10	11	12
18		還本	9,146	9,191	9,237	9,283	9,330	9,376	9,423	9,470	9,517	9,565	9,613	9,661
19		付息	1,796	1,750	1,704	1,658	1,612	1,565	1,518	1,471	1,424	1,376	1,329	1,281
20				總還本	27,574									
21				總付息	5,249									

圖10-17　大雄信用貸款還款計畫表(一)

	A	B	C	D	E	F	G	H	I	J	K	L	M	N
23		年度	2023			2024								
24		月份	10	11	12	1	2	3	4	5	6	7	8	9
25		期數	13	14	15	16	17	18	19	20	21	22	23	24
26		還本	9,709	9,757	9,806	9,855	9,904	9,954	10,003	10,053	10,103	10,154	10,204	10,255
27		付息	1,232	1,184	1,135	1,086	1,037	988	938	888	838	787	737	686
28				總還本	114,509									
29				總付息	16,785									
30														
31		年度	2024			2025								
32		月份	10	11	12	1	2	3	4	5	6	7	8	9
33		期數	25	26	27	28	29	30	31	32	33	34	35	36
34		還本	10,307	10,358	10,410	10,462	10,514	10,566	10,619	10,672	10,725	10,779	10,833	10,887
35		付息	635	583	531	479	427	375	322	269	216	162	108	54
36				總還本	121,560								總還本	96,057
37				總付息	9,734								總付息	2,413

圖10-18　大雄信用貸款還款計畫表(二)

	A	B	C	D	E	F	G	H	I	J	K	L	M	N	O	P	Q
1	年度	2018	2019	2020	2021	2022	2023	2024	2025	2026	2027	2028	2029	2030	2031	2032	2033
2	大雄年齡	20	21	22	23	24	25	26	27	28	29	30	31	32	33	34	35
3	大美年齡	17	18	19	20	21	22	23	24	25	26	27	28	29	30	31	32
4	小雄年齡														1	2	3
5	小美年齡																
7	工作收入(大雄)	204,000	204,000	204,000	336,000	341,040	443,352	450,002	456,752	463,604	470,558	477,616	484,780	492,052	499,433	506,924	514,528
8	工作收入(大美)	0	0	0	0	0	0	0	0	0	0	429,852	436,300	442,845	449,487	456,229	463,073
9	利息收入	250	266	274	274	354	287	229	196	350	1,023	1,723	2,532	3,299	4,120	4,655	5,643
10	勞保年金(大雄)	0	0	0	0	0	0	0	0	0	0	0	0	0	0	0	0
11	勞退年金(大雄)	0	0	0	0	0	0	0	0	0	0	0	0	0	0	0	0
12	勞保年金(大美)	0	0	0	0	0	0	0	0	0	0	0	0	0	0	0	0
13	勞退年金(大美)	0	0	0	0	0	0	0	0	0	0	0	0	0	0	0	0
14	總收入	204,250	204,266	204,274	336,274	341,394	443,639	450,232	456,954	463,954	471,580	909,191	923,612	938,196	953,040	967,809	983,244
19	日常生活支出	201,000	202,679	204,392	206,138	207,920	209,738	211,591	213,482	215,411	217,378	424,371	548,118	552,021	556,002	560,062	564,204
22	育兒支出	0	0	0	0	0	0	0	0	0	0	0	0	0	148,000	148,000	148,000
25	學貸支出	0	0	0	52,036	52,036	52,036	52,036	52,036	52,036	52,036	52,036	0	0	0	0	0
28	信貸支出	0	0	0	0	32,823	131,294	131,294	98,470	0	0	0	0	0	0	0	0
29	車貸支出	0	0	0	0	0	0	0	0	0	0	209,000	160,000	160,000	80,000	0	0
32	房貸支出	0	0	0	0	0	0	0	0	0	0	0	0	0	0	0	0
35	保費支出	0	0	62,043	62,043	62,043	62,043	62,043	62,043	62,043	62,043	62,043	62,043	62,043	62,043	62,043	62,043
36	機車重置	0	0	0	0	0	0	0	0	0	0	0	0	0	0	0	0
37	汽車重置	0	0	0	0	0	0	0	0	0	0	0	0	0	0	0	0
38	資產重置	0	0	0	0	0	0	0	0	0	0	0	0	0	0	0	0
39	總支出	201,000	202,679	204,392	320,218	354,823	455,111	456,964	426,032	329,490	331,457	747,451	770,161	774,064	846,045	770,105	774,247
40	收支結餘	3,250	1,587	-117	16,056	-13,429	-11,472	-6,733	30,916	134,464	140,123	161,741	153,452	164,132	106,995	197,703	208,997

圖10-19　大雄20~35歲期間的家庭收支結餘表

	A	D	E	F	G	H	I	J	K	L	M	N	O	P	Q	R
1	年度	2019	2020	2021	2022	2023	2024	2025	2026	2027	2028	2029	2030	2031	2032	2033
2	大雄年齡	21	22	23	24	25	26	27	28	29	30	31	32	33	34	35
3	大美年齡	18	19	20	21	22	23	24	25	26	27	28	29	30	31	32
4	小雄年齡													1	2	3
5	小美年齡															
6		大三	大四	正職工作						結婚			小雄出生			
7	現金(活存)	54,837	54,720	70,776	57,347	45,875	39,142	70,058	204,522	344,645	506,386	659,838	823,970	930,965	1,128,668	1,337,666
8	機車	23,200	22,400	21,600	20,800	20,000	19,200	18,400	17,600	16,800	16,000	15,200	14,400	13,600	12,800	12,000
9	汽車	0	0	0	0	0	0	0	0	0	609,000	578,550	548,100	517,650	487,200	456,750
10	房屋	0	0	0	0	0	0	0	0	0	0	0	0	0	0	0
11	保險資產	0	0	34,243	68,486	102,729	136,972	171,215	205,458	239,701	273,944	308,187	342,430	376,673	410,916	445,159
12	資產合計	78,037	77,120	126,619	146,633	168,604	195,314	259,673	427,580	601,146	1,405,330	1,561,775	1,728,900	1,838,888	2,039,584	2,251,575
13	就學貸款	296,661	395,548	348,060	300,027	251,441	202,296	152,586	102,305	51,445	0	0	0	0	0	0
14	信用貸款	0	0	0	332,126	217,617	96,057	0	0	0	0	0	0	0	0	0
15	汽車貸款	0	0	0	0	0	0	0	0	0	400,000	240,000	80,000	0	0	0
16	房屋貸款	0	0	0	0	0	0	0	0	0	0	0	0	0	0	0
17	總負債	296,661	395,548	348,060	632,153	469,058	298,353	152,586	102,305	51,445	400,000	240,000	80,000	0	0	0
18	淨值	-218,624	-318,428	-221,442	-485,520	-300,454	-103,039	107,087	325,276	549,701	1,005,330	1,321,775	1,648,900	1,838,888	2,039,584	2,251,575
19	總淨值	-218,624	-318,428	-221,442	-485,520	-300,454	-103,039	107,087	325,276	549,701	1,005,330	1,321,775	1,648,900	1,838,888	2,039,584	2,251,575
20	負債淨值合計	78,037	77,120	126,619	146,633	168,604	195,314	259,673	427,580	601,146	1,405,330	1,561,775	1,728,900	1,838,888	2,039,584	2,251,575

圖10-20　大雄20~35歲期間的家庭資產負債表

下一階段，大雄的階段性任務就是養育第二胎小孩與購屋計畫。大雄預計於小雄出生（33歲）後三年（36歲）生第二胎小美。小美的托育與教育規劃以就讀公立學校為目標。為了讓家人有較為穩定的家居生活，大雄計畫於40歲年底購屋，相關房價與房貸資訊，請參考圖10-21的說明。

	A	B	C	D	E	F	G	H	I	J	K	L	M	N	O	P	Q	R
1	屋況	成屋10年																
2	房價	5,380,000	元		年序	0	1	2	3	4	5	6	7	8	9	10	11	12
3	自備款	1,076,000	元		年度	2038	2039	2040	2041	2042	2043	2044	2045	2046	2047	2048	2049	2050
4	貸款	4,304,000	元		大雄年齡	40	41	42	43	44	45	46	47	48	49	50	51	52
5	利率	1.9%	%		房貸還本	1,076,000	178,909	182,309	185,772	189,302	192,899	196,564	200,299	204,104	207,982	211,934	215,961	220,064
6	期限	20	年		房貸付息	0	81,776	78,377	74,913	71,383	67,786	64,121	60,387	56,581	52,703	48,751	44,725	40,621
7	耐用年限	60	年															
8	殘值	4,842,000	元															
9	每年折舊	8,967	元															

　圖10-21　大雄房屋貸款還款計畫表

　　根據大雄的育兒與購屋計畫，我們可以試算出大雄35~50歲期間的家庭收支結餘表與資產負債表，如圖10-22與10-23所示。大雄的家庭收支狀況，除了40、42歲時，因為購屋的龐大自備款支出，造成有透支的情形外，其他年度都有良好的收支結餘。而這2個年度的透支金額皆可由資產負債表的現金餘額（銀行活存）來支應，因此整體財務狀況是沒有問題的。

　　然而，當大雄預計於50歲時要汰換原有的汽機車，該汽車已經有20年的車齡。預期汽車重置成本為75萬元，機車重置成本為5萬元。大雄預期要一次付清所有汽機車的重置成本（車價），經過試算結果得知，大雄當年度將有7.9萬元的現金資金缺口（圖10-23），因此這一個汽機車資產重置計畫需要重新評估。除此之外，大雄35~50歲期間的財務規畫是具體可行的。

	R	S	T	U	V	W	X	Y	Z	AA	AB	AC	AD	AE	AF
年度	2034	2035	2036	2037	2038	2039	2040	2041	2042	2043	2044	2045	2046	2047	2048
大雄年齡	36	37	38	39	40	41	42	43	44	45	46	47	48	49	50
大美年齡	33	34	35	36	37	38	39	40	41	42	43	44	45	46	47
小雄年齡	4	5	6	7	8	9	10	11	12	13	14	15	16	17	18
小美年齡	1	2	3	4	5	6	7	8	9	10	11	12	13	14	15
工作收入(大雄)	522,246	530,080	538,031	546,101	554,293	562,607	571,046	579,612	588,306	597,131	606,088	615,179	624,407	633,773	643,280
工作收入(大美)	470,019	477,069	484,225	491,489	498,861	506,344	513,939	521,648	529,473	537,415	545,476	553,658	561,963	570,393	578,949
利息收入	6,688	7,014	7,395	7,712	8,136	2,157	2,202	2,122	2,311	2,558	2,634	2,770	2,967	3,116	3,327
勞保年金(大雄)	0	0	0	0	0	0	0	0	0	0	0	0	0	0	0
勞退年金(大雄)	0	0	0	0	0	0	0	0	0	0	0	0	0	0	0
勞保年金(大美)	0	0	0	0	0	0	0	0	0	0	0	0	0	0	0
勞退年金(大美)	0	0	0	0	0	0	0	0	0	0	0	0	0	0	0
總收入	998,953	1,014,163	1,029,651	1,045,302	1,061,290	1,071,109	1,087,187	1,103,383	1,120,090	1,137,104	1,154,199	1,171,608	1,189,337	1,207,282	1,225,555
日常生活支出	568,429	572,738	577,133	581,617	786,189	406,854	411,612	416,464	421,414	426,463	431,613	436,866	442,224	447,689	453,263
育兒支出	250,000	250,000	250,000	240,000	240,000	240,000	276,000	276,000	276,000	288,000	288,000	288,000	310,000	310,000	310,000
學費支出	0	0	0	0	0	0	0	0	0	0	0	0	0	0	0
信貸支出	0	0	0	0	0	0	0	0	0	0	0	0	0	0	0
車貸支出	0	0	0	0	0	0	0	0	0	0	0	0	0	0	0
房貸支出	0	0	0	0	1,076,000	260,685	260,685	260,685	260,685	260,685	260,685	260,685	260,685	260,685	260,685
保費支出	115,353	115,353	138,997	138,997	154,732	154,732	154,732	112,539	112,539	146,694	146,694	146,694	146,694	146,694	146,694
機車重置	0	0	0	0	0	0	0	0	0	0	0	0	0	0	50,000
汽車重置	0	0	0	0	0	0	0	0	0	0	0	0	0	0	750,000
資產重置	0	0	0	0	0	0	0	0	0	0	0	0	0	0	800,000
總支出	933,782	938,091	966,130	960,614	2,256,921	1,062,271	1,103,029	1,065,689	1,070,638	1,121,842	1,126,992	1,132,245	1,159,603	1,165,068	1,970,642
收支結餘	65,172	76,072	63,521	84,689	-1,195,632	8,838	-15,842	37,694	49,452	15,262	27,206	39,363	29,734	42,214	-745,087

圖10-22　大雄36~50歲期間的家庭收支結餘表

	S	T	U	V	W	X	Y	Z	AA	AB	AC	AD	AE	AF	AG
年度	2034	2035	2036	2037	2038	2039	2040	2041	2042	2043	2044	2045	2046	2047	2048
大雄年齡	36	37	38	39	40	41	42	43	44	45	46	47	48	49	50
大美年齡	33	34	35	36	37	38	39	40	41	42	43	44	45	46	47
小雄年齡	4	5	6	7	8	9	10	11	12	13	14	15	16	17	18
小美年齡	1	2	3	4	5	6	7	8	9	10	11	12	13	14	15
	小美出生														
現金(活存)	1,402,837	1,478,910	1,542,430	1,627,119	431,487	440,325	424,483	462,177	511,629	526,891	554,097	593,460	623,194	665,408	-79,679
機車	11,200	10,400	9,600	8,800	8,000	7,200	6,400	5,600	4,800	4,000	3,200	2,400	1,600	800	50,000
汽車	426,300	395,850	365,400	334,950	304,500	274,050	243,600	213,150	182,700	152,250	121,800	91,350	60,900	30,450	750,000
房屋	0	0	0	0	5,380,000	5,371,033	5,362,067	5,353,100	5,344,133	5,335,167	5,326,200	5,317,233	5,308,267	5,299,300	5,290,333
保險資產	502,172	559,185	623,326	687,467	751,608	815,749	879,890	909,788	939,686	1,003,739	1,067,792	1,131,845	1,195,898	1,259,951	1,324,004
資產合計	2,342,509	2,444,345	2,540,756	2,658,336	6,875,595	6,908,357	6,916,440	6,943,815	6,982,948	7,022,046	7,073,089	7,136,288	7,189,859	7,255,909	7,334,658
就學貸款	0	0	0	0	0	0	0	0	0	0	0	0	0	0	0
信用貸款	0	0	0	0	0	0	0	0	0	0	0	0	0	0	0
汽車貸款	0	0	0	0	0	0	0	0	0	0	0	0	0	0	0
房屋貸款	0	0	0	0	4,304,000	4,125,091	3,942,782	3,757,010	3,567,708	3,374,809	3,178,245	2,977,947	2,773,842	2,565,860	2,353,926
總負債	0	0	0	0	4,304,000	4,125,091	3,942,782	3,757,010	3,567,708	3,374,809	3,178,245	2,977,947	2,773,842	2,565,860	2,353,926
淨值	2,342,509	2,444,345	2,540,756	2,658,336	2,571,595	2,783,266	2,973,658	3,186,805	3,415,240	3,647,237	3,894,844	4,158,342	4,416,017	4,690,049	4,980,732
總淨值	2,342,509	2,444,345	2,540,756	2,658,336	2,571,595	2,783,266	2,973,658	3,186,805	3,415,240	3,647,237	3,894,844	4,158,342	4,416,017	4,690,049	4,980,732
負債淨值合計	2,342,509	2,444,345	2,540,756	2,658,336	6,875,595	6,908,357	6,916,440	6,943,815	6,982,948	7,022,046	7,073,089	7,136,288	7,189,859	7,255,909	7,334,658

圖10-23　大雄36~50歲期間的家庭資產負債表

　　若再進一步檢視大雄退休前51~65歲期間，原來必須開始爲自己與大美兩人的退休生活預做準備，卻發生50~52歲連續3年的資金缺口（圖10-25），這將會打亂大雄的退休計畫。但我們發現，即使有3年的財務缺口，但在大雄65歲時仍可累積到714萬的現金餘額，可見這四年的資金缺口只是暫時性的短缺現象，並非大雄家庭遭遇結構性的財務問題，因此應該很容易解決，例如將一次性付款支付汽機車重置計畫，改成辦理分期付款，但可能要額外支付利息，或是選擇降低汽機車的重置成本，便可安然度過50~52歲的財務難關。這裏，我們將假設大雄偏好降低重置重本，原因在於可以省下貸款利息的支付，進而累積更多的退休基金，以作爲滿65歲後的樂齡生活所需。做此調整前的大雄51~65歲期間的家庭收支結餘表與資產負債表，請參考圖10-24與10-25。基本上，大雄財務狀況健全，其後續65歲後的退休生活也應該無所憂慮。

	A	AG	AH	AI	AJ	AK	AL	AM	AN	AO	AP	AQ	AR	AS	AT	AU
1	年度	2049	2050	2051	2052	2053	2054	2055	2056	2057	2058	2059	2060	2061	2062	2063
2	大雄年齡	51	52	53	54	55	56	57	58	59	60	61	62	63	64	65
3	大美年齡	48	49	50	51	52	53	54	55	56	57	58	59	60	61	62
4	小雄年齡	19	20	21	22	23	24	25	26	27	28	29	30	31	32	33
5	小美年齡	16	17	18	19	20	21	22	23	24	25	26	27	28	29	30
7	工作收入(大雄)	652,929	662,723	672,663	682,753	692,995	703,390	713,941	724,650	735,519	746,552	757,750	769,117	780,653	792,363	804,249
8	工作收入(大美)	587,633	596,447	605,394	614,475	623,692	633,047	642,543	652,181	661,964	671,894	681,972	692,202	702,585	713,123	723,820
9	利息收入	-398	-239	-15	275	522	1,747	3,259	4,848	7,488	10,212	13,099	17,375	21,746	26,211	30,774
10	勞保年金(大雄)	0	0	0	0	0	0	0	0	0	0	0	0	0	0	0
11	勞退年金(大雄)	0	0	0	0	0	0	0	0	0	0	0	0	0	0	0
12	勞保年金(大美)	0	0	0	0	0	0	0	0	0	0	0	0	0	0	0
13	勞退年金(大美)	0	0	0	0	0	0	0	0	0	0	0	0	0	0	0
18	總收入	1,240,163	1,258,931	1,278,042	1,297,503	1,317,209	1,338,184	1,359,743	1,381,679	1,404,972	1,428,658	1,452,821	1,478,693	1,504,984	1,531,698	1,558,843
19	日常生活支出	458,949	464,749	470,664	476,698	482,853	489,130	495,534	502,065	508,727	515,522	522,453	529,523	536,734	544,089	551,591
22	育兒支出	342,000	342,000	342,000	364,000	182,000	182,000	182,000	0	0	0	0	0	0	0	0
25	學費支出	0	0	0	0	0	0	0	0	0	0	0	0	0	0	0
28	信貸支出	0	0	0	0	0	0	0	0	0	0	0	0	0	0	0
29	車貸支出	0	0	0	0	0	0	0	0	0	0	0	0	0	0	0
32	房貸支出	260,685	260,685	260,685	260,685	260,685	260,685	260,685	260,685	260,685	260,685	0	0	0	0	0
35	保費支出	146,694	146,694	146,694	146,694	146,694	103,866	103,866	90,818	90,818	75,083	75,083	75,083	75,083	75,083	19,850
36	機車重置	0	0	0	0	0	0	0	0	0	0	0	0	0	0	0
37	汽車重置	0	0	0	0	0	0	0	0	0	0	0	0	0	0	0
38	資產重置															
39	總支出	1,208,328	1,214,128	1,220,043	1,248,077	1,072,232	1,035,682	1,042,085	853,568	860,230	851,290	597,536	604,606	611,817	619,172	571,441
40	收支結餘	31,835	44,803	57,999	49,426	244,977	302,502	317,658	528,111	544,742	577,367	855,285	874,088	893,167	912,526	987,402

圖10-24　大雄51~65歲退休前的家庭收支結餘表

	A	AH	AI	AJ	AK	AL	AM	AN	AO	AP	AQ	AR	AS	AT	AU	AV
1	年度	2049	2050	2051	2052	2053	2054	2055	2056	2057	2058	2059	2060	2061	2062	2063
2	大雄年齡	51	52	53	54	55	56	57	58	59	60	61	62	63	64	65
3	大美年齡	48	49	50	51	52	53	54	55	56	57	58	59	60	61	62
4	小雄年齡	19	20	21	22	23	24	25	26	27	28	29	30	31	32	33
5	小美年齡	16	17	18	19	20	21	22	23	24	25	26	27	28	29	30
7	現金(活存)	-47,844	-3,041	54,958	104,383	349,360	651,863	969,521	1,497,632	2,042,373	2,619,741	3,475,026	4,349,114	5,242,281	6,154,807	7,142,208
8	機車	49,000	48,000	47,000	46,000	45,000	44,000	43,000	42,000	41,000	40,000	39,000	38,000	37,000	36,000	35,000
9	汽車	724,000	698,000	672,000	646,000	620,000	594,000	568,000	542,000	516,000	490,000	464,000	438,000	412,000	386,000	360,000
10	房屋	5,281,367	5,272,400	5,263,433	5,254,467	5,245,500	5,236,533	5,227,567	5,218,600	5,209,633	5,200,667	5,191,700	5,182,733	5,173,767	5,164,800	5,155,833
11	保險資產	1,388,057	1,452,110	1,516,163	1,580,216	1,644,269	1,685,552	1,726,835	1,760,990	1,795,145	1,829,300	1,863,455	1,897,610	1,931,765	1,965,920	1,965,920
12	資產合計	7,394,579	7,467,469	7,553,554	7,631,066	7,904,129	8,211,948	8,534,923	9,061,222	9,604,152	10,179,707	11,033,181	11,905,457	12,796,812	13,707,527	14,658,962
13	就學貸款	0	0	0	0	0	0	0	0	0	0	0	0	0	0	0
14	信用貸款	0	0	0	0	0	0	0	0	0	0	0	0	0	0	0
15	汽車貸款	0	0	0	0	0	0	0	0	0	0	0	0	0	0	0
16	房屋貸款	2,137,966	1,917,902	1,693,657	1,465,151	1,232,304	995,032	753,253	506,879	255,825	0	0	0	0	0	0
17	總負債	2,137,966	1,917,902	1,693,657	1,465,151	1,232,304	995,032	753,253	506,879	255,825	0	0	0	0	0	0
18	淨值	5,256,614	5,549,567	5,859,897	6,165,915	6,671,826	7,216,916	7,781,670	8,554,342	9,348,327	10,179,707	11,033,181	11,905,457	12,796,812	13,707,527	14,658,962
19	總淨值	5,256,614	5,549,567	5,859,897	6,165,915	6,671,826	7,216,916	7,781,670	8,554,342	9,348,327	10,179,707	11,033,181	11,905,457	12,796,812	13,707,527	14,658,962
20	負債淨值合計	7,394,579	7,467,469	7,553,554	7,631,066	7,904,129	8,211,948	8,534,923	9,061,222	9,604,152	10,179,707	11,033,181	11,905,457	12,796,812	13,707,527	14,658,962

圖10-25　大雄51~65歲退休前的家庭資產負債表

　　下一個階段就是大雄與大美的退休樂齡生活（66歲~80歲），當他們個人年齡滿65歲時便可以辦理退休，領取勞保老年年金（政府準備）與勞工退休年金（企業提撥）共兩筆退休金。其退休年金的計算式，請參考下列詳細說明。

一、大雄的勞保老年年金計算

　　「平均月投保薪資」按加保期間最高60個月之月投保薪資平均計算。在薪資每年調薪1.5%的假設下，大雄最後勞保最高的60個月的月投保薪資為45,800元，這是因為大雄的月薪超過勞保投保月薪的最高級距，因此以45,800元做為投保薪資。

表10-3　大雄勞保老年年金計算表

大雄	開始工作年齡	現任職務屬性	23歲起持續工作至滿65歲的年資累積
年齡、職務、年資累積	23歲	上班族勞工	43年
勞保老年年金（工作至滿65歲請領）	A.45,800 × 43 × 0.775% + 3,000 = 18,263 B.45,800 × 43 × 1.55% = 30,526		選取A、B兩式較高者

　　因此大雄從66歲開始，每年可以領取30,526× 12 = 366,312元的勞保老年年金。

二、大雄的勞工退休年金計算

　　大雄從23歲起參加勞退新制，工作到滿65歲為止，工作年資為43年。但工作第三年因為轉換工作而獲得30%的調薪幅度，之後工作收入就以1.5%調薪，個人退休金試算分兩部分試算：

(1) 23歲時，每月實領薪資28,000元，每年調薪1.5%，工作年資2年。

(2) 25歲時薪資36,946元，之後每年調薪1.5%，工作年資41年。

1. 23歲起工作年資2年

(1) 大雄23歲時每月薪水28,000元（24,000 × 14 / 12），公司每年共提撥 28,000 × 6% × 12 = 20,160元的勞退基金，以年報酬率1.075%增值至大雄65歲的年底，累積金額為 20,160 × 1.01075^{42} = 31,588元。

(2) 大雄24歲時每月薪水28,000 × (1+1.5%) = 28,420元，公司每年共提撥 28,420 × 6% × 12 = 20,462元的勞退基金，以年報酬率1.075%增值至大雄65歲的年底，累積金額為 20,462 × 1.01075^{41} = 31,721元。

因此大雄退休時可以領取一次金 31,588 + 31,721 = 63,309元，若要領取年金，假設平均餘命為20年，則每月可以領取年金 = PMT(1.075%/12, 20×12, −63,309, , 1) = 293元。

2. 25歲起工作年資41年

大雄25歲時的月薪因轉換工作，獲得30%的調薪，因此月薪為28,420 × (1+30%) = 36,946元。

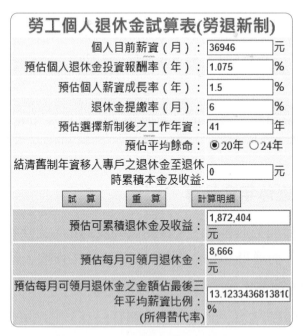

圖10-26　大雄勞工退休金試算表

根據勞保局網站試算結果，大雄可以領取一次金1,872,404元或每月年金8,666元。

綜合1.與2.的計算，大雄滿65歲辦理退休後，從66歲起每個月可以領取勞工退休年金共293+8,666 = 8,959元，每年可以領取8,959 × 12 = 107,508元。

最後，我們將大雄每年領取的勞保老年年金366,312元與勞工退休年金107,508元，代入圖10-26的家庭收支結餘表中，便可以完成大雄66~80歲時的退休收入。

三、大美的勞保老年年金計算

假設大美23歲開始工作，起薪每月30,000元，每年年終1.5個月，每年薪資漲幅1.5%，從23歲工作至年齡滿65歲為止，工作年資43年。在薪資每年調薪1.5%的假設下，大美最後勞保最高的60個月的月投保薪資為45,800元，這是因為大美的月薪超過勞保投保月薪的最高級距，因此以45,800元做為投保薪資。

表10-4　大美勞保老年年金計算表

大 美	開始工作年齡	現任職務屬性	23歲起持續工作至滿65歲的年資累積
年齡、職務、年資累積	23歲	上班族勞工	43年
勞保老年年金（工作至滿65歲請領）	A.45,800 × 43 × 0.775% + 3,000 = 18,263 B.45,800 × 43 × 1.55% = 30,526		選取A、B兩式較高者

因此大美從66歲開始，每年可以領取30,526 × 12 = 366,312元 的勞保老年年金。

四、大美的勞工退休年金計算

大美從23歲起工作，平均實領月薪33,750元（30,000 × 13.5 / 12），之後每年加薪1.5%，工作至滿65歲為止辦理退休，累積工作年資43年。

圖10-27　大美勞工退休金試算表

　　根據勞保局網站試算結果，大美退休後可以領取一次金1,841,128元或每月年金8,521元。亦即每年可以領取8,521 × 12 = 102,252元的勞工退休年金。將大美退休後的相關年金收入帶入圖10-28與10-29的家庭財務報表，就完成退休計畫的初步工作。

A	AV	AW	AX	AY	AZ	BA	BB	BC	BD	BE	BF	BG	BH	BI	BJ
1 年度	2064	2065	2066	2067	2068	2069	2070	2071	2072	2073	2074	2075	2076	2077	2078
2 大雄年齡	66	67	68	69	70	71	72	73	74	75	76	77	78	79	80
3 大美年齡	63	64	65	66	67	68	69	70	71	72	73	74	75	76	77
4 小雄年齡	34	35	36	37	38	39	40	41	42	43	44	45	46	47	48
5 小美年齡	31	32	33	34	35	36	37	38	39	40	41	42	43	44	45
7 工作收入(大雄)	0	0	0	0	0	0	0	0	0	0	0	0	0	0	0
8 工作收入(大美)	734,677	745,698	756,883	0	0	0	0	0	0	0	0	0	0	0	0
9 利息收入	35,711	39,037	42,395	45,786	47,712	49,606	51,468	53,295	55,088	56,845	58,534	60,833	63,096	65,321	67,508
10 勞保年金(大雄)	366,312	366,312	366,312	366,312	366,312	366,312	366,312	366,312	366,312	366,312	366,312	366,312	366,312	366,312	366,312
11 勞退年金(大雄)	107,508	107,508	107,508	107,508	107,508	107,508	107,508	107,508	107,508	107,508	107,508	107,508	107,508	107,508	107,508
12 勞保年金(大美)	0	0	0	366,312	366,312	366,312	366,312	366,312	366,312	366,312	366,312	366,312	366,312	366,312	366,312
13 勞退年金(大美)	0	0	0	102,252	102,252	102,252	102,252	102,252	102,252	102,252	102,252	102,252	102,252	102,252	102,252
14 總收入	1,244,208	1,258,554	1,273,098	988,170	990,096	991,990	993,852	995,679	997,472	999,229	1,000,918	1,003,217	1,005,480	1,007,705	1,009,892
19 日常生活支出	559,244	567,049	575,011	583,132	591,415	599,864	608,482	617,272	626,238	635,383	531,741	541,256	550,961	560,861	570,958
22 育兒支出	0	0	0	0	0	0	0	0	0	0	0	0	0	0	0
25 學貸支出	0	0	0	0	0	0	0	0	0	0	0	0	0	0	0
28 信貸支出	0	0	0	0	0	0	0	0	0	0	0	0	0	0	0
29 車貸支出	0	0	0	0	0	0	0	0	0	0	0	0	0	0	0
32 房貸支出	0	0	0	0	0	0	0	0	0	0	0	0	0	0	0
35 保費支出	19,850	19,850	19,850	19,850	19,850	19,850	19,850	19,850	19,850	25,965	9,427	9,427	9,427	9,427	9,427
36 機車置置	0	0	0	0	0	0	0	0	0	0	0	0	0	0	0
37 汽車置置	0	0	0	0	0	0	0	0	0	0	0	0	0	0	0
38 資產置置	0	0	0	0	0	0	0	0	0	0	0	0	0	0	0
39 總支出	579,094	586,899	594,861	602,982	611,265	619,714	628,332	637,122	646,088	661,348	541,168	550,683	560,388	570,288	580,385
40 收支結餘	665,115	671,655	678,237	385,189	378,831	372,277	365,520	358,557	351,384	337,881	459,750	452,534	445,091	437,418	429,507

圖10-28　大雄66~80歲退休後的家庭收支結餘表

A	AW	AX	AY	AZ	BA	BB	BC	BD	BE	BF	BG	BH	BI	BJ	BK
年度	2064	2065	2066	2067	2068	2069	2070	2071	2072	2073	2074	2075	2076	2077	2078
大雄年齡	66	67	68	69	70	71	72	73	74	75	76	77	78	79	80
大美年齡	63	64	65	66	67	68	69	70	71	72	73	74	75	76	77
小雄年齡	34	35	36	37	38	39	40	41	42	43	44	45	46	47	48
小美年齡	31	32	33	34	35	36	37	38	39	40	41	42	43	44	45
現金(活存)	7,807,323	8,478,978	9,157,216	9,542,404	9,921,236	10,293,512	10,659,032	11,017,590	11,368,974	11,706,854	12,166,604	12,619,138	13,064,229	13,501,647	13,931,155
機車	34,000	33,000	32,000	31,000	30,000	29,000	28,000	27,000	26,000	25,000	25,000	25,000	25,000	25,000	25,000
汽車	334,000	308,000	282,000	256,000	230,000	204,000	178,000	152,000	126,000	100,000	100,000	100,000	100,000	100,000	100,000
房屋	5,146,867	5,137,900	5,128,933	5,119,967	5,111,000	5,102,033	5,093,067	5,084,100	5,075,133	5,066,167	5,057,200	5,048,233	5,039,267	5,030,300	5,021,333
保險資產	1,965,920	1,965,920	1,965,920	1,965,920	1,965,920	1,965,920	1,965,920	1,965,920	1,965,920	1,965,920	1,965,920	1,965,920	1,965,920	1,965,920	1,965,920
資產合計	15,288,110	15,923,798	16,566,069	16,915,291	17,258,156	17,594,465	17,924,019	18,246,610	18,562,027	18,863,941	19,314,724	19,758,291	20,194,416	20,622,867	21,043,408
就學貸款	0	0	0	0	0	0	0	0	0	0	0	0	0	0	0
信用貸款	0	0	0	0	0	0	0	0	0	0	0	0	0	0	0
汽車貸款	0	0	0	0	0	0	0	0	0	0	0	0	0	0	0
房屋貸款	0	0	0	0	0	0	0	0	0	0	0	0	0	0	0
總負債	0	0	0	0	0	0	0	0	0	0	0	0	0	0	0
淨值	15,288,110	15,923,798	16,566,069	16,915,291	17,258,156	17,594,465	17,924,019	18,246,610	18,562,027	18,863,941	19,314,724	19,758,291	20,194,416	20,622,867	21,043,408
總淨值	15,288,110	15,923,798	16,566,069	16,915,291	17,258,156	17,594,465	17,924,019	18,246,610	18,562,027	18,863,941	19,314,724	19,758,291	20,194,416	20,622,867	21,043,408
負債淨值合計	15,288,110	15,923,798	16,566,069	16,915,291	17,258,156	17,594,465	17,924,019	18,246,610	18,562,027	18,863,941	19,314,724	19,758,291	20,194,416	20,622,867	21,043,408

圖10-29　大雄66~80歲退休後的家庭資產負債表

　　基本上，大雄與大美的退休年金已足夠他們退休樂齡生活所需，然而上述50歲時的汽機車重置計畫會造成短期的資金缺口，因此大雄決定調整其資產重置成本為汽車650,000元、機車25,000元。經過如此調整，其資金缺口問題就迎刃而解了（請參考圖10-30與10-31）。換言之，只要是家庭財務狀況不是有結構性的問題（例如負債比過高），則其短期的資金缺口問題就可以透過融資活動來解決。原因在於銀行很樂意借錢給財務結構健全的家庭或個人，即使他們有短期的資金缺口，因為這些缺口是財務目標與資金需求所造成，而只要財務結構是健全，就表示借款人有能力可以償還借款本息，因此銀行當然樂意提供資金。至於如何判斷家庭財務結構是否健全呢？我們可以從圖10-32 ~10-34來判斷。例如負債比不能超過50%以上，儲蓄率不能有向下的趨勢，收入支出的差距要逐漸拉大（收入在支出之上）等。以大雄為例，這些指標都是正向的，包括負債比逐漸向下收斂至0（大學學貸時期淨值為負且高負債比是例外）、儲蓄率是向上趨勢（40與50歲的資本支出造成透支是例外）、收入大於支出且於50歲後逐漸擴大差距等。這些現象說明大雄家庭財務結構是健全的，所以其終身財務狀況當然也就不虞匱乏了。

	AF	AG	AH	AI	AJ	AK	AL	AM	AN	AO	AP
1 年度	2048	2049	2050	2051	2052	2053	2054	2055	2056	2057	2058
2 大雄年齡	50	51	52	53	54	55	56	57	58	59	60
3 大美年齡	47	48	49	50	51	52	53	54	55	56	57
4 小雄年齡	18	19	20	21	22	23	24	25	26	27	28
5 小美年齡	15	16	17	18	19	20	21	22	23	24	25
7 工作收入(大雄)	643,280	652,929	662,723	672,663	682,753	692,995	703,390	713,941	724,650	735,519	746,552
8 工作收入(大美)	578,949	587,633	596,447	605,394	614,475	623,692	633,047	642,543	652,181	661,964	671,894
9 利息收入	3,327	227	389	616	909	1,160	2,388	3,903	5,495	8,139	10,866
10 勞保年金(大雄)	0	0	0	0	0	0	0	0	0	0	0
11 勞退年金(大雄)	0	0	0	0	0	0	0	0	0	0	0
12 勞保年金(大美)	0	0	0	0	0	0	0	0	0	0	0
13 勞退年金(大美)	0	0	0	0	0	0	0	0	0	0	0
14 總收入	1,225,555	1,240,788	1,259,559	1,278,674	1,298,138	1,317,846	1,338,825	1,360,387	1,382,326	1,405,622	1,429,311
19 日常生活支出	453,263	458,949	464,749	470,664	476,698	482,853	489,130	495,534	502,065	508,727	515,522
22 育兒支出	310,000	342,000	342,000	342,000	364,000	182,000	182,000	182,000	0	0	0
25 學貸支出	0	0	0	0	0	0	0	0	0	0	0
28 信貸支出	0	0	0	0	0	0	0	0	0	0	0
29 車貸支出	0	0	0	0	0	0	0	0	0	0	0
32 房貸支出	260,685	260,685	260,685	260,685	260,685	260,685	260,685	260,685	260,685	260,685	260,685
35 保費支出	146,694	146,694	146,694	146,694	146,694	146,694	103,866	103,866	90,818	90,818	75,083
36 機車重置	25,000	0	0	0	0	0	0	0	0	0	0
37 汽車重置	650,000	0	0	0	0	0	0	0	0	0	0
38 資產重置	675,000	0	0	0	0	0	0	0	0	0	0
39 總支出	1,845,642	1,208,328	1,214,128	1,220,043	1,248,077	1,072,232	1,035,682	1,042,085	853,568	860,230	851,290
40 收支結餘	-620,087	32,460	45,431	58,630	50,060	245,614	303,143	318,302	528,758	545,392	578,021

圖10-30 調整汽機車重置計畫後的家庭收支結餘表

	AG	AH	AI	AJ	AK	AL	AM	AN	AO	AP	AQ
3 大美年齡	47	48	49	50	51	52	53	54	55	56	57
4 小雄年齡	18	19	20	21	22	23	24	25	26	27	28
5 小美年齡	15	16	17	18	19	20	21	22	23	24	25
6											
7 現金(活存)	45,321	77,781	123,212	181,842	231,902	477,517	780,660	1,098,962	1,627,720	2,173,112	2,751,133
8 機車	25,000	24,000	23,000	22,000	21,000	20,000	19,000	18,000	17,000	16,000	15,000
9 汽車	650,000	624,000	598,000	572,000	546,000	520,000	494,000	468,000	442,000	416,000	390,000
10 房屋	5,290,333	5,281,367	5,272,400	5,263,433	5,254,467	5,245,500	5,236,533	5,227,567	5,218,600	5,209,633	5,200,667
11 保險資產	1,324,004	1,388,057	1,452,110	1,516,163	1,580,216	1,644,269	1,685,552	1,726,835	1,760,990	1,795,145	1,829,300
12 資產合計	7,334,658	7,395,204	7,468,722	7,555,438	7,633,585	7,907,286	8,215,745	8,539,364	9,066,310	9,609,890	10,186,100
13 就學貸款	0	0	0	0	0	0	0	0	0	0	0
14 信用貸款	0	0	0	0	0	0	0	0	0	0	0
15 汽車貸款	0	0	0	0	0	0	0	0	0	0	0
16 房屋貸款	2,353,926	2,137,966	1,917,902	1,693,657	1,465,151	1,232,304	995,032	753,253	506,879	255,825	0
17 總負債	2,353,926	2,137,966	1,917,902	1,693,657	1,465,151	1,232,304	995,032	753,253	506,879	255,825	0
18 淨值	4,980,732	5,257,239	5,550,820	5,861,782	6,168,434	6,674,982	7,220,713	7,786,111	8,559,431	9,354,066	10,186,100
19 總淨值	4,980,732	5,257,239	5,550,820	5,861,782	6,168,434	6,674,982	7,220,713	7,786,111	8,559,431	9,354,066	10,186,100
20 負債淨值合計	7,334,658	7,395,204	7,468,722	7,555,438	7,633,585	7,907,286	8,215,745	8,539,364	9,066,310	9,609,890	10,186,100

圖10-31 調整汽機車重置計畫後的家庭資產負債表

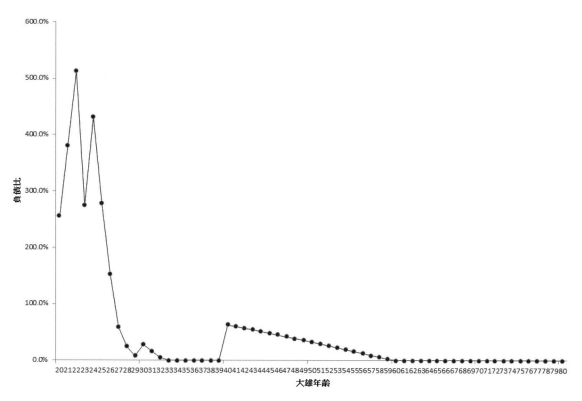

圖10-32　大雄家庭負債比的向下收斂趨勢

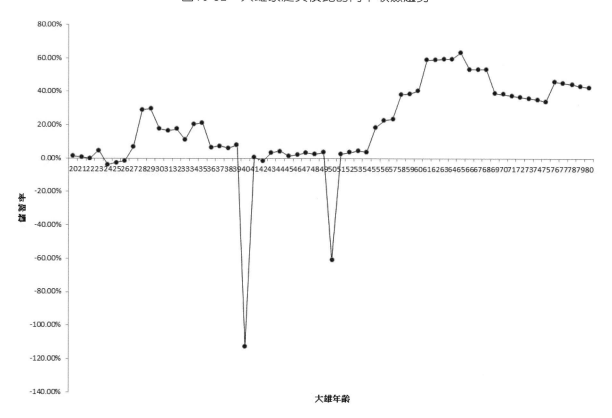

圖10-33　大雄家庭儲蓄率的向上成長趨勢

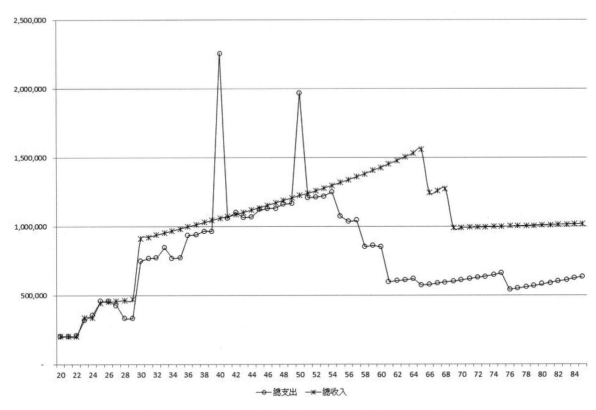

圖10-34　大雄家庭收入與支出的差距（結餘）擴大趨勢

本章習題

 請根據下列家庭收支結餘表與資產負債表相關資訊，回答下列問題：

參數表

	A	B	C	D	E	F	G	H	I	J	K
1			大雄	大美							
2	收	打工收入	17,000	-	(月)		每年季數	4	(季)	房屋稅費	24,000
3	入	工作起薪	24,000	30,000	(月)		每年月數	12	(月)	代書費	16,000
4	參	年終獎金	2	1.5	(月)		每年日數	365	(日)	仲介費	60,000
5	數	調薪幅度	1.5%	1.5%	(%)					裝修費	100,000
6			大雄	婚後增額			學貸利率	1.15%	(%)	房屋稅	2,800
7	支	早餐花費	50	40	(天)		活存利率	0.50%	(%)	地價稅	5,200
8	出	午餐花費	80	60	(天)		就學貸款	98,887	(年)		
9	參	晚餐花費	100	100	(天)						
10	數	宵夜花費	0	0	(天)		養育階段	年齡	公立學費	私立學費	生活費
11		飲食上漲率	2%	2%	(%)		托嬰	0	108,000	264,000	40,000
12		衣飾支出	2,000	5,000	(季)		幼稚園	4	52,000	145,000	50,000
13		住宿支出	8,000	8,000	(月)		國小	7	68,000	215,000	70,000
14			汽車	機車	(月)		國中	13	75,000	155,000	75,000
15		油錢	4,000	800	(月)		高中職	16	75,000	155,000	85,000
16		停車費	3,000	0	(季)		大學	19	62,000	117,000	120,000
17		維修費	4,000	600	(年)		就業	23	0	0	0
18		燃料稅	4,800	450	(年)						
19		牌照稅	7,120	0	(年)						
20		保險費	8,000	600							

學貸還款計畫表

	A	B	C	D	E	F	G	H	I
1									
2	學貸金額	395548	(元)						
3	還款期限	8	(年)						
4	學貸利率	1.15%	(%)						
5									
6	年 序	1	2	3	4	5	6	7	8
7	年 度	2021	2022	2023	2024	2025	2026	2027	2028
8	年 齡	23	24	25	26	27	28	29	30
9	還 本	47,488	48,034	48,586	49,145	49,710	50,282	50,860	51,445
10	付 息	4,549	4,003	3,450	2,892	2,326	1,755	1,177	592

旅遊信貸還款計畫表

	A	B	C	D	E	F	G	H	I	J	K	L	M	N
1														
2		團費	116,900	元/人		信貸利率	5.99%	%						
3		小費	3,000	元/人		期數	36	月						
4		人數	3	人										
5		總金額	359,700	元										
6														
15		年度		2022						2023				
16		月份	10	11	12	1	2	3	4	5	6	7	8	9
17		期數	1	2	3	4	5	6	7	8	9	10	11	12
18		還本	9,146	9,191	9,237	9,283	9,330	9,376	9,423	9,470	9,517	9,565	9,613	9,661
19		付息	1,796	1,750	1,704	1,658	1,612	1,565	1,518	1,471	1,424	1,376	1,329	1,281
20			總還本		27,574									
21			總付息		5,249									
22														
23		年度		2023						2024				
24		月份	10	11	12	1	2	3	4	5	6	7	8	9
25		期數	13	14	15	16	17	18	19	20	21	22	23	24
26		還本	9,709	9,757	9,806	9,855	9,904	9,954	10,003	10,053	10,103	10,154	10,204	10,255
27		付息	1,232	1,184	1,135	1,086	1,037	988	938	888	838	787	737	686
28			總還本		114,509									
29			總付息		16,785									

	A	B	C	D	E	F	G	H	I	J	K	L	M	N
30														
31		年度		2024						2025				
32		月份	10	11	12	1	2	3	4	5	6	7	8	9
33		期數	25	26	27	28	29	30	31	32	33	34	35	36
34		還本	10,307	10,358	10,410	10,462	10,514	10,566	10,619	10,672	10,725	10,779	10,833	10,887
35		付息	635	583	531	479	427	375	322	269	216	162	108	54
36			總還本		121,560								總還本	96,057
37			總付息		9,734								總付息	2,413
38														

購車計畫表

	A	B	C	D	E	F	G	H	I
1									
2	車款	Yaxxs			年 序	0	1	2	3
3	車價	609,000	元		年 度	2028	2029	2030	2031
4	頭款	209,000	元		年 齡	30	31	32	33
5	貸款	400,000	元		分期付款	209,000	160,000	160,000	80,000
6	利率	0%	%						
7	期限	30	月						
8		2.5	年						
9	折舊	30,450	元						

購屋計畫表

	A	B	C	D	E	F	G	H	I	J	K	L	M	N	O	P
1	屋況	成屋10年														
2	房價	5,380,000	元		年序	0	1	2	3	4	5	6	7	8	9	10
3	自備款	1,076,000	元		年度	2038	2039	2040	2041	2042	2043	2044	2045	2046	2047	2048
4	貸款	4,304,000	元		大雄年齡	40	41	42	43	44	45	46	47	48	49	50
5	利率	1.9%	%		房貸還本	1,076,000	178,909	182,309	185,772	189,302	192,899	196,564	200,299	204,104	207,982	211,934
6	期限	20	年		房貸付息	0	81,776	78,377	74,913	71,383	67,786	64,121	60,387	56,581	52,703	48,751
7	耐用年限	60	年													
8	殘值	4,842,000	元													
9	每年折舊	8,967	元													

Q	R	S	T	U	V	W	X	Y	Z
11	12	13	14	15	16	17	18	19	20
2049	2050	2051	2052	2053	2054	2055	2056	2057	2058
51	52	53	54	55	56	57	58	59	60
215,961	220,064	224,245	228,506	232,847	237,271	241,780	246,373	251,055	255,825
44,725	40,621	36,440	32,179	27,838	23,414	18,906	14,312	9,631	4,861

大雄20~36歲期間的家庭收支結餘表

	A	B	C	D	E	F	G	H	I	J	K	L	M	N	O	P	Q	R
1	年度	2018	2019	2020	2021	2022	2023	2024	2025	2026	2027	2028	2029	2030	2031	2032	2033	2034
2	大雄年齡	20	21	22	23	24	25	26	27	28	29	30	31	32	33	34	35	36
3	大美年齡	17	18	19	20	21	22	23	24	25	26	27	28	29	30	31	32	33
4	小雄年齡														1	2	3	4
5	小美年齡																	
7	工作收入(大雄)	204,000	204,000	204,000	336,000	341,040	443,352	450,002	456,752	463,604	470,558	477,616	484,780	492,052	499,433	506,924	514,528	522,246
8	工作收入(大美)	0	0	0	0	0	0	0	0	0	0	429,852	436,300	442,845	449,487	456,229	463,073	470,019
9	利息收入	250	266	274	274	354	287	229	196	350	1,023	1,723	2,532	3,299	4,120	4,655	5,643	6,688
10	勞保年金(大雄)	0	0	0	0	0	0	0	0	0	0	0	0	0	0	0	0	0
11	勞退年金(大雄)	0	0	0	0	0	0	0	0	0	0	0	0	0	0	0	0	0
12	勞保年金(大美)	0	0	0	0	0	0	0	0	0	0	0	0	0	0	0	0	0
13	勞退年金(大美)	0	0	0	0	0	0	0	0	0	0	0	0	0	0	0	0	0
14	總收入	204,250	204,266	204,274	336,274	341,394	443,639	450,232	456,948	463,954	471,580	909,191	923,612	938,196	953,040	967,809	983,244	998,953
19	日常生活支出	201,000	202,679	204,392	206,138	207,920	209,738	211,591	213,482	215,411	217,378	424,371	548,118	552,021	556,002	560,062	564,204	568,429
22	育兒支出	0	0	0	0	0	0	0	0	0	0	0	0	0	148,000	148,000	148,000	250,000
25	學費支出	0	0	0	52,036	52,036	52,036	52,036	52,036	52,036	52,036	52,036	0	0	0	0	0	0
28	信貸支出	0	0	0	0	32,823	131,294	131,294	98,470	0	0	0	0	0	0	0	0	0
29	車貸支出	0	0	0	0	0	0	0	0	0	0	209,000	160,000	160,000	80,000	0	0	0
32	房貸支出	0	0	0	0	0	0	0	0	0	0	0	0	0	0	0	0	0
35	保費支出	0	0	0	62,043	62,043	62,043	62,043	62,043	62,043	62,043	62,043	62,043	62,043	62,043	62,043	62,043	115,353
39	資產重置	0	0	0	0	0	0	0	0	0	0	0	0	0	0	0	0	0
40	總支出	201,000	202,679	204,392	320,218	354,823	455,111	456,964	426,032	329,490	331,457	747,451	770,161	774,064	846,045	770,105	774,247	933,782
41	收支結餘	3,250	1,587	-117	16,056	-13,429	-11,472	-6,733	30,916	134,464	140,123	161,741	153,452	164,132	106,995	197,703	208,997	65,172

大雄65~80歲期間的家庭收支結餘表

	A	AU	AV	AW	AX	AY	AZ	BA	BB	BC	BD	BE	BF	BG	BH	BI	BJ
1	年度	2063	2064	2065	2066	2067	2068	2069	2070	2071	2072	2073	2074	2075	2076	2077	2078
2	大雄年齡	65	66	67	68	69	70	71	72	73	74	75	76	77	78	79	80
3	大美年齡	62	63	64	65	66	67	68	69	70	71	72	73	74	75	76	77
4	小雄年齡	33	34	35	36	37	38	39	40	41	42	43	44	45	46	47	48
5	小美年齡	30	31	32	33	34	35	36	37	38	39	40	41	42	43	44	45
7	工作收入(大雄)	804,249	0	0	0	0	0	0	0	0	0	0	0	0	0	0	0
8	工作收入(大美)	723,820	734,677	745,698	756,883	0	0	0	0	0	0	0	0	0	0	0	0
9	利息收入	31,444	36,385	39,714	43,075	46,470	48,399	50,297	52,162	53,993	55,789	57,549	59,242	61,545	63,811	66,040	68,230
10	勞保年金(大雄)		366,312	366,312	366,312	366,312	366,312	366,312	366,312	366,312	366,312	366,312	366,312	366,312	366,312	366,312	366,312
11	勞退年金(大雄)		107,508	107,508	107,508	107,508	107,508	107,508	107,508	107,508	107,508	107,508	107,508	107,508	107,508	107,508	107,508
12	勞保年金(大美)	0	0	0	0	366,312	366,312	366,312	366,312	366,312	366,312	366,312	366,312	366,312	366,312	366,312	366,312
13	勞退年金(大美)	0	0	0	0	102,252	102,252	102,252	102,252	102,252	102,252	102,252	102,252	102,252	102,252	102,252	102,252
14	總收入	1,559,513	1,244,882	1,259,231	1,273,778	988,854	990,783	992,681	994,546	996,377	998,173	999,933	1,001,626	1,003,929	1,006,195	1,008,424	1,010,614
19	日常生活支出	551,591	559,244	567,049	575,011	583,132	591,415	599,864	608,482	617,272	626,238	635,383	531,741	541,256	550,961	560,861	570,958
22	育兒支出	0	0	0	0	0	0	0	0	0	0	0	0	0	0	0	0
25	學費支出	0	0	0	0	0	0	0	0	0	0	0	0	0	0	0	0
28	信貸支出	0	0	0	0	0	0	0	0	0	0	0	0	0	0	0	0
29	車貸支出	0	0	0	0	0	0	0	0	0	0	0	0	0	0	0	0
32	房貸支出	0	0	0	0	0	0	0	0	0	0	0	0	0	0	0	0
35	保費支出	19,850	19,850	19,850	19,850	19,850	19,850	19,850	19,850	19,850	19,850	25,965	9,427	9,427	9,427	9,427	9,427
39	資產重置	0	0	0	0	0	0	0	0	0	0	0	0	0	0	0	0
40	總支出	571,441	579,094	586,899	594,861	602,982	611,265	619,714	628,332	637,122	646,088	661,348	541,168	550,683	560,388	570,288	580,385
41	收支結餘	988,072	665,788	672,332	678,918	385,872	379,518	372,967	366,214	359,255	352,085	338,585	460,458	453,245	445,806	438,136	430,230

大雄20~36歲期間的家庭資產負債表

A	B	C	D	E	F	G	H	I	J	K	L	M	N	O	P	Q	R	S
年度	2018年初	2018	2019	2020	2021	2022	2023	2024	2025	2026	2027	2028	2029	2030	2031	2032	2033	2034
大雄年齡	20年初	20	21	22	23	24	25	26	27	28	29	30	31	32	33	34	35	36
大美年齡		17	18	19	20	21	22	23	24	25	26	27	28	29	30	31	32	33
小雄年齡																1	2	3	4
小美年齡																			1
	大一	大二	大三	大四	正職工作								結婚			小雄出生			小美出生
現金(活存)	50,000	53,250	54,837	54,720	70,776	57,347	45,875	39,142	70,058	204,522	344,645	506,386	659,838	823,970	930,965	1,128,668	1,337,666	1,402,837
機車	24,800	24,000	23,200	22,400	21,600	20,800	20,000	19,200	18,400	17,600	16,800	16,000	15,200	14,400	13,600	12,800	12,000	11,200
汽車	0	0	0	0	0	0	0	0	0	0	0	609,000	578,550	548,100	517,650	487,200	456,750	426,300
房屋	0	0	0	0	0	0	0	0	0	0	0	0	0	0	0	0	0	0
保險資產	0	0	0	0	34,243	68,486	102,729	136,972	171,215	205,458	239,701	273,944	308,187	342,430	376,673	410,916	445,159	502,172
資產合計	74,800	77,250	78,037	77,120	126,619	146,633	168,604	195,314	259,673	427,580	601,146	1,405,330	1,561,775	1,728,900	1,838,888	2,039,584	2,251,575	2,342,509
就學貸款	98,887	197,774	296,661	395,548	348,060	300,027	251,441	202,296	152,586	102,305	51,445	0	0	0	0	0	0	0
信用貸款	0	0	0	0	0	332,126	217,617	96,057	0	0	0	0	0	0	0	0	0	0
汽車貸款	0	0	0	0	0	0	0	0	0	0	0	400,000	240,000	80,000	0	0	0	0
房屋貸款	0	0	0	0	0	0	0	0	0	0	0	0	0	0	0	0	0	0
總負債	98,887	197,774	296,661	395,548	348,060	632,153	469,058	298,353	152,586	102,305	51,445	400,000	240,000	80,000	0	0	0	0
淨值	-24,087	-120,524	-218,624	-318,428	-221,442	-485,520	-300,454	-103,039	107,087	325,276	549,701	1,005,330	1,321,775	1,648,900	1,838,888	2,039,584	2,251,575	2,342,509
總淨值	-24,087	-120,524	-218,624	-318,428	-221,442	-485,520	-300,454	-103,039	107,087	325,276	549,701	1,005,330	1,321,775	1,648,900	1,838,888	2,039,584	2,251,575	2,342,509
負債淨值合計	74,800	77,250	78,037	77,120	126,619	146,633	168,604	195,314	259,673	427,580	601,146	1,405,330	1,561,775	1,728,900	1,838,888	2,039,584	2,251,575	2,342,509

大雄65~80歲期間的家庭資產負債表

A	AV	AW	AX	AY	AZ	BA	BB	BC	BD	BE	BF	BG	BH	BI	BJ	BK
年度	2063	2064	2065	2066	2067	2068	2069	2070	2071	2072	2073	2074	2075	2076	2077	2078
大雄年齡	65	66	67	68	69	70	71	72	73	74	75	76	77	78	79	80
大美年齡	62	63	64	65	66	67	68	69	70	71	72	73	74	75	76	77
小雄年齡	33	34	35	36	37	38	39	40	41	42	43	44	45	46	47	48
小美年齡	30	31	32	33	34	35	36	37	38	39	40	41	42	43	44	45
現金(活存)	7,276,919	7,942,707	8,615,039	9,293,957	9,679,829	10,059,347	10,432,315	10,798,529	11,157,784	11,509,869	11,848,454	12,308,912	12,762,157	13,207,964	13,646,100	14,076,330
機車	10,000	9,000	8,000	7,000	6,000	5,000	4,000	3,000	2,000	1,000	0	0	0	0	0	0
汽車	260,000	234,000	208,000	182,000	156,000	130,000	104,000	78,000	52,000	26,000	0	0	0	0	0	0
房屋	5,155,833	5,146,867	5,137,900	5,128,933	5,119,967	5,111,000	5,102,482	5,093,963	5,085,445	5,076,927	5,068,408	5,059,890	5,051,372	5,042,853	5,034,335	5,025,817
保險資產	1,965,920	1,965,920	1,965,920	1,965,920	1,965,920	1,965,920	1,965,920	1,965,920	1,965,920	1,965,920	1,965,920	1,965,920	1,965,920	1,965,920	1,965,920	1,965,920
資產合計	14,668,672	15,298,494	15,934,859	16,577,810	16,927,716	17,271,267	17,608,716	17,939,412	18,263,149	18,579,715	18,882,782	19,334,722	19,779,449	20,216,737	20,646,355	21,068,066
就學貸款	0	0	0	0	0	0	0	0	0	0	0	0	0	0	0	0
信用貸款	0	0	0	0	0	0	0	0	0	0	0	0	0	0	0	0
汽車貸款	0	0	0	0	0	0	0	0	0	0	0	0	0	0	0	0
房屋貸款	0	0	0	0	0	0	0	0	0	0	0	0	0	0	0	0
總負債	0	0	0	0	0	0	0	0	0	0	0	0	0	0	0	0
淨值	14,668,672	15,298,494	15,934,859	16,577,810	16,927,716	17,271,267	17,608,716	17,939,412	18,263,149	18,579,715	18,882,782	19,334,722	19,779,449	20,216,737	20,646,355	21,068,066
總淨值	14,668,672	15,298,494	15,934,859	16,577,810	16,927,716	17,271,267	17,608,716	17,939,412	18,263,149	18,579,715	18,882,782	19,334,722	19,779,449	20,216,737	20,646,355	21,068,066
負債淨值合計	14,668,672	15,298,494	15,934,859	16,577,810	16,927,716	17,271,267	17,608,716	17,939,412	18,263,149	18,579,715	18,882,782	19,334,722	19,779,449	20,216,737	20,646,355	21,068,066

1. 請分別計算大雄與大美的個人所得替代率（不含利息所得）與合併家庭所得替代率（含利息所得）。

2. 請計算大雄家庭每一年度的負債比與儲蓄率。

3. 大雄與大美是否能達到退休時的財務自由（非工作收入>總支出）？

4. 大雄80歲時將累積1千4百多萬元的現金餘額，你覺得應該如何運用這筆資產來改善他們的退休生活品質？大雄與大美是否可以擬定其他的退休財務目標？

Chapter

11

穩健投資
與健全理財

學習目標

1. 瞭解各種投資工具的歷史報酬與風險,並依個人風險偏好來選擇適合自己的投資工具。

2. 學習如何依據投資工具的歷史報酬率與風險,來隨機模擬投資工具的未來價值。

3. 學習如何在不同的情境下,進行投資活動對家庭財務目標的正負向影響之分析。

4. 瞭解如何透過最新金融科技的技術,來提升投資活動的效率與績效。

當執行理財規劃所擬定的財務目標一段時間後,我們將會逐漸體會到財務自由是遙不可及,原因是家庭財務主要依賴微薄的工作收入來支應龐大的家用支出。換句話說,在一般穩定的工作收入下,大部分的人只能「量入為出」,並透過微薄的收支結餘來緩慢累積財富,當然離財富自由的理想會越來越遠,甚至是終身不可及。

解決之道以考慮尋求工作的升遷與加薪,並減少家用支出、省吃儉用,以便增加收支結餘的金額。但升遷加薪受制於公司與外在經濟環境影響,更積極的作法便是謹慎選擇投資工具和投資管道,以增加個人被動式的「理財收入」。

然而專業的投資理財專家常常提醒我們「高報酬、高風險」,這是千古不變的道理。因此,如何在追求超額報酬的同時,又能管理因投資活動而衍生的財務風險,乃是我們必須審慎思考的重要議題。

 # 11-1 投資工具的歷史報酬與風險

任何投資(Investment)在帶來報酬(Return)的同時,必定伴隨著某種程度的風險(Risk),如何控制風險將是避免因參與投資活動而造成血本無歸的主要議題。一般而言,投資的工具和管道大致可劃分如下:

表11-1　家庭理財之投資工具的風險與報酬

投資工具	報酬率	風險	說明
定存	很低	無風險	利率很低,但有存款保險的保障,200萬元以內無風險。
票券	較低	利率風險與信用風險較低	短期收益工具,包括商業本票、可轉讓定存單等。可領息並回本。
債券	中等	利率風險與信用風險中等	長期固定收益證券,包括公司債、政府公債、金融債券等。可領息並回本。
股票	很高	系統風險與公司個別風險很高	當日漲跌可達10%,報酬來自於股利分派與買賣價差。

投資工具	報酬率	風險	說明
共同基金	平均中等	分散風險中等	以投資組合追求效率前緣。
ETF	與指數同	與指數同	追蹤指數並定期配息。
衍生性金融商品	極高	極高	包括期貨、選擇權等。用於避險與投機。保證金交易且槓桿倍數達10倍以上。不適合長期投資。
不動產	高	流動性風險高	抗通膨的工具,投資金額大且變現期限較長,相關稅金與費用很高。
藝術品	高	流動性風險高	必須具備鑑價能力。
創業	數倍	極高	成功機率可能低於10%。

備註:保險是以保障為基礎,投資型保險則兼具保障與基金投資,在此不列入純投資工具。

本章內容以投資**共同基金**(Mutual Fund)為範例。一般而言,基金可分為**開放型**(Open End)或**封閉型**(Closed End)兩種類型:

開放型基金是由基金公司本身或委託由其他通路(銀行或保險公司等)來銷售。投資人需以基金當日的**單位淨值**(Net Asset Value / NAV)來申購(買入)基金。若是透過銀行來買賣,則需要另外支付手續費給銀行。投資人若是想要贖回(賣出)基金的話,亦是依據當日的單位淨值來賣出。淨值是由基金的組成股票或債券等金融工具的市場價值,扣除基金公司的管理費用後所計算出來的金額。

相對的,封閉型基金則是在**交易所**(Exchange)掛單買賣,有一點類似上市櫃股票的交易機制,並不是依照基金的單位淨值來買賣,而是由買方與賣方共同出價來搓合成交,當交易量較小時有**流動性**(Liquidity)和變現的問題。

因此,若家庭常常急需用錢時,考慮開放型基金是較優的選擇。本節先討論如何依據基金的歷史報酬率與風險來模擬基金的未來價值。下一節將討論在不同的投資情境下,該投資活動對家庭理財目標的正負向影響程度。下圖是開放型基金的歷史報酬率、風險與基金評等相關資訊。

　　一般評估基金績效必須同時從報酬率（％）與風險（標準差）考量。以圖11-1「安聯全球油礦金趨勢基金」為例，一年報酬率為27.78％，相對於銀行一年定存利率只有1.5％，這是非常高的報酬率，然而其風險為19.35％，因此這是傳統投資學所講的「高風險、高報酬」的投資工具。

+匯率	日期	基金名稱	淨值	幣別	報酬率(%)				風險			基金評等	交易
					三個月	六個月	一年	三年	年化標準差	Sharpe	Beta		
☐	2022/11/21	匯豐黃金及礦業股票型基金	6.89	台幣	9.37	-4.44	7.82	38.35	25.65	0.11	0.63	⑤⑤⑤⑤⑤	申購
☐	2022/11/21	景順全球康健基金	26.93	台幣	3.30	6.61	1.74	32.86	16.82	0.04	0.62	⑤⑤⑤⑤⑤	申購
☐	2022/11/21	安聯全球油礦金趨勢基金	10.58	台幣	8.96	6.76	27.78	37.94	19.35	0.39	0.25	⑤⑤⑤⑤⑤	申購
☐	2022/11/21	復華全球原物料基金	11.69	台幣	-0.26	-6.55	5.03	39.33	15.38	0.10	0.14	⑤⑤⑤⑤⑤	申購
☐	2022/11/21	德銀遠東DWS全球原物料能源基金	25.63	台幣	7.51	2.56	28.66	45.79	20.13	0.38	0.27	⑤⑤⑤⑤⑤	申購
☐	2022/11/21	野村全球生技醫療基金	23.30	台幣	7.97	11.59	7.82	32.39	19.44	0.13	0.64	⑤⑤⑤⑤⑤	申購
☐	2022/11/21	摩根環球股票收益基金-月配型(人民幣)(本基金之配息來源可能為本金)	11.49	人民幣	0.51	3.24	0.05	26.46	15.95	0.01	0.85	⑤⑤⑤⑤⑤	申購
☐	2022/11/21	PGIM保德信全球資源基金	10.80	台幣	11.34	7.78	49.58	52.33	21.10	0.58	0.12	⑤⑤⑤⑤⑤	申購
☐	2022/11/21	第一金全球水電瓦斯及基礎建設收益基金A不配息(台幣)	13.78	台幣	-2.75	-1.50	10.77	29.15	18.81	0.17	0.72	⑤⑤⑤⑤⑤	申購
☐	2022/11/21	第一金全球水電瓦斯及基礎建設收益基金N不配息(台幣)	13.78	台幣	-2.75	-1.50	10.77	29.15	18.79	0.17	0.72	⑤⑤⑤⑤⑤	
☐	2022/11/21	第一金全球水電瓦斯及基礎建設收益基金B配息(台幣)(本基金之配息來源可能為本金)	10.72	台幣	-2.82	-1.59	10.73	29.14	18.90	0.17	0.72	⑤⑤⑤⑤⑤	申購

圖11-1　共同基金的歷史報酬率、風險與評等

資料來源：MoneyDJ理財網基金（https：//www.moneydj.com/funddj）

　　若要以此基金作為家庭理財的投資工具，必須先審慎評估其高風險對家庭財務目標所帶來的**負向衝擊**（Negative Impact），以免造成家庭財務狀況的惡化而無法回復。首先我們假設此「安聯全球油礦金趨勢基金」的報酬率是**常態分配**（Normal Distribution），其年化報酬率的平均數是27.78％，而標準差是19.35％。依據此數值，我們首先畫出報酬率常態分配圖如下。

　　圖形中顯示出非常重要的投資相關訊息：即使平均年化報酬率高達27.78％，但仍有7.56％的機率會發生虧損（報酬率<0％）。這驗證了常常被投

資人忽略的重要訊息，亦即任何投資皆有風險，投資人不能只思考平均報酬率的高低，所謂天有不測風雲，萬一發生虧損，是否對先前設定的家庭理財目標造成無可回復的損害？相反的，從樂觀的觀點來看，我們相信有高達92.44%（=1－7.56%）的機率，此基金會帶給投資人正的報酬率。

💰表11-2　常態分配下基金報酬率的累積機率

X軸（報酬率）	Y軸（pdf）	左尾機率（cdf）
-10%	0.3065	2.544%
-9%	0.3386	2.867%
-8%	0.3731	3.222%
-7%	0.4099	3.613%
-6%	0.4492	4.043%
-5%	0.4910	4.513%
-4%	0.5352	5.026%
-3%	0.5818	5.584%
-2%	0.6308	6.190%
-1%	0.6821	6.846%
0%	0.7356	7.555%
1%	0.7912	8.318%
2%	0.8488	9.138%

備註：pdf是probability density function；cdf則是左尾累積機率cumulative density function

　　上表是利用Excel的內建函數來計算，計算方法請參考下列範例說明：

pdf = NORM.DIST（X軸 , 報酬率平均數 , 報酬率標準差 ,FALSE）
　　 = NORM.DIST（0%,27.78%,19.35%,FALSE）
　　 = 0.7356

cdf = NORM.DIST（X軸 , 報酬率平均數 , 報酬率標準差 ,TRUE）
　　 = NORM.DIST（0%,27.78%,19.35%,TRUE）
　　 = 7.555%

根據上表11-2的X軸、Y軸與左尾機率等數值,我們可以繪製出下圖11-2的報酬率常態分配圖。其中要特別注意的是當報酬率是0%時,其累積機率(左尾機率)是7.56%,代表報酬率介於(-∞,0%)機率是7.56%,也就是說報酬率為負的機率有7.56%,這機率實屬不小。所以當基金過去的年報酬率雖高達27.78%時,仍有不小的機率會於將來出現負報酬,因此投資人不可不審慎應對。

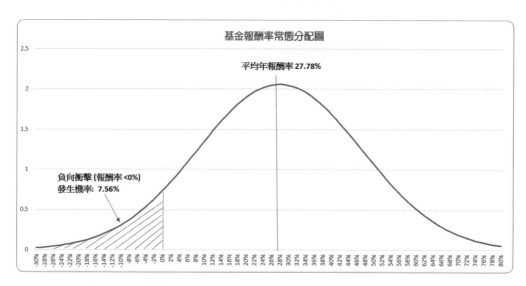

圖11-2 常態分配下共同基金的平均報酬率與左尾累積機率

若要從報酬率與風險中取得一個平衡點,我們可以用**夏普指標**(Sharpe Ratio)來衡量投資的績效。其指標是用基金年報酬率減去**無風險利率**(Risk-Free Rate),求得**超額報酬率**(Excess Return)後,再除以標準差即可得到:

基金夏普指標 = 基金超額報酬 / 基金風險
= (基金報酬率 – 無風險利率) / 基金標準差

此指標屬於**風險調整**後的風險**報酬率**(Risk-adjusted Return),意義可解讀為承擔一單位的風險,可以獲得的超額報酬是多少?通常基金的績效是以此夏普指標來衡量,數值越大代表基金的績效越好。經由排序(Sorting)夏普指標,我們可以獲得基金績效的排名,並據以挑選合適的基金作為家庭投資理財的標的。

11-2 投資工具的未來價值模擬

基於上述所選定的標的基金，我們可以使用Excel的內建函數 =Rand（　） 與 =Norminv（　）來模擬基金價值的漲跌過程。亦即從常態分配Normal（27.78%,19.35%）**隨機抽樣**（Random Sampling）20個年報酬率，分別代表未來20年的投資基金報酬率展望（Forward Looking），以作為家庭理財規劃投資面的現金流量預估值，將來可以將投資活動的現金流量帶入理財規劃模組內，便可進一步分析投資活動對整體家庭財務目標的影響程度，這就是財務管理常提及的**敏感度分析**（Sensitivity Analysis）。

上述的指令=Rand（　）會產生介於0與1之間的隨機亂數，而 =Norminv（Rand（　）,27.78%,19.35%） 則會產生常態分配的隨機亂數，其中的平均數是27.78%，標準差是19.35%。表11-3是第一次模擬（#1）20年的報酬率演進過程，最高報酬率是第18年的47.6%，最低報酬率是第15年的-47.6%。

🪙 表11-3　基金報酬率隨機演進過程的第1次模擬

年度	1	2	3	4	5	6	7	8	9	10
模擬 #1	12.8%	24.8%	-9.5%	8.3%	-9.0%	39.7%	-38.6%	27.7%	-14.1%	35.5%

年度	11	12	13	14	15	16	17	18	19	20
模擬 #1	-18.7%	42.6%	-15.3%	25.8%	-47.6%	22.0%	3.6%	47.6%	-16.9%	13.2%

我們假設現在（時間0）投資$100於此基金，則根據上表的年度報酬率展望，可以計算出每年度的基金價值展望。第1年的基金價值公式如下。

第 1 年基金價值 = 第 0 年（現在）基金價值 * （1 + 第 1 年報酬率）
　　　　　　　　= $ 100*（1 +12.8%）
　　　　　　　　= $ 112.8

第 2 年基金價值 = 第 1 年基金價值 * （1 + 第 2 年報酬率）
　　　　　　　　= $ 112.8*（1 +24.8%）
　　　　　　　　= $ 140.8

第2版
個人理財

依此類推，將20年的基金價值演進計算出來後，可以列出下表11-4基金價值的趨勢。而下圖是總共模擬10次的結果。其中20年後的最高價值是$196，而20年後的最低價值只有$72。因此統計數字上雖然此基金平均年報酬率高達27.78%，但仍有不小的機率在20年後基金價值只剩$72，這代表投資基金20年的結果可能是累積虧損（72-100）/100 = -28%，而發生虧損的機率居然高達7.56%。

因此任何過去平均報酬率高的投資，也無法保證將來一定會賺錢。而實務上，我們可能要模擬100次、1,000次、甚至10,000次，如此便可以更精確看出此基金投資於將來20年的真實面貌與展望。

表11-4　基金價值隨機演進過程的10次模擬結果

年度	0	1	2	3	4	5	6	7	8	9	10
#1	100	112.8	140.8	127.5	138.1	125.6	175.4	107.8	137.6	118.1	160.1
#2	100	129.4	174.3	118.6	159.9	97.0	118.6	117.7	122.5	124.3	203.2
#3	100	141.4	135.6	111.3	165.0	139.7	197.2	158.0	187.3	130.4	188.6
#4	100	148.9	134.0	114.1	212.8	129.2	224.6	119.4	161.3	126.0	115.8
#5	100	114.5	146.1	112.0	120.6	117.0	181.9	143.4	166.3	84.7	105.0
#6	100	146.1	259.5	121.5	153.2	135.0	160.0	150.2	195.9	169.2	253.4
#7	100	126.9	147.7	163.1	233.4	136.9	170.7	116.5	121.5	101.6	137.3
#8	100	119.7	152.5	140.3	168.5	160.3	182.6	127.3	160.9	153.2	135.7
#9	100	127.4	192.7	125.3	205.9	128.5	132.2	140.7	160.6	117.7	162.7
#10	100	133.9	154.6	126.8	168.9	122.8	137.9	109.7	123.6	118.4	139.3

年度	11	12	13	14	15	16	17	18	19	20
#1	130.2	185.6	157.2	197.8	103.8	126.6	131.1	193.4	160.8	182.1
#2	136.6	171.3	130.8	185.2	154.2	247.7	141.1	204.3	125.6	150.5
#3	169.7	227.9	143.4	168.2	124.8	155.3	109.0	123.5	119.7	111.5
#4	143.8	210.2	131.6	126.0	134.8	116.8	97.0	134.2	109.2	117.6
#5	118.4	136.3	101.2	95.8	110.2	140.9	120.3	152.5	68.4	71.7

年度	11	12	13	14	15	16	17	18	19	20
#6	111.7	138.2	93.7	140.9	151.3	207.6	142.8	202.8	118.9	174.2
#7	155.0	211.5	97.0	132.5	116.0	186.9	120.6	160.6	157.1	195.9
#8	143.8	171.9	103.0	114.7	124.4	152.5	130.5	142.4	121.9	131.0
#9	125.4	135.5	96.8	115.1	134.4	189.4	119.6	140.6	132.4	171.2
#10	140.7	232.3	91.5	118.7	128.8	209.4	122.7	160.6	88.2	121.7

備註：本章節為了簡化內容，只模擬基金價值的隨機波動項，省略了時間趨勢項。若要完整模擬基金
　　　價值的演進過程，則須採用時間序列（Time Series）等方法，同時融入時間趨勢與隨機波動兩
　　　項，則會更貼近基金價值的真實走勢。

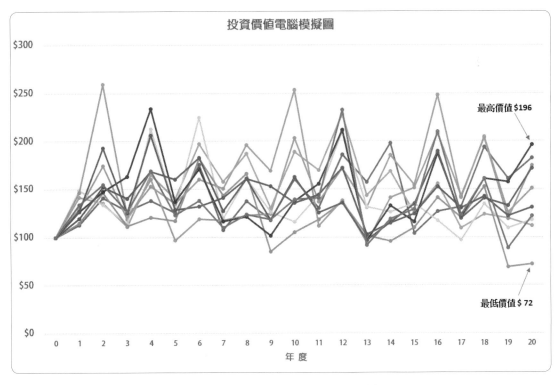

圖11-3　共同基金價值的10次隨機模擬圖

　　為了更進一步瞭解投資風險對家庭理財的正負向衝擊，我們模擬了三種不同
的情境：最佳情境（模擬#7）、持平情境（模擬#8）、最差情境（模擬#5）。下
表11-5是三種不同情境下的基金價值演進過程的數值，而圖11-4則是以趨勢圖的
方式來呈現基金價值演進的隨機過程。

結果顯示在最差情境下，20年的基金投資可能淪為南柯一夢，最後是以虧損收場，這將嚴重損及我們先前辛苦規劃的眾多家庭財務目標，包括子女教養育計畫、購屋計畫、退休計畫等。

因此，當我們決定以投資計畫融入家庭理財目標時，務必要審慎評估投資風險，並以穩健的態度來進行投資活動。這過程當然需要定期檢視當初所擬定的投資計畫是否嚴重偏離（Drift），若偏離過多時，則須重新考慮投資組合的配置，甚至要進行重新配置，這就是**再平衡**（Rebalancing）的概念。

⑤表11-5　三種不同情境下的基金價值隨機演進過程

年度	0	1	2	3	4	5	6	7	8	9	10
最佳	100	126.9	147.7	163.1	233.4	136.9	170.7	116.5	121.5	101.6	137.3
持平	100	119.7	152.5	140.3	168.5	160.3	182.6	127.3	160.9	153.2	135.7
最差	100	114.5	146.1	112.0	120.6	117.0	181.9	143.4	166.3	84.7	105.0

年度	11	12	13	14	15	16	17	18	19	20
最佳	155.0	211.5	97.0	132.5	116.0	186.9	120.6	160.6	157.1	195.9
持平	143.8	171.9	103.0	114.7	124.4	152.5	130.5	142.4	121.9	131.0
最差	118.4	136.3	101.2	95.8	110.2	140.9	120.3	152.5	68.4	71.7

備註：模擬次數較多時（例如100次以上），我們可以用排名前10%的模擬數值平均數當作最佳情境，排名後10%的模擬數值平均數當作最差情境，而排名45%~55%的模擬數值平均數當作持平情境。

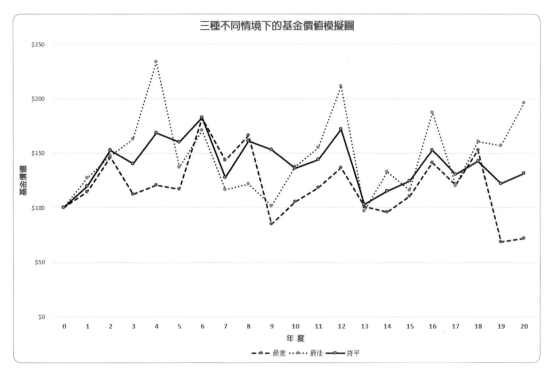

圖11-4　三種不同情境下共同基金價值的模擬圖

 # 11-3 投資活動對理財規劃的影響

　　表11-6是我們用來模擬大雄日常生活收入與支出的相關參數。假設大學時期申辦學貸8學期，在學期間打工收入每月17,000元，大學畢業後投入職場，正職工作的起薪每月32,000元，年終獎金2個月，之後每年調薪1.5%。在外租屋，每月租金7,000元。工作將以機車代步，30歲年底時將買新汽車一部，購車後機車將報廢不用。

　　大雄因年輕時就開始積極規劃人生的重要財務目標，因此風險承受度與其風險偏好皆適合投資報酬與風險稍高的基金，因此決定30歲時將部分儲蓄現金用來申購上述基金做為單筆長期投資。根據這些收支參數值，我們可以初步規劃出家庭資產負債表與收支結餘表。

表11-6　個人理財的收支相關參數值

		大雄						大雄		
收入參數	打工收入	17,000	(月)				每年季數	4	(季)
	工作起薪	32,000	(月)				每年月數	12	(月)
	年終獎金	2	(月)				每年日數	365	(日)
	調薪幅度	1.5%	(%)						
		大雄					學貸利率	1.15%	(%)
支出參數	早餐花費	50	(天)				活存利率	0.50%	(%)
	午餐花費	80	(天)				就學貸款	98,887	(年)
	晚餐花費	100	(天)						
	宵夜花費	0	(天)						
	飲食上漲率	2%	(%)						
	衣飾支出	2,000	(季)						
	住宿支出	7,000	(月)						
		汽車	機車	(月)					
	油錢	4,000	800	(月)					
	停車費	3,000	0	(季)					
	維修費	4,000	600	(年)					
	燃料稅	4,800	450	(年)					
	牌照稅	7,120	0	(年)					
	保險費	8,000	600	(年)					

　　表11-7是大雄學貸還本付息的規劃。大學畢業後開始還本付息，因辦理貸款8學期（4年），因此還款期限是8年，直至大雄30歲時可以完全還清學貸。

表11-7　個人理財的學貸還款計畫

學貸金額	395548	(元)
還款期限	8	(年)
學貸利率	1.15%	(%)

序	1	2	3	4	5	6	7	8
年度	2021	2022	2023	2024	2025	2026	2027	2028
年齡	23	24	25	26	27	28	29	30
還本	47,488	48,034	48,586	49,145	49,710	50,282	50,860	51,445
付息	4,549	4,003	3,450	2,892	2,326	1,755	1,177	592

表11-8是大雄的購車計畫。預計於30歲年底購車，因車商提供30期（30個月）零利率分期付款的優惠方案，因此大雄於30歲年底只需付一筆209,000元的現金頭期款，餘款400,000元可分成30個月（2.5年）來償還，大雄不用支付任何利息給車商。

💰表11-8　個人理財的購車計畫

車款	Yaris			2028	2029	2030	2031
車價	609,000	元		30	31	32	33
頭款	209,000	元	分期付款	209,000	160,000	160,000	80,000
貸款	400,000	元					
利率	0%	%					
期限	30	月					
	2.5	年					
折舊	30,450	元					

表11-9是大雄的購屋計畫。預計於50歲年底購屋，大雄心目中的理想房價是12,000,000元，自備款2成是2,400,000元現金，需於50歲年底時支付。我們因為要建立模型來分析基金投資對購屋計畫的正負向影響，因此我們簡化了模型，省略購屋周邊相關成本（稅費、裝潢費等）。

假設房屋耐用年限60年，因此每年折舊費用是20,000元（=（12,000,000-10,800,000）/60）。預計向銀行辦理購屋貸款，可貸款金額是房價的8成9,600,000元（=12,000,000*0.8），房貸利率是1.9%，還款期限10年，預計於60歲時還清房貸本金與利息。

💰表11-9　個人理財的購屋計畫

屋況	成屋10年		年度	2048	2049	2050	2051	2052	2053	2054	2055	2056	2057	2058
房價	12,000,000	元	大雄年齡	50	51	52	53	54	55	56	57	58	59	60
自備款	2,400,000	元	年序	0	1	2	3	4	5	6	7	8	9	10
貸款	9,600,000	元	房貸還本	2,400,000	880,751	897,485	914,537	931,913	949,620	967,662	986,048	1,004,783	1,023,874	1,043,327
利率	1.9%	%	房貸付息	0	182,400	165,666	148,614	131,237	113,531	95,488	77,103	58,368	39,277	19,823
期限	10	年												
耐用年限	60	年												
殘值	10,800,000	元												
每年折舊	20,000	元												

1. 「最差情境」的財務分析

大雄預計於50歲年底要購屋自用，因過去日常生活結餘的現金皆放在銀行活存，並無積極的投資行為，因此現金的累積與成長有限，恐難於將來支應龐大的房貸支出，於是大雄決定將銀行現金轉換投資於上述基金。

大雄計畫於30歲年底投資基金一筆1,500,000元。依據上述的基金模擬，大雄所投資基金的價值演進過程如表11-10所示，其數值是以投資100元為基準，顯示三種不同情境下的基金價值隨機演進過程。在最差情境下20年後的價值降為71.7元，在持平情境下的20年後的價值提升為131.0元，而最佳情境下20年後的價值大大成長為195.9元。

💰 **表11-10　三種不同情境下的基金價值與實際投資倍數**

大雄年齡	30	31	32	33	34	35	36	37	38	39	40	41	42	43	44	45	46	47	48	49	50
最佳	100	126.9	147.7	163.1	233.4	136.9	170.7	116.5	121.5	101.6	137.3	155.0	211.5	97.0	132.5	116.0	186.9	120.6	160.6	157.1	195.9
持平	100	119.7	152.5	140.3	168.5	160.3	182.6	127.3	160.9	153.2	135.7	143.8	171.9	103.0	114.7	124.4	152.5	130.5	142.4	121.9	131.0
最差	100	114.5	146.1	112.0	120.6	117.0	181.9	143.4	166.3	84.7	105.0	118.4	136.3	101.2	95.8	110.2	140.9	120.3	152.5	68.4	71.7

倍數	15000

因大雄預計單筆投資基金金額為1,500,000元，是上表投資金額100元的15,000倍（＝1,500,000/100），因此資產負債表的「基金」科目的價值演進過程是上表數值的15,000倍。茲舉例說明如下：

最差情境下大雄 31 歲時「基金」價值
= $114.5 * 15,000 倍
= $1,716,783

最差情境下大雄 50 歲時「基金」價值
= $71.7 * 15,000 倍
= $1,075,752

下表11-12是各年度的大雄家庭收支結餘表，顯示出大雄省吃儉用且量入為出，因此累積不少的現金儲蓄，然而因各銀行所提供的活存利率甚低，因此現金的累積主要來自於大雄辛勤努力的工作收入，利息收入（理財收入）最

多時也只有一年2萬多元，因此可能因物價上漲（通貨膨脹）而嚴重喪失其現金的購買力，真是得不償失。

而大筆現金支出是發生在30歲時的購車頭期款與單筆基金投資，因而造成當年度有146萬元的透支，不過這是因投資活動所造成的透支，因此屬於良性的透支，因為將來處分基金投資時，將有機會領回此透支金額，甚至領回比投資金額更多的現金，前提是基金投資有正的報酬率。

此後，大雄一直嚴守財務紀律，每年都有收支結餘，繼續累積更多的現金資產。直到大雄50歲當年的年底時，做了人生最大的決定，買了價值1,200萬元的房子來自住，脫離了無殼蝸牛的租屋生活。

然而就在大雄支付一大筆自備款240萬元之後，大雄原本經濟自主、衣食無缺的生活驟然改變了。因為要每年支付龐大的房貸還本付息金額，大雄的收支結餘表發生了結構性的變化，那就是他開始面臨每年約有50萬元左右的收支透支，這透支必須由餘額200多萬元的銀行活存現金餘額來分年彌補其資金缺口。

因為房貸的每年還本付息金額實在太龐大，於是為了能如期實施房貸的還款計畫，大雄最後決定於51歲年初時處分其已經投資了20年的單筆基金，以增加其房貸還款能力，其變現金額就是資產負債表的「基金」科目在50歲年底時的價值1,075,752元。

然而參考表11-11資產負債表的「現金」科目，大雄仍不幸將於57歲後出現資金周轉不靈的財務警訊（現金餘額小於0），若不及早積極思考改善之道，將面臨無法償還房貸本息，甚至嚴重時將會遭到房屋拍賣的破產窘境。

而表11-12大雄的收支結餘表內的「利息收入」科目，在58歲後將發生不合邏輯的負值現象，主要原因是資產負債表的現金負數所造成，因為利息收入等於前一年度的現金乘以銀行活存利率所計算得到，而資產負債表的現金科目已於57歲時由正值轉負值，因此造成58歲開始的後續年度皆出現了利息收入為負值的不合理現象，這也是一種重要的警示訊息，亦即在最差情境下，大雄的購屋計畫並不可行。

若要解決大雄因面臨最差情境時的購屋困境，他可以考慮降低購屋的目標房價，或者更積極尋求較優的投資進出機會。例如，要在適當時機就處分基金投資，控管風險並減少投資損失，以免間接影響到原本美好的購屋計畫。在投資學的領域中，最佳的買賣投資標的（基金、股票等）的**時機**之**選擇**（Entry/Exit Timing），我們可稱之為**交易策略**（Trading Strategy）。

因此，大雄應該積極尋求更優的投資策略，而不是消極的祈求最差情境不要出現，因為將來會發生何種系統風險是不可預期的，更不可能由我們個人來操控。例如，大雄可以選擇定期定額投資基金的交易策略，而不是單筆投資策略，如此便可以降低平均投資成本，進而提高投資報酬率。

表11-11　最差情境下的家庭資產負債表

年度	2018年初	2018	2019	2020	2021	2022	2023	2024	2025	2026	2027	2028
大雄年齡	20年初	20	21	22	23	24	25	26	27	28	29	30
	大一	大二	大三	大四	正職工作							購車與基金
現金(活存)	50,000	65,250	78,897	90,900	293,180	501,409	715,683	936,098	1,162,751	1,395,741	1,635,168	172,133
基金	0	0	0	0	0	0	0	0	0	0	0	1,500,000
手機	16,000	15,000	14,000	13,000	12,000	11,000	10,000	9,000	8,000	7,000	6,000	5,000
機車	24,800	24,000	23,200	22,400	21,600	20,800	20,000	19,200	18,400	17,600	16,800	16,000
汽車	0	0	0	0	0	0	0	0	0	0	0	0
房屋	0	0	0	0	0	0	0	0	0	0	0	0
資產合計	90,800	104,250	116,097	126,300	326,780	533,209	745,683	964,298	1,189,151	1,420,341	1,657,968	2,302,133
就學貸款	98,887	197,774	296,661	395,548	348,060	300,027	251,441	202,296	152,586	102,305	51,445	0
汽車貸款	0	0	0	0	0	0	0	0	0	0	0	400,000
房屋貸款	0	0	0	0	0	0	0	0	0	0	0	0
總負債	98,887	197,774	296,661	395,548	348,060	300,027	251,441	202,296	152,586	102,305	51,445	400,000
淨值	-8,087	-93,524	-180,564	-269,248	-21,281	233,182	494,242	762,002	1,036,565	1,318,036	1,606,523	1,902,133
總淨值	-8,087	-93,524	-180,564	-269,248	-21,281	233,182	494,242	762,002	1,036,565	1,318,036	1,606,523	1,902,133
負債淨值合計	90,800	104,250	116,097	126,300	326,780	533,209	745,683	964,298	1,189,151	1,420,341	1,657,968	2,302,133

2028	2029	2030	2031	2032	2033	2034	2035	2036	2037	2038	2039	2040	2041	2042	2043
30	31	32	33	34	35	36	37	38	39	40	41	42	43	44	45
購車與基金															
172,133	201,361	236,218	356,803	563,618	777,167	997,559	1,224,903	1,459,310	1,700,893	1,949,765	2,206,043	2,469,842	2,741,281	3,020,481	3,307,563
1,500,000	1,716,783	2,191,003	1,679,391	1,809,198	1,755,447	2,728,996	2,150,837	2,494,991	1,270,530	1,575,054	1,776,050	2,045,057	1,518,335	1,436,855	1,652,539
5,000	4,000	3,000	2,000	1,000	0	20,000	19,000	18,000	17,000	16,000	15,000	14,000	13,000	12,000	11,000
16,000	0	0	0	0	0	0	0	0	0	0	0	0	0	0	0
609,000	578,550	548,100	517,650	487,200	456,750	426,300	395,850	365,400	334,950	304,500	274,050	243,600	213,150	182,700	152,250
2,302,133	2,500,694	2,978,321	2,555,844	2,861,016	2,989,364	4,172,855	3,790,590	4,337,701	3,323,373	3,845,320	4,271,123	4,772,499	4,485,767	4,652,036	5,123,372
400,000	240,000	80,000	0	0	0	0	0	0	0	0	0	0	0	0	0
400,000	240,000	80,000	0	0	0	0	0	0	0	0	0	0	0	0	0
1,902,133	2,260,694	2,898,321	2,555,844	2,861,016	2,989,364	4,172,855	3,790,590	4,337,701	3,323,373	3,845,320	4,271,123	4,772,499	4,485,767	4,652,036	5,123,372
1,902,133	2,260,694	2,898,321	2,555,844	2,861,016	2,989,364	4,172,855	3,790,590	4,337,701	3,323,373	3,845,320	4,271,123	4,772,499	4,485,767	4,652,036	5,123,372
2,302,133	2,500,694	2,978,321	2,555,844	2,861,016	2,989,364	4,172,855	3,790,590	4,337,701	3,323,373	3,845,320	4,271,123	4,772,499	4,485,767	4,652,036	5,123,372

2044	2045	2046	2047	2048	2049	2050	2051	2052	2053	2054	2055	2056	2057	2058
46	47	48	49	50	51	52	53	54	55	56	57	58	59	60
				購屋	處分基金									
3,602,651	3,905,868	4,217,342	4,537,200	2,465,573	3,001,112	2,470,671	1,944,763	1,423,501	907,003	395,385	-111,232	-612,727	-1,108,977	-1,599,857
2,112,834	1,804,691	2,287,904	1,025,939	1,075,752	0	0	0	0	0	0	0	0	0	0
10,000	9,000	8,000	7,000	6,000	5,000	4,000	3,000	2,000	1,000	0	30,000	29,000	28,000	27,000
0	0	0	0	0	0	0	0	0	0	0	0	0	0	0
121,800	91,350	60,900	30,450	0	0	0	0	0	0	0	0	0	0	0
0	0	0	0	12,000,000	11,980,000	11,960,000	11,940,000	11,920,000	11,900,000	11,880,000	11,860,000	11,840,000	11,820,000	11,800,000
5,847,285	5,810,909	6,574,146	5,600,589	15,547,325	14,986,112	14,434,671	13,887,763	13,345,501	12,808,003	12,275,385	11,778,768	11,256,273	10,739,023	10,227,143
0	0	0	0	0	0	0	0	0	0	0	0	0	0	0
0	0	0	0	0	0	0	0	0	0	0	0	0	0	0
0	0	0	0	9,600,000	8,719,249	7,821,765	6,907,227	5,975,314	5,025,695	4,058,032	3,071,984	2,067,201	1,043,327	0
0	0	0	0	9,600,000	8,719,249	7,821,765	6,907,227	5,975,314	5,025,695	4,058,032	3,071,984	2,067,201	1,043,327	0
5,847,285	5,810,909	6,574,146	5,600,589	5,947,325	6,266,863	6,612,907	6,980,535	7,370,187	7,782,308	8,217,353	8,706,784	9,189,072	9,695,696	10,227,143
5,847,285	5,810,909	6,574,146	5,600,589	5,947,325	6,266,863	6,612,907	6,980,535	7,370,187	7,782,308	8,217,353	8,706,784	9,189,072	9,695,696	10,227,143
5,847,285	5,810,909	6,574,146	5,600,589	15,547,325	14,986,112	14,434,671	13,887,763	13,345,501	12,808,003	12,275,385	11,778,768	11,256,273	10,739,023	10,227,143

💰表11-12　最差情境下的家庭收支結餘表

年度	2018	2019	2020	2021	2022	2023	2024	2025	2026	2027	2028	2029
大雄年齡	20	21	22	23	24	25	26	27	28	29	30	31
	大二	大三	大四	正職工作							購車與基金	
工作收入	204,000	204,000	204,000	448,000	454,720	461,541	468,464	475,491	482,623	489,863	497,211	504,669
利息收入	250	326	394	455	1,466	2,507	3,578	4,680	5,814	6,979	8,176	861
處分基金	0	0	0	0	0	0	0	0	0	0	0	0
總收入	204,250	204,326	204,394	448,455	456,186	464,048	472,042	480,171	488,437	496,841	505,386	505,529
飲食支出	83,950	85,629	87,342	89,088	90,870	92,688	94,541	96,432	98,361	100,328	102,335	104,381
衣飾支出	8,000	8,000	8,000	8,000	8,000	8,000	8,000	8,000	8,000	8,000	8,000	8,000
居住支出	84,000	84,000	84,000	84,000	84,000	84,000	84,000	84,000	84,000	84,000	84,000	84,000
交通支出	13,050	13,050	13,050	13,050	13,050	13,050	13,050	13,050	13,050	13,050	13,050	119,920
學貸還本	0	0	0	47,488	48,034	48,586	49,145	49,710	50,282	50,860	51,445	0
學貸付息	0	0	0	4,549	4,003	3,450	2,892	2,326	1,755	1,177	592	0
車貸支出	0	0	0	0	0	0	0	0	0	0	209,000	160,000
房貸還本	0	0	0	0	0	0	0	0	0	0	0	0
房貸付息	0	0	0	0	0	0	0	0	0	0	0	0
購入基金	0	0	0	0	0	0	0	0	0	0	1,500,000	0
總支出	189,000	190,679	192,392	246,175	247,957	249,774	251,628	253,518	255,447	257,414	1,968,421	476,301
收支結餘	15,250	13,647	12,003	202,280	208,229	214,274	220,415	226,653	232,990	239,427	-1,463,035	29,228

2029	2030	2031	2032	2033	2034	2035	2036	2037	2038	2039	2040	2041	2042	2043
31	32	33	34	35	36	37	38	39	40	41	42	43	44	45
504,669	512,239	519,922	527,721	535,637	543,671	551,827	560,104	568,506	577,033	585,689	594,474	603,391	612,442	621,629
861	1,007	1,181	1,784	2,818	3,886	4,988	6,125	7,297	8,504	9,749	11,030	12,349	13,706	15,102
0	0	0	0	0	0	0	0	0	0	0	0	0	0	0
505,529	513,246	521,103	529,505	538,455	547,557	556,814	566,228	575,802	585,538	595,437	605,504	615,740	626,148	636,731
104,381	106,469	108,598	110,770	112,986	115,245	117,550	119,901	122,299	124,745	127,240	129,785	132,381	135,028	137,729
8,000	8,000	8,000	8,000	8,000	8,000	8,000	8,000	8,000	8,000	8,000	8,000	8,000	8,000	8,000
84,000	84,000	84,000	84,000	84,000	84,000	84,000	84,000	84,000	84,000	84,000	84,000	84,000	84,000	84,000
119,920	119,920	119,920	119,920	119,920	119,920	119,920	119,920	119,920	119,920	119,920	119,920	119,920	119,920	119,920
0	0	0	0	0	0	0	0	0	0	0	0	0	0	0
0	0	0	0	0	0	0	0	0	0	0	0	0	0	0
160,000	160,000	80,000	0	0	0	0	0	0	0	0	0	0	0	0
0	0	0	0	0	0	0	0	0	0	0	0	0	0	0
0	0	0	0	0	0	0	0	0	0	0	0	0	0	0
0	0	0	0	0	0	0	0	0	0	0	0	0	0	0
476,301	478,389	400,518	322,690	324,906	327,165	329,470	331,821	334,219	336,665	339,160	341,705	344,301	346,948	349,649
29,228	34,857	120,585	206,815	213,549	220,392	227,344	234,407	241,583	248,872	256,277	263,799	271,440	279,200	287,082

2044	2045	2046	2047	2048	2049	2050	2051	2052	2053	2054	2055	2056	2057	2058
46	47	48	49	50	51	52	53	54	55	56	57	58	59	60
				購屋	處分基金									
630,953	640,417	650,024	659,774	669,670	679,716	689,911	700,260	710,764	721,425	732,247	743,230	754,379	765,695	777,180
16,538	18,013	19,529	21,087	22,686	12,328	15,006	12,353	9,724	7,118	4,535	1,977	-556	-3,064	-5,545
0	0	0	0	0	1,075,752	0	0	0	0	0	0	0	0	0
647,491	658,431	669,553	680,861	692,356	1,767,795	704,917	712,613	720,488	728,543	736,782	745,207	753,823	762,631	771,635
140,483	143,293	146,159	149,082	152,064	155,105	158,207	161,371	164,599	167,891	171,249	174,674	178,167	181,730	185,365
8,000	8,000	8,000	8,000	8,000	8,000	8,000	8,000	8,000	8,000	8,000	8,000	8,000	8,000	8,000
84,000	84,000	84,000	84,000	84,000	0	0	0	0	0	0	0	0	0	0
119,920	119,920	119,920	119,920	119,920	6,000	6,000	6,000	6,000	6,000	6,000	6,000	6,000	6,000	6,000
0	0	0	0	0	0	0	0	0	0	0	0	0	0	0
0	0	0	0	0	0	0	0	0	0	0	0	0	0	0
0	0	0	0	0	0	0	0	0	0	0	0	0	0	0
0	0	0	0	2,400,000	880,751	897,485	914,537	931,913	949,620	967,662	986,048	1,004,783	1,023,874	1,043,327
0	0	0	0	0	182,400	165,666	148,614	131,237	113,531	95,488	77,103	58,368	39,277	19,823
352,403	355,213	358,079	361,002	2,763,984	1,232,256	1,235,358	1,238,522	1,241,749	1,245,041	1,248,399	1,251,824	1,255,318	1,258,881	1,262,516
295,087	303,217	311,474	319,858	-2,071,627	535,539	-530,441	-525,909	-521,262	-516,499	-511,617	-506,617	-501,495	-496,250	-490,880

2. 「持平情境」的財務分析

在同樣的收支參數下來模擬大雄的資產負債表與收支結餘表，若大雄面臨的是持平情境，則基金價值經過20年的演進，其最終價值有所成長至1,965,381元，相當於20年持有**期間報酬率**（Holding Period Return / HPR）為31%。

雖然在持平情境時，基金有較佳的績效，且可以改善大雄於50歲購屋後的房貸還款付息能力，然而根據下表11-13資產負債表所顯示，59歲之後仍然面臨現金不足（現金餘額小於0）的窘境。相似的情形也發生在表11-14收支結餘表的利息收入在60歲時為負值。

因此，即使在持平情境下，基金報酬率有所改善，基金價值也因此有所成長，但是大雄的購屋計畫仍然不可行，除非他積極尋求更優的交易策略，例如進行定期定額的投資等。

表11-13　持平情境下的家庭資產負債表

年度	2044	2045	2046	2047	2048	2049	2050	2051	2052	2053	2054	2055	2056	2057	2058
大雄年齡	46	47	48	49	50	51	52	53	54	55	56	57	58	59	60
					購屋	處分基金									
現金(活存)	3,602,651	3,905,868	4,217,342	4,537,200	2,465,573	3,890,742	3,364,749	2,843,311	2,326,542	1,814,559	1,307,479	805,423	308,511	-163,133	-669,384
基金	2,287,804	1,956,835	2,136,310	1,826,842	1,965,381	0	0	0	0	0	0	0	0	0	0
手機	10,000	9,000	8,000	7,000	6,000	5,000	4,000	3,000	2,000	1,000	0	30,000	29,000	28,000	27,000
機車	0	0	0	0	0	0	0	0	0	0	0	0	0	0	0
汽車	121,800	91,350	60,900	30,450	0	0	0	0	0	0	0	0	0	0	0
房屋	0	0	0	0	12,000,000	11,980,000	11,960,000	11,940,000	11,920,000	11,900,000	11,880,000	11,860,000	11,840,000	11,820,000	11,800,000
資產合計	6,022,255	5,963,053	6,422,552	6,403,492	16,436,954	15,875,742	15,328,749	14,786,311	14,248,542	13,715,559	13,187,479	12,695,423	12,177,511	11,664,867	11,157,616
就學貸款	0	0	0	0	0	0	0	0	0	0	0	0	0	0	0
汽車貸款	0	0	0	0	0	0	0	0	0	0	0	0	0	0	0
房屋貸款	0	0	0	0	9,600,000	8,719,249	7,821,765	6,907,227	5,975,314	5,025,695	4,058,032	3,071,984	2,067,201	1,043,327	0
總負債	0	0	0	0	9,600,000	8,719,249	7,821,765	6,907,227	5,975,314	5,025,695	4,058,032	3,071,984	2,067,201	1,043,327	0
淨值	6,022,255	5,963,053	6,422,552	6,403,492	6,836,954	7,156,493	7,506,985	7,879,084	8,273,228	8,689,864	9,129,447	9,623,439	10,110,310	10,621,540	11,157,616
總淨值	6,022,255	5,963,053	6,422,552	6,403,492	6,836,954	7,156,493	7,506,985	7,879,084	8,273,228	8,689,864	9,129,447	9,623,439	10,110,310	10,621,540	11,157,616
負債淨值合計	6,022,255	5,963,053	6,422,552	6,403,492	16,436,954	15,875,742	15,328,749	14,786,311	14,248,542	13,715,559	13,187,479	12,695,423	12,177,511	11,664,867	11,157,616

表11-14　持平情境下的家庭收支結餘表

年度	2044	2045	2046	2047	2048	2049	2050	2051	2052	2053	2054	2055	2056	2057	2058
大雄年齡	46	47	48	49	50	51	52	53	54	55	56	57	58	59	60
					購屋	處分基金									
工作收入	630,953	640,417	650,024	659,774	669,670	679,716	689,911	700,260	710,764	721,425	732,247	743,230	754,379	765,695	777,180
利息收入	16,538	18,013	19,529	21,087	22,686	12,328	19,454	16,824	14,217	11,633	9,073	6,537	4,027	1,543	-916
處分基金	0	0	0	0	0	1,965,381	0	0	0	0	0	0	0	0	0
總收入	647,491	658,431	669,553	680,861	692,356	2,657,425	709,365	717,084	724,980	733,058	741,319	749,768	758,406	767,237	776,264
飲食支出	140,483	143,293	146,159	149,082	152,064	155,105	158,207	161,371	164,599	167,891	171,249	174,674	178,167	181,730	185,365
衣飾支出	8,000	8,000	8,000	8,000	8,000	8,000	8,000	8,000	8,000	8,000	8,000	8,000	8,000	8,000	8,000
居住支出	84,000	84,000	84,000	84,000	84,000	0	0	0	0	0	0	0	0	0	0
交通支出	119,920	119,920	119,920	119,920	119,920	6,000	6,000	6,000	6,000	6,000	6,000	6,000	6,000	6,000	6,000
學貸還本	0	0	0	0	0	0	0	0	0	0	0	0	0	0	0
學貸付息	0	0	0	0	0	0	0	0	0	0	0	0	0	0	0
車貸支出	0	0	0	0	0	0	0	0	0	0	0	0	0	0	0
房貸還本	0	0	0	0	2,400,000	880,751	897,485	914,537	931,913	949,620	967,662	986,048	1,004,783	1,023,874	1,043,327
房貸付息	0	0	0	0	0	182,400	165,666	148,614	131,237	113,531	95,488	77,103	58,368	39,277	19,823
購入基金	0	0	0	0	0	0	0	0	0	0	0	0	0	0	0
總支出	352,403	355,213	358,079	361,002	2,763,984	1,232,256	1,235,358	1,238,522	1,241,749	1,245,041	1,248,399	1,251,824	1,255,318	1,258,881	1,262,516
收支結餘	295,087	303,217	311,474	319,858	-2,071,627	1,425,169	-525,993	-521,438	-516,769	-511,983	-507,080	-502,056	-496,912	-491,644	-486,251

3. 「最佳情境」的財務分析

在同樣的收支參數下來模擬大雄的資產負債表與收支結餘表時，若大雄面臨的是最佳情境，則基金價值經過20年的演進，其最終價值有所成長至2,938,478元，相當於20年持有期間報酬率（Holding Period Return / HPR）為95.9%。

在最佳情境時，基金有最佳的績效，因此可以大大改善大雄於50歲購屋後的房貸還款付息能力，根據下表11-15資產負債表所顯示，59歲之後現金不足（現金餘額小於0）的窘境迎刃而解，表11-16收支結餘表的利息收入也皆為正值。

因此，在最佳情境下，基金報酬率大幅改善，基金價值也大幅成長，所以大雄的購屋計畫完全可行，他也不用再尋求任何其他的交易策略，只要進行單筆投資基金便可完成其心目中理想的購屋計畫。

🐷 表11-15 最佳情境下的家庭資產負債表

年度	2044	2045	2046	2047	2048	2049	2050	2051	2052	2053	2054	2055	2056	2057	2058
大雄年齡	46	47	48	49	50	51	52	53	54	55	56	57	58	59	60
					購屋	處分基金									
現金(活存)	3,602,651	3,905,868	4,217,342	4,537,200	2,465,573	4,863,839	4,342,712	3,826,163	3,314,308	2,807,264	2,305,148	1,808,080	1,316,181	829,576	348,388
基金	2,804,226	1,808,792	2,409,036	2,356,187	2,938,478	0	0	0	0	0	0	0	0	0	0
手機	10,000	9,000	8,000	7,000	6,000	5,000	4,000	3,000	2,000	1,000	0	30,000	29,000	28,000	27,000
機車	0	0	0	0	0	0	0	0	0	0	0	0	0	0	0
汽車	121,800	91,350	60,900	30,450	0	0	0	0	0	0	0	0	0	0	0
房屋	0	0	0	0	12,000,000	11,980,000	11,960,000	11,940,000	11,920,000	11,900,000	11,880,000	11,860,000	11,840,000	11,820,000	11,800,000
資產合計	6,538,677	5,815,010	6,695,278	6,930,838	17,410,051	16,848,839	16,306,712	15,769,163	15,236,308	14,708,264	14,185,148	13,698,080	13,185,181	12,677,576	12,175,388
就學貸款	0	0	0	0	0	0	0	0	0	0	0	0	0	0	0
汽車貸款	0	0	0	0	0	0	0	0	0	0	0	0	0	0	0
房屋貸款	0	0	0	0	9,600,000	8,719,249	7,821,765	6,907,227	5,975,314	5,025,695	4,058,032	3,071,984	2,067,201	1,043,327	0
總負債	0	0	0	0	9,600,000	8,719,249	7,821,765	6,907,227	5,975,314	5,025,695	4,058,032	3,071,984	2,067,201	1,043,327	0
淨值	6,538,677	5,815,010	6,695,278	6,930,838	7,810,051	8,129,590	8,484,947	8,861,936	9,260,994	9,682,569	10,127,116	10,626,096	11,117,980	11,634,249	12,175,388
總淨值	6,538,677	5,815,010	6,695,278	6,930,838	7,810,051	8,129,590	8,484,947	8,861,936	9,260,994	9,682,569	10,127,116	10,626,096	11,117,980	11,634,249	12,175,388
負債淨值合計	6,538,677	5,815,010	6,695,278	6,930,838	17,410,051	16,848,839	16,306,712	15,769,163	15,236,308	14,708,264	14,185,148	13,698,080	13,185,181	12,677,576	12,175,388

🐷 表11-16 最佳情境下的家庭收支結餘表

年度	2044	2045	2046	2047	2048	2049	2050	2051	2052	2053	2054	2055	2056	2057	2058
大雄年齡	46	47	48	49	50	51	52	53	54	55	56	57	58	59	60
					購屋	處分基金									
工作收入	630,953	640,417	650,024	659,774	669,670	679,716	689,911	700,260	710,764	721,425	732,247	743,230	754,379	765,695	777,180
利息收入	16,538	18,013	19,529	21,087	22,686	12,328	24,319	21,714	19,131	16,572	14,036	11,526	9,040	6,581	4,148
處分基金	0	0	0	0	0	2,938,478	0	0	0	0	0	0	0	0	0
總收入	647,491	658,431	669,553	680,861	692,356	3,630,521	714,230	721,973	729,895	737,997	746,283	754,756	763,419	772,275	781,328
飲食支出	140,483	143,293	146,159	149,082	152,064	155,105	158,207	161,371	164,599	167,891	171,249	174,674	178,167	181,730	185,365
衣飾支出	8,000	8,000	8,000	8,000	8,000	8,000	8,000	8,000	8,000	8,000	8,000	8,000	8,000	8,000	8,000
居住支出	84,000	84,000	84,000	84,000	84,000	0	0	0	0	0	0	0	0	0	0
交通支出	119,920	119,920	119,920	119,920	119,920	6,000	6,000	6,000	6,000	6,000	6,000	6,000	6,000	6,000	6,000
學貸還本	0	0	0	0	0	0	0	0	0	0	0	0	0	0	0
學貸付息	0	0	0	0	0	0	0	0	0	0	0	0	0	0	0
車貸支出	0	0	0	0	0	0	0	0	0	0	0	0	0	0	0
房貸還本	0	0	0	0	2,400,000	880,751	897,485	914,537	931,913	949,620	967,662	986,048	1,004,783	1,023,874	1,043,327
房貸付息	0	0	0	0	0	182,400	165,666	148,614	131,237	113,531	95,488	77,103	58,368	39,277	19,823
購入基金	0	0	0	0	0	0	0	0	0	0	0	0	0	0	0
總支出	352,403	355,213	358,079	361,002	2,763,984	1,232,256	1,235,358	1,238,522	1,241,749	1,245,041	1,248,399	1,251,824	1,255,318	1,258,881	1,262,516
收支結餘	295,087	303,217	311,474	319,858	-2,071,627	2,398,266	-521,127	-516,548	-511,855	-507,045	-502,116	-497,068	-491,898	-486,606	481,188

下圖11-5顯示大雄於不同年齡層的主要收入與支出活動，包括30歲購車、50歲購屋、30歲投資基金與51歲處分基金等。其他日常生活的工作收入與食衣住行支出亦在圖形上顯示微幅上揚。

其中較值得注意的地方是基金的價值經過20年的投資後，在最差情境下的投資績效不彰，以致基金價值縮水下跌，間接導致大雄的購屋計畫因資金不足而無法實施。

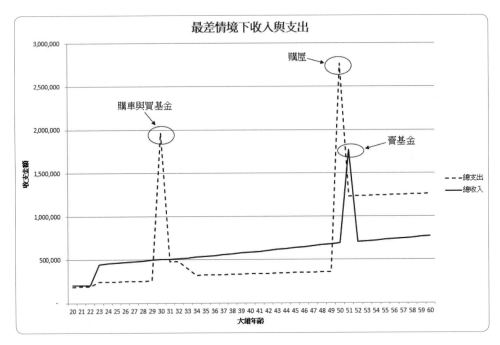

圖11-5　最差情境下的收支結餘趨勢圖

　　下圖11-6顯示大雄的基金價值經過20年的投資後，在持平情境下的投資績效雖然有改善，且基金價值已呈現成長，但上漲幅度仍不足以支應龐大的購屋支出，因此仍然間接導致大雄的購屋計畫因資金不足而無法實施。

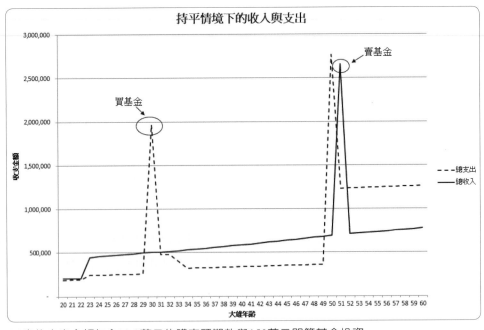

備註：30歲的支出金額包含20.9萬元的購車頭期款與150萬元單筆基金投資

圖11-6　持平情境下的收支結餘趨勢圖

下圖11-7顯示大雄的基金價值經過20年的投資後，在最佳情境下的投資績效有大大的改善，所以基金價值呈現大幅成長，其上漲幅度已經足以支應龐大的購屋支出，因此在此情境下大雄的購屋計畫因基金投資的優越績效而可以順利實施。

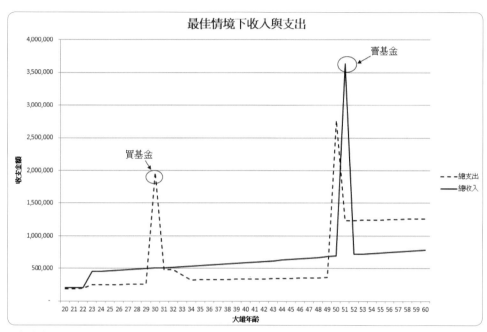

備註 30歲的支出金額包含20.9萬元的購車頭期款與150萬元單筆基金投資

圖11-7　最佳情境下的收支結餘趨勢圖

綜合上述三種不同情境的財務分析，我們學習到投資活動的績效優劣會深深影響家庭重大的財務目標，例如範例中的購車、購屋計畫等。因此如何控管投資風險，並以穩健投資的態度來進行健全的家庭理財規劃，最終才能避免遭遇到資金周轉不靈（財務缺口）的窘境，進而達成所有的家庭財務目標，實現所有的個人夢想。

11-4 投資活動的最新發展趨勢

在**金融科技**（Fintech）發展的年代，投資與理財的目標是否能依我們預期的方向來進行，其實是可以藉由強大的電腦運算能力來協助進行監控，目前正流行的**人工智慧**（Artificial Intelligence）、**機器學習**（Machine Learning）、**程式交易**（Program Trading）等工具，正可以用來解決我們在投資與理財上所面臨的困境。例如，上班族無法隨時盯盤並即時決定是否要轉換基金或買賣股票等投資決策。

而最近幾年來，臺灣證券業也逐漸開放API（Application Programming Interface）下單買賣證券。若投資人懂得使用此一工具，將可把選擇投資標的、監控價格行情、自動下單交易等費時費力的工作交給機器人（一組程式）來執行，好處是可以提升投資效率，並在可以控制的風險下來整合家庭投資與理財活動。如此便不用擔心因投資活動帶來不可控制的風險，而造成家庭財務目標的遙不可及。

透過上述的金融科技技術，我們日常生活中的投資活動固然可以自動化，進而減輕我們分秒不離螢幕的看盤壓力。然而許多投資人最好奇的是，自動化交易帶來了方便與效率，但投資績效是否也因此而提升呢？

簡單的說，自動化是帶來了交易流程上的效率，但交易績效需要有完善且能獲利的交易策略才行。這時人工智慧、機器學習、優化演算法等工具可以協助投資人找到能獲利的交易策略，再將此經過驗證（Validation）後的優化交易策略融入自動交易的流程中，而我們擁有的是自動化加上智能化的投資交易系統，這就是大家耳熟能詳的「程式交易」或**「演算法交易」**（Algorithm Trading）的精華所在。

這自動化智能交易系統帶給我們的不僅僅是自動化的投資「效率」，更帶來了智能化的投資「績效」。這也是全世界投資界的發展新趨勢，在國外已發展甚為成熟，而國內的金融業在近年來也逐漸趕上這趨勢與潮流。

　　圖11-8是國外**對沖基金**（Hedge Fund）於2009~2019年的績效統計圖。我們可以明顯的感受到，採用人工智慧、機器學習等技術發展出來的基金績效，是傳統人工操盤績效的2.25倍（持有期間報酬率/HPR），這也是為什麼近幾年來，自動化演算法交易逐漸受到投資界重視的原因。

　　因此將來不管是選擇投資標的、監控交易行情、決定進出場買賣點、即時自動下單、風險控管或是交易帳務處理等，皆可交由理財機器人來執行，而我們更要專注的是個人的生涯規劃與家庭財務目標的執行，而不是在「投資」活動這件事情上。因為在個人理財的素養上，個人夢想與財務目標才是我們要追求的目的，而投資活動只是達成這目的的工具與方法。

　　經由本章的範例說明，相信大家能夠逐漸瞭解「投資」與「理財」各自扮演的角色，與他們彼此間的緊密互動關係，如此才能真正掌握投資的脈動，進而達成家庭的理財目標，享受實現人生夢想的喜悅與榮耀。

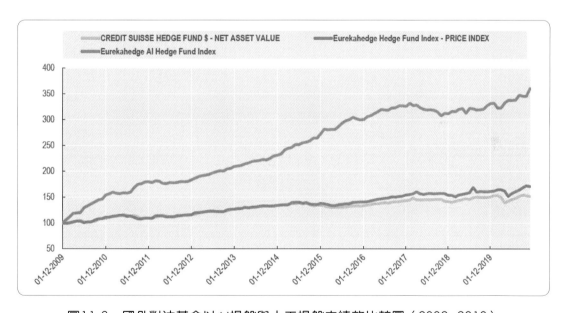

圖11-8　國外對沖基金以AI操盤與人工操盤之績效比較圖（2009~2019）

資料來源：OECD（2021），Artificial Intelligence，Machine Learning and Big Data in Finance：Opportunities，Challenges， and Implications for Policy Makers.，https//www.oecd.org/finance/ Artificial Intelligence，Machine Learning and Big Data in Finance - OECD

本章習題

請依據課文內表11-4的基金價值10次模擬資料，分別計算出每一年度的平均數（共20年），作為計算大雄家庭資產負債表與收支結餘表的單筆基金投資的價值演進過程（30歲年底開始投資），並沿用課文內表11-6的收支相關參數值。在此平均值的情境下，請分析大雄的購屋計畫是否能如期完成？

Appendix

A

索引表

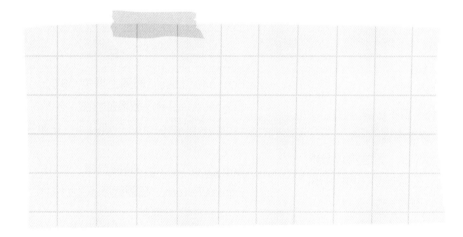

Appendix

B 習題解答

第三章 習題解答

實作題

Step 1 先完成「家庭收支結餘表」的工作收入

第一年是：工作起薪 × (12 + 2)

第二年起是：前一年工作收入 × (1 + 1.5%)

	A	B	C	D	E	F	G	H	I	J	K	L
1												
2	年度	2018	2019	2020	2021	2022	2023	2024	2025	2026	2027	2028
3	年齡	30	31	32	33	34	35	36	37	38	39	40
4	工作收入	448,000	454,720	461,541	468,464	475,491	482,623	489,863	497,211	504,669	512,239	519,922
5	利息收入											
6	股利收入											
7	總收入											
8												
9	飲食支出											
10	衣飾支出											
11	住宿支出											
12	交通支出											
13	購車支出											
14	總支出											
15												
16	收支結餘											

Step 2 完成「家庭收支結餘表」的股利收入

每一年是：2.5元 × 2,000股

	A	B	C	D	E	F	G	H	I	J	K	L
1												
2	年度	2018	2019	2020	2021	2022	2023	2024	2025	2026	2027	2028
3	年齡	30	31	32	33	34	35	36	37	38	39	40
4	工作收入	448,000	454,720	461,541	468,464	475,491	482,623	489,863	497,211	504,669	512,239	519,922
5	利息收入											
6	股利收入	5,000	5,000	5,000	5,000	5,000	5,000	5,000	5,000	5,000	5,000	5,000
7	總收入											
8												
9	飲食支出											
10	衣飾支出											
11	住宿支出											
12	交通支出											
13	購車支出											
14	總支出											
15												
16	收支結餘											

Step 3　完成「家庭收支結餘表」的飲食支出

第一年是：（早餐花費＋午餐花費＋晚餐花費＋消夜花費）×日數

第二年起是：前一年飲食支出×(1＋2%)

	A	B	C	D	E	F	G	H	I	J	K	L
1												
2	年度	2018	2019	2020	2021	2022	2023	2024	2025	2026	2027	2028
3	年齡	30	31	32	33	34	35	36	37	38	39	40
4	工作收入	448,000	454,720	461,541	468,464	475,491	482,623	489,863	497,211	504,669	512,239	519,922
5	利息收入											
6	股利收入	5,000	5,000	5,000	5,000	5,000	5,000	5,000	5,000	5,000	5,000	5,000
7	總收入											
8												
9	飲食支出	105,850	107,967	110,126	112,329	114,575	116,867	119,204	121,588	124,020	126,501	129,031
10	衣飾支出											
11	住宿支出											
12	交通支出											
13	購車支出											
14	總支出											
15												
16	收支結餘											

Step 4　完成「家庭收支結餘表」的衣飾支出

每一年是：2,000元 × 4季

	A	B	C	D	E	F	G	H	I	J	K	L
1												
2	年度	2018	2019	2020	2021	2022	2023	2024	2025	2026	2027	2028
3	年齡	30	31	32	33	34	35	36	37	38	39	40
4	工作收入	448,000	454,720	461,541	468,464	475,491	482,623	489,863	497,211	504,669	512,239	519,922
5	利息收入											
6	股利收入	5,000	5,000	5,000	5,000	5,000	5,000	5,000	5,000	5,000	5,000	5,000
7	總收入											
8												
9	飲食支出	105,850	107,967	110,126	112,329	114,575	116,867	119,204	121,588	124,020	126,501	129,031
10	衣飾支出	8,000	8,000	8,000	8,000	8,000	8,000	8,000	8,000	8,000	8,000	8,000
11	住宿支出											
12	交通支出											
13	購車支出											
14	總支出											
15												
16	收支結餘											

個人理財

Step 5 完成「家庭收支結餘表」的住宿支出

每一年是：12,000元 × 12個月

	A	B	C	D	E	F	G	H	I	J	K	L
1												
2	年度	2018	2019	2020	2021	2022	2023	2024	2025	2026	2027	2028
3	年齡	30	31	32	33	34	35	36	37	38	39	40
4	工作收入	448,000	454,720	461,541	468,464	475,491	482,623	489,863	497,211	504,669	512,239	519,922
5	利息收入											
6	股利收入	5,000	5,000	5,000	5,000	5,000	5,000	5,000	5,000	5,000	5,000	5,000
7	總收入											
8												
9	飲食支出	105,850	107,967	110,126	112,329	114,575	116,867	119,204	121,588	124,020	126,501	129,031
10	衣飾支出	8,000	8,000	8,000	8,000	8,000	8,000	8,000	8,000	8,000	8,000	8,000
11	住宿支出	144,000	144,000	144,000	144,000	144,000	144,000	144,000	144,000	144,000	144,000	144,000
12	交通支出											
13	購車支出											
14	總支出											
15												
16	收支結餘											

Step 6 完成「家庭收支結餘表」的交通支出

每一年是：油錢×12個月+維修費×4季+燃料費+牌照稅+保險費

	A	B	C	D	E	F	G	H	I	J	K	L
1												
2	年度	2018	2019	2020	2021	2022	2023	2024	2025	2026	2027	2028
3	年齡	30	31	32	33	34	35	36	37	38	39	40
4	工作收入	448,000	454,720	461,541	468,464	475,491	482,623	489,863	497,211	504,669	512,239	519,922
5	利息收入											
6	股利收入	5,000	5,000	5,000	5,000	5,000	5,000	5,000	5,000	5,000	5,000	5,000
7	總收入											
8												
9	飲食支出	105,850	107,967	110,126	112,329	114,575	116,867	119,204	121,588	124,020	126,501	129,031
10	衣飾支出	8,000	8,000	8,000	8,000	8,000	8,000	8,000	8,000	8,000	8,000	8,000
11	住宿支出	144,000	144,000	144,000	144,000	144,000	144,000	144,000	144,000	144,000	144,000	144,000
12	交通支出	80,720	80,720	80,720	80,720	80,720	80,720	80,720	80,720	80,720	80,720	80,720
13	購車支出											
14	總支出											
15												
16	收支結餘											

Step 7　完成「家庭收支結餘表」的購車支出

因為在年初購車，因此5年期零利率付款方式如下：
第一年是：頭期款 + 第一年分期款
第二年起是：每年分期款

	A	B	C	D	E	F	G	H	I	J	K	L
1												
2	年度	2018	2019	2020	2021	2022	2023	2024	2025	2026	2027	2028
3	年齡	30	31	32	33	34	35	36	37	38	39	40
4	工作收入	448,000	454,720	461,541	468,464	475,491	482,623	489,863	497,211	504,669	512,239	519,922
5	利息收入											
6	股利收入	5,000	5,000	5,000	5,000	5,000	5,000	5,000	5,000	5,000	5,000	5,000
7	總收入											
8												
9	飲食支出	105,850	107,967	110,126	112,329	114,575	116,867	119,204	121,588	124,020	126,501	129,031
10	衣飾支出	8,000	8,000	8,000	8,000	8,000	8,000	8,000	8,000	8,000	8,000	8,000
11	住宿支出	144,000	144,000	144,000	144,000	144,000	144,000	144,000	144,000	144,000	144,000	144,000
12	交通支出	80,720	80,720	80,720	80,720	80,720	80,720	80,720	80,720	80,720	80,720	80,720
13	購車支出	280,000	80,000	80,000	80,000	80,000	0	0	0	0	0	0
14	總支出											
15												
16	收支結餘											

Step 8　完成「家庭收支結餘表」各年度的總支出

	A	B	C	D	E	F	G	H	I	J	K	L
1												
2	年度	2018	2019	2020	2021	2022	2023	2024	2025	2026	2027	2028
3	年齡	30	31	32	33	34	35	36	37	38	39	40
4	工作收入	448,000	454,720	461,541	468,464	475,491	482,623	489,863	497,211	504,669	512,239	519,922
5	利息收入											
6	股利收入	5,000	5,000	5,000	5,000	5,000	5,000	5,000	5,000	5,000	5,000	5,000
7	總收入											
8												
9	飲食支出	105,850	107,967	110,126	112,329	114,575	116,867	119,204	121,588	124,020	126,501	129,031
10	衣飾支出	8,000	8,000	8,000	8,000	8,000	8,000	8,000	8,000	8,000	8,000	8,000
11	住宿支出	144,000	144,000	144,000	144,000	144,000	144,000	144,000	144,000	144,000	144,000	144,000
12	交通支出	80,720	80,720	80,720	80,720	80,720	80,720	80,720	80,720	80,720	80,720	80,720
13	購車支出	280,000	80,000	80,000	80,000	80,000	0	0	0	0	0	0
14	總支出	618,570	420,687	422,846	425,049	427,295	349,587	351,924	354,308	356,740	359,221	361,751
15												
16	收支結餘											

Step 9　完成「家庭資產負債表」的初始金額

	A	B	C	D	E	F	G	H	I	J	K	L	M
1													
2	年度	2018年初	2018	2019	2020	2021	2022	2023	2024	2025	2026	2027	2028
3	年齡	30	30	31	32	33	34	35	36	37	38	39	40
4	銀行活存	643,000											
5	股票投資	100,000											
6	汽車資產	600,000											
7	資產合計	1,343,000											
8													
9	汽車貸款	400,000											
10	總負債	400,000											
11	淨值	943,000											
12	總淨值	943,000											
13	負債淨值合計	1,343,000											

Step10 完成「家庭資產負債表」的股票投資

股票價值每年成長4%。

	A	B	C	D	E	F	G	H	I	J	K	L	M
1													
2	年度	2018年初	2018	2019	2020	2021	2022	2023	2024	2025	2026	2027	2028
3	年齡	30	30	31	32	33	34	35	36	37	38	39	40
4	銀行活存	643,000											
5	股票投資	100,000	104,000	108,160	112,486	116,986	121,665	126,532	131,593	136,857	142,331	148,024	153,945
6	汽車資產	600,000											
7	資產合計	1,343,000											
8													
9	汽車貸款	400,000											
10	總負債	400,000											
11	淨值	943,000											
12	總淨值	943,000											
13	負債淨值合計	1,343,000											

Step 11 完成「家庭資產負債表」的汽車資產

汽車價值每年折舊40,000元。

	A	B	C	D	E	F	G	H	I	J	K	L	M
1													
2	年度	2018年初	2018	2019	2020	2021	2022	2023	2024	2025	2026	2027	2028
3	年齡	30	30	31	32	33	34	35	36	37	38	39	40
4	銀行活存	643,000											
5	股票投資	100,000	104,000	108,160	112,486	116,986	121,665	126,532	131,593	136,857	142,331	148,024	153,945
6	汽車資產	600,000	560,000	520,000	480,000	440,000	400,000	360,000	320,000	280,000	240,000	200,000	160,000
7	資產合計	1,343,000											
8													
9	汽車貸款	400,000											
10	總負債	400,000											
11	淨值	943,000											
12	總淨值	943,000											
13	負債淨值合計	1,343,000											

Step 12 完成「家庭資產負債表」的汽車貸款與總負債

汽車貸款每年還款80,000元，還款期限5年。

	A	B	C	D	E	F	G	H	I	J	K	L	M
1													
2	年度	2018年初	2018	2019	2020	2021	2022	2023	2024	2025	2026	2027	2028
3	年齡	30	30	31	32	33	34	35	36	37	38	39	40
4	銀行活存	643,000											
5	股票投資	100,000	104,000	108,160	112,486	116,986	121,665	126,532	131,593	136,857	142,331	148,024	153,945
6	汽車資產	600,000	560,000	520,000	480,000	440,000	400,000	360,000	320,000	280,000	240,000	200,000	160,000
7	資產合計	1,343,000											
8													
9	汽車貸款	400,000	320,000	240,000	160,000	80,000	0	0	0	0	0	0	0
10	總負債	400,000	320,000	240,000	160,000	80,000	0	0	0	0	0	0	0
11	淨值	943,000											
12	總淨值	943,000											
13	負債淨值合計	1,343,000											

Step 13 完成「家庭資產負債表」的銀行活存（現金）

每年銀行活存金額是：前一年度銀行活存金額 + 本年度收支結餘

	A	B	C	D	E	F	G	H	I	J	K	L	M
1													
2	年度	2018年初	2018	2019	2020	2021	2022	2023	2024	2025	2026	2027	2028
3	年齡	30	30	31	32	33	34	35	36	37	38	39	40
4	銀行活存	643,000	480,645	522,081	568,386	619,643	675,937	817,353	964,378	1,117,102	1,275,616	1,440,012	1,610,384
5	股票投資	100,000	104,000	108,160	112,486	116,986	121,665	126,532	131,593	136,857	142,331	148,024	153,945
6	汽車資產	600,000	560,000	520,000	480,000	440,000	400,000	360,000	320,000	280,000	240,000	200,000	160,000
7	資產合計	1,343,000											
8													
9	汽車貸款	400,000	320,000	240,000	160,000	80,000	0	0	0	0	0	0	0
10	總負債	400,000	320,000	240,000	160,000	80,000	0	0	0	0	0	0	0
11	淨值	943,000											
12	總淨值	943,000											
13	負債淨值合計	1,343,000											

Step 14 完成「家庭資產負債表」的資產合計

	A	B	C	D	E	F	G	H	I	J	K	L	M
1													
2	年度	2018年初	2018	2019	2020	2021	2022	2023	2024	2025	2026	2027	2028
3	年齡	30	30	31	32	33	34	35	36	37	38	39	40
4	銀行活存	643,000	480,645	522,081	568,386	619,643	675,937	817,353	964,378	1,117,102	1,275,616	1,440,012	1,610,384
5	股票投資	100,000	104,000	108,160	112,486	116,986	121,665	126,532	131,593	136,857	142,331	148,024	153,945
6	汽車資產	600,000	560,000	520,000	480,000	440,000	400,000	360,000	320,000	280,000	240,000	200,000	160,000
7	資產合計	1,343,000	1,144,645	1,150,241	1,160,872	1,176,629	1,197,602	1,303,885	1,415,971	1,533,959	1,657,947	1,788,036	1,924,329
8													
9	汽車貸款	400,000	320,000	240,000	160,000	80,000	0	0	0	0	0	0	0
10	總負債	400,000	320,000	240,000	160,000	80,000	0	0	0	0	0	0	0
11	淨值	943,000											
12	總淨值	943,000											
13	負債淨值合計	1,343,000											

Step 15 完成「家庭資產負債表」的淨值與貸方合計

每年淨值是：當年度資產合計－當年度總負債

	A	B	C	D	E	F	G	H	I	J	K	L	M
1													
2	年度	2018年初	2018	2019	2020	2021	2022	2023	2024	2025	2026	2027	2028
3	年齡	30	30	31	32	33	34	35	36	37	38	39	40
4	銀行活存	643,000	480,645	522,081	568,386	619,643	675,937	817,353	964,378	1,117,102	1,275,616	1,440,012	1,610,384
5	股票投資	100,000	104,000	108,160	112,486	116,986	121,665	126,532	131,593	136,857	142,331	148,024	153,945
6	汽車資產	600,000	560,000	520,000	480,000	440,000	400,000	360,000	320,000	280,000	240,000	200,000	160,000
7	資產合計	1,343,000	1,144,645	1,150,241	1,160,872	1,176,629	1,197,602	1,303,885	1,415,971	1,533,959	1,657,947	1,788,036	1,924,329
8													
9	汽車貸款	400,000	320,000	240,000	160,000	80,000	0	0	0	0	0	0	0
10	總負債	400,000	320,000	240,000	160,000	80,000	0	0	0	0	0	0	0
11	淨值	943,000	824,645	910,241	1,000,872	1,096,629	1,197,602	1,303,885	1,415,971	1,533,959	1,657,947	1,788,036	1,924,329
12	總淨值	943,000	824,645	910,241	1,000,872	1,096,629	1,197,602	1,303,885	1,415,971	1,533,959	1,657,947	1,788,036	1,924,329
13	負債淨值合計	1,343,000	1,144,645	1,150,241	1,160,872	1,176,629	1,197,602	1,303,885	1,415,971	1,533,959	1,657,947	1,788,036	1,924,329

Step 16 完成「家庭收支結餘表」的利息收入

每年利息收入是：前一年度銀行活存餘額 × 活存利率

	A	B	C	D	E	F	G	H	I	J	K	L
1												
2	年度	2018	2019	2020	2021	2022	2023	2024	2025	2026	2027	2028
3	年齡	30	31	32	33	34	35	36	37	38	39	40
4	工作收入	448,000	454,720	461,541	468,464	475,491	482,623	489,863	497,211	504,669	512,239	519,922
5	利息收入	3,215	2,403	2,610	2,842	3,098	3,380	4,087	4,822	5,586	6,378	7,200
6	股利收入	5,000	5,000	5,000	5,000	5,000	5,000	5,000	5,000	5,000	5,000	5,000
7	總收入											
8												
9	飲食支出	105,850	107,967	110,126	112,329	114,575	116,867	119,204	121,588	124,020	126,501	129,031
10	衣飾支出	8,000	8,000	8,000	8,000	8,000	8,000	8,000	8,000	8,000	8,000	8,000
11	住宿支出	144,000	144,000	144,000	144,000	144,000	144,000	144,000	144,000	144,000	144,000	144,000
12	交通支出	80,720	80,720	80,720	80,720	80,720	80,720	80,720	80,720	80,720	80,720	80,720
13	購車支出	280,000	80,000	80,000	80,000	80,000	0	0	0	0	0	0
14	總支出	618,570	420,687	422,846	425,049	427,295	349,587	351,924	354,308	356,740	359,221	361,751
15												
16	收支結餘											

Step 17 完成「家庭收支結餘表」的總收入

	A	B	C	D	E	F	G	H	I	J	K	L
1												
2	年度	2018	2019	2020	2021	2022	2023	2024	2025	2026	2027	2028
3	年齡	30	31	32	33	34	35	36	37	38	39	40
4	工作收入	448,000	454,720	461,541	468,464	475,491	482,623	489,863	497,211	504,669	512,239	519,922
5	利息收入	3,215	2,403	2,610	2,842	3,098	3,380	4,087	4,822	5,586	6,378	7,200
6	股利收入	5,000	5,000	5,000	5,000	5,000	5,000	5,000	5,000	5,000	5,000	5,000
7	總收入	456,215	462,123	469,151	476,306	483,589	491,003	498,949	507,032	515,254	523,617	532,122
8												
9	飲食支出	105,850	107,967	110,126	112,329	114,575	116,867	119,204	121,588	124,020	126,501	129,031
10	衣飾支出	8,000	8,000	8,000	8,000	8,000	8,000	8,000	8,000	8,000	8,000	8,000
11	住宿支出	144,000	144,000	144,000	144,000	144,000	144,000	144,000	144,000	144,000	144,000	144,000
12	交通支出	80,720	80,720	80,720	80,720	80,720	80,720	80,720	80,720	80,720	80,720	80,720
13	購車支出	280,000	80,000	80,000	80,000	80,000	0	0	0	0	0	0
14	總支出	618,570	420,687	422,846	425,049	427,295	349,587	351,924	354,308	356,740	359,221	361,751
15												
16	收支結餘											

Step 18 完成「家庭收支結餘表」的收支結餘

	A	B	C	D	E	F	G	H	I	J	K	L
1												
2	年度	2018	2019	2020	2021	2022	2023	2024	2025	2026	2027	2028
3	年齡	30	31	32	33	34	35	36	37	38	39	40
4	工作收入	448,000	454,720	461,541	468,464	475,491	482,623	489,863	497,211	504,669	512,239	519,922
5	利息收入	3,215	2,403	2,610	2,842	3,098	3,380	4,087	4,822	5,586	6,378	7,200
6	股利收入	5,000	5,000	5,000	5,000	5,000	5,000	5,000	5,000	5,000	5,000	5,000
7	總收入	456,215	462,123	469,151	476,306	483,589	491,003	498,949	507,032	515,254	523,617	532,122
8												
9	飲食支出	105,850	107,967	110,126	112,329	114,575	116,867	119,204	121,588	124,020	126,501	129,031
10	衣飾支出	8,000	8,000	8,000	8,000	8,000	8,000	8,000	8,000	8,000	8,000	8,000
11	住宿支出	144,000	144,000	144,000	144,000	144,000	144,000	144,000	144,000	144,000	144,000	144,000
12	交通支出	80,720	80,720	80,720	80,720	80,720	80,720	80,720	80,720	80,720	80,720	80,720
13	購車支出	280,000	80,000	80,000	80,000	80,000	0	0	0	0	0	0
14	總支出	618,570	420,687	422,846	425,049	427,295	349,587	351,924	354,308	356,740	359,221	361,751
15												
16	收支結餘	- 162,355	41,436	46,305	51,257	56,294	141,416	147,025	152,724	158,514	164,396	170,372

第四章 習題解答

一、實作題

Step 1 先確認「學貸還款計畫表」的金額、期限與利率

從大二開始辦理就學貸款，每學期40,000元，每年80,000元。共貸款6個學期（3年），依規定寬限期至大學畢業為止（23歲），還款期限可以是6年，學貸總金額為240,000元。

	A	B	C	D	E	F	G
1							
2	學貸金額	240,000					
3	還款期限	6					
4	學貸利率	1.15%					
5							
6	年度	2021	2022	2023	2024	2025	2026
7	年齡	23	24	25	26	27	28
8	還款年序	1	2	3	4	5	6
9	學貸還本						
10	學貸付息						
11	總金額						

Step 2 計算「學貸還款計畫表」第一年的還本與付息金額

學貸還本是：=PPMT(1.15%, 1, 6, －240,000)

學貸付息是：=IPMT(1.15%, 1, 6, －240,000)

	A	B	C	D	E	F	G
1							
2	學貸金額	240,000					
3	還款期限	6					
4	學貸利率	1.15%					
5							
6	年度	2021	2022	2023	2024	2025	2026
7	年齡	23	24	25	26	27	28
8	還款年序	1	2	3	4	5	6
9	學貸還本	38,865					
10	學貸付息	2,760					
11	總金額						

Step 3　完成「學貸還款計畫表」6個年度的還本與付息金額

	A	B	C	D	E	F	G
1							
2	學貸金額	240,000					
3	還款期限	6					
4	學貸利率	1.15%					
5							
6	年度	2021	2022	2023	2024	2025	2026
7	年齡	23	24	25	26	27	28
8	還款年序	1	2	3	4	5	6
9	學貸還本	38,865	39,312	39,764	40,222	40,684	41,152
10	學貸付息	2,760	2,313	1,861	1,404	941	473
11	總金額	41,625	41,625	41,625	41,625	41,625	41,625

Step 4　完成「家庭收支結餘表」的工作收入

大學打工時是：16,000元 × 12個月

正職第一年是：24,000元 × (12+2)個月

之後年度是：前一年工作收入 × (1 + 1.5%)

	A	B	C	D	E	F	G	H	I	J	K	L
1												
2	年度	2018	2019	2020	2021	2022	2023	2024	2025	2026	2027	2028
3	年齡	20	21	22	23	24	25	26	27	28	29	30
4		大二	大三	大四	正職工作							
5	工作收入	192,000	192,000	192,000	336,000	341,040	346,156	351,348	356,618	361,967	367,397	372,908
6	利息收入											
7	總收入											
8												
9	飲食支出											
10	衣飾支出											
11	住宿支出											
12	交通支出											
13	投資基金											
14	學貸還本											
15	學貸還息											
16	總支出											
17												
18	收支結餘											

Step 5 完成「家庭收支結餘表」的飲食支出

第一年是：（早餐花費＋午餐花費＋晚餐花費＋消夜花費）× 日數
之後年度是：前一年飲食支出 × (1 ＋ 2%)

	A	B	C	D	E	F	G	H	I	J	K	L
1												
2	年度	2018	2019	2020	2021	2022	2023	2024	2025	2026	2027	2028
3	年齡	20	21	22	23	24	25	26	27	28	29	30
4		大二	大三	大四	正職工作							
5	工作收入	192,000	192,000	192,000	336,000	341,040	346,156	351,348	356,618	361,967	367,397	372,908
6	利息收入											
7	總收入											
8												
9	飲食支出	91,250	93,075	94,937	96,835	98,772	100,747	102,762	104,818	106,914	109,052	111,233
10	衣飾支出											
11	住宿支出											
12	交通支出											
13	投資基金											
14	學貸還本											
15	學貸還息											
16	總支出											
17												
18	收支結餘											

Step 6 完成「家庭收支結餘表」的衣飾支出

每一年是：2,000元 × 4季

	A	B	C	D	E	F	G	H	I	J	K	L
1												
2	年度	2018	2019	2020	2021	2022	2023	2024	2025	2026	2027	2028
3	年齡	20	21	22	23	24	25	26	27	28	29	30
4		大二	大三	大四	正職工作							
5	工作收入	192,000	192,000	192,000	336,000	341,040	346,156	351,348	356,618	361,967	367,397	372,908
6	利息收入											
7	總收入											
8												
9	飲食支出	91,250	93,075	94,937	96,835	98,772	100,747	102,762	104,818	106,914	109,052	111,233
10	衣飾支出	8,000	8,000	8,000	8,000	8,000	8,000	8,000	8,000	8,000	8,000	8,000
11	住宿支出											
12	交通支出											
13	投資基金											
14	學貸還本											
15	學貸還息											
16	總支出											
17												
18	收支結餘											

Step 7 完成「家庭收支結餘表」的住宿支出

Step 7 完成「家庭收支結餘表」的住宿支出

　　　　每一年是：6,000元 × 12個月

	A	B	C	D	E	F	G	H	I	J	K	L
1												
2	年度	2018	2019	2020	2021	2022	2023	2024	2025	2026	2027	2028
3	年齡	20	21	22	23	24	25	26	27	28	29	30
4		大二	大三	大四	正職工作							
5	工作收入	192,000	192,000	192,000	336,000	341,040	346,156	351,348	356,618	361,967	367,397	372,908
6	利息收入											
7	總收入											
8												
9	飲食支出	91,250	93,075	94,937	96,835	98,772	100,747	102,762	104,818	106,914	109,052	111,233
10	衣飾支出	8,000	8,000	8,000	8,000	8,000	8,000	8,000	8,000	8,000	8,000	8,000
11	住宿支出	72,000	72,000	72,000	72,000	72,000	72,000	72,000	72,000	72,000	72,000	72,000
12	交通支出											
13	投資基金											
14	學貸還本											
15	學貸還息											
16	總支出											
17												
18	收支結餘											

Step 8 完成「家庭收支結餘表」的交通支出

　　　　每一年是：油錢 × 12個月 + 維修費 × 4季 + 燃料費 + 牌照稅 + 保險費

	A	B	C	D	E	F	G	H	I	J	K	L
1												
2	年度	2018	2019	2020	2021	2022	2023	2024	2025	2026	2027	2028
3	年齡	20	21	22	23	24	25	26	27	28	29	30
4		大二	大三	大四	正職工作							
5	工作收入	192,000	192,000	192,000	336,000	341,040	346,156	351,348	356,618	361,967	367,397	372,908
6	利息收入											
7	總收入											
8												
9	飲食支出	91,250	93,075	94,937	96,835	98,772	100,747	102,762	104,818	106,914	109,052	111,233
10	衣飾支出	8,000	8,000	8,000	8,000	8,000	8,000	8,000	8,000	8,000	8,000	8,000
11	住宿支出	72,000	72,000	72,000	72,000	72,000	72,000	72,000	72,000	72,000	72,000	72,000
12	交通支出	21,650	21,650	21,650	21,650	21,650	21,650	21,650	21,650	21,650	21,650	21,650
13	投資基金											
14	學貸還本											
15	學貸還息											
16	總支出											
17												
18	收支結餘											

Step 9　完成「家庭收支結餘表」的投資基金

正職工作後，第一年會定期定額投資共同基金，將選定年報酬率6%的基金來投資，每個月投資金額2,000元，將與基金公司簽約扣款投資一年。

	A	B	C	D	E	F	G	H	I	J	K	L
1												
2	年度	2018	2019	2020	2021	2022	2023	2024	2025	2026	2027	2028
3	年齡	20	21	22	23	24	25	26	27	28	29	30
4		大二	大三	大四	正職工作							
5	工作收入	192,000	192,000	192,000	336,000	341,040	346,156	351,348	356,618	361,967	367,397	372,908
6	利息收入											
7	總收入											
8												
9	飲食支出	91,250	93,075	94,937	96,835	98,772	100,747	102,762	104,818	106,914	109,052	111,233
10	衣飾支出	8,000	8,000	8,000	8,000	8,000	8,000	8,000	8,000	8,000	8,000	8,000
11	住宿支出	72,000	72,000	72,000	72,000	72,000	72,000	72,000	72,000	72,000	72,000	72,000
12	交通支出	21,650	21,650	21,650	21,650	21,650	21,650	21,650	21,650	21,650	21,650	21,650
13	投資基金	0	0	0	24,000	0	0	0	0	0	0	0
14	學貸還本											
15	學貸還息											
16	總支出											
17												
18	收支結餘											

Step 10　完成「家庭收支結餘表」的學貸還本與付息

由上述「學貸還款計畫表」帶入相關金額。

	A	B	C	D	E	F	G	H	I	J	K	L
1												
2	年度	2018	2019	2020	2021	2022	2023	2024	2025	2026	2027	2028
3	年齡	20	21	22	23	24	25	26	27	28	29	30
4		大二	大三	大四	正職工作							
5	工作收入	192,000	192,000	192,000	336,000	341,040	346,156	351,348	356,618	361,967	367,397	372,908
6	利息收入											
7	總收入											
8												
9	飲食支出	91,250	93,075	94,937	96,835	98,772	100,747	102,762	104,818	106,914	109,052	111,233
10	衣飾支出	8,000	8,000	8,000	8,000	8,000	8,000	8,000	8,000	8,000	8,000	8,000
11	住宿支出	72,000	72,000	72,000	72,000	72,000	72,000	72,000	72,000	72,000	72,000	72,000
12	交通支出	21,650	21,650	21,650	21,650	21,650	21,650	21,650	21,650	21,650	21,650	21,650
13	投資基金	0	0	0	24,000	0	0	0	0	0	0	0
14	學貸還本	0	0	0	38,865	39,312	39,764	40,222	40,684	41,152	0	0
15	學貸還息	0	0	0	2,760	2,313	1,861	1,404	941	473	0	0
16	總支出											
17												
18	收支結餘											

Step 11 完成「家庭收支結餘表」各年度的總支出

	A	B	C	D	E	F	G	H	I	J	K	L
1												
2	年度	2018	2019	2020	2021	2022	2023	2024	2025	2026	2027	2028
3	年齡	20	21	22	23	24	25	26	27	28	29	30
4		大二	大三	大四	正職工作							
5	工作收入	192,000	192,000	192,000	336,000	341,040	346,156	351,348	356,618	361,967	367,397	372,908
6	利息收入											
7	總收入												
8													
9	飲食支出	91,250	93,075	94,937	96,835	98,772	100,747	102,762	104,818	106,914	109,052	111,233
10	衣飾支出	8,000	8,000	8,000	8,000	8,000	8,000	8,000	8,000	8,000	8,000	8,000
11	住宿支出	72,000	72,000	72,000	72,000	72,000	72,000	72,000	72,000	72,000	72,000	72,000
12	交通支出	21,650	21,650	21,650	21,650	21,650	21,650	21,650	21,650	21,650	21,650	21,650
13	投資基金	0	0	0	24,000	0	0	0	0	0	0	0
14	學貸還本	0	0	0	38,865	39,312	39,764	40,222	40,684	41,152	0	0
15	學貸還息	0	0	0	2,760	2,313	1,861	1,404	941	473	0	0
16	總支出	192,900	194,725	196,587	264,111	242,047	244,023	246,038	248,093	250,189	210,702	212,883
17												
18	收支結餘												

Step 12 完成「家庭資產負債表」的初始金額

	A	B	C	D	E	F	G	H	I	J	K	L	M
1													
2	年度	2018年初	2018	2019	2020	2021	2022	2023	2024	2025	2026	2027	2028
3	年齡	20	20	21	22	23	24	25	26	27	28	29	30
4		大一	大二	大三	大四	正職工作							
5	銀行活存	20,000											
6	基金投資	0											
7	機車一部	20,000											
8	資產合計	40,000											
9													
10	學貸	0											
11	總負債	0											
12	淨值	40,000											
13	總淨值	40,000											
14	負債淨值合計	40,000											

Step 13 完成「家庭資產負債表」的基金投資

23歲時投資一年，基金投資的年報酬率是6%。

	A	B	C	D	E	F	G	H	I	J	K	L	M
1													
2	年度	2018年初	2018	2019	2020	2021	2022	2023	2024	2025	2026	2027	2028
3	年齡	20	20	21	22	23	24	25	26	27	28	29	30
4			大一	大二	大三	大四	正職工作						
5	銀行活存	20,000											
6	基金投資	0	0	0	0	24,000	25,440	26,966	28,584	30,299	32,117	34,044	36,087
7	機車一部	20,000											
8	資產合計	40,000											
9													
10	學貸	0											
11	總負債	0											
12	淨值	40,000											
13	總淨值	40,000											
14	負債淨值合計	40,000											

Step 14 完成「家庭資產負債表」的機車資產

機車價值每年折舊1,500元。

	A	B	C	D	E	F	G	H	I	J	K	L	M
1													
2	年度	2018年初	2018	2019	2020	2021	2022	2023	2024	2025	2026	2027	2028
3	年齡	20	20	21	22	23	24	25	26	27	28	29	30
4			大一	大二	大三	大四	正職工作						
5	銀行活存	20,000											
6	基金投資	0	0	0	0	24,000	25,440	26,966	28,584	30,299	32,117	34,044	36,087
7	機車一部	20,000	18,500	17,000	15,500	14,000	12,500	11,000	9,500	8,000	6,500	5,000	3,500
8	資產合計	40,000											
9													
10	學貸	0											
11	總負債	0											
12	淨值	40,000											
13	總淨值	40,000											
14	負債淨值合計	40,000											

Step 15 完成「家庭資產負債表」的學貸餘額與總負債

寬限期的學貸餘額每年增加80,000元，還款期的每年還款金額，由「家庭收支結餘表」的「學貸還本」帶入。

	A	B	C	D	E	F	G	H	I	J	K	L	M
1													
2	年度	2018年初	2018	2019	2020	2021	2022	2023	2024	2025	2026	2027	2028
3	年齡	20	20	21	22	23	24	25	26	27	28	29	30
4			大一	大二	大三	大四	正職工作						
5	銀行活存	20,000											
6	基金投資	0	0	0	0	24,000	25,440	26,966	28,584	30,299	32,117	34,044	36,087
7	機車一部	20,000	18,500	17,000	15,500	14,000	12,500	11,000	9,500	8,000	6,500	5,000	3,500
8	資產合計	40,000											
9													
10	學貸	0	80,000	160,000	240,000	201,135	161,822	122,058	81,836	41,152	0	0	0
11	總負債	0	80,000	160,000	240,000	201,135	161,822	122,058	81,836	41,152	0	0	0
12	淨值	40,000											
13	總淨值	40,000											
14	負債淨值合計	40,000											

Step 16 完成「家庭資產負債表」的銀行活存（現金）

每年銀行活存金額是：前一年度銀行活存金額 + 本年度收支結餘

	A	B	C	D	E	F	G	H	I	J	K	L	M
1													
2	年度	2018年初	2018	2019	2020	2021	2022	2023	2024	2025	2026	2027	2028
3	年齡	20	20	21	22	23	24	25	26	27	28	29	30
4			大一	大二	大三	大四	正職工作						
5	銀行活存	20,000	19,200	16,571	12,067	84,017	183,430	286,480	393,223	503,714	618,011	777,796	941,709
6	基金投資	0	0	0	0	24,000	25,440	26,966	28,584	30,299	32,117	34,044	36,087
7	機車一部	20,000	18,500	17,000	15,500	14,000	12,500	11,000	9,500	8,000	6,500	5,000	3,500
8	資產合計	40,000											
9													
10	學貸	0	80,000	160,000	240,000	201,135	161,822	122,058	81,836	41,152	0	0	0
11	總負債	0	80,000	160,000	240,000	201,135	161,822	122,058	81,836	41,152	0	0	0
12	淨值	40,000											
13	總淨值	40,000											
14	負債淨值合計	40,000											

Step 17 完成「家庭資產負債表」的資產合計

	A	B	C	D	E	F	G	H	I	J	K	L	M
1													
2	年度	2018年初	2018	2019	2020	2021	2022	2023	2024	2025	2026	2027	2028
3	年齡	20	20	21	22	23	24	25	26	27	28	29	30
4			大一	大二	大三	大四	正職工作						
5	銀行活存	20,000	19,200	16,571	12,067	84,017	183,430	286,480	393,223	503,714	618,011	777,796	941,709
6	基金投資	0	0	0	0	24,000	25,440	26,966	28,584	30,299	32,117	34,044	36,087
7	機車一部	20,000	18,500	17,000	15,500	14,000	12,500	11,000	9,500	8,000	6,500	5,000	3,500
8	資產合計	40,000	37,700	33,571	27,567	122,017	221,370	324,446	431,307	542,013	656,628	816,840	981,296
9													
10	學貸	0	80,000	160,000	240,000	201,135	161,822	122,058	81,836	41,152	0	0	0
11	總負債	0	80,000	160,000	240,000	201,135	161,822	122,058	81,836	41,152	0	0	0
12	淨值	40,000											
13	總淨值	40,000											
14	負債淨值合計	40,000											

Step 18 完成「家庭資產負債表」的淨值與貸方合計

每年淨值是：當年度資產合計 − 當年度總負債

	A	B	C	D	E	F	G	H	I	J	K	L	M
1													
2	年度	2018年初	2018	2019	2020	2021	2022	2023	2024	2025	2026	2027	2028
3	年齡	20	20	21	22	23	24	25	26	27	28	29	30
4			大一	大二	大三	大四	正職工作						
5	銀行活存	20,000	19,200	16,571	12,067	84,017	183,430	286,480	393,223	503,714	618,011	777,796	941,709
6	基金投資	0	0	0	0	24,000	25,440	26,966	28,584	30,299	32,117	34,044	36,087
7	機車一部	20,000	18,500	17,000	15,500	14,000	12,500	11,000	9,500	8,000	6,500	5,000	3,500
8	資產合計	40,000	37,700	33,571	27,567	122,017	221,370	324,446	431,307	542,013	656,628	816,840	981,296
9													
10	學貸	0	80,000	160,000	240,000	201,135	161,822	122,058	81,836	41,152	0	0	0
11	總負債	0	80,000	160,000	240,000	201,135	161,822	122,058	81,836	41,152	0	0	0
12	淨值	40,000	- 42,300	- 126,429	- 212,433	- 79,118	59,548	202,388	349,471	500,861	656,628	816,840	981,296
13	總淨值	40,000	- 42,300	- 126,429	- 212,433	- 79,118	59,548	202,388	349,471	500,861	656,628	816,840	981,296
14	負債淨值合計	40,000	37,700	33,571	27,567	122,017	221,370	324,446	431,307	542,013	656,628	816,840	981,296

Step 19 完成「家庭收支結餘表」的利息收入

　　　　每年利息收入是：前一年度銀行活存餘額 × 活存利率

	A	B	C	D	E	F	G	H	I	J	K	L
1												
2	年度	2018	2019	2020	2021	2022	2023	2024	2025	2026	2027	2028
3	年齡	20	21	22	23	24	25	26	27	28	29	30
4		大二	大三	大四	正職工作							
5	工作收入	192,000	192,000	192,000	336,000	341,040	346,156	351,348	356,618	361,967	367,397	372,908
6	利息收入	100	96	83	60	420	917	1,432	1,966	2,519	3,090	3,889
7	總收入											
8												
9	飲食支出	91,250	93,075	94,937	96,835	98,772	100,747	102,762	104,818	106,914	109,052	111,233
10	衣飾支出	8,000	8,000	8,000	8,000	8,000	8,000	8,000	8,000	8,000	8,000	8,000
11	住宿支出	72,000	72,000	72,000	72,000	72,000	72,000	72,000	72,000	72,000	72,000	72,000
12	交通支出	21,650	21,650	21,650	21,650	21,650	21,650	21,650	21,650	21,650	21,650	21,650
13	投資基金	0	0	0	24,000	0	0	0	0	0	0	0
14	學貸還本	0	0	0	38,865	39,312	39,764	40,222	40,684	41,152	0	0
15	學貸還息	0	0	0	2,760	2,313	1,861	1,404	941	473	0	0
16	總支出	192,900	194,725	196,587	264,111	242,047	244,023	246,038	248,093	250,189	210,702	212,883
17												
18	收支結餘											

Step 20 完成「家庭收支結餘表」的總收入

	A	B	C	D	E	F	G	H	I	J	K	L
1												
2	年度	2018	2019	2020	2021	2022	2023	2024	2025	2026	2027	2028
3	年齡	20	21	22	23	24	25	26	27	28	29	30
4		大二	大三	大四	正職工作							
5	工作收入	192,000	192,000	192,000	336,000	341,040	346,156	351,348	356,618	361,967	367,397	372,908
6	利息收入	100	96	83	60	420	917	1,432	1,966	2,519	3,090	3,889
7	總收入	192,100	192,096	192,083	336,060	341,460	347,073	352,780	358,584	364,486	370,487	376,797
8												
9	飲食支出	91,250	93,075	94,937	96,835	98,772	100,747	102,762	104,818	106,914	109,052	111,233
10	衣飾支出	8,000	8,000	8,000	8,000	8,000	8,000	8,000	8,000	8,000	8,000	8,000
11	住宿支出	72,000	72,000	72,000	72,000	72,000	72,000	72,000	72,000	72,000	72,000	72,000
12	交通支出	21,650	21,650	21,650	21,650	21,650	21,650	21,650	21,650	21,650	21,650	21,650
13	投資基金	0	0	0	24,000	0	0	0	0	0	0	0
14	學貸還本	0	0	0	38,865	39,312	39,764	40,222	40,684	41,152	0	0
15	學貸還息	0	0	0	2,760	2,313	1,861	1,404	941	473	0	0
16	總支出	192,900	194,725	196,587	264,111	242,047	244,023	246,038	248,093	250,189	210,702	212,883
17												
18	收支結餘											

Step 21 完成「家庭收支結餘表」的收支結餘

	A	B	C	D	E	F	G	H	I	J	K	L
1												
2	年度	2018	2019	2020	2021	2022	2023	2024	2025	2026	2027	2028
3	年齡	20	21	22	23	24	25	26	27	28	29	30
4		大二	大三	大四	正職工作							
5	工作收入	192,000	192,000	192,000	336,000	341,040	346,156	351,348	356,618	361,967	367,397	372,908
6	利息收入	100	96	83	60	420	917	1,432	1,966	2,519	3,090	3,889
7	總收入	192,100	192,096	192,083	336,060	341,460	347,073	352,780	358,584	364,486	370,487	376,797
8												
9	飲食支出	91,250	93,075	94,937	96,835	98,772	100,747	102,762	104,818	106,914	109,052	111,233
10	衣飾支出	8,000	8,000	8,000	8,000	8,000	8,000	8,000	8,000	8,000	8,000	8,000
11	住宿支出	72,000	72,000	72,000	72,000	72,000	72,000	72,000	72,000	72,000	72,000	72,000
12	交通支出	21,650	21,650	21,650	21,650	21,650	21,650	21,650	21,650	21,650	21,650	21,650
13	投資基金	0	0	0	24,000	0	0	0	0	0	0	0
14	學貸還本	0	0	0	38,865	39,312	39,764	40,222	40,684	41,152	0	0
15	學貸還息	0	0	0	2,760	2,313	1,861	1,404	941	473	0	0
16	總支出	192,900	194,725	196,587	264,111	242,047	244,023	246,038	248,093	250,189	210,702	212,883
17												
18	收支結餘	- 800	- 2,629	- 4,504	71,950	99,413	103,050	106,743	110,491	114,297	159,785	163,914

第五章 習題解答

一、實作題

Step 1 先確認「學貸還款計畫表」的金額、期限與利率

從大二開始辦理就學貸款，每學期40,000元，每年80,000元。共貸款6個學期（3年），依規定寬限期至大學畢業為止（23歲），還款期限可以是6年，學貸總金額為240,000元。

	A	B	C	D	E	F	G
1							
2	學貸金額	240,000					
3	還款期限	6					
4	學貸利率	1.15%					
5							
6	年度	2021	2022	2023	2024	2025	2026
7	年齡	23	24	25	26	27	28
8	還款年序	1	2	3	4	5	6
9	學貸還本						
10	學貸付息						
11	總金額						

Step 2   計算「學貸還款計畫表」第一年的還本與付息金額

學貸還本是：=PPMT(1.15%, 1, 6, －240,000)

學貸付息是：=IPMT(1.15%, 1, 6, －240,000)

	A	B	C	D	E	F	G
1							
2	學貸金額	240,000					
3	還款期限	6					
4	學貸利率	1.15%					
5							
6	年度	2021	2022	2023	2024	2025	2026
7	年齡	23	24	25	26	27	28
8	還款年序	1	2	3	4	5	6
9	學貸還本	38,865					
10	學貸付息	2,760					
11	總金額						

Step 3   完成「學貸還款計畫表」6個年度的還本與付息金額

	A	B	C	D	E	F	G
1							
2	學貸金額	240,000					
3	還款期限	6					
4	學貸利率	1.15%					
5							
6	年度	2021	2022	2023	2024	2025	2026
7	年齡	23	24	25	26	27	28
8	還款年序	1	2	3	4	5	6
9	學貸還本	38,865	39,312	39,764	40,222	40,684	41,152
10	學貸付息	2,760	2,313	1,861	1,404	941	473
11	總金額	41,625	41,625	41,625	41,625	41,625	41,625

Step 4   先確認「旅遊計畫表」的團費、小費與總金額

團費每人12,000元，直接輸入。

小費每人：5天× 10美元 × 30元 (臺幣/美元) = 1,500元(臺幣)。

小費需於旅遊當月直接以現金支付給領隊與司機，總金額包括團費與小費，但不包括個人購物支出。

	A	B	C	D	E	F	G	H	I	J	K	L	M	N
1														
2		團費	12,000	元/人										
3		小費	1,500	元/人										
4		人數	3	人										
5		總金額	40,500	元										
6														
7	年度			2027						2028				
8	月份	9	10	11	12	1	2	3	4	5	6	7	8	9
9	還款													
10				總還款									總還款	

Step 5 計算「旅遊計畫表」每個月的應付分期款金額

2027年9月旅遊，當月以現金支付小費給領隊與司機。

2027年10月起，開始支付團費12期零息分期款，

每月需支付現金：12,000元 × 3人 × (1/12) = 3,000元。

	A	B	C	D	E	F	G	H	I	J	K	L	M	N
1														
2		團費	12,000	元/人										
3		小費	1,500	元/人										
4		人數	3	人										
5		總金額	40,500	元										
6														
7	年度		2027						2028					
8	月份	9	10	11	12	1	2	3	4	5	6	7	8	9
9	還款	4,500	3,000	3,000	3,000	3,000	3,000	3,000	3,000	3,000	3,000	3,000	3,000	3,000
10				總還款									總還款	

Step 6 計算「旅遊計畫表」每年度的應付分期款總金額

	A	B	C	D	E	F	G	H	I	J	K	L	M	N
1														
2		團費	12,000	元/人										
3		小費	1,500	元/人										
4		人數	3	人										
5		總金額	40,500	元										
6														
7	年度		2027						2028					
8	月份	9	10	11	12	1	2	3	4	5	6	7	8	9
9	還款	4,500	3,000	3,000	3,000	3,000	3,000	3,000	3,000	3,000	3,000	3,000	3,000	3,000
10				總還款	13,500								總還款	27,000

Step 7 完成「家庭收支結餘表」的工作收入

大學打工時是：16,000元 × 12個月

正職第一年是：24,000元 × (12+2)個月

之後年度是：前一年工作收入 × (1 + 1.5%)

	A	B	C	D	E	F	G	H	I	J	K	L
1												
2	年度	2018	2019	2020	2021	2022	2023	2024	2025	2026	2027	2028
3	年齡	20	21	22	23	24	25	26	27	28	29	30
4		大二	大三	大四	正職工作							
5	工作收入	192,000	192,000	192,000	336,000	341,040	346,156	351,348	356,618	361,967	367,397	372,908
6	利息收入											
7	總收入											
8												
9	飲食支出											
10	衣飾支出											
11	住宿支出											
12	交通支出											
13	投資基金											
14	學貸還本											
15	學貸還息											
16	旅遊支出											
17	總支出											
18												
19	收支結餘											

Step 8 完成「家庭收支結餘表」的飲食支出

第一年是：（早餐花費＋午餐花費＋晚餐花費＋消夜花費）× 日數

之後年度是：前一年飲食支出 ×（1＋2%）

	A	B	C	D	E	F	G	H	I	J	K	L
1												
2	年度	2018	2019	2020	2021	2022	2023	2024	2025	2026	2027	2028
3	年齡	20	21	22	23	24	25	26	27	28	29	30
4		大二	大三	大四	正職工作							
5	工作收入	192,000	192,000	192,000	336,000	341,040	346,156	351,348	356,618	361,967	367,397	372,908
6	利息收入											
7	總收入											
8												
9	飲食支出	91,250	93,075	94,937	96,835	98,772	100,747	102,762	104,818	106,914	109,052	111,233
10	衣飾支出											
11	住宿支出											
12	交通支出											
13	投資基金											
14	學貸還本											
15	學貸還息											
16	旅遊支出											
17	總支出											
18												
19	收支結餘											

Step 9 完成「家庭收支結餘表」的衣飾支出

每一年是：2,000元 × 4季

	A	B	C	D	E	F	G	H	I	J	K	L
1												
2	年度	2018	2019	2020	2021	2022	2023	2024	2025	2026	2027	2028
3	年齡	20	21	22	23	24	25	26	27	28	29	30
4		大二	大三	大四	正職工作							
5	工作收入	192,000	192,000	192,000	336,000	341,040	346,156	351,348	356,618	361,967	367,397	372,908
6	利息收入											
7	總收入											
8												
9	飲食支出	91,250	93,075	94,937	96,835	98,772	100,747	102,762	104,818	106,914	109,052	111,233
10	衣飾支出	8,000	8,000	8,000	8,000	8,000	8,000	8,000	8,000	8,000	8,000	8,000
11	住宿支出											
12	交通支出											
13	投資基金											
14	學貸還本											
15	學貸還息											
16	旅遊支出											
17	總支出											
18												
19	收支結餘											

Step 10 完成「家庭收支結餘表」的住宿支出

每一年是：6,000元 × 12個月

	A	B	C	D	E	F	G	H	I	J	K	L
1												
2	年度	2018	2019	2020	2021	2022	2023	2024	2025	2026	2027	2028
3	年齡	20	21	22	23	24	25	26	27	28	29	30
4		大二	大三	大四	正職工作							
5	工作收入	192,000	192,000	192,000	336,000	341,040	346,156	351,348	356,618	361,967	367,397	372,908
6	利息收入											
7	總收入											
8												
9	飲食支出	91,250	93,075	94,937	96,835	98,772	100,747	102,762	104,818	106,914	109,052	111,233
10	衣飾支出	8,000	8,000	8,000	8,000	8,000	8,000	8,000	8,000	8,000	8,000	8,000
11	住宿支出	72,000	72,000	72,000	72,000	72,000	72,000	72,000	72,000	72,000	72,000	72,000
12	交通支出											
13	投資基金											
14	學貸還本											
15	學貸還息											
16	旅遊支出											
17	總支出											
18												
19	收支結餘											

Step 11 完成「家庭收支結餘表」的交通支出

每一年是：油錢 × 12個月 ＋ 維修費 × 4季 ＋ 燃料費 ＋ 牌照稅 ＋ 保險費

	A	B	C	D	E	F	G	H	I	J	K	L
1												
2	年度	2018	2019	2020	2021	2022	2023	2024	2025	2026	2027	2028
3	年齡	20	21	22	23	24	25	26	27	28	29	30
4		大二	大三	大四	正職工作							
5	工作收入	192,000	192,000	192,000	336,000	341,040	346,156	351,348	356,618	361,967	367,397	372,908
6	利息收入											
7	總收入											
8												
9	飲食支出	91,250	93,075	94,937	96,835	98,772	100,747	102,762	104,818	106,914	109,052	111,233
10	衣飾支出	8,000	8,000	8,000	8,000	8,000	8,000	8,000	8,000	8,000	8,000	8,000
11	住宿支出	72,000	72,000	72,000	72,000	72,000	72,000	72,000	72,000	72,000	72,000	72,000
12	交通支出	21,650	21,650	21,650	21,650	21,650	21,650	21,650	21,650	21,650	21,650	21,650
13	投資基金											
14	學貸還本											
15	學貸還息											
16	旅遊支出											
17	總支出											
18												
19	收支結餘											

Step 12 完成「家庭收支結餘表」的投資基金

正職工作後，第一年會定期定額投資共同基金，將選定年報酬率8%的基金來投資，每個月投資金額2,000元，將與基金公司簽約扣款投資一年。

	A	B	C	D	E	F	G	H	I	J	K	L
1												
2	年度	2018	2019	2020	2021	2022	2023	2024	2025	2026	2027	2028
3	年齡	20	21	22	23	24	25	26	27	28	29	30
4		大二	大三	大四	正職工作							
5	工作收入	192,000	192,000	192,000	336,000	341,040	346,156	351,348	356,618	361,967	367,397	372,908
6	利息收入											
7	總收入											
8												
9	飲食支出	91,250	93,075	94,937	96,835	98,772	100,747	102,762	104,818	106,914	109,052	111,233
10	衣飾支出	8,000	8,000	8,000	8,000	8,000	8,000	8,000	8,000	8,000	8,000	8,000
11	住宿支出	72,000	72,000	72,000	72,000	72,000	72,000	72,000	72,000	72,000	72,000	72,000
12	交通支出	21,650	21,650	21,650	21,650	21,650	21,650	21,650	21,650	21,650	21,650	21,650
13	投資基金	0	0	0	24,000	0	0	0	0	0	0	0
14	學貸還本											
15	學貸還息											
16	旅遊支出											
17	總支出											
18												
19	收支結餘											

Step 13 完成「家庭收支結餘表」的學貸還本與付息

由上述「學貸還款計畫表」帶入相關金額。

	A	B	C	D	E	F	G	H	I	J	K	L
1												
2	年度	2018	2019	2020	2021	2022	2023	2024	2025	2026	2027	2028
3	年齡	20	21	22	23	24	25	26	27	28	29	30
4		大二	大三	大四	正職工作							
5	工作收入	192,000	192,000	192,000	336,000	341,040	346,156	351,348	356,618	361,967	367,397	372,908
6	利息收入											
7	總收入											
8												
9	飲食支出	91,250	93,075	94,937	96,835	98,772	100,747	102,762	104,818	106,914	109,052	111,233
10	衣飾支出	8,000	8,000	8,000	8,000	8,000	8,000	8,000	8,000	8,000	8,000	8,000
11	住宿支出	72,000	72,000	72,000	72,000	72,000	72,000	72,000	72,000	72,000	72,000	72,000
12	交通支出	21,650	21,650	21,650	21,650	21,650	21,650	21,650	21,650	21,650	21,650	21,650
13	投資基金	0	0	0	24,000	0	0	0	0	0	0	0
14	學貸還本	0	0	0	38,865	39,312	39,764	40,222	40,684	41,152	0	0
15	學貸還息	0	0	0	2,760	2,313	1,861	1,404	941	473	0	0
16	旅遊支出											
17	總支出											
18												
19	收支結餘											

Step 14 完成「家庭收支結餘表」的旅遊支出

由上述「旅遊計畫表」帶入相關金額。

	A	B	C	D	E	F	G	H	I	J	K	L
1												
2	年度	2018	2019	2020	2021	2022	2023	2024	2025	2026	2027	2028
3	年齡	20	21	22	23	24	25	26	27	28	29	30
4		大二	大三	大四	正職工作							
5	工作收入	192,000	192,000	192,000	336,000	341,040	346,156	351,348	356,618	361,967	367,397	372,908
6	利息收入											
7	總收入												
8													
9	飲食支出	91,250	93,075	94,937	96,835	98,772	100,747	102,762	104,818	106,914	109,052	111,233
10	衣飾支出	8,000	8,000	8,000	8,000	8,000	8,000	8,000	8,000	8,000	8,000	8,000
11	住宿支出	72,000	72,000	72,000	72,000	72,000	72,000	72,000	72,000	72,000	72,000	72,000
12	交通支出	21,650	21,650	21,650	21,650	21,650	21,650	21,650	21,650	21,650	21,650	21,650
13	投資基金	0	0	0	24,000	0	0	0	0	0	0	0
14	學貸還本	0	0	0	38,865	39,312	39,764	40,222	40,684	41,152	0	0
15	學貸還息	0	0	0	2,760	2,313	1,861	1,404	941	473	0	0
16	旅遊支出	0	0	0	0	0	0	0	0	0	13,500	27,000
17	總支出												
18													
19	收支結餘												

Step 15 完成「家庭收支結餘表」各年度的總支出

	A	B	C	D	E	F	G	H	I	J	K	L
1												
2	年度	2018	2019	2020	2021	2022	2023	2024	2025	2026	2027	2028
3	年齡	20	21	22	23	24	25	26	27	28	29	30
4		大二	大三	大四	正職工作							
5	工作收入	192,000	192,000	192,000	336,000	341,040	346,156	351,348	356,618	361,967	367,397	372,908
6	利息收入											
7	總收入												
8													
9	飲食支出	91,250	93,075	94,937	96,835	98,772	100,747	102,762	104,818	106,914	109,052	111,233
10	衣飾支出	8,000	8,000	8,000	8,000	8,000	8,000	8,000	8,000	8,000	8,000	8,000
11	住宿支出	72,000	72,000	72,000	72,000	72,000	72,000	72,000	72,000	72,000	72,000	72,000
12	交通支出	21,650	21,650	21,650	21,650	21,650	21,650	21,650	21,650	21,650	21,650	21,650
13	投資基金	0	0	0	24,000	0	0	0	0	0	0	0
14	學貸還本	0	0	0	38,865	39,312	39,764	40,222	40,684	41,152	0	0
15	學貸還息	0	0	0	2,760	2,313	1,861	1,404	941	473	0	0
16	旅遊支出	0	0	0	0	0	0	0	0	0	13,500	27,000
17	總支出	192,900	194,725	196,587	264,111	242,047	244,023	246,038	248,093	250,189	224,202	239,883
18													
19	收支結餘												

Step 16 完成「家庭資產負債表」的初始金額

	A	B	C	D	E	F	G	H	I	J	K	L	M
1													
2	年度	2018年初	2018	2019	2020	2021	2022	2023	2024	2025	2026	2027	2028
3	年齡	20	20	21	22	23	24	25	26	27	28	29	30
4			大一	大二	大三	大四	正職工作						
5	銀行活存	20,000											
6	基金投資	0											
7	機車一部	20,000											
8	資產合計	40,000											
9													
10	學貸	0											
11	旅遊分期	0											
12	總負債	0											
13	淨值	40,000											
14	總淨值	40,000											
15	負債淨值合計	40,000											

Step 17 完成「家庭資產負債表」的基金投資

23歲時投資一年，基金投資的年報酬率是8%。

	A	B	C	D	E	F	G	H	I	J	K	L	M
1													
2	年度	2018年初	2018	2019	2020	2021	2022	2023	2024	2025	2026	2027	2028
3	年齡	20	20	21	22	23	24	25	26	27	28	29	30
4			大一	大二	大三	大四	正職工作						
5	銀行活存	20,000											
6	基金投資	0	0	0	0	24,000	25,920	27,994	30,233	32,652	35,264	38,085	41,132
7	機車一部	20,000											
8	資產合計	40,000											
9													
10	學貸	0											
11	旅遊分期	0											
12	總負債	0											
13	淨值	40,000											
14	總淨值	40,000											
15	負債淨值合計	40,000											

Step 18 完成「家庭資產負債表」的機車資產

機車價值每年折舊1,500元。

	A	B	C	D	E	F	G	H	I	J	K	L	M
1													
2	年度	2018年初	2018	2019	2020	2021	2022	2023	2024	2025	2026	2027	2028
3	年齡	20	20	21	22	23	24	25	26	27	28	29	30
4			大一	大二	大三	大四	正職工作						
5	銀行活存	20,000											
6	基金投資	0	0	0	0	24,000	25,920	27,994	30,233	32,652	35,264	38,085	41,132
7	機車一部	20,000	18,500	17,000	15,500	14,000	12,500	11,000	9,500	8,000	6,500	5,000	3,500
8	資產合計	40,000											
9													
10	學貸	0											
11	旅遊分期	0											
12	總負債	0											
13	淨值	40,000											
14	總淨值	40,000											
15	負債淨值合計	40,000											

Step 19 完成「家庭資產負債表」的學貸餘額與總負債

> 寬限期的學貸餘額每年增加80,000元，還款期的每年還款金額，由「家庭收支結餘表」的「學貸還本」帶入。

	A	B	C	D	E	F	G	H	I	J	K	L	M
1													
2	年度	2018年初	2018	2019	2020	2021	2022	2023	2024	2025	2026	2027	2028
3	年齡	20	20	21	22	23	24	25	26	27	28	29	30
4		大一	大二	大三	大四	正職工作							
5	銀行活存	20,000											
6	基金投資	0	0	0	0	24,000	25,920	27,994	30,233	32,652	35,264	38,085	41,132
7	機車一部	20,000	18,500	17,000	15,500	14,000	12,500	11,000	9,500	8,000	6,500	5,000	3,500
8	資產合計	40,000											
9													
10	學貸	0	80,000	160,000	240,000	201,135	161,822	122,058	81,836	41,152	0	0	0
11	旅遊分期	0											
12	總負債	0											
13	淨值	40,000											
14	總淨值	40,000											
15	負債淨值合計	40,000											

Step 20 完成「家庭資產負債表」的旅遊分期款餘額與總負債

> 每年還款金額，由「家庭收支結餘表」的「旅遊支出」帶入。

	A	B	C	D	E	F	G	H	I	J	K	L	M
1													
2	年度	2018年初	2018	2019	2020	2021	2022	2023	2024	2025	2026	2027	2028
3	年齡	20	20	21	22	23	24	25	26	27	28	29	30
4		大一	大二	大三	大四	正職工作							
5	銀行活存	20,000											
6	基金投資	0	0	0	0	24,000	25,920	27,994	30,233	32,652	35,264	38,085	41,132
7	機車一部	20,000	18,500	17,000	15,500	14,000	12,500	11,000	9,500	8,000	6,500	5,000	3,500
8	資產合計	40,000											
9													
10	學貸	0	80,000	160,000	240,000	201,135	161,822	122,058	81,836	41,152	0	0	0
11	旅遊分期	0	0	0	0	0	0	0	0	0	0	27,000	0
12	總負債	0	80,000	160,000	240,000	201,135	161,822	122,058	81,836	41,152	0	27,000	0
13	淨值	40,000											
14	總淨值	40,000											
15	負債淨值合計	40,000											

Step 21 完成「家庭資產負債表」的銀行活存（現金）

> 每年銀行活存金額是：前一年度銀行活存金額 + 本年度收支結餘

	A	B	C	D	E	F	G	H	I	J	K	L	M
1													
2	年度	2018年初	2018	2019	2020	2021	2022	2023	2024	2025	2026	2027	2028
3	年齡	20	20	21	22	23	24	25	26	27	28	29	30
4		大一	大二	大三	大四	正職工作							
5	銀行活存	20,000	19,200	16,571	12,067	84,017	183,430	286,480	393,223	503,714	618,011	764,296	901,142
6	基金投資	0	0	0	0	24,000	25,920	27,994	30,233	32,652	35,264	38,085	41,132
7	機車一部	20,000	18,500	17,000	15,500	14,000	12,500	11,000	9,500	8,000	6,500	5,000	3,500
8	資產合計	40,000											
9													
10	學貸	0	80,000	160,000	240,000	201,135	161,822	122,058	81,836	41,152	0	0	0
11	旅遊分期	0	0	0	0	0	0	0	0	0	0	27,000	0
12	總負債	0	80,000	160,000	240,000	201,135	161,822	122,058	81,836	41,152	0	27,000	0
13	淨值	40,000											
14	總淨值	40,000											
15	負債淨值合計	40,000											

Step 22 完成「家庭資產負債表」的資產合計

	A	B	C	D	E	F	G	H	I	J	K	L	M
1													
2	年度	2018年初	2018	2019	2020	2021	2022	2023	2024	2025	2026	2027	2028
3	年齡	20	20	21	22	23	24	25	26	27	28	29	30
4			大一	大二	大三	大四	正職工作						
5	銀行活存	20,000	19,200	16,571	12,067	84,017	183,430	286,480	393,223	503,714	618,011	764,296	901,142
6	基金投資	0	0	0	0	24,000	25,920	27,994	30,233	32,652	35,264	38,085	41,132
7	機車一部	20,000	18,500	17,000	15,500	14,000	12,500	11,000	9,500	8,000	6,500	5,000	3,500
8	資產合計	40,000	37,700	33,571	27,567	122,017	221,850	325,474	432,956	544,366	659,775	807,381	945,773
9													
10	學貸	0	80,000	160,000	240,000	201,135	161,822	122,058	81,836	41,152	0	0	0
11	旅遊分期	0	0	0	0	0	0	0	0	0	0	27,000	0
12	總負債	0	80,000	160,000	240,000	201,135	161,822	122,058	81,836	41,152	0	27,000	0
13	淨值	40,000											
14	總淨值	40,000											
15	負債淨值合計	40,000											

Step 23 完成「家庭資產負債表」的淨值與貸方合計

每年淨值是：當年度資產合計 － 當年度總負債

	A	B	C	D	E	F	G	H	I	J	K	L	M
1													
2	年度	2018年初	2018	2019	2020	2021	2022	2023	2024	2025	2026	2027	2028
3	年齡	20	20	21	22	23	24	25	26	27	28	29	30
4			大一	大二	大三	大四	正職工作						
5	銀行活存	20,000	19,200	16,571	12,067	84,017	183,430	286,480	393,223	503,714	618,011	764,296	901,142
6	基金投資	0	0	0	0	24,000	25,920	27,994	30,233	32,652	35,264	38,085	41,132
7	機車一部	20,000	18,500	17,000	15,500	14,000	12,500	11,000	9,500	8,000	6,500	5,000	3,500
8	資產合計	40,000	37,700	33,571	27,567	122,017	221,850	325,474	432,956	544,366	659,775	807,381	945,773
9													
10	學貸	0	80,000	160,000	240,000	201,135	161,822	122,058	81,836	41,152	0	0	0
11	旅遊分期	0	0	0	0	0	0	0	0	0	0	27,000	0
12	總負債	0	80,000	160,000	240,000	201,135	161,822	122,058	81,836	41,152	0	27,000	0
13	淨值	40,000	- 42,300	- 126,429	- 212,433	- 79,118	60,028	203,416	351,119	503,214	659,775	780,381	945,773
14	總淨值	40,000	- 42,300	- 126,429	- 212,433	- 79,118	60,028	203,416	351,119	503,214	659,775	780,381	945,773
15	負債淨值合計	40,000	37,700	33,571	27,567	122,017	221,850	325,474	432,956	544,366	659,775	807,381	945,773

Step 24 完成「家庭收支結餘表」的利息收入

每年利息收入是：前一年度銀行活存餘額 × 活存利率

	A	B	C	D	E	F	G	H	I	J	K	L
1												
2	年度	2018	2019	2020	2021	2022	2023	2024	2025	2026	2027	2028
3	年齡	20	21	22	23	24	25	26	27	28	29	30
4		大二	大三	大四	正職工作							
5	工作收入	192,000	192,000	192,000	336,000	341,040	346,156	351,348	356,618	361,967	367,397	372,908
6	利息收入	100	96	83	60	420	917	1,432	1,966	2,519	3,090	3,821
7	總收入											
8												
9	飲食支出	91,250	93,075	94,937	96,835	98,772	100,747	102,762	104,818	106,914	109,052	111,233
10	衣飾支出	8,000	8,000	8,000	8,000	8,000	8,000	8,000	8,000	8,000	8,000	8,000
11	住宿支出	72,000	72,000	72,000	72,000	72,000	72,000	72,000	72,000	72,000	72,000	72,000
12	交通支出	21,650	21,650	21,650	21,650	21,650	21,650	21,650	21,650	21,650	21,650	21,650
13	投資基金	0	0	0	24,000	0	0	0	0	0	0	0
14	學貸還本	0	0	0	38,865	39,312	39,764	40,222	40,684	41,152	0	0
15	學貸還息	0	0	0	2,760	2,313	1,861	1,404	941	473	0	0
16	旅遊支出	0	0	0	0	0	0	0	0	0	13,500	27,000
17	總支出	192,900	194,725	196,587	264,111	242,047	244,023	246,038	248,093	250,189	224,202	239,883
18												
19	收支結餘											

Step 25 完成「家庭收支結餘表」的總收入

	A	B	C	D	E	F	G	H	I	J	K	L
1												
2	年度	2018	2019	2020	2021	2022	2023	2024	2025	2026	2027	2028
3	年齡	20	21	22	23	24	25	26	27	28	29	30
4		大二	大三	大四	正職工作							
5	工作收入	192,000	192,000	192,000	336,000	341,040	346,156	351,348	356,618	361,967	367,397	372,908
6	利息收入	100	96	83	60	420	917	1,432	1,966	2,519	3,090	3,821
7	總收入	192,100	192,096	192,083	336,060	341,460	347,073	352,780	358,584	364,486	370,487	376,729
8												
9	飲食支出	91,250	93,075	94,937	96,835	98,772	100,747	102,762	104,818	106,914	109,052	111,233
10	衣飾支出	8,000	8,000	8,000	8,000	8,000	8,000	8,000	8,000	8,000	8,000	8,000
11	住宿支出	72,000	72,000	72,000	72,000	72,000	72,000	72,000	72,000	72,000	72,000	72,000
12	交通支出	21,650	21,650	21,650	21,650	21,650	21,650	21,650	21,650	21,650	21,650	21,650
13	投資基金	0	0	0	24,000	0	0	0	0	0	0	0
14	學貸還本	0	0	0	38,865	39,312	39,764	40,222	40,684	41,152	0	0
15	學貸還息	0	0	0	2,760	2,313	1,861	1,404	941	473	0	0
16	旅遊支出	0	0	0	0	0	0	0	0	0	13,500	27,000
17	總支出	192,900	194,725	196,587	264,111	242,047	244,023	246,038	248,093	250,189	224,202	239,883
18												
19	收支結餘											

Step 26 完成「家庭收支結餘表」的收支結餘

	A	B	C	D	E	F	G	H	I	J	K	L
1												
2	年度	2018	2019	2020	2021	2022	2023	2024	2025	2026	2027	2028
3	年齡	20	21	22	23	24	25	26	27	28	29	30
4		大二	大三	大四	正職工作							
5	工作收入	192,000	192,000	192,000	336,000	341,040	346,156	351,348	356,618	361,967	367,397	372,908
6	利息收入	100	96	83	60	420	917	1,432	1,966	2,519	3,090	3,821
7	總收入	192,100	192,096	192,083	336,060	341,460	347,073	352,780	358,584	364,486	370,487	376,729
8												
9	飲食支出	91,250	93,075	94,937	96,835	98,772	100,747	102,762	104,818	106,914	109,052	111,233
10	衣飾支出	8,000	8,000	8,000	8,000	8,000	8,000	8,000	8,000	8,000	8,000	8,000
11	住宿支出	72,000	72,000	72,000	72,000	72,000	72,000	72,000	72,000	72,000	72,000	72,000
12	交通支出	21,650	21,650	21,650	21,650	21,650	21,650	21,650	21,650	21,650	21,650	21,650
13	投資基金	0	0	0	24,000	0	0	0	0	0	0	0
14	學貸還本	0	0	0	38,865	39,312	39,764	40,222	40,684	41,152	0	0
15	學貸還息	0	0	0	2,760	2,313	1,861	1,404	941	473	0	0
16	旅遊支出	0	0	0	0	0	0	0	0	0	13,500	27,000
17	總支出	192,900	194,725	196,587	264,111	242,047	244,023	246,038	248,093	250,189	224,202	239,883
18												
19	收支結餘	- 800	- 2,629	- 4,504	71,950	99,413	103,050	106,743	110,491	114,297	146,285	136,846

第六章 習題解答

一、實作題

Step 1 先確認「學貸還款計畫表」的金額、期限與利率

從大二開始辦理就學貸款，每學期40,000元，每年80,000元。共貸款6個學期（3年），依規定寬限期至大學畢業為止（23歲），還款期限可以是6年，學貸總金額為240,000元。

	A	B	C	D	E	F	G
1							
2	學貸金額	240,000					
3	還款期限	6					
4	學貸利率	1.15%					
5							
6	年度	2021	2022	2023	2024	2025	2026
7	年齡	23	24	25	26	27	28
8	還款年序	1	2	3	4	5	6
9	學貸還本						
10	學貸付息						
11	總金額						

Step 2 計算「學貸還款計畫表」第一年的還本與付息金額

學貸還本是：=PPMT(1.15%, 1, 6, −240,000)

學貸付息是：=IPMT(1.15%, 1, 6, −240,000)

	A	B	C	D	E	F	G
1							
2	學貸金額	240,000					
3	還款期限	6					
4	學貸利率	1.15%					
5							
6	年度	2021	2022	2023	2024	2025	2026
7	年齡	23	24	25	26	27	28
8	還款年序	1	2	3	4	5	6
9	學貸還本	38,865					
10	學貸付息	2,760					
11	總金額						

Step 3 完成「學貸還款計畫表」6個年度的還本與付息金額

	A	B	C	D	E	F	G
1							
2	學貸金額	240,000					
3	還款期限	6					
4	學貸利率	1.15%					
5							
6	年度	2021	2022	2023	2024	2025	2026
7	年齡	23	24	25	26	27	28
8	還款年序	1	2	3	4	5	6
9	學貸還本	38,865	39,312	39,764	40,222	40,684	41,152
10	學貸付息	2,760	2,313	1,861	1,404	941	473
11	總金額	41,625	41,625	41,625	41,625	41,625	41,625

Step 4 先確認「購車計畫表」的車價、貸款、頭期款、利率與期限

車價600,000元，直接輸入。

車商提供360,000元，36期零息分期付款專案，直接輸入。

頭期款金額是：600,000元 － 360,000元 ＝ 240,000元。

	A	B	C	D	E	F	G	H	I
1	車款	Yaxxs							
2	車價	600,000	元		年度	2025	2026	2027	2028
3	頭期款	240,000	元		年齡	27	28	29	30
4	貸款	360,000	元		年序	0	1	2	3
5	利率	0%	年		分期款				
6	期限	36	月						
7		3.0	年						

Step 5 帶入「購車計畫表」的應付自備款金額

27歲年底購屋，需支付自備款240,000元。

	A	B	C	D	E	F	G	H	I
1	車款	Yaxxs							
2	車價	600,000	元		年度	2025	2026	2027	2028
3	頭期款	240,000	元		年齡	27	28	29	30
4	貸款	360,000	元		年序	0	1	2	3
5	利率	0%	年		分期款	240,000			
6	期限	36	月						
7		3.0	年						

Step 6　計算「購車計畫表」每年的應付分期款金額

　　　　28~30歲每年需支付分期款360,000元 × (12/36) = 120,000元。

	A	B	C	D	E	F	G	H	I
1	車款	Yaxxs							
2	車價	600,000	元		年度	2025	2026	2027	2028
3	頭期款	240,000	元		年齡	27	28	29	30
4	貸款	360,000	元		年序	0	1	2	3
5	利率	0%	年		分期款	240,000	120,000	120,000	120,000
6	期限	36	月						
7		3.0	年						

Step 7　完成「家庭收支結餘表」的工作收入

　　　　大學打工時是：16,000元 × 12個月

　　　　正職第一年是：24,000元 × (12 + 2)個月

　　　　之後年度是：前一年工作收入 × (1 + 1.5%)

	A	B	C	D	E	F	G	H	I	J	K	L
1												
2	年度	2018	2019	2020	2021	2022	2023	2024	2025	2026	2027	2028
3	年齡	20	21	22	23	24	25	26	27	28	29	30
4		大二	大三	大四	正職工作							
5	工作收入	192,000	192,000	192,000	336,000	341,040	346,156	351,348	356,618	361,967	367,397	372,908
6	利息收入											
7	總收入											
8												
9	飲食支出											
10	衣飾支出											
11	住宿支出											
12	交通支出											
13	投資基金											
14	學貸還本											
15	學貸還息											
16	車貸還本											
17	總支出											
18												
19	收支結餘											

Step 8 完成「家庭收支結餘表」的飲食支出

第一年是：（早餐花費 + 午餐花費 + 晚餐花費 + 消夜花費） × 日數

之後年度是：前一年飲食支出 × (1 + 2%)

	A	B	C	D	E	F	G	H	I	J	K	L
1												
2	年度	2018	2019	2020	2021	2022	2023	2024	2025	2026	2027	2028
3	年齡	20	21	22	23	24	25	26	27	28	29	30
4		大二	大三	大四	正職工作							
5	工作收入	192,000	192,000	192,000	336,000	341,040	346,156	351,348	356,618	361,967	367,397	372,908
6	利息收入											
7	總收入												
8													
9	飲食支出	91,250	93,075	94,937	96,835	98,772	100,747	102,762	104,818	106,914	109,052	111,233
10	衣飾支出												
11	住宿支出												
12	交通支出												
13	投資基金												
14	學貸還本												
15	學貸還息												
16	車貸還本												
17	總支出												
18													
19	收支結餘												

Step 9 完成「家庭收支結餘表」的衣飾支出

每一年是：2,000元 × 4季

	A	B	C	D	E	F	G	H	I	J	K	L
1												
2	年度	2018	2019	2020	2021	2022	2023	2024	2025	2026	2027	2028
3	年齡	20	21	22	23	24	25	26	27	28	29	30
4		大二	大三	大四	正職工作							
5	工作收入	192,000	192,000	192,000	336,000	341,040	346,156	351,348	356,618	361,967	367,397	372,908
6	利息收入											
7	總收入												
8													
9	飲食支出	91,250	93,075	94,937	96,835	98,772	100,747	102,762	104,818	106,914	109,052	111,233
10	衣飾支出	8,000	8,000	8,000	8,000	8,000	8,000	8,000	8,000	8,000	8,000	8,000
11	住宿支出												
12	交通支出												
13	投資基金												
14	學貸還本												
15	學貸還息												
16	車貸還本												
17	總支出												
18													
19	收支結餘												

Step 10 完成「家庭收支結餘表」的住宿支出

每一年是：6,000元 × 12個月

	A	B	C	D	E	F	G	H	I	J	K	L
1												
2	年度	2018	2019	2020	2021	2022	2023	2024	2025	2026	2027	2028
3	年齡	20	21	22	23	24	25	26	27	28	29	30
4		大二	大三	大四	正職工作							
5	工作收入	192,000	192,000	192,000	336,000	341,040	346,156	351,348	356,618	361,967	367,397	372,908
6	利息收入											
7	總收入											
8												
9	飲食支出	91,250	93,075	94,937	96,835	98,772	100,747	102,762	104,818	106,914	109,052	111,233
10	衣飾支出	8,000	8,000	8,000	8,000	8,000	8,000	8,000	8,000	8,000	8,000	8,000
11	住宿支出	72,000	72,000	72,000	72,000	72,000	72,000	72,000	72,000	72,000	72,000	72,000
12	交通支出											
13	投資基金											
14	學貸還本											
15	學貸還息											
16	車貸還本											
17	總支出											
18												
19	收支結餘											

Step 11 完成「家庭收支結餘表」的交通支出

每一年是：機車油錢×12個月+維修費×4季+燃料費+牌照稅+保險費

27歲年底購車，28歲需增加汽車的油錢、維修費、燃料稅、牌照稅與保險費。

	A	B	C	D	E	F	G	H	I	J	K	L
1												
2	年度	2018	2019	2020	2021	2022	2023	2024	2025	2026	2027	2028
3	年齡	20	21	22	23	24	25	26	27	28	29	30
4		大二	大三	大四	正職工作							
5	工作收入	192,000	192,000	192,000	336,000	341,040	346,156	351,348	356,618	361,967	367,397	372,908
6	利息收入											
7	總收入											
8												
9	飲食支出	91,250	93,075	94,937	96,835	98,772	100,747	102,762	104,818	106,914	109,052	111,233
10	衣飾支出	8,000	8,000	8,000	8,000	8,000	8,000	8,000	8,000	8,000	8,000	8,000
11	住宿支出	72,000	72,000	72,000	72,000	72,000	72,000	72,000	72,000	72,000	72,000	72,000
12	交通支出	21,650	21,650	21,650	21,650	21,650	21,650	21,650	21,650	119,920	119,920	119,920
13	投資基金											
14	學貸還本											
15	學貸還息											
16	車貸還本											
17	總支出											
18												
19	收支結餘											

Step 12 完成「家庭收支結餘表」的投資基金

正職工作後，第一年會定期定額投資共同基金，將選定年報酬率8%的基金來投資，每個月投資金額2,000元，將與基金公司簽約扣款投資四年。

	A	B	C	D	E	F	G	H	I	J	K	L
1												
2	年度	2018	2019	2020	2021	2022	2023	2024	2025	2026	2027	2028
3	年齡	20	21	22	23	24	25	26	27	28	29	30
4		大二	大三	大四	正職工作							
5	工作收入	192,000	192,000	192,000	336,000	341,040	346,156	351,348	356,618	361,967	367,397	372,908
6	利息收入											
7	總收入											
8												
9	飲食支出	91,250	93,075	94,937	96,835	98,772	100,747	102,762	104,818	106,914	109,052	111,233
10	衣飾支出	8,000	8,000	8,000	8,000	8,000	8,000	8,000	8,000	8,000	8,000	8,000
11	住宿支出	72,000	72,000	72,000	72,000	72,000	72,000	72,000	72,000	72,000	72,000	72,000
12	交通支出	21,650	21,650	21,650	21,650	21,650	21,650	21,650	21,650	119,920	119,920	119,920
13	投資基金	0	0	0	24,000	24,000	24,000	24,000	0	0	0	0
14	學貸還本											
15	學貸還息											
16	車貸還本											
17	總支出											
18												
19	收支結餘											

Step 13 完成「家庭收支結餘表」的學貸還本與付息

由上述「學貸還款計畫表」帶入相關金額。

	A	B	C	D	E	F	G	H	I	J	K	L
1												
2	年度	2018	2019	2020	2021	2022	2023	2024	2025	2026	2027	2028
3	年齡	20	21	22	23	24	25	26	27	28	29	30
4		大二	大三	大四	正職工作							
5	工作收入	192,000	192,000	192,000	336,000	341,040	346,156	351,348	356,618	361,967	367,397	372,908
6	利息收入											
7	總收入											
8												
9	飲食支出	91,250	93,075	94,937	96,835	98,772	100,747	102,762	104,818	106,914	109,052	111,233
10	衣飾支出	8,000	8,000	8,000	8,000	8,000	8,000	8,000	8,000	8,000	8,000	8,000
11	住宿支出	72,000	72,000	72,000	72,000	72,000	72,000	72,000	72,000	72,000	72,000	72,000
12	交通支出	21,650	21,650	21,650	21,650	21,650	21,650	21,650	21,650	119,920	119,920	119,920
13	投資基金	0	0	0	24,000	24,000	24,000	24,000	0	0	0	0
14	學貸還本	0	0	0	38,865	39,312	39,764	40,222	40,684	41,152	0	0
15	學貸還息	0	0	0	2,760	2,313	1,861	1,404	941	473	0	0
16	車貸還本											
17	總支出											
18												
19	收支結餘											

Step 14 完成「家庭收支結餘表」的「車貸還本」支出

由上述「購車計畫表」帶入相關金額。

	A	B	C	D	E	F	G	H	I	J	K	L
1												
2	年度	2018	2019	2020	2021	2022	2023	2024	2025	2026	2027	2028
3	年齡	20	21	22	23	24	25	26	27	28	29	30
4		大二	大三	大四	正職工作							
5	工作收入	192,000	192,000	192,000	336,000	341,040	346,156	351,348	356,618	361,967	367,397	372,908
6	利息收入											
7	總收入											
8												
9	飲食支出	91,250	93,075	94,937	96,835	98,772	100,747	102,762	104,818	106,914	109,052	111,233
10	衣飾支出	8,000	8,000	8,000	8,000	8,000	8,000	8,000	8,000	8,000	8,000	8,000
11	住宿支出	72,000	72,000	72,000	72,000	72,000	72,000	72,000	72,000	72,000	72,000	72,000
12	交通支出	21,650	21,650	21,650	21,650	21,650	21,650	21,650	21,650	119,920	119,920	119,920
13	投資基金	0	0	0	24,000	24,000	24,000	24,000	0	0	0	0
14	學貸還本	0	0	0	38,865	39,312	39,764	40,222	40,684	41,152	0	0
15	學貸還息	0	0	0	2,760	2,313	1,861	1,404	941	473	0	0
16	車貸還本	0	0	0	0	0	0	0	240,000	120,000	120,000	120,000
17	總支出											
18												
19	收支結餘											

Step 15 完成「家庭收支結餘表」各年度的總支出

	A	B	C	D	E	F	G	H	I	J	K	L
1												
2	年度	2018	2019	2020	2021	2022	2023	2024	2025	2026	2027	2028
3	年齡	20	21	22	23	24	25	26	27	28	29	30
4		大二	大三	大四	正職工作							
5	工作收入	192,000	192,000	192,000	336,000	341,040	346,156	351,348	356,618	361,967	367,397	372,908
6	利息收入											
7	總收入											
8												
9	飲食支出	91,250	93,075	94,937	96,835	98,772	100,747	102,762	104,818	106,914	109,052	111,233
10	衣飾支出	8,000	8,000	8,000	8,000	8,000	8,000	8,000	8,000	8,000	8,000	8,000
11	住宿支出	72,000	72,000	72,000	72,000	72,000	72,000	72,000	72,000	72,000	72,000	72,000
12	交通支出	21,650	21,650	21,650	21,650	21,650	21,650	21,650	21,650	119,920	119,920	119,920
13	投資基金	0	0	0	24,000	24,000	24,000	24,000	0	0	0	0
14	學貸還本	0	0	0	38,865	39,312	39,764	40,222	40,684	41,152	0	0
15	學貸還息	0	0	0	2,760	2,313	1,861	1,404	941	473	0	0
16	車貸還本	0	0	0	0	0	0	0	240,000	120,000	120,000	120,000
17	總支出	192,900	194,725	196,587	264,111	266,047	268,023	270,038	488,093	468,459	428,972	431,153
18												
19	收支結餘											

Step 16 完成「家庭資產負債表」的初始金額

	A	B	C	D	E	F	G	H	I	J	K	L	M
1													
2	年度	2018年初	2018	2019	2020	2021	2022	2023	2024	2025	2026	2027	2028
3	年齡	20	20	21	22	23	24	25	26	27	28	29	30
4			大一	大二	大三	大四	正職工作						
5	銀行活存	20,000											
6	基金投資	0											
7	機車一部	20,000											
8	汽車一部	0											
9	資產合計	40,000											
10													
11	學貸	0											
12	車貸	0											
13	總負債	0											
14	淨值	40,000											
15	總淨值	40,000											
16	負債淨值合計	40,000											

Step 17 完成「家庭資產負債表」的基金投資

23歲開始投資共四年，基金投資的年報酬率是6%。

	A	B	C	D	E	F	G	H	I	J	K	L	M
1													
2	年度	2018年初	2018	2019	2020	2021	2022	2023	2024	2025	2026	2027	2028
3	年齡	20	20	21	22	23	24	25	26	27	28	29	30
4			大一	大二	大三	大四	正職工作						
5	銀行活存	20,000											
6	基金投資	0	0	0	0	24,000	49,440	76,406	104,991	111,290	117,968	125,046	132,548
7	機車一部	20,000											
8	汽車一部	0											
9	資產合計	40,000											
10													
11	學貸	0											
12	車貸	0											
13	總負債	0											
14	淨值	40,000											
15	總淨值	40,000											
16	負債淨值合計	40,000											

Step 18 完成「家庭資產負債表」的機車資產

機車價值每年折舊1,500元。

	A	B	C	D	E	F	G	H	I	J	K	L	M
1													
2	年度	2018年初	2018	2019	2020	2021	2022	2023	2024	2025	2026	2027	2028
3	年齡	20	20	21	22	23	24	25	26	27	28	29	30
4			大一	大二	大三	大四	正職工作						
5	銀行活存	20,000											
6	基金投資	0	0	0	0	24,000	49,440	76,406	104,991	111,290	117,968	125,046	132,548
7	機車一部	20,000	18,500	17,000	15,500	14,000	12,500	11,000	9,500	8,000	6,500	5,000	3,500
8	汽車一部	0											
9	資產合計	40,000											
10													
11	學貸	0											
12	車貸	0											
13	總負債	0											
14	淨值	40,000											
15	總淨值	40,000											
16	負債淨值合計	40,000											

Step 19 完成「家庭資產負債表」的汽車資產

汽車價值每年折舊30,000元。

	A	B	C	D	E	F	G	H	I	J	K	L	M
1													
2	年度	2018年初	2018	2019	2020	2021	2022	2023	2024	2025	2026	2027	2028
3	年齡	20	20	21	22	23	24	25	26	27	28	29	30
4			大一	大二	大三	大四	正職工作						
5	銀行活存	20,000											
6	基金投資	0	0	0	0	24,000	49,440	76,406	104,991	111,290	117,968	125,046	132,548
7	機車一部	20,000	18,500	17,000	15,500	14,000	12,500	11,000	9,500	8,000	6,500	5,000	3,500
8	汽車一部	0	0	0	0	0	0	0	0	600,000	570,000	540,000	510,000
9	資產合計	40,000											
10													
11	學貸	0											
12	車貸	0											
13	總負債	0											
14	淨值	40,000											
15	總淨值	40,000											
16	負債淨值合計	40,000											

Step 20 完成「家庭資產負債表」的學貸餘額

寬限期的學貸餘額每年增加80,000元，還款期的每年還款金額，由「家
庭收支結餘表」的「學貸還本」帶入。

	A	B	C	D	E	F	G	H	I	J	K	L	M
1													
2	年度	2018年初	2018	2019	2020	2021	2022	2023	2024	2025	2026	2027	2028
3	年齡	20	20	21	22	23	24	25	26	27	28	29	30
4			大一	大二	大三	大四	正職工作						
5	銀行活存	20,000											
6	基金投資	0	0	0	0	24,000	49,440	76,406	104,991	111,290	117,968	125,046	132,548
7	機車一部	20,000	18,500	17,000	15,500	14,000	12,500	11,000	9,500	8,000	6,500	5,000	3,500
8	汽車一部	0	0	0	0	0	0	0	0	600,000	570,000	540,000	510,000
9	資產合計	40,000											
10													
11	學貸	0	80,000	160,000	240,000	201,135	161,822	122,058	81,836	41,152	0	0	0
12	車貸	0											
13	總負債	0											
14	淨值	40,000											
15	總淨值	40,000											
16	負債淨值合計	40,000											

Step 21 完成「家庭資產負債表」的車貸餘額與總負債

車貸每年還款金額，由「家庭收支結餘表」的「車貸還本」帶入。

	A	B	C	D	E	F	G	H	I	J	K	L	M
1													
2	年度	2018年初	2018	2019	2020	2021	2022	2023	2024	2025	2026	2027	2028
3	年齡	20	20	21	22	23	24	25	26	27	28	29	30
4			大一	大二	大三	大四	正職工作						
5	銀行活存	20,000											
6	基金投資	0	0	0	0	24,000	49,440	76,406	104,991	111,290	117,968	125,046	132,548
7	機車一部	20,000	18,500	17,000	15,500	14,000	12,500	11,000	9,500	8,000	6,500	5,000	3,500
8	汽車一部	0	0	0	0	0	0	0	0	600,000	570,000	540,000	510,000
9	資產合計	40,000											
10													
11	學貸	0	80,000	160,000	240,000	201,135	161,822	122,058	81,836	41,152	0	0	0
12	車貸	0	0	0	0	0	0	0	0	360,000	240,000	120,000	0
13	總負債	0	80,000	160,000	240,000	201,135	161,822	122,058	81,836	401,152	240,000	120,000	0
14	淨值	40,000											
15	總淨值	40,000											
16	負債淨值合計	40,000											

Step 22 完成「家庭資產負債表」的銀行活存（現金）

每年銀行活存金額是：前一年度銀行活存金額＋本年度收支結餘

	A	B 2018年初	C 2018	D 2019	E 2020	F 2021	G 2022	H 2023	I 2024	J 2025	K 2026	L 2027	M 2028
2	年度	2018年初	2018	2019	2020	2021	2022	2023	2024	2025	2026	2027	2028
3	年齡	20	20	21	22	23	24	25	26	27	28	29	30
4			大一	大二	大三	大四	正職工作						
5	銀行活存	20,000	19,200	16,571	12,067	84,017	159,430	238,360	320,862	190,992	85,455	24,307	- 33,817
6	基金投資	0	0	0	0	24,000	49,440	76,406	104,991	111,290	117,968	125,046	132,548
7	機車一部	20,000	18,500	17,000	15,500	14,000	12,500	11,000	9,500	8,000	6,500	5,000	3,500
8	汽車一部	0	0	0	0	0	0	0	0	600,000	570,000	540,000	510,000
9	資產合計	40,000											
10													
11	學貸	0	80,000	160,000	240,000	201,135	161,822	122,058	81,836	41,152	0	0	0
12	車貸	0	0	0	0	0	0	0	0	360,000	240,000	120,000	0
13	總負債	0	80,000	160,000	240,000	201,135	161,822	122,058	81,836	401,152	240,000	120,000	0
14	淨值	40,000											
15	總淨值	40,000											
16	負債淨值合計	40,000											

Step 23 完成「家庭資產負債表」的資產合計

	A	B 2018年初	C 2018	D 2019	E 2020	F 2021	G 2022	H 2023	I 2024	J 2025	K 2026	L 2027	M 2028
2	年度	2018年初	2018	2019	2020	2021	2022	2023	2024	2025	2026	2027	2028
3	年齡	20	20	21	22	23	24	25	26	27	28	29	30
4			大一	大二	大三	大四	正職工作						
5	銀行活存	20,000	19,200	16,571	12,067	84,017	159,430	238,360	320,862	190,992	85,455	24,307	- 33,817
6	基金投資	0	0	0	0	24,000	49,440	76,406	104,991	111,290	117,968	125,046	132,548
7	機車一部	20,000	18,500	17,000	15,500	14,000	12,500	11,000	9,500	8,000	6,500	5,000	3,500
8	汽車一部	0	0	0	0	0	0	0	0	600,000	570,000	540,000	510,000
9	資產合計	40,000	37,700	33,571	27,567	122,017	221,370	325,766	435,353	910,282	779,922	694,352	612,231
10													
11	學貸	0	80,000	160,000	240,000	201,135	161,822	122,058	81,836	41,152	0	0	0
12	車貸	0	0	0	0	0	0	0	0	360,000	240,000	120,000	0
13	總負債	0	80,000	160,000	240,000	201,135	161,822	122,058	81,836	401,152	240,000	120,000	0
14	淨值	40,000											
15	總淨值	40,000											
16	負債淨值合計	40,000											

Step 24 完成「家庭資產負債表」的淨值與貸方合計

每年淨值是：當年度資產合計 － 當年度總負債

	A	B 2018年初	C 2018	D 2019	E 2020	F 2021	G 2022	H 2023	I 2024	J 2025	K 2026	L 2027	M 2028
2	年度	2018年初	2018	2019	2020	2021	2022	2023	2024	2025	2026	2027	2028
3	年齡	20	20	21	22	23	24	25	26	27	28	29	30
4			大一	大二	大三	大四	正職工作						
5	銀行活存	20,000	19,200	16,571	12,067	84,017	159,430	238,360	320,862	190,992	85,455	24,307	- 33,817
6	基金投資	0	0	0	0	24,000	49,440	76,406	104,991	111,290	117,968	125,046	132,548
7	機車一部	20,000	18,500	17,000	15,500	14,000	12,500	11,000	9,500	8,000	6,500	5,000	3,500
8	汽車一部	0	0	0	0	0	0	0	0	600,000	570,000	540,000	510,000
9	資產合計	40,000	37,700	33,571	27,567	122,017	221,370	325,766	435,353	910,282	779,922	694,352	612,231
10													
11	學貸	0	80,000	160,000	240,000	201,135	161,822	122,058	81,836	41,152	0	0	0
12	車貸	0	0	0	0	0	0	0	0	360,000	240,000	120,000	0
13	總負債	0	80,000	160,000	240,000	201,135	161,822	122,058	81,836	401,152	240,000	120,000	0
14	淨值	40,000	- 42,300	- 126,429	- 212,433	- 79,118	59,548	203,708	353,517	509,130	539,922	574,352	612,231
15	總淨值	40,000	- 42,300	- 126,429	- 212,433	- 79,118	59,548	203,708	353,517	509,130	539,922	574,352	612,231
16	負債淨值合計	40,000	37,700	33,571	27,567	122,017	221,370	325,766	435,353	910,282	779,922	694,352	612,231

Step 25 完成「家庭收支結餘表」的利息收入

　　　每年利息收入是：前一年度銀行活存餘額 × 活存利率

	A	B	C	D	E	F	G	H	I	J	K	L
1												
2	年度	2018	2019	2020	2021	2022	2023	2024	2025	2026	2027	2028
3	年齡	20	21	22	23	24	25	26	27	28	29	30
4		大二	大三	大四	正職工作							
5	工作收入	192,000	192,000	192,000	336,000	341,040	346,156	351,348	356,618	361,967	367,397	372,908
6	利息收入	100	96	83	60	420	797	1,192	1,604	955	427	122
7	總收入											
8												
9	飲食支出	91,250	93,075	94,937	96,835	98,772	100,747	102,762	104,818	106,914	109,052	111,233
10	衣飾支出	8,000	8,000	8,000	8,000	8,000	8,000	8,000	8,000	8,000	8,000	8,000
11	住宿支出	72,000	72,000	72,000	72,000	72,000	72,000	72,000	72,000	72,000	72,000	72,000
12	交通支出	21,650	21,650	21,650	21,650	21,650	21,650	21,650	21,650	119,920	119,920	119,920
13	投資基金	0	0	0	24,000	24,000	24,000	24,000	0	0	0	0
14	學貸還本	0	0	0	38,865	39,312	39,764	40,222	40,684	41,152	0	0
15	學貸還息	0	0	0	2,760	2,313	1,861	1,404	941	473	0	0
16	車貸還本	0	0	0	0	0	0	0	240,000	120,000	120,000	120,000
17	總支出	192,900	194,725	196,587	264,111	266,047	268,023	270,038	488,093	468,459	428,972	431,153
18												
19	收支結餘											

Step 26 完成「家庭收支結餘表」的總收入

	A	B	C	D	E	F	G	H	I	J	K	L
1												
2	年度	2018	2019	2020	2021	2022	2023	2024	2025	2026	2027	2028
3	年齡	20	21	22	23	24	25	26	27	28	29	30
4		大二	大三	大四	正職工作							
5	工作收入	192,000	192,000	192,000	336,000	341,040	346,156	351,348	356,618	361,967	367,397	372,908
6	利息收入	100	96	83	60	420	797	1,192	1,604	955	427	122
7	總收入	192,100	192,096	192,083	336,060	341,460	346,953	352,540	358,222	362,922	367,824	373,029
8												
9	飲食支出	91,250	93,075	94,937	96,835	98,772	100,747	102,762	104,818	106,914	109,052	111,233
10	衣飾支出	8,000	8,000	8,000	8,000	8,000	8,000	8,000	8,000	8,000	8,000	8,000
11	住宿支出	72,000	72,000	72,000	72,000	72,000	72,000	72,000	72,000	72,000	72,000	72,000
12	交通支出	21,650	21,650	21,650	21,650	21,650	21,650	21,650	21,650	119,920	119,920	119,920
13	投資基金	0	0	0	24,000	24,000	24,000	24,000	0	0	0	0
14	學貸還本	0	0	0	38,865	39,312	39,764	40,222	40,684	41,152	0	0
15	學貸還息	0	0	0	2,760	2,313	1,861	1,404	941	473	0	0
16	車貸還本	0	0	0	0	0	0	0	240,000	120,000	120,000	120,000
17	總支出	192,900	194,725	196,587	264,111	266,047	268,023	270,038	488,093	468,459	428,972	431,153
18												
19	收支結餘											

Step 27 完成「家庭收支結餘表」的收支結餘

	A	B	C	D	E	F	G	H	I	J	K	L
1												
2	年度	2018	2019	2020	2021	2022	2023	2024	2025	2026	2027	2028
3	年齡	20	21	22	23	24	25	26	27	28	29	30
4		大二	大三	大四	正職工作							
5	工作收入	192,000	192,000	192,000	336,000	341,040	346,156	351,348	356,618	361,967	367,397	372,908
6	利息收入	100	96	83	60	420	797	1,192	1,604	955	427	122
7	總收入	192,100	192,096	192,083	336,060	341,460	346,953	352,540	358,222	362,922	367,824	373,029
8												
9	飲食支出	91,250	93,075	94,937	96,835	98,772	100,747	102,762	104,818	106,914	109,052	111,233
10	衣飾支出	8,000	8,000	8,000	8,000	8,000	8,000	8,000	8,000	8,000	8,000	8,000
11	住宿支出	72,000	72,000	72,000	72,000	72,000	72,000	72,000	72,000	72,000	72,000	72,000
12	交通支出	21,650	21,650	21,650	21,650	21,650	21,650	21,650	21,650	119,920	119,920	119,920
13	投資基金	0	0	0	24,000	24,000	24,000	24,000	0	0	0	0
14	學貸還本	0	0	0	38,865	39,312	39,764	40,222	40,684	41,152	0	0
15	學貸還息	0	0	0	2,760	2,313	1,861	1,404	941	473	0	0
16	車貸還本	0	0	0	0	0	0	0	240,000	120,000	120,000	120,000
17	總支出	192,900	194,725	196,587	264,111	266,047	268,023	270,038	488,093	468,459	428,972	431,153
18												
19	收支結餘	- 800	- 2,629	- 4,504	71,950	75,413	78,930	82,502	- 129,870	- 105,537	- 61,148	- 58,124

第七章　習題解答

一、實作題

Step 1　完成「家庭收支結餘表」的工作收入

大雄28歲是：32,000元 × (12 + 2)個月

之後年度是：前一年工作收入 × (1 + 1.5%)

	A	B	C	D	E	F	G	H	I	J	K	L	M	N
1	年度	2018	2019	2020	2021	2022	2023	2024	2025	2026	2027	2028	2029	2030
2	大雄年齡	28	29	30	31	32	33	34	35	36	37	38	39	40
3	大美年齡		28	29	30	31	32	33	34	35	36	37	38	
4	小雄年齡						1	2	3	4	5	6	7	8
5					結婚		小孩出生							購屋準備
6	工作收入(大雄)	448,000	454,720	461,541	468,464	475,491	482,623	489,863	497,211	504,669	512,239	519,922	527,721	535,637
7	工作收入(大美)													
8	利息收入													
9	總收入													
10	飲食支出													
11	衣飾支出													
12	居住支出													
13	交通支出													
14	投資基金													
15	結婚支出													
16	育兒支出													
17	總支出													
18	收支結餘													

Step 2 完成「家庭收支結餘表」的工作收入

大美28歲是：28,000元 × (12 + 1.5)個月

之後年度是：前一年工作收入 × (1 + 1.5%)

	A	B	C	D	E	F	G	H	I	J	K	L	M	N
1	年度	2018	2019	2020	2021	2022	2023	2024	2025	2026	2027	2028	2029	2030
2	大雄年齡	28	29	30	31	32	33	34	35	36	37	38	39	40
3	大美年齡			28	29	30	31	32	33	34	35	36	37	38
4	小雄年齡						1	2	3	4	5	6	7	8
5				結婚			小孩出生							購屋準備
6	工作收入(大雄)	448,000	454,720	461,541	468,464	475,491	482,623	489,863	497,211	504,669	512,239	519,922	527,721	535,637
7	工作收入(大美)	0	0	378,000	383,670	389,425	395,266	401,195	407,213	413,322	419,521	425,814	432,201	438,684
8	利息收入													
9	總收入													
10	飲食支出													
11	衣飾支出													
12	居住支出													
13	交通支出													
14	投資基金													
15	結婚支出													
16	育兒支出													
17	總支出													
18	收支結餘													

Step 3 完成「家庭收支結餘表」的飲食支出

大雄28歲是：（早餐花費 + 午餐花費 + 晚餐花費 + 消夜花費）× 日數

大雄29歲是：前一年飲食支出 × (1 + 2%)

大雄30歲是：前一年飲食支出 × (1 + 2%) + 婚後增額 × 日數

	A	B	C	D	E	F	G	H	I	J	K	L	M	N
1	年度	2018	2019	2020	2021	2022	2023	2024	2025	2026	2027	2028	2029	2030
2	大雄年齡	28	29	30	31	32	33	34	35	36	37	38	39	40
3	大美年齡			28	29	30	31	32	33	34	35	36	37	38
4	小雄年齡						1	2	3	4	5	6	7	8
5				結婚			小孩出生							購屋準備
6	工作收入(大雄)	448,000	454,720	461,541	468,464	475,491	482,623	489,863	497,211	504,669	512,239	519,922	527,721	535,637
7	工作收入(大美)	0	0	378,000	383,670	389,425	395,266	401,195	407,213	413,322	419,521	425,814	432,201	438,684
8	利息收入													
9	總收入													
10	飲食支出	83,950	85,629	160,342	163,548	166,819	170,156	173,559	177,030	180,571	184,182	187,866	191,623	195,455
11	衣飾支出													
12	居住支出													
13	交通支出													
14	投資基金													
15	結婚支出													
16	育兒支出													
17	總支出													
18	收支結餘													

Step 4　完成「家庭收支結餘表」的衣飾支出

　　　大雄28歲是：2,000元 × 4季

　　　大雄30歲是：前一年衣飾支出 + 婚後增額 × 4季

	A	B	C	D	E	F	G	H	I	J	K	L	M	N
1	年度	2018	2019	2020	2021	2022	2023	2024	2025	2026	2027	2028	2029	2030
2	大雄年齡	28	29	30	31	32	33	34	35	36	37	38	39	40
3	大美年齡			28	29	30	31	32	33	34	35	36	37	38
4	小雄年齡							1	2	3	4	5	6	7	8
5				結婚				小孩出生						購屋準備
6	工作收入(大雄)	448,000	454,720	461,541	468,464	475,491	482,623	489,863	497,211	504,669	512,239	519,922	527,721	535,637
7	工作收入(大美)	0	0	378,000	383,670	389,425	395,266	401,195	407,213	413,322	419,521	425,814	432,201	438,684
8	利息收入													
9	總收入													
10	飲食支出	83,950	85,629	160,342	163,548	166,819	170,156	173,559	177,030	180,571	184,182	187,866	191,623	195,455
11	衣飾支出	8,000	8,000	28,000	28,000	28,000	28,000	28,000	28,000	28,000	28,000	28,000	28,000	28,000
12	居住支出													
13	交通支出													
14	投資基金													
15	結婚支出													
16	育兒支出													
17	總支出													
18	收支結餘													

Step 5　完成「家庭收支結餘表」的住宿支出

　　　大雄28歲是：8,000元 × 12月

　　　大雄30歲是：前一年住宿支出 + 婚後增額 × 12月

	A	B	C	D	E	F	G	H	I	J	K	L	M	N
1	年度	2018	2019	2020	2021	2022	2023	2024	2025	2026	2027	2028	2029	2030
2	大雄年齡	28	29	30	31	32	33	34	35	36	37	38	39	40
3	大美年齡			28	29	30	31	32	33	34	35	36	37	38
4	小雄年齡							1	2	3	4	5	6	7	8
5				結婚				小孩出生						購屋準備
6	工作收入(大雄)	448,000	454,720	461,541	468,464	475,491	482,623	489,863	497,211	504,669	512,239	519,922	527,721	535,637
7	工作收入(大美)	0	0	378,000	383,670	389,425	395,266	401,195	407,213	413,322	419,521	425,814	432,201	438,684
8	利息收入													
9	總收入													
10	飲食支出	83,950	85,629	160,342	163,548	166,819	170,156	173,559	177,030	180,571	184,182	187,866	191,623	195,455
11	衣飾支出	8,000	8,000	28,000	28,000	28,000	28,000	28,000	28,000	28,000	28,000	28,000	28,000	28,000
12	住宿支出	96,000	96,000	192,000	192,000	192,000	192,000	192,000	192,000	192,000	192,000	192,000	192,000	192,000
13	交通支出													
14	投資基金													
15	結婚支出													
16	育兒支出													
17	總支出													
18	收支結餘													

Step 6　完成「家庭收支結餘表」的交通支出

　　　大雄28歲是：機車油錢×12個月+維修費×4季+燃料費+牌照稅+保險費

　　　大雄30歲是：前一年交通支出 × 2

	A	B	C	D	E	F	G	H	I	J	K	L	M	N
1	年度	2018	2019	2020	2021	2022	2023	2024	2025	2026	2027	2028	2029	2030
2	大雄年齡	28	29	30	31	32	33	34	35	36	37	38	39	40
3	大美年齡			28	29	30	31	32	33	34	35	36	37	38
4	小雄年齡							1	2	3	4	5	6	7	8
5				結婚				小孩出生						購屋準備
6	工作收入(大雄)	448,000	454,720	461,541	468,464	475,491	482,623	489,863	497,211	504,669	512,239	519,922	527,721	535,637
7	工作收入(大美)	0	0	378,000	383,670	389,425	395,266	401,195	407,213	413,322	419,521	425,814	432,201	438,684
8	利息收入													
9	總收入													
10	飲食支出	83,950	85,629	160,342	163,548	166,819	170,156	173,559	177,030	180,571	184,182	187,866	191,623	195,455
11	衣飾支出	8,000	8,000	28,000	28,000	28,000	28,000	28,000	28,000	28,000	28,000	28,000	28,000	28,000
12	住宿支出	96,000	96,000	192,000	192,000	192,000	192,000	192,000	192,000	192,000	192,000	192,000	192,000	192,000
13	交通支出	13,050	13,050	26,100	26,100	26,100	26,100	26,100	26,100	26,100	26,100	26,100	26,100	26,100
14	投資基金													
15	結婚支出													
16	育兒支出													
17	總支出													
18	收支結餘													

Step 7 完成「家庭收支結餘表」的投資基金

28歲開始定期定額投資共同基金,將選定年報酬率5%的基金來投資,每個月投資金額3,000元,將與基金公司簽約扣款投資三年。

	A	B	C	D	E	F	G	H	I	J	K	L	M	N
1	年度	2018	2019	2020	2021	2022	2023	2024	2025	2026	2027	2028	2029	2030
2	大雄年齡	28	29	30	31	32	33	34	35	36	37	38	39	40
3	大美年齡			28	29	30	31	32	33	34	35	36	37	38
4	小雄年齡							1	2	3	4	5	6	7	8
5				結婚			小孩出生							購屋準備
6	工作收入(大雄)	448,000	454,720	461,541	468,464	475,491	482,623	489,863	497,211	504,669	512,239	519,922	527,721	535,637
7	工作收入(大美)	0	0	378,000	383,670	389,425	395,266	401,195	407,213	413,322	419,521	425,814	432,201	438,684
8	利息收入													
9	總收入													
10	飲食支出	83,950	85,629	160,342	163,548	166,819	170,156	173,559	177,030	180,571	184,182	187,866	191,623	195,455
11	衣飾支出	8,000	8,000	28,000	28,000	28,000	28,000	28,000	28,000	28,000	28,000	28,000	28,000	28,000
12	住宿支出	96,000	96,000	192,000	192,000	192,000	192,000	192,000	192,000	192,000	192,000	192,000	192,000	192,000
13	交通支出	13,050	13,050	26,100	26,100	26,100	26,100	26,100	26,100	26,100	26,100	26,100	26,100	26,100
14	投資基金	36,000	36,000	36,000	0	0	0	0	0	0	0	0	0	0
15	結婚支出													
16	育兒支出													
17	總支出													
18	收支結餘													

Step 8 完成「家庭收支結餘表」的「結婚支出」

大雄預計於30歲時與大美結婚。

	A	B	C	D	E	F	G	H	I	J	K	L	M	N
1	年度	2018	2019	2020	2021	2022	2023	2024	2025	2026	2027	2028	2029	2030
2	大雄年齡	28	29	30	31	32	33	34	35	36	37	38	39	40
3	大美年齡			28	29	30	31	32	33	34	35	36	37	38
4	小雄年齡							1	2	3	4	5	6	7	8
5				結婚			小孩出生							購屋準備
6	工作收入(大雄)	448,000	454,720	461,541	468,464	475,491	482,623	489,863	497,211	504,669	512,239	519,922	527,721	535,637
7	工作收入(大美)	0	0	378,000	383,670	389,425	395,266	401,195	407,213	413,322	419,521	425,814	432,201	438,684
8	利息收入													
9	總收入													
10	飲食支出	83,950	85,629	160,342	163,548	166,819	170,156	173,559	177,030	180,571	184,182	187,866	191,623	195,455
11	衣飾支出	8,000	8,000	28,000	28,000	28,000	28,000	28,000	28,000	28,000	28,000	28,000	28,000	28,000
12	住宿支出	96,000	96,000	192,000	192,000	192,000	192,000	192,000	192,000	192,000	192,000	192,000	192,000	192,000
13	交通支出	13,050	13,050	26,100	26,100	26,100	26,100	26,100	26,100	26,100	26,100	26,100	26,100	26,100
14	投資基金	36,000	36,000	36,000	0	0	0	0	0	0	0	0	0	0
15	結婚支出	0	0	500,000	0	0	0	0	0	0	0	0	0	0
16	育兒支出													
17	總支出													
18	收支結餘													

Step 9 完成「家庭收支結餘表」的「育兒支出」

大雄預計於33歲時生第一胎,後續托育、幼兒園與小學皆上私立學校。

	A	B	C	D	E	F	G	H	I	J	K	L	M	N
1	年度	2018	2019	2020	2021	2022	2023	2024	2025	2026	2027	2028	2029	2030
2	大雄年齡	28	29	30	31	32	33	34	35	36	37	38	39	40
3	大美年齡			28	29	30	31	32	33	34	35	36	37	38
4	小雄年齡							1	2	3	4	5	6	7	8
5				結婚			小孩出生							購屋準備
6	工作收入(大雄)	448,000	454,720	461,541	468,464	475,491	482,623	489,863	497,211	504,669	512,239	519,922	527,721	535,637
7	工作收入(大美)	0	0	378,000	383,670	389,425	395,266	401,195	407,213	413,322	419,521	425,814	432,201	438,684
8	利息收入													
9	總收入													
10	飲食支出	83,950	85,629	160,342	163,548	166,819	170,156	173,559	177,030	180,571	184,182	187,866	191,623	195,455
11	衣飾支出	8,000	8,000	28,000	28,000	28,000	28,000	28,000	28,000	28,000	28,000	28,000	28,000	28,000
12	住宿支出	96,000	96,000	192,000	192,000	192,000	192,000	192,000	192,000	192,000	192,000	192,000	192,000	192,000
13	交通支出	13,050	13,050	26,100	26,100	26,100	26,100	26,100	26,100	26,100	26,100	26,100	26,100	26,100
14	投資基金	36,000	36,000	36,000	0	0	0	0	0	0	0	0	0	0
15	結婚支出	0	0	500,000	0	0	0	0	0	0	0	0	0	0
16	育兒支出	0	0	0	0	0	304,000	304,000	304,000	195,000	195,000	195,000	285,000	285,000
17	總支出													
18	收支結餘													

Step 10 完成「家庭收支結餘表」各年度的總支出

	A	B	C	D	E	F	G	H	I	J	K	L	M	N
1	年度	2018	2019	2020	2021	2022	2023	2024	2025	2026	2027	2028	2029	2030
2	大雄年齡	28	29	30	31	32	33	34	35	36	37	38	39	40
3	大美年齡			28	29	30	31	32	33	34	35	36	37	38
4	小雄年齡							1	2	3	4	5	6	7	8
5				結婚			小孩出生								購屋準備
6	工作收入(大雄)	448,000	454,720	461,541	468,464	475,491	482,623	489,863	497,211	504,669	512,239	519,922	527,721	535,637
7	工作收入(大美)	0	0	378,000	383,670	389,425	395,266	401,195	407,213	413,322	419,521	425,814	432,201	438,684
8	利息收入														
9	總收入														
10	飲食支出	83,950	85,629	160,342	163,548	166,819	170,156	173,559	177,030	180,571	184,182	187,866	191,623	195,455
11	衣飾支出	8,000	8,000	28,000	28,000	28,000	28,000	28,000	28,000	28,000	28,000	28,000	28,000	28,000
12	住宿支出	96,000	96,000	192,000	192,000	192,000	192,000	192,000	192,000	192,000	192,000	192,000	192,000	192,000
13	交通支出	13,050	13,050	26,100	26,100	26,100	26,100	26,100	26,100	26,100	26,100	26,100	26,100	26,100
14	投資基金	36,000	36,000	36,000	0	0	0	0	0	0	0	0	0	0
15	結婚支出	0	0	500,000	0	0	0	0	0	0	0	0	0	0
16	育兒支出	0	0	0	0	0	304,000	304,000	304,000	195,000	195,000	195,000	285,000	285,000
17	總支出	237,000	238,679	942,442	409,648	412,919	720,256	723,659	727,130	621,671	625,282	628,966	722,723	726,555
18	收支結餘														

Step 11 完成「家庭資產負債表」的初始金額

	A	B	C	D	E	F	G	H	I	J	K	L	M	N	O
1	年度	2018	2018	2019	2020	2021	2022	2023	2024	2025	2026	2027	2028	2029	2030
2	大雄年齡	28年初	28	29	30	31	32	33	34	35	36	37	38	39	40
3	大美年齡				28	29	30	31	32	33	34	35	36	37	38
4	小雄年齡								1	2	3	4	5	6	7	8
5					結婚			小孩出生								購屋準備
6	現金(活存)	450,000														
7	基金投資	0														
8	機車	20,000														
9	資產合計	470,000														
10	貸款	0														
11	總負債	0														
12	淨值	470,000														
13	總淨值	470,000														
14	負債淨值合計	470,000														

Step 12 完成「家庭資產負債表」的基金投資

28歲開始定期定額投資共三年，基金投資的年報酬率是5%。

	A	B	C	D	E	F	G	H	I	J	K	L	M	N	O
1	年度	2018	2018	2019	2020	2021	2022	2023	2024	2025	2026	2027	2028	2029	2030
2	大雄年齡	28年初	28	29	30	31	32	33	34	35	36	37	38	39	40
3	大美年齡				28	29	30	31	32	33	34	35	36	37	38
4	小雄年齡								1	2	3	4	5	6	7	8
5					結婚			小孩出生								購屋準備
6	現金(活存)	450,000														
7	基金投資	0	36,000	73,800	113,490	119,165	125,123	131,379	137,948	144,845	152,087	159,692	167,676	176,060	184,863
8	機車	20,000														
9	資產合計	470,000														
10	貸款	0														
11	總負債	0														
12	淨值	470,000														
13	總淨值	470,000														
14	負債淨值合計	470,000														

Step 13 完成「家庭資產負債表」的機車資產

機車價值每年折舊800元。

	A	B	C	D	E	F	G	H	I	J	K	L	M	N	O
1	年度	2018	2018	2019	2020	2021	2022	2023	2024	2025	2026	2027	2028	2029	2030
2	大雄年齡	28年初	28	29	30	31	32	33	34	35	36	37	38	39	40
3	大美年齡				28	29	30	31	32	33	34	35	36	37	38
4	小雄年齡								1	2	3	4	5	6	7	8
5					結婚			小孩出生								購屋準備
6	現金(活存)	450,000														
7	基金投資	0	36,000	73,800	113,490	119,165	125,123	131,379	137,948	144,845	152,087	159,692	167,676	176,060	184,863
8	機車	20,000	19,200	18,400	37,600	36,000	34,400	32,800	31,200	29,600	28,000	26,400	24,800	23,200	21,600
9	資產合計	470,000														
10	貸款	0														
11	總負債	0														
12	淨值	470,000														
13	總淨值	470,000														
14	負債淨值合計	470,000														

Step 14 完成「家庭資產負債表」的貸款與負債合計

　　　　無貸款，因此金額皆為0元。

	A	B	C	D	E	F	G	H	I	J	K	L	M	N	O
1	年度	2018	2018	2019	2020	2021	2022	2023	2024	2025	2026	2027	2028	2029	2030
2	大雄年齡	28年初	28	29	30	31	32	33	34	35	36	37	38	39	40
3	大美年齡				28	29	30	31	32	33	34	35	36	37	38
4	小雄年齡							1	2	3	4	5	6	7	8
5					結婚			小孩出生							購屋準備
6	現金(活存)	450,000													
7	基金投資	0	36,000	73,800	113,490	119,165	125,123	131,379	137,948	144,845	152,087	159,692	167,676	176,060	184,863
8	機車	20,000	19,200	18,400	37,600	36,000	34,400	32,800	31,200	29,600	28,000	26,400	24,800	23,200	21,600
9	資產合計	470,000													
10	貸款	0	0	0	0	0	0	0	0	0	0	0	0	0	0
11	總負債	0	0	0	0	0	0	0	0	0	0	0	0	0	0
12	淨值	470,000													
13	總淨值	470,000													
14	負債淨值合計	470,000													

Step 15 完成「家庭資產負債表」的現金（活存）

　　　　每年銀行活存金額是：前一年度銀行活存金額 + 本年度收支結餘

	A	B	C	D	E	F	G	H	I	J	K	L	M	N	O
1	年度	2018	2018	2019	2020	2021	2022	2023	2024	2025	2026	2027	2028	2029	2030
2	大雄年齡	28年初	28	29	30	31	32	33	34	35	36	37	38	39	40
3	大美年齡				28	29	30	31	32	33	34	35	36	37	38
4	小雄年齡							1	2	3	4	5	6	7	8
5					結婚			小孩出生							購屋準備
6	現金(活存)	450,000	663,250	882,607	784,120	1,230,526	1,688,675	1,854,752	2,031,425	2,218,876	2,526,290	2,845,399	3,176,397	3,429,479	3,694,392
7	基金投資	0	36,000	73,800	113,490	119,165	125,123	131,379	137,948	144,845	152,087	159,692	167,676	176,060	184,863
8	機車	20,000	19,200	18,400	37,600	36,000	34,400	32,800	31,200	29,600	28,000	26,400	24,800	23,200	21,600
9	資產合計	470,000													
10	貸款	0	0	0	0	0	0	0	0	0	0	0	0	0	0
11	總負債	0	0	0	0	0	0	0	0	0	0	0	0	0	0
12	淨值	470,000													
13	總淨值	470,000													
14	負債淨值合計	470,000													

Step 16 完成「家庭資產負債表」的資產合計

	A	B	C	D	E	F	G	H	I	J	K	L	M	N	O
1	年度	2018	2018	2019	2020	2021	2022	2023	2024	2025	2026	2027	2028	2029	2030
2	大雄年齡	28年初	28	29	30	31	32	33	34	35	36	37	38	39	40
3	大美年齡				28	29	30	31	32	33	34	35	36	37	38
4	小雄年齡							1	2	3	4	5	6	7	8
5					結婚			小孩出生							購屋準備
6	現金(活存)	450,000	663,250	882,607	784,120	1,230,526	1,688,675	1,854,752	2,031,425	2,218,876	2,526,290	2,845,399	3,176,397	3,429,479	3,694,392
7	基金投資	0	36,000	73,800	113,490	119,165	125,123	131,379	137,948	144,845	152,087	159,692	167,676	176,060	184,863
8	機車	20,000	19,200	18,400	37,600	36,000	34,400	32,800	31,200	29,600	28,000	26,400	24,800	23,200	21,600
9	資產合計	470,000	718,450	974,807	935,210	1,385,690	1,848,197	2,018,931	2,200,573	2,393,321	2,706,377	3,031,491	3,368,873	3,628,739	3,900,855
10	貸款	0	0	0	0	0	0	0	0	0	0	0	0	0	0
11	總負債	0	0	0	0	0	0	0	0	0	0	0	0	0	0
12	淨值	470,000													
13	總淨值	470,000													
14	負債淨值合計	470,000													

Step 17 完成「家庭資產負債表」的淨值與貸方合計

　　　　每年淨值是：當年度資產合計 － 當年度總負債

	A	B	C	D	E	F	G	H	I	J	K	L	M	N	O
1	年度	2018	2018	2019	2020	2021	2022	2023	2024	2025	2026	2027	2028	2029	2030
2	大雄年齡	28年初	28	29	30	31	32	33	34	35	36	37	38	39	40
3	大美年齡				28	29	30	31	32	33	34	35	36	37	38
4	小雄年齡							1	2	3	4	5	6	7	8
5					結婚			小孩出生							購屋準備
6	現金(活存)	450,000	663,250	882,607	784,120	1,230,526	1,688,675	1,854,752	2,031,425	2,218,876	2,526,290	2,845,399	3,176,397	3,429,479	3,694,392
7	基金投資	0	36,000	73,800	113,490	119,165	125,123	131,379	137,948	144,845	152,087	159,692	167,676	176,060	184,863
8	機車	20,000	19,200	18,400	37,600	36,000	34,400	32,800	31,200	29,600	28,000	26,400	24,800	23,200	21,600
9	資產合計	470,000	718,450	974,807	935,210	1,385,690	1,848,197	2,018,931	2,200,573	2,393,321	2,706,377	3,031,491	3,368,873	3,628,739	3,900,855
10	貸款	0	0	0	0	0	0	0	0	0	0	0	0	0	0
11	總負債	0	0	0	0	0	0	0	0	0	0	0	0	0	0
12	淨值	470,000	718,450	974,807	935,210	1,385,690	1,848,197	2,018,931	2,200,573	2,393,321	2,706,377	3,031,491	3,368,873	3,628,739	3,900,855
13	總淨值	470,000	718,450	974,807	935,210	1,385,690	1,848,197	2,018,931	2,200,573	2,393,321	2,706,377	3,031,491	3,368,873	3,628,739	3,900,855
14	負債淨值合計	470,000													

Step 18 完成「家庭收支結餘表」的利息收入

每年利息收入是：前一年度銀行活存餘額 × 活存利率

	A	B	C	D	E	F	G	H	I	J	K	L	M	N
1	年度	2018	2019	2020	2021	2022	2023	2024	2025	2026	2027	2028	2029	2030
2	大雄年齡	28	29	30	31	32	33	34	35	36	37	38	39	40
3	大美年齡			28	29	30	31	32	33	34	35	36	37	38
4	小雄年齡							1	2	3	4	5	6	7	8
5				結婚			小孩出生							購屋準備
6	工作收入(大雄)	448,000	454,720	461,541	468,464	475,491	482,623	489,863	497,211	504,669	512,239	519,922	527,721	535,637
7	工作收入(大美)	0	0	378,000	383,670	389,425	395,266	401,195	407,213	413,322	419,521	425,814	432,201	438,684
8	利息收入	2,250	3,316	4,413	3,921	6,153	8,443	9,274	10,157	11,094	12,631	14,227	15,882	17,147
9	總收入													
10	飲食支出	83,950	85,629	160,342	163,548	166,819	170,156	173,559	177,030	180,571	184,182	187,866	191,623	195,455
11	衣飾支出	8,000	8,000	28,000	28,000	28,000	28,000	28,000	28,000	28,000	28,000	28,000	28,000	28,000
12	住宿支出	96,000	96,000	192,000	192,000	192,000	192,000	192,000	192,000	192,000	192,000	192,000	192,000	192,000
13	交通支出	13,050	13,050	26,100	26,100	26,100	26,100	26,100	26,100	26,100	26,100	26,100	26,100	26,100
14	投資基金	36,000	36,000	36,000	0	0	0	0	0	0	0	0	0	0
15	結婚支出	0	0	500,000	0	0	0	0	0	0	0	0	0	0
16	育兒支出	0	0	0	0	0	304,000	304,000	304,000	195,000	195,000	195,000	285,000	285,000
17	總支出	237,000	238,679	942,442	409,648	412,919	720,256	723,659	727,130	621,671	625,282	628,966	722,723	726,555
18	收支結餘													

Step 19 完成「家庭收支結餘表」的總收入

	A	B	C	D	E	F	G	H	I	J	K	L	M	N
1	年度	2018	2019	2020	2021	2022	2023	2024	2025	2026	2027	2028	2029	2030
2	大雄年齡	28	29	30	31	32	33	34	35	36	37	38	39	40
3	大美年齡			28	29	30	31	32	33	34	35	36	37	38
4	小雄年齡							1	2	3	4	5	6	7	8
5				結婚			小孩出生							購屋準備
6	工作收入(大雄)	448,000	454,720	461,541	468,464	475,491	482,623	489,863	497,211	504,669	512,239	519,922	527,721	535,637
7	工作收入(大美)	0	0	378,000	383,670	389,425	395,266	401,195	407,213	413,322	419,521	425,814	432,201	438,684
8	利息收入	2,250	3,316	4,413	3,921	6,153	8,443	9,274	10,157	11,094	12,631	14,227	15,882	17,147
9	總收入	450,250	458,036	843,954	856,055	871,069	886,333	900,332	914,581	929,085	944,392	959,963	975,805	991,469
10	飲食支出	83,950	85,629	160,342	163,548	166,819	170,156	173,559	177,030	180,571	184,182	187,866	191,623	195,455
11	衣飾支出	8,000	8,000	28,000	28,000	28,000	28,000	28,000	28,000	28,000	28,000	28,000	28,000	28,000
12	住宿支出	96,000	96,000	192,000	192,000	192,000	192,000	192,000	192,000	192,000	192,000	192,000	192,000	192,000
13	交通支出	13,050	13,050	26,100	26,100	26,100	26,100	26,100	26,100	26,100	26,100	26,100	26,100	26,100
14	投資基金	36,000	36,000	36,000	0	0	0	0	0	0	0	0	0	0
15	結婚支出	0	0	500,000	0	0	0	0	0	0	0	0	0	0
16	育兒支出	0	0	0	0	0	304,000	304,000	304,000	195,000	195,000	195,000	285,000	285,000
17	總支出	237,000	238,679	942,442	409,648	412,919	720,256	723,659	727,130	621,671	625,282	628,966	722,723	726,555
18	收支結餘													

Step 20 完成「家庭收支結餘表」的收支結餘

	A	B	C	D	E	F	G	H	I	J	K	L	M	N
1	年度	2018	2019	2020	2021	2022	2023	2024	2025	2026	2027	2028	2029	2030
2	大雄年齡	28	29	30	31	32	33	34	35	36	37	38	39	40
3	大美年齡			28	29	30	31	32	33	34	35	36	37	38
4	小雄年齡							1	2	3	4	5	6	7	8
5				結婚			小孩出生							購屋準備
6	工作收入(大雄)	448,000	454,720	461,541	468,464	475,491	482,623	489,863	497,211	504,669	512,239	519,922	527,721	535,637
7	工作收入(大美)	0	0	378,000	383,670	389,425	395,266	401,195	407,213	413,322	419,521	425,814	432,201	438,684
8	利息收入	2,250	3,316	4,413	3,921	6,153	8,443	9,274	10,157	11,094	12,631	14,227	15,882	17,147
9	總收入	450,250	458,036	843,954	856,055	871,069	886,333	900,332	914,581	929,085	944,392	959,963	975,805	991,469
10	飲食支出	83,950	85,629	160,342	163,548	166,819	170,156	173,559	177,030	180,571	184,182	187,866	191,623	195,455
11	衣飾支出	8,000	8,000	28,000	28,000	28,000	28,000	28,000	28,000	28,000	28,000	28,000	28,000	28,000
12	住宿支出	96,000	96,000	192,000	192,000	192,000	192,000	192,000	192,000	192,000	192,000	192,000	192,000	192,000
13	交通支出	13,050	13,050	26,100	26,100	26,100	26,100	26,100	26,100	26,100	26,100	26,100	26,100	26,100
14	投資基金	36,000	36,000	36,000	0	0	0	0	0	0	0	0	0	0
15	結婚支出	0	0	500,000	0	0	0	0	0	0	0	0	0	0
16	育兒支出	0	0	0	0	0	304,000	304,000	304,000	195,000	195,000	195,000	285,000	285,000
17	總支出	237,000	238,679	942,442	409,648	412,919	720,256	723,659	727,130	621,671	625,282	628,966	722,723	726,555
18	收支結餘	213,250	219,357	-98,488	446,406	458,149	166,077	176,673	187,451	307,414	319,109	330,998	253,081	264,913

第八章 習題解答

一、實作題

Step 1 先確認「購屋計畫表」的房價、自備款與貸款金額

大雄擬定目標房價12,000,000元（直接輸入），可向銀行貸款6成。

自備款金額是：12,000,000元 × 40% = 4,800,000元

可貸款金額是：12,000,000元 × 60% = 7,200,000元

	A	B	C	D	E	F	G	H	I	J	K	L	M	N	O
1	屋況	成屋20年													
2	房價	12,000,000	元	年度	2038	2039	2040	2041	2042	2043	2044	2045	2046	2047	2048
3	自備款	4,800,000	元	大雄年齡	40	41	42	43	44	45	46	47	48	49	50
4	貸款	7,200,000	元	年序	0	1	2	3	4	5	6	7	8	9	10
5	利率		年	房貸還本											
6	期限		年	房貸付息											
7	耐用年限		年												
8	殘值		元												
9	每年折舊		元												

Step 2 確認「購屋計畫表」的利率、貸款期限、耐用年限、殘值與每年折舊額

銀行提供房貸利率1.9%，20年期房屋貸款。預估耐用年限還有60年，房屋殘值為房價的9成。

房屋殘值是：12,000,000元 × 90% = 10,800,000元

每年折舊金額是：(12,000,000元 − 10,800,000元) / 60年 = 20,000元

	A	B	C	D	E	F	G	H	I	J	K	L	M	N	O
1	屋況	成屋20年													
2	房價	12,000,000	元	年度	2038	2039	2040	2041	2042	2043	2044	2045	2046	2047	2048
3	自備款	4,800,000	元	大雄年齡	40	41	42	43	44	45	46	47	48	49	50
4	貸款	7,200,000	元	年序	0	1	2	3	4	5	6	7	8	9	10
5	利率	1.9%	年	房貸還本											
6	期限	20	年	房貸付息											
7	耐用年限	60	年												
8	殘值	10,800,000	元												
9	每年折舊	20,000	元												

Step 3 帶入「購屋計畫表」2038年的應付自備款金額

	A	B	C	D	E	F	G	H	I	J	K	L	M	N	O
1	屋況	成屋20年													
2	房價	12,000,000	元	年度	2038	2039	2040	2041	2042	2043	2044	2045	2046	2047	2048
3	自備款	4,800,000	元	大雄年齡	40	41	42	43	44	45	46	47	48	49	50
4	貸款	7,200,000	元	年序	0	1	2	3	4	5	6	7	8	9	10
5	利率	1.9%	年	房貸還本	4,800,000										
6	期限	20	年	房貸付息	0										
7	耐用年限	60	年												
8	殘值	10,800,000	元												
9	每年折舊	20,000	元												

Step 4　計算「購屋計畫表」2039年的還本與付息金額

　　　　房貸還本是：=PPMT(1.9%, 1, 20, －7,200,000)

　　　　房貸付息是：=IPMT(1.9%, 1, 20, －7,200,000)

	A	B	C	D	E	F	G	H	I	J	K	L	M	N	O
1	屋況	成屋20年													
2	房價	12,000,000	元	年度	2038	2039	2040	2041	2042	2043	2044	2045	2046	2047	2048
3	自備款	4,800,000	元	大雄年齡	40	41	42	43	44	45	46	47	48	49	50
4	貸款	7,200,000	元	年序	0	1	2	3	4	5	6	7	8	9	10
5	利率	1.9%		房貸還本	4,800,000	299,291									
6	期限	20	年	房貸付息	0	136,800									
7	耐用年限	60	年												
8	殘值	10,800,000	元												
9	每年折舊	20,000	元												

Step 5　完成「購屋計畫表」前10年度的還本與付息金額

	A	B	C	D	E	F	G	H	I	J	K	L	M	N	O
1	屋況	成屋20年													
2	房價	12,000,000	元	年度	2038	2039	2040	2041	2042	2043	2044	2045	2046	2047	2048
3	自備款	4,800,000	元	大雄年齡	40	41	42	43	44	45	46	47	48	49	50
4	貸款	7,200,000	元	年序	0	1	2	3	4	5	6	7	8	9	10
5	利率	1.9%	年	房貸還本	4,800,000	299,291	304,977	310,772	316,676	322,693	328,824	335,072	341,438	347,926	354,536
6	期限	20	年	房貸付息	0	136,800	131,113	125,319	119,414	113,397	107,266	101,019	94,652	88,165	81,554
7	耐用年限	60	年												
8	殘值	10,800,000	元												
9	每年折舊	20,000	元												

Step 6　完成「家庭收支結餘表」的工作收入

　　　　大雄40歲是：36,000元 × (12 + 2)個月

　　　　之後年度是：前一年工作收入 × (1 + 1.5%)

	A	B	C	D	E	F	G	H	I	J	K	L
1	年度	2038	2039	2040	2041	2042	2043	2044	2045	2046	2047	2048
2	大雄年齡	40	41	42	43	44	45	46	47	48	49	50
3	大美年齡	38	39	40	41	42	43	44	45	46	47	48
4	小雄年齡	8	9	10	11	12	13	14	15	16	17	18
5		年底購屋					小雄國一				小雄高一	
6	工作收入(大雄)	504,000	511,560	519,233	527,022	534,927	542,951	551,095	559,362	567,752	576,269	584,913
7	工作收入(大美)											
8	利息收入											
9	總收入											
10	飲食支出											
11	衣飾支出											
12	住宿支出											
13	交通支出											
14	育兒支出											
15	投資基金											
16	房貸還本											
17	房貸付息											
18	總支出											
19	收支結餘											

Step 7 完成「家庭收支結餘表」的工作收入

大美38歲是：34,000元 × (12 + 1.5)個月

之後年度是：前一年工作收入 × (1 + 1.5%)

	A	B	C	D	E	F	G	H	I	J	K	L
1	年度	2038	2039	2040	2041	2042	2043	2044	2045	2046	2047	2048
2	大雄年齡	40	41	42	43	44	45	46	47	48	49	50
3	大美年齡	38	39	40	41	42	43	44	45	46	47	48
4	小雄年齡	8	9	10	11	12	13	14	15	16	17	18
5		年底購屋					小雄國一			小雄高一		
6	工作收入(大雄)	504,000	511,560	519,233	527,022	534,927	542,951	551,095	559,362	567,752	576,269	584,913
7	工作收入(大美)	459,000	465,885	472,873	479,966	487,166	494,473	501,890	509,419	517,060	524,816	532,688
8	利息收入											
9	總收入											
10	飲食支出											
11	衣飾支出											
12	住宿支出											
13	交通支出											
14	育兒支出											
15	投資基金											
16	房貸還本											
17	房貸付息											
18	總支出											
19	收支結餘											

Step 8 完成「家庭收支結餘表」的飲食支出

大雄飲食費是：（大雄早餐花費 + 午餐花費 + 晚餐花費 + 消夜花費）× 日數

大美飲食費是：（大美早餐花費 + 午餐花費 + 晚餐花費 + 消夜花費）× 日數

2038年飲食支出是：大雄飲食費 + 大美飲食費

之後年度飲食支出是：前一年度飲食支出 × (1 + 2%)

	A	B	C	D	E	F	G	H	I	J	K	L
1	年度	2038	2039	2040	2041	2042	2043	2044	2045	2046	2047	2048
2	大雄年齡	40	41	42	43	44	45	46	47	48	49	50
3	大美年齡	38	39	40	41	42	43	44	45	46	47	48
4	小雄年齡	8	9	10	11	12	13	14	15	16	17	18
5		年底購屋					小雄國一			小雄高一		
6	工作收入(大雄)	504,000	511,560	519,233	527,022	534,927	542,951	551,095	559,362	567,752	576,269	584,913
7	工作收入(大美)	459,000	465,885	472,873	479,966	487,166	494,473	501,890	509,419	517,060	524,816	532,688
8	利息收入											
9	總收入											
10	飲食支出	240,900	245,718	250,632	255,645	260,758	265,973	271,293	276,718	282,253	287,898	293,656
11	衣飾支出											
12	住宿支出											
13	交通支出											
14	育兒支出											
15	投資基金											
16	房貸還本											
17	房貸付息											
18	總支出											
19	收支結餘											

Step 9　完成「家庭收支結餘表」的衣飾支出

　　　大雄是：4,000元 × 4季 = 16,000元

　　　大美是：8,000元 × 4季 = 32,000元

　　　每年衣飾支出金額：16,000元 + 32,000元 = 48,000元

	A	B	C	D	E	F	G	H	I	J	K	L
1	年度	2038	2039	2040	2041	2042	2043	2044	2045	2046	2047	2048
2	大雄年齡	40	41	42	43	44	45	46	47	48	49	50
3	大美年齡	38	39	40	41	42	43	44	45	46	47	48
4	小雄年齡	8	9	10	11	12	13	14	15	16	17	18
5		年底購屋					小雄國一				小雄高一	
6	工作收入(大雄)	504,000	511,560	519,233	527,022	534,927	542,951	551,095	559,362	567,752	576,269	584,913
7	工作收入(大美)	459,000	465,885	472,873	479,966	487,166	494,473	501,890	509,419	517,060	524,816	532,688
8	利息收入											
9	總收入											
10	飲食支出	240,900	245,718	250,632	255,645	260,758	265,973	271,293	276,718	282,253	287,898	293,656
11	衣飾支出	48,000	48,000	48,000	48,000	48,000	48,000	48,000	48,000	48,000	48,000	48,000
12	住宿支出											
13	交通支出											
14	育兒支出											
15	投資基金											
16	房貸還本											
17	房貸付息											
18	總支出											
19	收支結餘											

Step 10 完成「家庭收支結餘表」的住宿支出

　　　大雄40歲的租屋費用是：30,000元 × 12月

　　　大雄於40歲年底購屋，因此41歲起的租屋費用為0元，房貸支出另列為
　　　其他科目。

	A	B	C	D	E	F	G	H	I	J	K	L
1	年度	2038	2039	2040	2041	2042	2043	2044	2045	2046	2047	2048
2	大雄年齡	40	41	42	43	44	45	46	47	48	49	50
3	大美年齡	38	39	40	41	42	43	44	45	46	47	48
4	小雄年齡	8	9	10	11	12	13	14	15	16	17	18
5		年底購屋					小雄國一				小雄高一	
6	工作收入(大雄)	504,000	511,560	519,233	527,022	534,927	542,951	551,095	559,362	567,752	576,269	584,913
7	工作收入(大美)	459,000	465,885	472,873	479,966	487,166	494,473	501,890	509,419	517,060	524,816	532,688
8	利息收入											
9	總收入											
10	飲食支出	240,900	245,718	250,632	255,645	260,758	265,973	271,293	276,718	282,253	287,898	293,656
11	衣飾支出	48,000	48,000	48,000	48,000	48,000	48,000	48,000	48,000	48,000	48,000	48,000
12	住宿支出	360,000	0	0	0	0	0	0	0	0	0	0
13	交通支出											
14	育兒支出											
15	投資基金											
16	房貸還本											
17	房貸付息											
18	總支出											
19	收支結餘											

Step 11 完成「家庭收支結餘表」的交通支出

　　　大雄交通費是：機車油錢 × 12個月 + 維修費 × 4季 + 燃料費 + 牌照稅 +保險費

　　　大美交通費是：機車油錢 × 12個月 + 維修費 × 4季 + 燃料費 + 牌照稅 +保險費

　　　每年交通支出是：大雄交通費 × 2

	A	B	C	D	E	F	G	H	I	J	K	L
1	年度	2038	2039	2040	2041	2042	2043	2044	2045	2046	2047	2048
2	大雄年齡	40	41	42	43	44	45	46	47	48	49	50
3	大美年齡	38	39	40	41	42	43	44	45	46	47	48
4	小雄年齡	8	9	10	11	12	13	14	15	16	17	18
5		年底購屋					小雄國一			小雄高一		
6	工作收入(大雄)	504,000	511,560	519,233	527,022	534,927	542,951	551,095	559,362	567,752	576,269	584,913
7	工作收入(大美)	459,000	465,885	472,873	479,966	487,166	494,473	501,890	509,419	517,060	524,816	532,688
8	利息收入											
9	總收入											
10	飲食支出	240,900	245,718	250,632	255,645	260,758	265,973	271,293	276,718	282,253	287,898	293,656
11	衣飾支出	48,000	48,000	48,000	48,000	48,000	48,000	48,000	48,000	48,000	48,000	48,000
12	住宿支出	360,000	0	0	0	0	0	0	0	0	0	0
13	交通支出	22,500	22,500	22,500	22,500	22,500	22,500	22,500	22,500	22,500	22,500	22,500
14	育兒支出											
15	投資基金											
16	房貸還本											
17	房貸付息											
18	總支出											
19	收支結餘											

Step 12 完成「家庭收支結餘表」的「育兒支出」

　　　小雄的小學、中學與大學皆上私立學校。

　　　大雄40歲時的育兒支出公式如下：

　　　= VLOOKUP（小雄年齡, 教育費用表範圍, 第3欄, TRUE）

　　　+ VLOOKUP（小雄年齡, 教育費用表範圍, 第4欄, TRUE）

	A	B	C	D	E	F	G	H	I	J	K	L
1	年度	2038	2039	2040	2041	2042	2043	2044	2045	2046	2047	2048
2	大雄年齡	40	41	42	43	44	45	46	47	48	49	50
3	大美年齡	38	39	40	41	42	43	44	45	46	47	48
4	小雄年齡	8	9	10	11	12	13	14	15	16	17	18
5		年底購屋					小雄國一			小雄高一		
6	工作收入(大雄)	504,000	511,560	519,233	527,022	534,927	542,951	551,095	559,362	567,752	576,269	584,913
7	工作收入(大美)	459,000	465,885	472,873	479,966	487,166	494,473	501,890	509,419	517,060	524,816	532,688
8	利息收入											
9	總收入											
10	飲食支出	240,900	245,718	250,632	255,645	260,758	265,973	271,293	276,718	282,253	287,898	293,656
11	衣飾支出	48,000	48,000	48,000	48,000	48,000	48,000	48,000	48,000	48,000	48,000	48,000
12	住宿支出	360,000	0	0	0	0	0	0	0	0	0	0
13	交通支出	22,500	22,500	22,500	22,500	22,500	22,500	22,500	22,500	22,500	22,500	22,500
14	育兒支出	285,000	285,000	285,000	285,000	285,000	230,000	230,000	230,000	240,000	240,000	240,000
15	投資基金											
16	房貸還本											
17	房貸付息											
18	總支出											
19	收支結餘											

Step 13 完成「家庭收支結餘表」的投資基金

40歲開始定期定額投資共同基金，將選定年報酬率5%的基金來投資，每個月投資金額3,000元，將與基金公司簽約扣款投資二年。

	A	B	C	D	E	F	G	H	I	J	K	L
2	大雄年齡	40	41	42	43	44	45	46	47	48	49	50
3	大美年齡	38	39	40	41	42	43	44	45	46	47	48
4	小雄年齡	8	9	10	11	12	13	14	15	16	17	18
5		年底購屋					小雄國一			小雄高一		
6	工作收入(大雄)	504,000	511,560	519,233	527,022	534,927	542,951	551,095	559,362	567,752	576,269	584,913
7	工作收入(大美)	459,000	465,885	472,873	479,966	487,166	494,473	501,890	509,419	517,060	524,816	532,688
8	利息收入											
9	總收入											
10	飲食支出	240,900	245,718	250,632	255,645	260,758	265,973	271,293	276,718	282,253	287,898	293,656
11	衣飾支出	48,000	48,000	48,000	48,000	48,000	48,000	48,000	48,000	48,000	48,000	48,000
12	住宿支出	360,000	0	0	0	0	0	0	0	0	0	0
13	交通支出	22,500	22,500	22,500	22,500	22,500	22,500	22,500	22,500	22,500	22,500	22,500
14	育兒支出	285,000	285,000	285,000	285,000	285,000	230,000	230,000	230,000	240,000	240,000	240,000
15	投資基金	36,000	36,000	0	0	0	0	0	0	0	0	0
16	房貸還本											
17	房貸付息											
18	總支出											
19	收支結餘											

Step 14 完成「家庭收支結餘表」的「房貸還本」與「房貸付息」

請由「購屋計畫表」將相關金額帶入。

	A	B	C	D	E	F	G	H	I	J	K	L
1	年度	2038	2039	2040	2041	2042	2043	2044	2045	2046	2047	2048
2	大雄年齡	40	41	42	43	44	45	46	47	48	49	50
3	大美年齡	38	39	40	41	42	43	44	45	46	47	48
4	小雄年齡	8	9	10	11	12	13	14	15	16	17	18
5		年底購屋					小雄國一			小雄高一		
6	工作收入(大雄)	504,000	511,560	519,233	527,022	534,927	542,951	551,095	559,362	567,752	576,269	584,913
7	工作收入(大美)	459,000	465,885	472,873	479,966	487,166	494,473	501,890	509,419	517,060	524,816	532,688
8	利息收入						-95					
9	總收入											
10	飲食支出	240,900	245,718	250,632	255,645	260,758	265,973	271,293	276,718	282,253	287,898	293,656
11	衣飾支出	48,000	48,000	48,000	48,000	48,000	48,000	48,000	48,000	48,000	48,000	48,000
12	住宿支出	360,000	0	0	0	0	0	0	0	0	0	0
13	交通支出	22,500	22,500	22,500	22,500	22,500	22,500	22,500	22,500	22,500	22,500	22,500
14	育兒支出	285,000	285,000	285,000	285,000	285,000	230,000	230,000	230,000	240,000	240,000	240,000
15	投資基金	36,000	36,000	0	0	0	0	0	0	0	0	0
16	房貸還本	4,800,000	299,291	304,977	310,772	316,676	322,693	328,824	335,072	341,438	347,926	354,536
17	房貸付息	0	136,800	131,113	125,319	119,414	113,397	107,266	101,019	94,652	88,165	81,554
18	總支出											
19	收支結餘											

Step 15 完成「家庭收支結餘表」各年度的總支出

	A	B	C	D	E	F	G	H	I	J	K	L
1	年度	2038	2039	2040	2041	2042	2043	2044	2045	2046	2047	2048
2	大雄年齡	40	41	42	43	44	45	46	47	48	49	50
3	大美年齡	38	39	40	41	42	43	44	45	46	47	48
4	小雄年齡	8	9	10	11	12	13	14	15	16	17	18
5			年底購屋					小雄國一			小雄高一		
6	工作收入(大雄)	504,000	511,560	519,233	527,022	534,927	542,951	551,095	559,362	567,752	576,269	584,913
7	工作收入(大美)	459,000	465,885	472,873	479,966	487,166	494,473	501,890	509,419	517,060	524,816	532,688
8	利息收入											
9	總收入											
10	飲食支出	240,900	245,718	250,632	255,645	260,758	265,973	271,293	276,718	282,253	287,898	293,656
11	衣飾支出	48,000	48,000	48,000	48,000	48,000	48,000	48,000	48,000	48,000	48,000	48,000
12	住宿支出	360,000	0	0	0	0	0	0	0	0	0	0
13	交通支出	22,500	22,500	22,500	22,500	22,500	22,500	22,500	22,500	22,500	22,500	22,500
14	育兒支出	285,000	285,000	285,000	285,000	285,000	230,000	230,000	230,000	240,000	240,000	240,000
15	投資基金	36,000	36,000									
16	房貸還本	4,800,000	299,291	304,977	310,772	316,676	322,693	328,824	335,072	341,438	347,926	354,536
17	房貸付息	0	136,800	131,113	125,319	119,414	113,397	107,266	101,019	94,652	88,165	81,554
18	總支出	5,792,400	1,073,309	1,042,223	1,047,236	1,052,348	1,002,564	1,007,883	1,013,309	1,028,843	1,034,488	1,040,246
19	收支結餘											

Step 16 完成「家庭資產負債表」的初始金額

	A	B	C	D	E	F	G	H	I	J	K	L	M
1	年度	2038年初	2038	2039	2040	2041	2042	2043	2044	2045	2046	2047	2048
2	大雄年齡	40年初	40	41	42	43	44	45	46	47	48	49	50
3	大美年齡	38年初	38	39	40	41	42	43	44	45	46	47	48
4	小雄年齡	8年初	8	9	10	11	12	13	14	15	16	17	18
5				年底購屋					小雄國一			小雄高一	
6	現金(活存)	5,000,000											
7	基金投資	0											
8	機車	40,000											
9	房屋	0											
10	資產合計												
11	房屋貸款	0											
12	總負債	0											
13	淨值	5,040,000											
14	總淨值	5,040,000											
15	負債淨值合計	5,040,000											

Step 17 完成「家庭資產負債表」的基金投資

40歲開始定期定額投資共二年，基金投資的年報酬率是5%。

每年投資金額是：3,000元 × 12個月 = 36,000元

	A	B	C	D	E	F	G	H	I	J	K	L	M
1	年度	2038年初	2038	2039	2040	2041	2042	2043	2044	2045	2046	2047	2048
2	大雄年齡	40年初	40	41	42	43	44	45	46	47	48	49	50
3	大美年齡	38年初	38	39	40	41	42	43	44	45	46	47	48
4	小雄年齡	8年初	8	9	10	11	12	13	14	15	16	17	18
5				年底購屋					小雄國一			小雄高一	
6	現金(活存)	5,000,000											
7	基金投資	0	36,000	73,800	77,490	81,365	85,433	89,704	94,190	98,899	103,844	109,036	114,488
8	機車	40,000											
9	房屋	0											
10	資產合計												
11	房屋貸款	0											
12	總負債	0											
13	淨值	5,040,000											
14	總淨值	5,040,000											
15	負債淨值合計	5,040,000											

Step 18 完成「家庭資產負債表」的機車資產

　　機車價值每年折舊800元 × 2部 = 1,600元

	A	B	C	D	E	F	G	H	I	J	K	L	M
1	年度	2038年初	2038	2039	2040	2041	2042	2043	2044	2045	2046	2047	2048
2	大雄年齡	40年初	40	41	42	43	44	45	46	47	48	49	50
3	大美年齡	38年初	38	39	40	41	42	43	44	45	46	47	48
4	小雄年齡	8年初	8	9	10	11	12	13	14	15	16	17	18
5			年底購屋					小雄國一			小雄高一		
6	現金(活存)	5,000,000											
7	基金投資	0	36,000	73,800	77,490	81,365	85,433	89,704	94,190	98,899	103,844	109,036	114,488
8	機車	40,000	38,400	36,800	35,200	33,600	32,000	30,400	28,800	27,200	25,600	24,000	22,400
9	房屋	0											
10	資產合計												
11	房屋貸款	0											
12	總負債	0											
13	淨值	5,040,000											
14	總淨值	5,040,000											
15	負債淨值合計	5,040,000											

Step 19 完成「家庭資產負債表」的房屋資產

　　折舊金額請由「購屋計畫表」帶入，房屋價值每年會折舊20,000元。

	A	B	C	D	E	F	G	H	I	J	K	L	M
1	年度	2038年初	2038	2039	2040	2041	2042	2043	2044	2045	2046	2047	2048
2	大雄年齡	40年初	40	41	42	43	44	45	46	47	48	49	50
3	大美年齡	38年初	38	39	40	41	42	43	44	45	46	47	48
4	小雄年齡	8年初	8	9	10	11	12	13	14	15	16	17	18
5			年底購屋					小雄國一			小雄高一		
6	現金(活存)	5,000,000											
7	基金投資	0	36,000	73,800	77,490	81,365	85,433	89,704	94,190	98,899	103,844	109,036	114,488
8	機車	40,000	38,400	36,800	35,200	33,600	32,000	30,400	28,800	27,200	25,600	24,000	22,400
9	房屋	0	12,000,000	11,980,000	11,960,000	11,940,000	11,920,000	11,900,000	11,880,000	11,860,000	11,840,000	11,820,000	11,800,000
10	資產合計												
11	房屋貸款	0											
12	總負債	0											
13	淨值	5,040,000											
14	總淨值	5,040,000											
15	負債淨值合計	5,040,000											

Step 20 完成「家庭資產負債表」的房屋貸款與負債合計

　　每年房貸餘額 = 前一年房貸餘額 － 當年房貸還本

	A	B	C	D	E	F	G	H	I	J	K	L	M
1	年度	2038年初	2038	2039	2040	2041	2042	2043	2044	2045	2046	2047	2048
2	大雄年齡	40年初	40	41	42	43	44	45	46	47	48	49	50
3	大美年齡	38年初	38	39	40	41	42	43	44	45	46	47	48
4	小雄年齡	8年初	8	9	10	11	12	13	14	15	16	17	18
5			年底購屋					小雄國一			小雄高一		
6	現金(活存)	5,000,000											
7	基金投資	0	36,000	73,800	77,490	81,365	85,433	89,704	94,190	98,899	103,844	109,036	114,488
8	機車	40,000	38,400	36,800	35,200	33,600	32,000	30,400	28,800	27,200	25,600	24,000	22,400
9	房屋	0	12,000,000	11,980,000	11,960,000	11,940,000	11,920,000	11,900,000	11,880,000	11,860,000	11,840,000	11,820,000	11,800,000
10	資產合計												
11	房屋貸款	0	7,200,000	6,900,709	6,595,732	6,284,961	5,968,285	5,645,591	5,316,767	4,981,695	4,640,257	4,292,331	3,937,795
12	總負債	0	7,200,000	6,900,709	6,595,732	6,284,961	5,968,285	5,645,591	5,316,767	4,981,695	4,640,257	4,292,331	3,937,795
13	淨值	5,040,000											
14	總淨值	5,040,000											
15	負債淨值合計	5,040,000											

Step 21 完成「家庭資產負債表」的現金（活存）

每年銀行活存金額是：前一年度銀行活存金額 + 本年度收支結餘

	A	B	C	D	E	F	G	H	I	J	K	L	M
1	年度	2038年初	2038	2039	2040	2041	2042	2043	2044	2045	2046	2047	2048
2	大雄年齡	40年初	40	41	42	43	44	45	46	47	48	49	50
3	大美年齡	38年初	38	39	40	41	42	43	44	45	46	47	48
4	小雄年齡	8年初	8	9	10	11	12	13	14	15	16	17	18
5			年底購屋					小雄國一			小雄高一		
6	現金(活存)	5,000,000	195,600	100,714	51,102	11,110	-19,090	15,676	60,857	116,633	173,185	240,647	319,205
7	基金投資	0	36,000	73,800	77,490	81,365	85,433	89,704	94,190	98,899	103,844	109,036	114,488
8	機車	40,000	38,400	36,800	35,200	33,600	32,000	30,400	28,800	27,200	25,600	24,000	22,400
9	房屋	0	12,000,000	11,980,000	11,960,000	11,940,000	11,920,000	11,900,000	11,880,000	11,860,000	11,840,000	11,820,000	11,800,000
10	資產合計												
11	房屋貸款	0	7,200,000	6,900,709	6,595,732	6,284,961	5,968,285	5,645,591	5,316,767	4,981,695	4,640,257	4,292,331	3,937,795
12	總負債	0	7,200,000	6,900,709	6,595,732	6,284,961	5,968,285	5,645,591	5,316,767	4,981,695	4,640,257	4,292,331	3,937,795
13	淨值	5,040,000											
14	總淨值	5,040,000											
15	負債淨值合計	5,040,000											

Step 22 完成「家庭資產負債表」的資產合計

	A	B	C	D	E	F	G	H	I	J	K	L	M
1	年度	2038年初	2038	2039	2040	2041	2042	2043	2044	2045	2046	2047	2048
2	大雄年齡	40年初	40	41	42	43	44	45	46	47	48	49	50
3	大美年齡	38年初	38	39	40	41	42	43	44	45	46	47	48
4	小雄年齡	8年初	8	9	10	11	12	13	14	15	16	17	18
5			年底購屋					小雄國一			小雄高一		
6	現金(活存)	5,000,000	195,600	100,714	51,102	11,110	-19,090	15,676	60,857	116,633	173,185	240,647	319,205
7	基金投資	0	36,000	73,800	77,490	81,365	85,433	89,704	94,190	98,899	103,844	109,036	114,488
8	機車	40,000	38,400	36,800	35,200	33,600	32,000	30,400	28,800	27,200	25,600	24,000	22,400
9	房屋	0	12,000,000	11,980,000	11,960,000	11,940,000	11,920,000	11,900,000	11,880,000	11,860,000	11,840,000	11,820,000	11,800,000
10	資產合計	5,040,000	12,270,000	12,191,314	12,123,792	12,066,075	12,018,343	12,035,780	12,063,846	12,102,732	12,142,629	12,193,684	12,256,093
11	房屋貸款	0	7,200,000	6,900,709	6,595,732	6,284,961	5,968,285	5,645,591	5,316,767	4,981,695	4,640,257	4,292,331	3,937,795
12	總負債	0	7,200,000	6,900,709	6,595,732	6,284,961	5,968,285	5,645,591	5,316,767	4,981,695	4,640,257	4,292,331	3,937,795
13	淨值	5,040,000											
14	總淨值	5,040,000											
15	負債淨值合計	5,040,000											

Step 23 完成「家庭資產負債表」的淨值與貸方合計

每年淨值是：當年度資產合計 − 當年度總負債

	A	B	C	D	E	F	G	H	I	J	K	L	M
1	年度	2038年初	2038	2039	2040	2041	2042	2043	2044	2045	2046	2047	2048
2	大雄年齡	40年初	40	41	42	43	44	45	46	47	48	49	50
3	大美年齡	38年初	38	39	40	41	42	43	44	45	46	47	48
4	小雄年齡	8年初	8	9	10	11	12	13	14	15	16	17	18
5			年底購屋					小雄國一			小雄高一		
6	現金(活存)	5,000,000	195,600	100,714	51,102	11,110	-19,090	15,676	60,857	116,633	173,185	240,647	319,205
7	基金投資	0	36,000	73,800	77,490	81,365	85,433	89,704	94,190	98,899	103,844	109,036	114,488
8	機車	40,000	38,400	36,800	35,200	33,600	32,000	30,400	28,800	27,200	25,600	24,000	22,400
9	房屋	0	12,000,000	11,980,000	11,960,000	11,940,000	11,920,000	11,900,000	11,880,000	11,860,000	11,840,000	11,820,000	11,800,000
10	資產合計	5,040,000	12,270,000	12,191,314	12,123,792	12,066,075	12,018,343	12,035,780	12,063,846	12,102,732	12,142,629	12,193,684	12,256,093
11	房屋貸款	0	7,200,000	6,900,709	6,595,732	6,284,961	5,968,285	5,645,591	5,316,767	4,981,695	4,640,257	4,292,331	3,937,795
12	總負債	0	7,200,000	6,900,709	6,595,732	6,284,961	5,968,285	5,645,591	5,316,767	4,981,695	4,640,257	4,292,331	3,937,795
13	淨值	5,040,000	5,070,000	5,290,605	5,528,059	5,781,114	6,050,058	6,390,189	6,747,079	7,121,037	7,502,372	7,901,352	8,318,298
14	總淨值	5,040,000	5,070,000	5,290,605	5,528,059	5,781,114	6,050,058	6,390,189	6,747,079	7,121,037	7,502,372	7,901,352	8,318,298
15	負債淨值合計	5,040,000	12,270,000	12,191,314	12,123,792	12,066,075	12,018,343	12,035,780	12,063,846	12,102,732	12,142,629	12,193,684	12,256,093

Step 24 完成「家庭收支結餘表」的利息收入

每年利息收入是：前一年度銀行活存餘額 × 活存利率

	A	B	C	D	E	F	G	H	I	J	K	L
1	年度	2038	2039	2040	2041	2042	2043	2044	2045	2046	2047	2048
2	大雄年齡	40	41	42	43	44	45	46	47	48	49	50
3	大美年齡	38	39	40	41	42	43	44	45	46	47	48
4	小雄年齡	8	9	10	11	12	13	14	15	16	17	18
5		年底購屋					小雄國一			小雄高一		
6	工作收入(大雄)	504,000	511,560	519,233	527,022	534,927	542,951	551,095	559,362	567,752	576,269	584,913
7	工作收入(大美)	459,000	465,885	472,873	479,966	487,166	494,473	501,890	509,419	517,060	524,816	532,688
8	利息收入	25,000	978	504	256	56	-95	78	304	583	866	1,203
9	總收入											
10	飲食支出	240,900	245,718	250,632	255,645	260,758	265,973	271,293	276,718	282,253	287,898	293,656
11	衣飾支出	48,000	48,000	48,000	48,000	48,000	48,000	48,000	48,000	48,000	48,000	48,000
12	住宿支出	360,000	0	0	0	0	0	0	0	0	0	0
13	交通支出	22,500	22,500	22,500	22,500	22,500	22,500	22,500	22,500	22,500	22,500	22,500
14	育兒支出	285,000	285,000	285,000	285,000	285,000	230,000	230,000	230,000	240,000	240,000	240,000
15	投資基金	36,000	36,000	0	0	0	0	0	0	0	0	0
16	房貸還本	4,800,000	299,291	304,977	310,772	316,676	322,693	328,824	335,072	341,438	347,926	354,536
17	房貸付息	0	136,800	131,113	125,319	119,414	113,397	107,266	101,019	94,652	88,165	81,554
18	總支出	5,792,400	1,073,309	1,042,223	1,047,236	1,052,348	1,002,564	1,007,883	1,013,309	1,028,843	1,034,488	1,040,246
19	收支結餘											

Step 25 完成「家庭收支結餘表」的總收入

	A	B	C	D	E	F	G	H	I	J	K	L
1	年度	2038	2039	2040	2041	2042	2043	2044	2045	2046	2047	2048
2	大雄年齡	40	41	42	43	44	45	46	47	48	49	50
3	大美年齡	38	39	40	41	42	43	44	45	46	47	48
4	小雄年齡	8	9	10	11	12	13	14	15	16	17	18
5		年底購屋					小雄國一			小雄高一		
6	工作收入(大雄)	504,000	511,560	519,233	527,022	534,927	542,951	551,095	559,362	567,752	576,269	584,913
7	工作收入(大美)	459,000	465,885	472,873	479,966	487,166	494,473	501,890	509,419	517,060	524,816	532,688
8	利息收入	25,000	978	504	256	56	-95	78	304	583	866	1,203
9	總收入	988,000	978,423	992,610	1,007,244	1,022,149	1,037,329	1,053,064	1,069,085	1,085,396	1,101,950	1,118,804
10	飲食支出	240,900	245,718	250,632	255,645	260,758	265,973	271,293	276,718	282,253	287,898	293,656
11	衣飾支出	48,000	48,000	48,000	48,000	48,000	48,000	48,000	48,000	48,000	48,000	48,000
12	住宿支出	360,000	0	0	0	0	0	0	0	0	0	0
13	交通支出	22,500	22,500	22,500	22,500	22,500	22,500	22,500	22,500	22,500	22,500	22,500
14	育兒支出	285,000	285,000	285,000	285,000	285,000	230,000	230,000	230,000	240,000	240,000	240,000
15	投資基金	36,000	36,000	0	0	0	0	0	0	0	0	0
16	房貸還本	4,800,000	299,291	304,977	310,772	316,676	322,693	328,824	335,072	341,438	347,926	354,536
17	房貸付息	0	136,800	131,113	125,319	119,414	113,397	107,266	101,019	94,652	88,165	81,554
18	總支出	5,792,400	1,073,309	1,042,223	1,047,236	1,052,348	1,002,564	1,007,883	1,013,309	1,028,843	1,034,488	1,040,246
19	收支結餘											

Step 26 完成「家庭收支結餘表」的收支結餘

	A	B	C	D	E	F	G	H	I	J	K	L
1	年度	2038	2039	2040	2041	2042	2043	2044	2045	2046	2047	2048
2	大雄年齡	40	41	42	43	44	45	46	47	48	49	50
3	大美年齡	38	39	40	41	42	43	44	45	46	47	48
4	小雄年齡	8	9	10	11	12	13	14	15	16	17	18
5		年底購屋					小雄國一			小雄高一		
6	工作收入(大雄)	504,000	511,560	519,233	527,022	534,927	542,951	551,095	559,362	567,752	576,269	584,913
7	工作收入(大美)	459,000	465,885	472,873	479,966	487,166	494,473	501,890	509,419	517,060	524,816	532,688
8	利息收入	25,000	978	504	256	56	-95	78	304	583	866	1,203
9	總收入	988,000	978,423	992,610	1,007,244	1,022,149	1,037,329	1,053,064	1,069,085	1,085,396	1,101,950	1,118,804
10	飲食支出	240,900	245,718	250,632	255,645	260,758	265,973	271,293	276,718	282,253	287,898	293,656
11	衣飾支出	48,000	48,000	48,000	48,000	48,000	48,000	48,000	48,000	48,000	48,000	48,000
12	住宿支出	360,000	0	0	0	0	0	0	0	0	0	0
13	交通支出	22,500	22,500	22,500	22,500	22,500	22,500	22,500	22,500	22,500	22,500	22,500
14	育兒支出	285,000	285,000	285,000	285,000	285,000	230,000	230,000	230,000	240,000	240,000	240,000
15	投資基金	36,000	36,000	0	0	0	0	0	0	0	0	0
16	房貸還本	4,800,000	299,291	304,977	310,772	316,676	322,693	328,824	335,072	341,438	347,926	354,536
17	房貸付息	0	136,800	131,113	125,319	119,414	113,397	107,266	101,019	94,652	88,165	81,554
18	總支出	5,792,400	1,073,309	1,042,223	1,047,236	1,052,348	1,002,564	1,007,883	1,013,309	1,028,843	1,034,488	1,040,246
19	收支結餘	-4,804,400	-94,886	-49,613	-39,992	-30,200	34,765	45,181	55,776	56,552	67,462	78,558

第九章 習題解答

一、實作題

Step 1 先確認並直接輸入「學貸還款計畫表」的學貸金額、還款期限與學貸利率

	A	B	C	D	E	F	G	H	I
1	學貸金額	400,000	(4年)						
2	還款期限	8	(年)						
3	學貸利率	1.15%	(年)						
4									
5	年 序	1	2	3	4	5	6	7	8
6	年 度	2021	2022	2023	2024	2025	2026	2027	2028
7	年 齡	23	24	25	26	27	28	29	30
8	還 本								
9	付 息								

Step 2 計算「學貸還款計畫表」2021年的還本與付息金額

還本是：=PPMT(1.15%, 1, 8, −400,000)

付息是：=IPMT(1.15%, 1, 8, −400,000)

	A	B	C	D	E	F	G	H	I
1	學貸金額	400,000	(4年)						
2	還款期限	8	(年)						
3	學貸利率	1.15%	(年)						
4									
5	年 序	1	2	3	4	5	6	7	8
6	年 度	2021	2022	2023	2024	2025	2026	2027	2028
7	年 齡	23	24	25	26	27	28	29	30
8	還 本	48,022							
9	付 息	4,600							

Step 3 完成「學貸還款計畫表」每一年的還本與付息金額

	A	B	C	D	E	F	G	H	I
1	學貸金額	400,000	(4年)						
2	還款期限	8	(年)						
3	學貸利率	1.15%	(年)						
4									
5	年 序	1	2	3	4	5	6	7	8
6	年 度	2021	2022	2023	2024	2025	2026	2027	2028
7	年 齡	23	24	25	26	27	28	29	30
8	還 本	48,022	48,574	49,133	49,698	50,269	50,848	51,432	52,024
9	付 息	4,600	4,048	3,489	2,924	2,353	1,774	1,190	598

Step 4　先確認並直接輸入「購車計畫表」的車價、頭款、貸款金額、貸款款期限、貸款利率與折舊金額。

頭款金額是：600,000元 － 400,000元 = 200,000元

每年折舊是：600,000元 / 20年 = 30,000元

	A	B	C	D	E	F	G	H	I
1	車款	Yaxxs			年度	2028	2029	2030	2031
2	車價	600,000	元		大雄年齡	30	31	32	33
3	頭款	200,000	元		分期付款				
4	貸款	400,000	元						
5	利率	0%	年						
6	期限	30	月						
7		2.5	年						
8	折舊	30,000	年						

Step 5　請帶入「購車計畫表」2028年的應付頭款金額

2029年的分期款金額是：400,000元 × (12/30) = 160,000元

2030年的分期款金額是：400,000元 × (12/30) = 160,000元

2031年的分期款金額是：400,000元 × (6/30) = 80,000元

	A	B	C	D	E	F	G	H	I
1	車款	Yaxxs			年度	2028	2029	2030	2031
2	車價	600,000	元		大雄年齡	30	31	32	33
3	頭款	200,000	元		分期付款	200,000	160,000	160,000	80,000
4	貸款	400,000	元						
5	利率	0%	年						
6	期限	30	月						
7		2.5	年						
8	折舊	30,000	年						

Step 6　完成「家庭收支結餘表」的大雄工作收入

大雄23歲正職工作是：24,000元 × (12 + 2)個月

之後年度是：前一年工作收入 × (1 + 1.5%)

	A	B	C	D	E	F	G	H	I	J	K	L	M	N	O	P	Q	R
1	年度	2018	2019	2020	2021	2022	2023	2024	2025	2026	2027	2028	2029	2030	2031	2032	2033	2034
2	大雄年齡	20	21	22	23	24	25	26	27	28	29	30	31	32	33	34	35	36
3	大美年齡					22	23	24	25	26	27	28	29	30	31	32	33	34
4	小雄年齡														1	2	3	4
5	小美年齡																	1
6		大二	大三	大四	正職工作							結婚			小雄出生			小美出生
7	工作收入(大雄)	192,000	192,000	192,000	336,000	341,040	443,352	450,002	456,752	463,604	470,558	477,616	484,780	492,052	499,433	506,924	514,528	522,246
8	工作收入(大美)																	
9	利息收入																	
10	總收入																	
11	飲食支出																	
12	衣飾支出																	
13	居住支出																	
14	交通支出																	
15	結婚支出																	
16	養育支出(小雄)																	
17	養育支出(小美)																	
18	學貸還本																	
19	學貸付息																	
20	車貸支出																	
21	保費費用																	
22	保費資產																	
23	總支出																	
24	收支結餘																	

Step 7　完成「家庭收支結餘表」的大美工作收入

　　　　大美28歲是：28,000元 × (12+1.5)個月

　　　　之後年度是：前一年工作收入 × (1+1.5%)

	2018	2019	2020	2021	2022	2023	2024	2025	2026	2027	2028	2029	2030	2031	2032	2033	2034
年度	2018	2019	2020	2021	2022	2023	2024	2025	2026	2027	2028	2029	2030	2031	2032	2033	2034
大雄年齡	20	21	22	23	24	25	26	27	28	29	30	31	32	33	34	35	36
大美年齡					22	23	24	25	26	27	28	29	30	31	32	33	34
小雄年齡														1	2	3	4
小美年齡																	1
	大二	大三	大四	正職工作							結婚			小雄出生			小美出生
工作收入(大雄)	192,000	192,000	192,000	336,000	341,040	443,352	450,002	456,752	463,604	470,558	477,616	484,780	492,052	499,433	506,924	514,528	522,246
工作收入(大美)	0	0	0	0	0	0	0	0	0	0	378,000	383,670	389,425	395,266	401,195	407,213	413,322
利息收入																	
總收入																	
飲食支出																	
衣飾支出																	
居住支出																	
交通支出																	
結婚支出																	
養育支出(小雄)																	
養育支出(小美)																	
學貸還本																	
學貸付息																	
車貸支出																	
保費費用																	
保費資產																	
總支出																	
收支結餘																	

Step 8　完成「家庭收支結餘表」的飲食支出

　　　　大雄20歲飲食費是：（大雄早餐花費 + 午餐花費 + 晚餐花費 + 消夜花費） × 日數

　　　　之後年度飲食費是：前一年度飲食費 × (1 + 2%)

　　　　大雄30歲飲食費是：前一年度飲食費 × (1 + 2%) + 婚後飲食費增額 × 日數

	2018	2019	2020	2021	2022	2023	2024	2025	2026	2027	2028	2029	2030	2031	2032	2033	2034
年度	2018	2019	2020	2021	2022	2023	2024	2025	2026	2027	2028	2029	2030	2031	2032	2033	2034
大雄年齡	20	21	22	23	24	25	26	27	28	29	30	31	32	33	34	35	36
大美年齡					22	23	24	25	26	27	28	29	30	31	32	33	34
小雄年齡														1	2	3	4
小美年齡																	1
	大二	大三	大四	正職工作							結婚			小雄出生			小美出生
工作收入(大雄)	192,000	192,000	192,000	336,000	341,040	443,352	450,002	456,752	463,604	470,558	477,616	484,780	492,052	499,433	506,924	514,528	522,246
工作收入(大美)	0	0	0	0	0	0	0	0	0	0	378,000	383,670	389,425	395,266	401,195	407,213	413,322
利息收入																	
總收入																	
飲食支出	83,950	85,629	87,342	89,088	90,870	92,688	94,541	96,432	98,361	100,328	175,335	178,841	182,418	186,066	189,788	193,584	197,455
衣飾支出																	
居住支出																	
交通支出																	
結婚支出																	
養育支出(小雄)																	
養育支出(小美)																	
學貸還本																	
學貸付息																	
車貸支出																	
保費費用																	
保費資產																	
總支出																	
收支結餘																	

Step 9 完成「家庭收支結餘表」的衣飾支出

　　　　大雄20歲是：2,000元 × 4季 = 8,000元

　　　　大雄30歲是：8,000元 + 5,000元 × 4季 = 28,000元

	A	B	C	D	E	F	G	H	I	J	K	L	M	N	O	P	Q	R
1	年度	2018	2019	2020	2021	2022	2023	2024	2025	2026	2027	2028	2029	2030	2031	2032	2033	2034
2	大雄年齡	20	21	22	23	24	25	26	27	28	29	30	31	32	33	34	35	36
3	大美年齡				22	23	24	25	26	27	28	29	30	31	32	33	34	
4	小雄年齡														1	2	3	4
5	小美年齡																	1
6		大二	大三	大四	正職工作							結婚		小雄出生				小美出生
7	工作收入(大雄)	192,000	192,000	192,000	336,000	341,040	443,352	450,002	456,752	463,604	470,558	477,616	484,780	492,052	499,433	506,924	514,528	522,246
8	工作收入(大美)	0	0	0	0	0	0	0	0	0	0	378,000	383,670	389,425	395,266	401,195	407,213	413,322
9	利息收入																	
10	總收入																	
11	飲食支出	83,950	85,629	87,342	89,088	90,870	92,688	94,541	96,432	98,361	100,328	175,335	178,841	182,418	186,066	189,788	193,584	197,455
12	衣飾支出	8,000	8,000	8,000	8,000	8,000	8,000	8,000	8,000	8,000	8,000	28,000	28,000	28,000	28,000	28,000	28,000	28,000
13	居住支出																	
14	交通支出																	
15	結婚支出																	
16	養育支出(小雄)																	
17	養育支出(小美)																	
18	學貸還本																	
19	學貸付息																	
20	車貸支出																	
21	保費費用																	
22	保費資產																	
23	總支出																	
24	收支結餘																	

Step 10 完成「家庭收支結餘表」的住宿支出

　　　　大雄20歲的租屋費用是：8,000元 × 12月 = 96,000元

　　　　大雄30歲的租屋費用是：96,000元 + 8,000元 × 12月 = 192,000元

	A	B	C	D	E	F	G	H	I	J	K	L	M	N	O	P	Q	R
1	年度	2018	2019	2020	2021	2022	2023	2024	2025	2026	2027	2028	2029	2030	2031	2032	2033	2034
2	大雄年齡	20	21	22	23	24	25	26	27	28	29	30	31	32	33	34	35	36
3	大美年齡				22	23	24	25	26	27	28	29	30	31	32	33	34	
4	小雄年齡														1	2	3	4
5	小美年齡																	1
6		大二	大三	大四	正職工作							結婚		小雄出生				小美出生
7	工作收入(大雄)	192,000	192,000	192,000	336,000	341,040	443,352	450,002	456,752	463,604	470,558	477,616	484,780	492,052	499,433	506,924	514,528	522,246
8	工作收入(大美)	0	0	0	0	0	0	0	0	0	0	378,000	383,670	389,425	395,266	401,195	407,213	413,322
9	利息收入																	
10	總收入																	
11	飲食支出	83,950	85,629	87,342	89,088	90,870	92,688	94,541	96,432	98,361	100,328	175,335	178,841	182,418	186,066	189,788	193,584	197,455
12	衣飾支出	8,000	8,000	8,000	8,000	8,000	8,000	8,000	8,000	8,000	8,000	28,000	28,000	28,000	28,000	28,000	28,000	28,000
13	居住支出	96,000	96,000	96,000	96,000	96,000	96,000	96,000	96,000	96,000	96,000	192,000	192,000	192,000	192,000	192,000	192,000	192,000
14	交通支出																	
15	結婚支出																	
16	養育支出(小雄)																	
17	養育支出(小美)																	
18	學貸還本																	
19	學貸付息																	
20	車貸支出																	
21	保費費用																	
22	保費資產																	
23	總支出																	
24	收支結餘																	

Step 11 完成「家庭收支結餘表」的交通支出

大雄20歲的交通費是：

機車油錢 × 12個月＋維修費 × 4季＋燃料費＋牌照稅＋保險費

大雄31歲的交通費是：

前一年交通費＋（汽車油錢 × 12個月＋維修費 × 4季＋燃料費＋牌照稅＋保險費）

	A	B	C	D	E	F	G	H	I	J	K	L	M	N	O	P	Q	R
1	年度	2018	2019	2020	2021	2022	2023	2024	2025	2026	2027	2028	2029	2030	2031	2032	2033	2034
2	大雄年齡	20	21	22	23	24	25	26	27	28	29	30	31	32	33	34	35	36
3	大美年齡					22	23	24	25	26	27	28	29	30	31	32	33	34
4	小雄年齡														1	2	3	4
5	小美年齡																	1
6		大二	大三	大四	正職工作							結婚		小雄出生				小美出生
7	工作收入(大雄)	192,000	192,000	192,000	336,000	341,040	443,352	450,002	456,752	463,604	470,558		484,780	492,052	499,433	506,924	514,528	522,246
8	工作收入(大美)	0	0	0	0	0	0	0	0	0	0	378,000	383,670	389,425	395,266	401,195	407,213	413,322
9	利息收入																	
10	總收入																	
11	飲食支出	83,950	85,629	87,342	89,088	90,870	92,688	94,541	96,432	98,361	100,328	175,335	178,841	182,418	186,066	189,788	193,584	197,455
12	衣飾支出	8,000	8,000	8,000	8,000	8,000	8,000	8,000	8,000	8,000	8,000	28,000	28,000	28,000	28,000	28,000	28,000	28,000
13	居住支出	96,000	96,000	96,000	96,000	96,000	96,000	96,000	96,000	96,000	96,000	192,000	192,000	192,000	192,000	192,000	192,000	192,000
14	交通支出	13,050	13,050	13,050	13,050	13,050	13,050	13,050	13,050	13,050	13,050	13,050	132,970	132,970	132,970	132,970	132,970	132,970
15	結婚支出																	
16	養育支出(小雄)																	
17	養育支出(小美)																	
18	學貸還本																	
19	學貸付息																	
20	車貸支出																	
21	保費費用																	
22	保費資產																	
23	總支出																	
24	收支結餘																	

Step 12 完成「家庭收支結餘表」的「結婚支出」

大雄於30歲時結婚，預計花費500,000元。

	A	B	C	D	E	F	G	H	I	J	K	L	M	N	O	P	Q	R
1	年度	2018	2019	2020	2021	2022	2023	2024	2025	2026	2027	2028	2029	2030	2031	2032	2033	2034
2	大雄年齡	20	21	22	23	24	25	26	27	28	29	30	31	32	33	34	35	36
3	大美年齡					22	23	24	25	26	27	28	29	30	31	32	33	34
4	小雄年齡														1	2	3	4
5	小美年齡																	1
6		大二	大三	大四	正職工作							結婚		小雄出生				小美出生
7	工作收入(大雄)	192,000	192,000	192,000	336,000	341,040	443,352	450,002	456,752	463,604	470,558	477,616	484,780	492,052	499,433	506,924	514,528	522,246
8	工作收入(大美)	0	0	0	0	0	0	0	0	0	0	378,000	383,670	389,425	395,266	401,195	407,213	413,322
9	利息收入																	
10	總收入																	
11	飲食支出	83,950	85,629	87,342	89,088	90,870	92,688	94,541	96,432	98,361	100,328	175,335	178,841	182,418	186,066	189,788	193,584	197,455
12	衣飾支出	8,000	8,000	8,000	8,000	8,000	8,000	8,000	8,000	8,000	8,000	28,000	28,000	28,000	28,000	28,000	28,000	28,000
13	居住支出	96,000	96,000	96,000	96,000	96,000	96,000	96,000	96,000	96,000	96,000	192,000	192,000	192,000	192,000	192,000	192,000	192,000
14	交通支出	13,050	13,050	13,050	13,050	13,050	13,050	13,050	13,050	13,050	13,050	13,050	132,970	132,970	132,970	132,970	132,970	132,970
15	結婚支出	0	0	0	0	0	0	0	0	0	0	500,000	0	0	0	0	0	0
16	養育支出(小雄)																	
17	養育支出(小美)																	
18	學貸還本																	
19	學貸付息																	
20	車貸支出																	
21	保費費用																	
22	保費資產																	
23	總支出																	
24	收支結餘																	

Step 13 完成「家庭收支結餘表」的「育兒支出」

小雄的托育、幼兒園皆上私立學校。

大雄33歲時的小雄育兒支出公式如下：

= VLOOKUP（小雄年齡, 教育費用表範圍, 第3欄, TRUE）

+ VLOOKUP（小雄年齡, 教育費用表範圍, 第4欄, TRUE）

A	2018	2019	2020	2021	2022	2023	2024	2025	2026	2027	2028	2029	2030	2031	2032	2033	2034
年度	2018	2019	2020	2021	2022	2023	2024	2025	2026	2027	2028	2029	2030	2031	2032	2033	2034
大雄年齡	20	21	22	23	24	25	26	27	28	29	30	31	32	33	34	35	36
大美年齡					22	23	24	25	26	27	28	29	30	31	32	33	34
小雄年齡														1	2	3	4
小美年齡																	
	大二	大三	大四	正職工作							結婚			小雄出生			小美出生
工作收入(大雄)	192,000	192,000	192,000	336,000	341,040	443,352	450,002	456,752	463,604	470,558	477,616	484,780	492,052	499,433	506,924	514,528	522,246
工作收入(大美)	0	0	0	0	0	0	0	0	0	0	378,000		0	395,266	401,195	407,213	413,322
利息收入																	
總收入																	
飲食支出	83,950	85,629	87,342	89,088	90,870	92,688	94,541	96,432	98,361	100,328	175,335	178,841	182,418	186,066	189,788	193,584	197,455
衣飾支出	8,000	8,000	8,000	8,000	8,000	8,000	8,000	8,000	8,000	8,000	28,000	28,000	28,000	28,000	28,000	28,000	28,000
居住支出	96,000	96,000	96,000	96,000	96,000	96,000	96,000	96,000	96,000	96,000	192,000	192,000	192,000	192,000	192,000	192,000	192,000
交通支出	13,050	13,050	13,050	13,050	13,050	13,050	13,050	13,050	13,050	13,050	13,050	132,970	132,970	132,970	132,970	132,970	132,970
結婚支出	0	0	0	0	0	0	0	0	0	0	500,000		0	0	0	0	0
養育支出(小雄)	0	0	0	0	0	0	0	0	0	0	0		0	304,000	304,000	304,000	195,000
養育支出(小美)																	
學貸本金																	
學貸付息																	
車貸支出																	
保費費用																	
保費資產																	
總支出																	
收支結餘																	

Step 14 完成「家庭收支結餘表」的「育兒支出」

小美的托育、幼兒園皆上私立學校。

大雄36歲時的小美育兒支出公式如下：

= VLOOKUP（小美年齡, 教育費用表範圍, 第3欄, TRUE）

+ VLOOKUP（小美年齡, 教育費用表範圍, 第4欄, TRUE）

A	2018	2019	2020	2021	2022	2023	2024	2025	2026	2027	2028	2029	2030	2031	2032	2033	2034
年度	2018	2019	2020	2021	2022	2023	2024	2025	2026	2027	2028	2029	2030	2031	2032	2033	2034
大雄年齡	20	21	22	23	24	25	26	27	28	29	30	31	32	33	34	35	36
大美年齡					22	23	24	25	26	27	28	29	30	31	32	33	34
小雄年齡														1	2	3	4
小美年齡																	1
	大二	大三	大四	正職工作							結婚			小雄出生			小美出生
工作收入(大雄)	192,000	192,000	192,000	336,000	341,040	443,352	450,002	456,752	463,604	470,558	477,616	484,780	492,052	499,433	506,924	514,528	522,246
工作收入(大美)	0	0	0	0	0	0	0	0	0	0	378,000	0	0	395,266	401,195	407,213	413,322
利息收入																	
總收入																	
飲食支出	83,950	85,629	87,342	89,088	90,870	92,688	94,541	96,432	98,361	100,328	175,335	178,841	182,418	186,066	189,788	193,584	197,455
衣飾支出	8,000	8,000	8,000	8,000	8,000	8,000	8,000	8,000	8,000	8,000	28,000	28,000	28,000	28,000	28,000	28,000	28,000
居住支出	96,000	96,000	96,000	96,000	96,000	96,000	96,000	96,000	96,000	96,000	192,000	192,000	192,000	192,000	192,000	192,000	192,000
交通支出	13,050	13,050	13,050	13,050	13,050	13,050	13,050	13,050	13,050	13,050	13,050	132,970	132,970	132,970	132,970	132,970	132,970
結婚支出	0	0	0	0	0	0	0	0	0	0	500,000	0	0	0	0	0	0
養育支出(小雄)	0	0	0	0	0	0	0	0	0	0	0	0	0	304,000	304,000	304,000	195,000
養育支出(小美)	0	0	0	0	0	0	0	0	0	0	0	0	0	0	0	0	304,000
學貸本金																	
學貸付息																	
車貸支出																	
保費費用																	
保費資產																	
總支出																	
收支結餘																	

Step 15 完成「家庭收支結餘表」的「學貸還本」與「學貸付息」

請由「學貸還款計畫表」將相關金額帶入。

	A	B	C	D	E	F	G	H	I	J	K	L	M	N	O	P	Q	R
1	年度	2018	2019	2020	2021	2022	2023	2024	2025	2026	2027	2028	2029	2030	2031	2032	2033	2034
2	大雄年齡	20	21	22	23	24	25	26	27	28	29	30	31	32	33	34	35	36
3	大美年齡					22	23	24	25	26	27	28	29	30	31	32	33	34
4	小雄年齡														1	2	3	4
5	小美年齡																	1
6		大二	大三	大四	正職工作							結婚			小雄出生			小美出生
7	工作收入(大雄)	192,000	192,000	192,000	336,000	341,040	443,352	450,002	456,752	463,604	470,558	477,616	484,780	492,052	499,433	506,924	514,528	522,246
8	工作收入(大美)	0	0	0	0	0	0	0	0	0	0	378,000	0	0	395,266	401,195	407,213	413,322
9	利息收入																	
10	總收入																	
11	飲食支出	83,950	85,629	87,342	89,088	90,870	92,688	94,541	96,432	98,361	100,328	175,335	178,841	182,418	186,066	189,788	193,584	197,455
12	衣飾支出	8,000	8,000	8,000	8,000	8,000	8,000	8,000	8,000	8,000	8,000	28,000	28,000	28,000	28,000	28,000	28,000	28,000
13	居住支出	96,000	96,000	96,000	96,000	96,000	96,000	96,000	96,000	96,000	96,000	192,000	192,000	192,000	192,000	192,000	192,000	192,000
14	交通支出	13,050	13,050	13,050	13,050	13,050	13,050	13,050	13,050	13,050	13,050	13,050	132,970	132,970	132,970	132,970	132,970	132,970
15	結婚支出	0	0	0	0	0	0	0	0	0	0	500,000	0	0	0	0	0	0
16	養育支出(小雄)	0	0	0	0	0	0	0	0	0	0	0	0	0	304,000	304,000	304,000	195,000
17	養育支出(小美)	0	0	0	0	0	0	0	0	0	0	0	0	0	0	0	0	304,000
18	學貸還本	0	0	0	48,022	48,574	49,133	49,698	50,269	50,848	51,432	52,024	0	0	0	0	0	0
19	學貸付息	0	0	0	4,600	4,048	3,489	2,924	2,353	1,774	1,190	598	0	0	0	0	0	0
20	車貸支出																	
21	保費費用																	
22	保費資產																	
23	總支出																	
24	收支結餘																	

Step 16 完成「家庭收支結餘表」的「車貸支出」

請由「購車計畫表」將相關金額帶入。

	A	B	C	D	E	F	G	H	I	J	K	L	M	N	O	P	Q	R
1	年度	2018	2019	2020	2021	2022	2023	2024	2025	2026	2027	2028	2029	2030	2031	2032	2033	2034
2	大雄年齡	20	21	22	23	24	25	26	27	28	29	30	31	32	33	34	35	36
3	大美年齡					22	23	24	25	26	27	28	29	30	31	32	33	34
4	小雄年齡														1	2	3	4
5	小美年齡																	1
6		大二	大三	大四	正職工作							結婚			小雄出生			小美出生
7	工作收入(大雄)	192,000	192,000	192,000	336,000	341,040	443,352	450,002	456,752	463,604	470,558	477,616	484,780	492,052	499,433	506,924	514,528	522,246
8	工作收入(大美)	0	0	0	0	0	0	0	0	0	0	378,000	0	0	395,266	401,195	407,213	413,322
9	利息收入																	
10	總收入																	
11	飲食支出	83,950	85,629	87,342	89,088	90,870	92,688	94,541	96,432	98,361	100,328	175,335	178,841	182,418	186,066	189,788	193,584	197,455
12	衣飾支出	8,000	8,000	8,000	8,000	8,000	8,000	8,000	8,000	8,000	8,000	28,000	28,000	28,000	28,000	28,000	28,000	28,000
13	居住支出	96,000	96,000	96,000	96,000	96,000	96,000	96,000	96,000	96,000	96,000	192,000	192,000	192,000	192,000	192,000	192,000	192,000
14	交通支出	13,050	13,050	13,050	13,050	13,050	13,050	13,050	13,050	13,050	13,050	13,050	132,970	132,970	132,970	132,970	132,970	132,970
15	結婚支出	0	0	0	0	0	0	0	0	0	0	500,000	0	0	0	0	0	0
16	養育支出(小雄)	0	0	0	0	0	0	0	0	0	0	0	0	0	304,000	304,000	304,000	195,000
17	養育支出(小美)	0	0	0	0	0	0	0	0	0	0	0	0	0	0	0	0	304,000
18	學貸還本	0	0	0	48,022	48,574	49,133	49,698	50,269	50,848	51,432	52,024	0	0	0	0	0	0
19	學貸付息	0	0	0	4,600	4,048	3,489	2,924	2,353	1,774	1,190	598	0	0	0	0	0	0
20	車貸支出	0	0	0	0	0	0	0	0	0	0	200,000	160,000	160,000	80,000	0	0	0
21	保費費用																	
22	保費資產																	
23	總支出																	
24	收支結餘																	

Step 17 完成「家庭收支結餘表」的「保險費用」與「保險資產」

定期險保費支出屬於保險費用，終身壽險與儲蓄險保費支出屬於保險資產。

	A	B	C	D	E	F	G	H	I	J	K	L	M	N	O	P	Q	R
1	年度	2018	2019	2020	2021	2022	2023	2024	2025	2026	2027	2028	2029	2030	2031	2032	2033	2034
2	大雄年齡	20	21	22	23	24	25	26	27	28	29	30	31	32	33	34	35	36
3	大美年齡					22	23	24	25	26	27	28	29	30	31	32	33	34
4	小雄年齡														1	2	3	4
5	小美年齡																	1
6		大二	大三	大四	正職工作							結婚			小雄出生			小美出生
7	工作收入(大雄)	192,000	192,000	192,000	336,000	341,040	443,352	450,002	456,752	463,604	470,558	477,616	484,780	492,052	499,433	506,924	514,528	522,246
8	工作收入(大美)	0	0	0	0	0	0	0	0	0	0	378,000	383,670	389,425	395,266	401,195	407,213	413,322
9	利息收入																	
10	保險理賠收入																	
11	總收入																	
12	飲食支出	83,950	85,629	87,342	89,088	90,870	92,688	94,541	96,432	98,361	100,328	175,335	178,841	182,418	186,066	189,788	193,584	197,455
13	衣飾支出	8,000	8,000	8,000	8,000	8,000	8,000	8,000	8,000	8,000	8,000	28,000	28,000	28,000	28,000	28,000	28,000	28,000
14	居住支出	96,000	96,000	96,000	96,000	96,000	96,000	96,000	96,000	96,000	96,000	192,000	192,000	192,000	192,000	192,000	192,000	192,000
15	交通支出	13,050	13,050	13,050	13,050	13,050	13,050	13,050	13,050	13,050	13,050	13,050	132,970	132,970	132,970	132,970	132,970	132,970
16	結婚支出	0	0	0	0	0	0	0	0	0	0	500,000	0	0	0	0	0	0
17	養育支出(小雄)	0	0	0	0	0	0	0	0	0	0	0	0	0	304,000	304,000	304,000	195,000
18	養育支出(小美)	0	0	0	0	0	0	0	0	0	0	0	0	0	0	0	0	304,000
19	學貸還本	0	0	0	48,022	48,574	49,133	49,698	50,269	50,848	51,432	52,024	0	0	0	0	0	0
20	學貸付息	0	0	0	4,600	4,048	3,489	2,924	2,353	1,774	1,190	598	0	0	0	0	0	0
21	車貸支出	0	0	0	0	0	0	0	0	0	0	200,000	160,000	160,000	80,000	0	0	0
22	保費費用	0	0	0	28,000	28,000	28,000	28,000	28,000	28,000	28,000	28,000	28,000	28,000	28,000	28,000	28,000	28,000
23	保費資產	0	0	0	36,000	36,000	36,000	36,000	36,000	36,000	36,000	36,000	36,000	36,000	36,000	36,000	36,000	36,000
24	總支出																	
25	收支結餘																	

Step 18 完成「家庭收支結餘表」各年度的總支出

年度	2018	2019	2020	2021	2022	2023	2024	2025	2026	2027	2028	2029	2030	2031	2032	2033	2034
大雄年齡	20	21	22	23	24	25	26	27	28	29	30	31	32	33	34	35	36
大美年齡					22	23	24	25	26	27	28	29	30	31	32	33	34
小雄年齡														1	2	3	4
小美年齡																	1
	大二	大三	大四	正職工作							結婚		小雄出生				小美出生
工作收入(大雄)	192,000	192,000	192,000	336,000	341,040	443,352	450,002	456,752	463,604	470,558	477,616	484,780	492,052	499,433	506,924	514,528	522,246
工作收入(大美)	0	0	0	0	0	0	0	0	0	0	378,000	383,670	389,425	395,266	401,195	407,213	413,322
利息收入																	
保險理賠收入																	
總收入																	
飲食支出	83,950	85,629	87,342	89,068	90,870	92,688	94,541	96,432	98,361	100,328	175,335	178,841	182,418	186,066	189,788	193,584	197,455
衣飾支出	8,000	8,000	8,000	8,000	8,000	8,000	8,000	8,000	8,000	8,000	28,000	28,000	28,000	28,000	28,000	28,000	28,000
居住支出	96,000	96,000	96,000	96,000	96,000	96,000	96,000	96,000	96,000	96,000	192,000	192,000	192,000	192,000	192,000	192,000	192,000
交通支出	13,050	13,050	13,050	13,050	13,050	13,050	13,050	13,050	13,050	13,050	13,050	132,970	132,970	132,970	132,970	132,970	132,970
結婚支出	0	0	0	0	0	0	0	0	0	0	500,000	0	0	0	0	0	0
養育支出(小雄)	0	0	0	0	0	0	0	0	0	0	0	0	0	304,000	304,000	304,000	304,000
養育支出(小美)	0	0	0	0	0	0	0	0	0	0	0	0	0	0	0	0	195,000
學貸墊本	0	0	0	48,022	48,574	49,133	49,698	50,269	50,848	51,432	52,024	0	0	0	0	0	0
學貸付息	0	0	0	4,600	4,048	3,489	2,924	2,353	1,774	1,190	598	0	0	0	0	0	0
車貸支出	0	0	0	0	0	0	0	0	0	0	200,000	160,000	160,000	80,000	0	0	0
保費費用	0	0	0	28,000	28,000	28,000	28,000	28,000	28,000	28,000	28,000	28,000	28,000	28,000	28,000	28,000	28,000
保費資產	0	0	0	36,000	36,000	36,000	36,000	36,000	36,000	36,000	36,000	36,000	36,000	36,000	36,000	36,000	36,000
總支出	201,000	202,679	204,392	322,760	324,542	326,360	328,213	330,104	332,033	334,000	1,225,007	755,811	759,388	987,036	910,758	914,554	1,113,425
收支結餘																	

Step 19 完成「家庭資產負債表」的初始金額

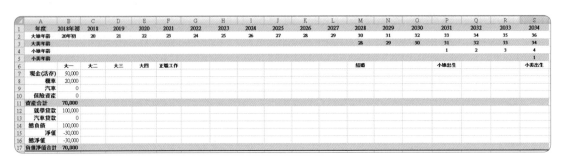

年度	2018年初	2018	2019	2020	2021	2022	2023	2024	2025	2026	2027	2028	2029	2030	2031	2032	2033	2034
大雄年齡	20年初	20	21	22	23	24	25	26	27	28	29	30	31	32	33	34	35	36
大美年齡												28	29	30	31	32	33	34
小雄年齡															1	2	3	4
小美年齡																		1
		大一	大二	大三	大四	正職工作						結婚		小雄出生				小美出生
現金(活存)	50,000																	
機車	20,000																	
汽車	0																	
保險資產	0																	
資產合計	70,000																	
就學貸款	100,000																	
汽車貸款	0																	
總負債	100,000																	
淨值	-30,000																	
總淨值	-30,000																	
負債淨值合計	70,000																	

Step 20 完成「家庭資產負債表」的機車資產

機車價值每年折舊800元。

年度	2018年初	2018	2019	2020	2021	2022	2023	2024	2025	2026	2027	2028	2029	2030	2031	2032	2033	2034
大雄年齡	20年初	20	21	22	23	24	25	26	27	28	29	30	31	32	33	34	35	36
大美年齡												28	29	30	31	32	33	34
小雄年齡															1	2	3	4
小美年齡																		1
		大一	大二	大三	大四	正職工作						結婚		小雄出生				小美出生
現金(活存)	50,000																	
機車	20,000	19,200	18,400	17,600	16,800	16,000	15,200	14,400	13,600	12,800	12,000	11,200	10,400	9,600	8,800	8,000	7,200	6,400
汽車	0																	
保險資產	0																	
資產合計	70,000																	
就學貸款	100,000																	
汽車貸款	0																	
總負債	100,000																	
淨值	-30,000																	
總淨值	-30,000																	
負債淨值合計	70,000																	

Step 21 完成「家庭資產負債表」的汽車資產

折舊金額請由「購車計畫表」帶入，汽車價值每年折舊30,000元。

	A	B	C	D	E	F	G	H	I	J	K	L	M	N	O	P	Q	R	S
1	年度	2018年初	2018	2019	2020	2021	2022	2023	2024	2025	2026	2027	2028	2029	2030	2031	2032	2033	2034
2	大雄年齡	20年初	20	21	22	23	24	25	26	27	28	29	30	31	32	33	34	35	36
3	大美年齡												28	29	30	31	32	33	34
4	小雄年齡															1	2	3	4
5	小美年齡																		1
6			大一	大二	大三	大四	正職工作						結婚		小雄出生				小美出生
7	現金(活存)	50,000																	
8	機車	20,000	19,200	18,400	17,600	16,800	16,000	15,200	14,400	13,600	12,800	12,000	11,200	10,400	9,600	8,800	8,000	7,200	6,400
9	汽車		0	0	0	0	0	0	0	0	0	0	600,000	570,000	540,000	510,000	480,000	450,000	420,000
10	保險資產	0																	
11	資產合計	70,000																	
12	就學貸款	100,000																	
13	汽車貸款	0																	
14	總負債	100,000																	
15	淨值	-30,000																	
16	總淨值	-30,000																	
17	負債淨值合計	70,000																	

Step 22 完成「家庭資產負債表」的保險資產

每年保險資產金額＝前一年保險資產金額＋當年度保費資產

	A	B	C	D	E	F	G	H	I	J	K	L	M	N	O	P	Q	R	S
1	年度	2018年初	2018	2019	2020	2021	2022	2023	2024	2025	2026	2027	2028	2029	2030	2031	2032	2033	2034
2	大雄年齡	20年初	20	21	22	23	24	25	26	27	28	29	30	31	32	33	34	35	36
3	大美年齡												28	29	30	31	32	33	34
4	小雄年齡															1	2	3	4
5	小美年齡																		1
6			大一	大二	大三	大四	正職工作						結婚		小雄出生				小美出生
7	現金(活存)	50,000																	
8	機車	20,000	19,200	18,400	17,600	16,800	16,000	15,200	14,400	13,600	12,800	12,000	11,200	10,400	9,600	8,800	8,000	7,200	6,400
9	汽車		0	0	0	0	0	0	0	0	0	0	600,000	570,000	540,000	510,000	480,000	450,000	420,000
10	保險資產		0	0	0	36,000	72,000	108,000	144,000	180,000	216,000	252,000	288,000	324,000	360,000	396,000	432,000	468,000	504,000
11	資產合計	70,000																	
12	就學貸款	100,000																	
13	汽車貸款	0																	
14	總負債	100,000																	
15	淨值	-30,000																	
16	總淨值	-30,000																	
17	負債淨值合計	70,000																	

Step 23 完成「家庭資產負債表」的就學貸款

寬限期每年學貸餘額＝前一年學貸餘額＋100,000元

還款期每年學貸餘額＝前一年學貸餘額 － 當年度學貸還本

	A	B	C	D	E	F	G	H	I	J	K	L	M	N	O	P	Q	R	S
1	年度	2018年初	2018	2019	2020	2021	2022	2023	2024	2025	2026	2027	2028	2029	2030	2031	2032	2033	2034
2	大雄年齡	20年初	20	21	22	23	24	25	26	27	28	29	30	31	32	33	34	35	36
3	大美年齡												28	29	30	31	32	33	34
4	小雄年齡															1	2	3	4
5	小美年齡																		1
6			大一	大二	大三	大四	正職工作						結婚		小雄出生				小美出生
7	現金(活存)	50,000																	
8	機車	20,000	19,200	18,400	17,600	16,800	16,000	15,200	14,400	13,600	12,800	12,000	11,200	10,400	9,600	8,800	8,000	7,200	6,400
9	汽車		0	0	0	0	0	0	0	0	0	0	600,000	570,000	540,000	510,000	480,000	450,000	420,000
10	保險資產		0	0	0	36,000	72,000	108,000	144,000	180,000	216,000	252,000	288,000	324,000	360,000	396,000	432,000	468,000	504,000
11	資產合計	70,000																	
12	就學貸款	100,000	200,000	300,000	400,000	351,978	303,404	254,271	204,573	154,304	103,456	52,024	0	0	0	0	0	0	0
13	汽車貸款	0																	
14	總負債	100,000																	
15	淨值	-30,000																	
16	總淨值	-30,000																	
17	負債淨值合計	70,000																	

Step 24 完成「家庭資產負債表」的汽車貸款

每年車貸還本金額請由「購車計畫表」帶入。

每年車貸餘額＝前一年車貸餘額 － 當年度車貸還本

年度	2018年初	2018	2019	2020	2021	2022	2023	2024	2025	2026	2027	2028	2029	2030	2031	2032	2033	2034
大雄年齡	20年初	20	21	22	23	24	25	26	27	28	29	30	31	32	33	34	35	36
大美年齡												28	29	30	31	32	33	34
小雄年齡															1	2	3	4
小美年齡																		1
		大一	大二	大三	大四	正職工作						結婚		小雄出生				小美出生
現金(活存)	50,000																	
機車	20,000	19,200	18,400	17,600	16,800	16,000	15,200	14,400	13,600	12,800	12,000	11,200	10,400	9,600	8,800	8,000	7,200	6,400
汽車	0	0	0	0	0	0	0	0	0	0	0	600,000	570,000	540,000	510,000	480,000	450,000	420,000
保險資產	0	0	0	0	36,000	72,000	108,000	144,000	180,000	216,000	252,000	288,000	324,000	360,000	396,000	432,000	468,000	504,000
資產合計	70,000																	
就學貸款	100,000	200,000	300,000	400,000	351,978	303,404	254,271	204,573	154,304	103,456	52,024	0	0	0	0	0	0	0
汽車貸款	0	0	0	0	0	0	0	0	0	0	0	400,000	240,000	80,000	0	0	0	0
總負債																		
淨值	-30,000																	
總淨值	-30,000																	
負債淨值合計	70,000																	

Step 25 完成「家庭資產負債表」的每一年總負債金額

總負債＝就學貸款＋汽車貸款

年度	2018年初	2018	2019	2020	2021	2022	2023	2024	2025	2026	2027	2028	2029	2030	2031	2032	2033	2034
大雄年齡	20年初	20	21	22	23	24	25	26	27	28	29	30	31	32	33	34	35	36
大美年齡												28	29	30	31	32	33	34
小雄年齡															1	2	3	4
小美年齡																		1
		大一	大二	大三	大四	正職工作						結婚		小雄出生				小美出生
現金(活存)	50,000																	
機車	20,000	19,200	18,400	17,600	16,800	16,000	15,200	14,400	13,600	12,800	12,000	11,200	10,400	9,600	8,800	8,000	7,200	6,400
汽車	0	0	0	0	0	0	0	0	0	0	0	600,000	570,000	540,000	510,000	480,000	450,000	420,000
保險資產	0	0	0	0	36,000	72,000	108,000	144,000	180,000	216,000	252,000	288,000	324,000	360,000	396,000	432,000	468,000	504,000
資產合計	70,000																	
就學貸款	100,000	200,000	300,000	400,000	351,978	303,404	254,271	204,573	154,304	103,456	52,024	0	0	0	0	0	0	0
汽車貸款	0	0	0	0	0	0	0	0	0	0	0	400,000	240,000	80,000	0	0	0	0
總負債	100,000	200,000	300,000	400,000	351,978	303,404	254,271	204,573	154,304	103,456	52,024	400,000	240,000	80,000	0	0	0	0
淨值	-30,000																	
總淨值	-30,000																	
負債淨值合計	70,000																	

Step 26 完成「家庭資產負債表」的現金（活存）

每年銀行活存金額是：前一年度銀行活存金額＋本年度收支結餘

年度	2018年初	2018	2019	2020	2021	2022	2023	2024	2025	2026	2027	2028	2029	2030	2031	2032	2033	2034
大雄年齡	20年初	20	21	22	23	24	25	26	27	28	29	30	31	32	33	34	35	36
大美年齡												28	29	30	31	32	33	34
小雄年齡															1	2	3	4
小美年齡																		
		大一	大二	大三	大四	正職工作						結婚		小雄出生				小美出生
現金(活存)	50,000	41,250	30,777	18,540	31,872	48,529	165,764	288,382	416,472	550,125	689,433	323,490	437,746	562,024	472,497	472,221	481,770	306,321
機車	20,000	19,200	18,400	17,600	16,800	16,000	15,200	14,400	13,600	12,800	12,000	11,200	10,400	9,600	8,800	8,000	7,200	6,400
汽車	0	0	0	0	0	0	0	0	0	0	0	600,000	570,000	540,000	510,000	480,000	450,000	420,000
保險資產	0	0	0	0	36,000	72,000	108,000	144,000	180,000	216,000	252,000	288,000	324,000	360,000	396,000	432,000	468,000	504,000
資產合計	70,000																	
就學貸款	100,000	200,000	300,000	400,000	351,978	303,404	254,271	204,573	154,304	103,456	52,024	0	0	0	0	0	0	0
汽車貸款	0	0	0	0	0	0	0	0	0	0	0	400,000	240,000	80,000	0	0	0	0
總負債	100,000	200,000	300,000	400,000	351,978	303,404	254,271	204,573	154,304	103,456	52,024	400,000	240,000	80,000	0	0	0	0
淨值	-30,000																	
總淨值	-30,000																	
負債淨值合計	70,000																	

Step 27 完成「家庭資產負債表」的資產合計

項目	2018年初	2018	2019	2020	2021	2022	2023	2024	2025	2026	2027	2028	2029	2030	2031	2032	2033	2034
年度	2018年初	2018	2019	2020	2021	2022	2023	2024	2025	2026	2027	2028	2029	2030	2031	2032	2033	2034
大雄年齡	20年初	20	21	22	23	24	25	26	27	28	29	30	31	32	33	34	35	36
大美年齡												28	29	30	31	32	33	34
小雄年齡															1	2	3	4
小美年齡																		1
	大一	大二	大三	大四	正職工作							結婚			小雄出生			小美出生
現金(活存)	50,000	41,250	30,777	18,540	31,872	48,529	165,764	288,382	416,472	550,125	689,433	323,490	437,746	562,024	472,497	472,221	481,770	306,321
機車	20,000	19,200	18,400	17,600	16,800	16,000	15,200	14,400	13,600	12,800	12,000	11,200	10,400	9,600	8,800	8,000	7,200	6,400
汽車	0	0	0	0	0	0	0	0	0	0	0	600,000	570,000	540,000	510,000	480,000	450,000	420,000
保險資產	0	0	0	0	36,000	72,000	108,000	144,000	180,000	216,000	252,000	288,000	324,000	360,000	396,000	432,000	468,000	504,000
資產合計	70,000	60,450	49,177	36,140	84,672	136,529	288,964	446,782	610,072	778,925	953,433	1,222,690	1,342,146	1,471,624	1,387,297	1,392,221	1,406,970	1,236,721
就學貸款	100,000	200,000	300,000	400,000	351,978	303,404	254,271	204,573	154,304	103,456	52,024	0	0	0	0	0	0	0
汽車貸款	0	0	0	0	0	0	0	0	0	0	0	400,000	240,000	80,000	0	0	0	0
總負債	100,000	200,000	300,000	400,000	351,978	303,404	254,271	204,573	154,304	103,456	52,024	400,000	240,000	80,000	0	0	0	0
淨值	-30,000																	
總淨值	-30,000																	
負債淨值合計	70,000																	

Step 28 完成「家庭資產負債表」的淨值與貸方合計

每年淨值是：當年度資產合計 − 當年度總負債

項目	2018年初	2018	2019	2020	2021	2022	2023	2024	2025	2026	2027	2028	2029	2030	2031	2032	2033	2034
年度	2018年初	2018	2019	2020	2021	2022	2023	2024	2025	2026	2027	2028	2029	2030	2031	2032	2033	2034
大雄年齡	20年初	20	21	22	23	24	25	26	27	28	29	30	31	32	33	34	35	36
大美年齡												28	29	30	31	32	33	34
小雄年齡															1	2	3	4
小美年齡																		1
	大一	大二	大三	大四	正職工作							結婚			小雄出生			小美出生
現金(活存)	50,000	41,250	30,777	18,540	31,872	48,529	165,764	288,382	416,472	550,125	689,433	323,490	437,746	562,024	472,497	472,221	481,770	306,321
機車	20,000	19,200	18,400	17,600	16,800	16,000	15,200	14,400	13,600	12,800	12,000	11,200	10,400	9,600	8,800	8,000	7,200	6,400
汽車	0	0	0	0	0	0	0	0	0	0	0	600,000	570,000	540,000	510,000	480,000	450,000	420,000
保險資產	0	0	0	0	36,000	72,000	108,000	144,000	180,000	216,000	252,000	288,000	324,000	360,000	396,000	432,000	468,000	504,000
資產合計	70,000	60,450	49,177	36,140	84,672	136,529	288,964	446,782	610,072	778,925	953,433	1,222,690	1,342,146	1,471,624	1,387,297	1,392,221	1,406,970	1,236,721
就學貸款	100,000	200,000	300,000	400,000	351,978	303,404	254,271	204,573	154,304	103,456	52,024	0	0	0	0	0	0	0
汽車貸款	0	0	0	0	0	0	0	0	0	0	0	400,000	240,000	80,000	0	0	0	0
總負債	100,000	200,000	300,000	400,000	351,978	303,404	254,271	204,573	154,304	103,456	52,024	400,000	240,000	80,000	0	0	0	0
淨值	-30,000	-139,550	-250,823	-363,860	-267,306	-166,875	34,693	242,209	455,768	675,469	901,409	822,690	1,102,146	1,391,624	1,387,297	1,392,221	1,406,970	1,236,721
總淨值	-30,000	-139,550	-250,823	-363,860	-267,306	-166,875	34,693	242,209	455,768	675,469	901,409	822,690	1,102,146	1,391,624	1,387,297	1,392,221	1,406,970	1,236,721
負債淨值合計	70,000	60,450	49,177	36,140	84,672	136,529	288,964	446,782	610,072	778,925	953,433	1,222,690	1,342,146	1,471,624	1,387,297	1,392,221	1,406,970	1,236,721

Step 29 完成「家庭收支結餘表」的利息收入

每年利息收入是：前一年度銀行活存餘額 × 活存利率

項目	2018	2019	2020	2021	2022	2023	2024	2025	2026	2027	2028	2029	2030	2031	2032	2033	2034
年度	2018	2019	2020	2021	2022	2023	2024	2025	2026	2027	2028	2029	2030	2031	2032	2033	2034
大雄年齡	20	21	22	23	24	25	26	27	28	29	30	31	32	33	34	35	36
大美年齡					22	23	24	25	26	27	28	29	30	31	32	33	34
小雄年齡														1	2	3	4
小美年齡																	1
	大二	大三	大四	正職工作							結婚			小雄出生			小美出生
工作收入(大雄)	192,000	192,000	192,000	336,000	341,040	443,352	450,002	456,752	463,604	470,558	477,616	484,780	492,052	499,433	506,924	514,528	522,246
工作收入(大美)	0	0	0	0	0	0	0	0	0	0	378,000	383,670	389,425	395,266	401,195	407,213	413,322
利息收入	250	206	154	93	159	243	829	1,442	2,082	2,751	3,447	1,617	2,189	2,810	2,362	2,361	2,409
保險理賠收入																	
總收入																	
飲食支出	83,950	85,629	87,342	89,088	90,870	92,688	94,541	96,432	98,361	100,328	175,335	178,841	182,418	186,066	189,788	193,584	197,455
衣飾支出	8,000	8,000	8,000	8,000	8,000	8,000	8,000	8,000	8,000	8,000	28,000	28,000	28,000	28,000	28,000	28,000	28,000
居住支出	96,000	96,000	96,000	96,000	96,000	96,000	96,000	96,000	96,000	96,000	192,000	192,000	192,000	192,000	192,000	192,000	192,000
交通支出	13,050	13,050	13,050	13,050	13,050	13,050	13,050	13,050	13,050	13,050	132,970	132,970	132,970	132,970	132,970	132,970	132,970
結婚支出	0	0	0	0	0	0	0	0	0	0	500,000	0	0	0	0	0	0
育兒支出(小雄)	0	0	0	0	0	0	0	0	0	0	0	0	0	304,000	304,000	304,000	195,000
育兒支出(小美)	0	0	0	0	0	0	0	0	0	0	0	0	0	0	0	0	304,000
學貸還本	0	0	0	48,022	48,574	49,133	49,698	50,269	50,848	51,432	52,024	0	0	0	0	0	0
學貸付息	0	0	0	4,600	4,048	3,489	2,924	2,353	1,774	1,190	598	0	0	0	0	0	0
車貸支出	0	0	0	0	0	0	0	0	0	0	200,000	160,000	160,000	80,000	0	0	0
保費費用	0	0	28,000	28,000	28,000	28,000	28,000	28,000	28,000	28,000	28,000	28,000	28,000	28,000	28,000	28,000	28,000
保費資產	0	0	0	36,000	36,000	36,000	36,000	36,000	36,000	36,000	36,000	36,000	36,000	36,000	36,000	36,000	36,000
總支出																	
收支結餘																	

Step 30 完成「家庭收支結餘表」的總收入

	A	B	C	D	E	F	G	H	I	J	K	L	M	N	O	P	Q	R
1	年度	2018	2019	2020	2021	2022	2023	2024	2025	2026	2027	2028	2029	2030	2031	2032	2033	2034
2	大雄年齡	20	21	22	23	24	25	26	27	28	29	30	31	32	33	34	35	36
3	大美年齡					22	23	24	25	26	27	28		29	30	31	32	33	34
4	小雄年齡														1	2	3	4
5	小美年齡																	1
6		大二	大三	大四	正職工作							結婚			小雄出生			小美出生
7	工作收入(大雄)	192,000	192,000	192,000	336,000	341,040	443,352	450,002	456,752	463,604	470,558	477,616	484,780	492,052	499,433	506,924	514,528	522,246
8	工作收入(大美)	0	0	0	0	0	0	0	0	0	0	378,000	383,670	389,425	395,266	401,195	407,213	413,322
9	利息收入	250	206	154	93	159	243	829	1,442	2,082	2,751	3,447	1,617	2,189	2,810	2,362	2,361	2,409
10	保險理賠收入																	
11	總收入	192,250	192,206	192,154	336,093	341,199	443,595	450,831	458,194	465,686	473,308	859,063	870,068	883,666	897,509	910,482	924,103	937,976
12	飲食支出	83,950	85,629	87,342	89,088	90,870	92,688	94,541	96,432	98,361	100,328	175,335	178,841	182,418	186,066	189,788	193,584	197,455
13	衣飾支出	8,000	8,000	8,000	8,000	8,000	8,000	8,000	8,000	8,000	8,000	28,000	28,000	28,000	28,000	28,000	28,000	28,000
14	居住支出	96,000	96,000	96,000	96,000	96,000	96,000	96,000	96,000	96,000	96,000	192,000	192,000	192,000	192,000	192,000	192,000	192,000
15	交通支出	13,050	13,050	13,050	13,050	13,050	13,050	13,050	13,050	13,050	13,050	13,050	132,970	132,970	132,970	132,970	132,970	132,970
16	結婚支出	0	0	0	0	0	0	0	0	0	0	500,000	0	0	0	0	0	0
17	養育支出(小雄)	0	0	0	0	0	0	0	0	0	0	0	0	0	304,000	304,000	304,000	195,000
18	養育支出(小美)	0	0	0	0	0	0	0	0	0	0	0	0	0	0	0	0	304,000
19	學貸還本	0	0	0	48,022	48,574	49,133	49,698	50,269	50,848	51,432	52,024	0	0	0	0	0	0
20	學貸付息	0	0	0	4,600	4,048	3,489	2,924	2,353	1,774	1,190	598	0	0	0	0	0	0
21	車貸支出	0	0	0	0	0	0	0	0	0	0	200,000	160,000	160,000	80,000	0	0	0
22	保費費用	0	0	0	28,000	28,000	28,000	28,000	28,000	28,000	28,000	28,000	28,000	28,000	28,000	28,000	28,000	28,000
23	保費資產	0	0	0	36,000	36,000	36,000	36,000	36,000	36,000	36,000	36,000	36,000	36,000	36,000	36,000	36,000	36,000
24	總支出	201,000	202,679	204,392	322,760	324,542	326,360	328,213	330,104	332,033	334,000	1,225,007	755,811	759,388	987,036	910,758	914,554	1,113,425
25	收支結餘																	

Step 31 完成「家庭收支結餘表」的收支結餘

	A	B	C	D	E	F	G	H	I	J	K	L	M	N	O	P	Q	R
1	年度	2018	2019	2020	2021	2022	2023	2024	2025	2026	2027	2028	2029	2030	2031	2032	2033	2034
2	大雄年齡	20	21	22	23	24	25	26	27	28	29	30	31	32	33	34	35	36
3	大美年齡					22	23	24	25	26	27	28		29	30	31	32	33	34
4	小雄年齡														1	2	3	4
5	小美年齡																	1
6		大二	大三	大四	正職工作							結婚			小雄出生			小美出生
7	工作收入(大雄)	192,000	192,000	192,000	336,000	341,040	443,352	450,002	456,752	463,604	470,558	477,616	484,780	492,052	499,433	506,924	514,528	522,246
8	工作收入(大美)	0	0	0	0	0	0	0	0	0	0	378,000	383,670	389,425	395,266	401,195	407,213	413,322
9	利息收入	250	206	154	93	159	243	829	1,442	2,082	2,751	3,447	1,617	2,189	2,810	2,362	2,361	2,409
10	保險理賠收入																	
11	總收入	192,250	192,206	192,154	336,093	341,199	443,595	450,831	458,194	465,686	473,308	859,063	870,068	883,666	897,509	910,482	924,103	937,976
12	飲食支出	83,950	85,629	87,342	89,088	90,870	92,688	94,541	96,432	98,361	100,328	175,335	178,841	182,418	186,066	189,788	193,584	197,455
13	衣飾支出	8,000	8,000	8,000	8,000	8,000	8,000	8,000	8,000	8,000	8,000	28,000	28,000	28,000	28,000	28,000	28,000	28,000
14	居住支出	96,000	96,000	96,000	96,000	96,000	96,000	96,000	96,000	96,000	96,000	192,000	192,000	192,000	192,000	192,000	192,000	192,000
15	交通支出	13,050	13,050	13,050	13,050	13,050	13,050	13,050	13,050	13,050	13,050	13,050	132,970	132,970	132,970	132,970	132,970	132,970
16	結婚支出	0	0	0	0	0	0	0	0	0	0	500,000	0	0	0	0	0	0
17	養育支出(小雄)	0	0	0	0	0	0	0	0	0	0	0	0	0	304,000	304,000	304,000	195,000
18	養育支出(小美)	0	0	0	0	0	0	0	0	0	0	0	0	0	0	0	0	304,000
19	學貸還本	0	0	0	48,022	48,574	49,133	49,698	50,269	50,848	51,432	52,024	0	0	0	0	0	0
20	學貸付息	0	0	0	4,600	4,048	3,489	2,924	2,353	1,774	1,190	598	0	0	0	0	0	0
21	車貸支出	0	0	0	0	0	0	0	0	0	0	200,000	160,000	160,000	80,000	0	0	0
22	保費費用	0	0	0	28,000	28,000	28,000	28,000	28,000	28,000	28,000	28,000	28,000	28,000	28,000	28,000	28,000	28,000
23	保費資產	0	0	0	36,000	36,000	36,000	36,000	36,000	36,000	36,000	36,000	36,000	36,000	36,000	36,000	36,000	36,000
24	總支出	201,000	202,679	204,392	322,760	324,542	326,360	328,213	330,104	332,033	334,000	1,225,007	755,811	759,388	987,036	910,758	914,554	1,113,425
25	收支結餘	-8,750	-10,473	-12,238	13,332	16,657	117,235	122,618	128,090	133,653	139,308	-365,943	114,256	124,278	-89,527	-276	9,549	-175,449

第十一章　習題解答

一、實作題

Step 1　完成「隨機模擬表」。

	A	B	C	D	E	F	G	H	I	J	K	L	M	N	O	P	Q	R	S	T	U	V
1	年度	0	1	2	3	4	5	6	7	8	9	10	11	12	13	14	15	16	17	18	19	20
2	#1	100	112.8	140.8	127.5	138.1	125.6	175.4	107.6	137.6	118.1	160.1	130.2	185.6	157.2	197.8	103.8	126.6	131.1	193.4	160.8	182.1
3	#2	100	129.4	174.3	118.6	159.9	97.0	118.6	117.7	122.5	124.3	203.2	136.6	171.3	130.8	185.2	154.2	247.7	141.1	204.3	125.6	150.5
4	#3	100	141.4	135.6	111.3	165.0	139.7	197.2	158.0	187.3	130.4	188.6	169.7	227.9	143.4	168.2	124.8	155.3	109.0	123.5	119.7	111.5
5	#4	100	148.9	134.0	114.1	212.8	129.2	224.6	119.4	161.3	126.0	115.8	143.8	210.2	131.6	126.0	134.8	116.8	97.0	134.2	109.2	117.6
6	#5	100	114.5	146.1	112.0	120.6	117.0	181.9	143.4	166.3	84.7	105.0	118.4	136.3	101.2	95.8	110.2	140.9	120.3	152.5	68.4	71.7
7	#6	100	146.1	259.5	121.5	153.2	135.0	160.0	150.2	195.9	169.2	253.4	111.7	138.2	93.7	140.9	151.3	207.6	142.8	202.8	118.9	174.2
8	#7	100	126.9	147.7	163.1	233.4	136.9	170.7	116.5	121.5	101.6	137.3	155.0	211.5	97.0	132.5	116.0	186.9	120.6	160.6	157.1	195.9
9	#8	100	119.7	152.5	140.3	168.5	182.6	127.3	160.5	153.2	135.7	143.8	171.9	103.0	114.7	124.4	152.5	130.5	142.4	121.9	131.0	
10	#9	100	127.4	192.7	125.3	205.9	128.5	132.2	140.7	160.6	117.7	162.7	125.4	135.5	96.8	115.1	134.4	189.4	119.6	140.6	132.4	171.2
11	#10	100	133.9	154.6	126.8	168.9	122.8	137.9	109.7	123.6	118.4	139.3	140.7	232.3	91.5	118.7	128.8	209.4	122.7	160.6	88.2	121.7
12	平均																					

Step 2 計算每年度平均值。

	A	B	C	D	E	F	G	H	I	J	K	L	M	N	O	P	Q	R	S	T	U	V
1	年度	0	1	2	3	4	5	6	7	8	9	10	11	12	13	14	15	16	17	18	19	20
2	#1	100	112.8	140.8	127.5	138.1	125.6	175.4	107.8	137.6	118.1	160.1	130.2	185.6	157.2	197.8	103.8	126.6	131.1	193.4	160.8	182.1
3	#2	100	129.4	174.3	118.6	159.9	97.0	118.6	117.7	122.5	124.3	203.2	136.6	171.3	130.8	185.2	154.2	247.7	141.1	204.3	125.6	150.5
4	#3	100	141.4	135.6	111.3	165.0	139.7	197.2	158.0	187.3	130.4	188.6	169.7	227.9	143.4	168.2	124.8	155.3	109.0	123.5	119.7	111.5
5	#4	100	148.9	134.0	114.1	212.8	129.2	224.6	119.4	161.3	126.0	115.8	143.8	210.2	131.6	126.0	134.8	116.8	97.0	134.2	109.2	117.6
6	#5	100	114.5	146.1	112.0	120.6	117.0	181.9	143.4	166.3	84.7	105.0	118.4	136.3	101.2	95.8	110.2	140.9	120.3	152.5	68.4	71.7
7	#6	100	146.1	259.5	121.5	153.2	135.0	160.0	150.2	195.9	169.2	253.4	111.7	138.2	93.7	140.9	151.3	207.6	142.8	202.8	118.9	174.2
8	#7	100	147.7	163.1	233.4	136.9	117.0	116.5	121.5	105.0	137.3	155.0	211.5	97.0	132.5	116.0	186.9	120.6	160.6	157.1	195.9	
9	#8	100	119.7	152.5	140.3	168.5	160.3	182.6	127.3	160.9	153.2	135.7	143.8	171.9	103.0	114.7	124.4	152.5	130.5	142.4	121.9	131.0
10	#9	100	127.4	192.7	125.3	205.9	128.5	132.2	140.7	160.6	117.7	162.7	125.4	135.5	96.8	115.1	134.4	189.4	119.6	140.6	132.4	171.2
11	#10	100	133.9	154.6	126.8	168.9	122.8	137.9	109.7	123.6	118.4	139.3	140.7	232.3	91.5	118.7	128.8	209.4	122.7	160.6	88.2	121.7
12	平均	100.0	130.1	163.8	126.0	172.6	129.2	168.1	129.1	153.7	124.4	160.1	137.5	182.1	114.6	139.5	128.3	173.3	123.5	161.5	120.2	142.8

Step 3 完成「家庭資產負債表」的「基金」科目。

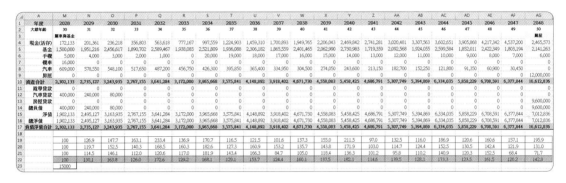

	A	M	N	O	P	Q	R	S	T	U	V	W	X	Y	Z	AA	AB	AC	AD	AE	AF	AG
1	年度	2028	2029	2030	2031	2032	2033	2034	2035	2036	2037	2038	2039	2040	2041	2042	2043	2044	2045	2046	2047	2048
2	大雄年齡	30	31	32	33	34	35	36	37	38	39	40	41	42	43	44	45	46	47	48	49	50
3		購車與基金																					購屋
4	現金(活存)	172,133	201,361	236,218	356,803	563,618	777,167	997,559	1,224,903	1,459,310	1,700,893	1,949,765	2,206,043	2,469,842	2,741,281	3,020,481	3,307,563	3,602,651	3,905,868	4,217,342	4,537,200	2,465,573
5	基金	1,500,000	1,951,216	2,456,617	1,890,702	2,589,467	1,938,083	2,521,809	1,936,088	2,306,182	1,865,559	2,401,465	2,062,990	2,730,983	1,719,359	2,092,568	1,924,055	2,599,584	1,852,011	2,422,349	1,803,194	2,141,263
6	手機	5,000	4,000	3,000	2,000	1,000	0	20,000	19,000	18,000	17,000	16,000	15,000	14,000	13,000	12,000	11,000	10,000	9,000	8,000	7,000	6,000
7	機車	16,000	0	0	0	0	0	0	0	0	0	0	0	0	0	0	0	0	0	0	0	0
8	汽車	609,000	578,550	548,100	517,650	487,200	456,750	426,300	395,850	365,400	334,950	304,500	274,050	243,600	213,150	182,700	152,250	121,800	91,350	60,900	30,450	0
9	房屋	0	0	0	0	0	0	0	0	0	0	0	0	0	0	0	0	0	0	0	0	12,000,000
10	資產合計	2,302,133	2,735,127	3,243,935	2,767,155	3,641,284	3,172,000	3,965,668	3,575,841	4,148,892	3,918,402	4,671,730	4,558,083	5,458,425	4,686,791	5,307,749	5,394,869	6,334,035	5,858,229	6,708,591	6,377,844	16,612,836
11	就學貸款																					
12	汽車貸款	400,000	240,000	80,000																		
13	房屋貸款																					9,600,000
14	總負債	400,000	240,000	80,000																		9,600,000
15	淨值	1,902,133	2,495,127	3,163,935	2,767,155	3,641,284	3,172,000	3,965,668	3,575,841	4,148,892	3,918,402	4,671,730	4,558,083	5,458,425	4,686,791	5,307,749	5,394,869	6,334,035	5,858,229	6,708,591	6,377,844	7,012,836
16	總淨值	1,902,133	2,495,127	3,163,935	2,767,155	3,641,284	3,172,000	3,965,668	3,575,841	4,148,892	3,918,402	4,671,730	4,558,083	5,458,425	4,686,791	5,307,749	5,394,869	6,334,035	5,858,229	6,708,591	6,377,844	7,012,836
17	負債淨值合計	2,302,133	2,735,127	3,243,935	2,767,155	3,641,284	3,172,000	3,965,668	3,575,841	4,148,892	3,918,402	4,671,730	4,558,083	5,458,425	4,686,791	5,307,749	5,394,869	6,334,035	5,858,229	6,708,591	6,377,844	16,612,836
18																						
19		100	126.9	147.7	163.1	233.4	136.9	170.7	116.5	121.5	101.6	137.3	155.0	211.5	97.0	132.5	116.0	186.9	120.6	160.6	157.1	195.9
20		100	119.7	152.5	140.3	168.5	160.3	182.6	127.3	160.9	153.2	135.7	143.8	171.9	103.0	114.7	124.4	152.5	130.5	142.4	121.9	131.0
21		100	114.5	146.1	112.0	120.6	117.0	181.9	143.4	166.3	84.7	105.0	118.4	136.3	101.2	95.8	110.2	140.9	120.3	152.5	68.4	71.7
22		100	130.1	163.8	126.0	172.6	129.2	168.1	129.1	153.7	124.4	160.1	137.5	182.1	114.6	139.5	128.3	173.3	123.5	161.5	120.2	142.8
23		15000																				

Step 4 「家庭資產負債表」的現金科目於59~60歲發生負值。因此購屋計畫不可行，必須重新檢視並修正原購屋計畫。

	A	AB	AC	AD	AE	AF	AG	AH	AI	AJ	AK	AL	AM	AN	AO	AP	AQ
1	年度	2043	2044	2045	2046	2047	2048	2049	2050	2051	2052	2053	2054	2055	2056	2057	2058
2	大雄年齡	45	46	47	48	49	50	51	52	53	54	55	56	57	58	59	60
3							購屋	處分基金									
4	現金(活存)	3,307,563	3,602,651	3,905,868	4,217,342	4,537,200	2,465,573	4,066,623	3,541,510	3,020,956	2,505,075	1,993,984	1,487,802	986,647	490,641	-92	-485,428
5	基金	1,924,055	2,599,584	1,852,011	2,422,349	1,803,194	2,141,263										
6	手機	11,000	10,000	9,000	8,000	7,000	6,000	5,000	4,000	3,000	2,000	1,000	0	30,000	29,000	28,000	27,000
7	機車	0	0	0	0	0	0	0	0	0	0	0	0	0	0	0	0
8	汽車	152,250	121,800	91,350	60,900	30,450	0	0	0	0	0	0	0	0	0	0	0
9	房屋	0	0	0	0	0	12,000,000	11,980,000	11,960,000	11,940,000	11,920,000	11,900,000	11,880,000	11,860,000	11,840,000	11,820,000	11,800,000
10	資產合計	5,394,869	6,334,035	5,858,229	6,708,591	6,377,844	16,612,836	16,051,623	15,505,510	14,963,956	14,427,075	13,894,984	13,367,802	12,876,647	12,359,641	11,847,908	11,341,572
11	就學貸款	0	0	0	0	0	0	0	0	0	0	0	0	0	0	0	0
12	汽車貸款	0	0	0	0	0	0	0	0	0	0	0	0	0	0	0	0
13	房屋貸款	0	0	0	0	0	9,600,000	8,719,249	7,821,765	6,907,227	5,975,314	5,025,695	4,058,032	3,071,984	2,067,201	1,043,327	0
14	總負債	0	0	0	0	0	9,600,000	8,719,249	7,821,765	6,907,227	5,975,314	5,025,695	4,058,032	3,071,984	2,067,201	1,043,327	0
15	淨值	5,394,869	6,334,035	5,858,229	6,708,591	6,377,844	7,012,836	7,332,374	7,683,746	8,056,728	8,451,761	8,869,290	9,309,770	9,804,663	10,292,440	10,804,581	11,341,572
16	總淨值	5,394,869	6,334,035	5,858,229	6,708,591	6,377,844	7,012,836	7,332,374	7,683,746	8,056,728	8,451,761	8,869,290	9,309,770	9,804,663	10,292,440	10,804,581	11,341,572
17	負債淨值合計	5,394,869	6,334,035	5,858,229	6,708,591	6,377,844	16,612,836	16,051,623	15,505,510	14,963,956	14,427,075	13,894,984	13,367,802	12,876,647	12,359,641	11,847,908	11,341,572
18																	
19		116.0	186.9	120.6	160.6	157.1	195.9										
20		124.4	152.5	130.5	142.4	121.9	131.0										
21		110.2	140.9	120.3	152.5	68.4	71.7										
22		128.3	173.3	123.5	161.5	120.2	142.8										

國家圖書館出版品預行編目資料

個人理財 / 陳伯源, 林士貴, 黃美華, 陳國堅編
著. -- 二版. -- 新北市：全華圖書股份有限公
司, 2023.06
　　　面　；　公分
　參考書目：面
　　ISBN 978-626-328-535-4(平裝)
　1.CST: 個人理財

563　　　　　　　　　　　　　112009053

個人理財（第二版）

作者 / 陳伯源、林士貴、黃美華、陳國堅

發行人 / 陳本源

執行編輯 / 黃湘婷

封面設計 / 盧怡瑄

出版者 / 全華圖書股份有限公司

郵政帳號 / 0100836-1 號

印刷者 / 宏懋打字印刷股份有限公司

圖書編號 / 0827501

二版一刷 / 2023 年 06 月

定價 / 新台幣 490 元

ISBN / 978-626-328-535-4(平裝)

全華圖書 / www.chwa.com.tw

全華網路書店 Open Tech / www.opentech.com.tw

若您對書籍內容、排版印刷有任何問題，歡迎來信指導 book@chwa.com.tw

臺北總公司(北區營業處)
地址：23671 新北市土城區忠義路 21 號
電話：(02) 2262-5666
傳真：(02) 6637-3695、6637-3696

南區營業處
地址：80769 高雄市三民區應安街 12 號
電話：(07) 381-1377
傳真：(07) 862-5562

中區營業處
地址：40256 臺中市南區樹義一巷 26 號
電話：(04) 2261-8485
傳真：(04) 3600-9806(高中職)
　　　(04) 3601-8600(大專)

得　分

個人理財
學後評量
CH01 個人理財概論

班級：＿＿＿＿＿＿＿
學號：＿＿＿＿＿＿＿
姓名：＿＿＿＿＿＿＿

（　）1.「個人理財」研究的目的，在於探討如何以有效率的方式，來替甚麼單位準備將來的財務需求？　(A)政府單位　(B) 公司行號　(C)家計單位　(D)學校單位。

（　）2. 個人理財的「財務需求」與下列哪一個選項有相同的意義？　(A)財務策略　(B)財務目標　(C)財務規劃　(D)財務決策。

（　）3. 下列哪一個選項是個人理財的主要「財務決策」？　(A)股利政策　(B)退休計畫　(C)資本結構　(D)資本預算。

（　）4. 依照臺灣個人理財的生命週期，年收入中位數會隨著年齡增長而如何？　(A)先減後增　(B)先增後減　(C)維持不變　(D)以上皆非。

（　）5.「個人理財」在學術上的發展，起源於下列哪一個選項？　(A)個體經濟學　(B)總體經濟學　(C)家庭經濟學　(D)政治經濟學。

（　）6. 下列哪一個選項與學者貝克提出的「家庭經濟學」無關？　(A)時間成本　(B)家計生產　(C)貨幣價值　(D)風險衡量。

（　）7. 下列哪一個選項不是「個人理財」的主要課題？　(A)退休期間資金需求多少　(B)退休期間持續多久　(C)退休需考量通貨膨脹　(D)退休樂齡的終身學習。

（　）8. 何（Ho）、米列夫斯基（Milevsky）與魯賓遜（Robinson）三位學者對「個人理財」的主要貢獻不包括下列哪一個選項？　(A)提出質性分析　(B)提出量化模型　(C)最小化財務短缺機率　(D)家庭資產適當配置。

（　）9.「個人理財」在實務上發展的背景不包括下列哪一個選項？　(A)第二次世界大戰後嬰兒潮　(B)少子化的社會趨勢　(C)中產階級的興起　(D)大量金融商品盛行。

（　）10.經研究結果證實，依賴下列哪一個選項更容易達成退休計畫，享受資金無虞的退休生活？　(A)退休年金　(B)投資收入　(C)工作收入　(D)理財收入。

（請沿虛線撕下）

(　) 11.下列哪一個選項不是近年來「理財教育」的結構性轉變？　(A)金融業者觀點的思維　(B)強調個人的職涯規劃　(C)擬定家庭終身財務目標　(D)不以追求報酬率為主要考量。

(　) 12.「理財規劃學院」成立目的在於培養符合金融產業需求的個人理財專業人士，並授予下列哪一個認證專業證書？　(A)CFA(Chartered Financial Analyst)　(B)CPA(Certified Public Accountant)　(C)CFP(Certified Financial Planner)　(D)CMA(Certified Management Accountant)。

(　) 13.美國聯邦政府頒布「理財素養與教育改善法案」，其目的與行動方案不包括下列哪一個選項？　(A)共同為推動全美國的基礎理財教育而努力　(B)編撰適用於國小一年級至高中十二年級的相關課綱與教材　(C)以行銷為導向的菁英式「專業教育」　(D)整合了二十個聯邦政府機構。

(　) 14.下列哪一門課程的學習目標與其他課程選項並不相同？　(A)個人理財　(B)生活理財　(C)公司理財　(D)理財規劃。

(　) 15.下列哪一個選項不是「個人理財」與「公司理財」的差異？　(A)會計基礎不同　(B)規劃對象不同　(C)規劃期間不同　(D)不適用時間價值。

(　) 16.個人理財進行財務規劃的目標在於：　(A)極大化個人財務短缺機率　(B)極大化公司的股東價值　(C)達成個人終身各財務目標　(D)解決公司資金缺口問題。

(　) 17.根據美國明尼亞波利聯邦準備銀行所做的「消費者支出調查」顯示，一般美國家庭收入會：　(A)隨著年齡的增長而減少　(B)會在55歲達到高峰　(C)55歲後會急速上升至65歲退休年齡　(D)退休年金的收入會劇烈波動。

(　) 18.根據臺灣財政部統計處所做的「綜合所得稅結算申報專冊統計」分析，臺灣一般家庭平均收入會：　(A)隨著年齡的增長而減少　(B)60歲之前的增幅會變大　(C)60歲之後的增幅會縮小　(D)臺灣的公司傾向於「只調增不調降」。

(　) 19.臺灣一般家庭理財生命週期41~50歲的經濟負擔最重的原因，不包括下列哪一個選項：　(A)父母孝養金的必要支出　(B)子女上中學、大學的大筆學費　(C)房貸還本付息的龐大支出　(D)醫療支出的需求殷切。

(　) 20.消費者為維護自身權益，應該瞭解的理財規劃六大步驟不包括：　(A)定義財務目標　(B)分析及評估客戶財務狀況　(C)執行財務計畫　(D)利用財務報表評估執行結果。

得　分

個人理財
學後評量
CH02 生涯規劃與人生夢想

班級：＿＿＿＿＿＿＿＿
學號：＿＿＿＿＿＿＿＿
姓名：＿＿＿＿＿＿＿＿

（　）1. 「生涯規劃」是自我探索的一個過程，最終能彰顯自我價值，其實踐步驟不包括下列哪一個選項：　(A)知己　(B)選擇　(C)檢視　(D)行動。

（　）2. 把收支結餘存到銀行，雖然安全但利息少，解決之道是：　(A)購買彩券　(B)增加消費性支出　(C)把錢轉至風險性資產　(D)以上皆非。

（　）3. 擬定個人理財的財務計畫時最不需要考慮：　(A)需求　(B)價值觀　(C)家人期待　(D)工作技能。

（　）4. 「選擇」則是依據自我能力與條件，進而決定個人將來要：　(A)從事的產業　(B)旅遊的國家　(C)休閒的場所　(D)進修的管道。

（　）5. 「生涯規劃」在學習上的應用，就是所謂的：　(A)職涯規劃　(B)學習歷程規劃　(C)理財規劃　(D)生活規劃。

（　）6. 「生涯規劃」在就業上的應用，就是所謂的：　(A)職涯規劃　(B)學習歷程規劃　(C)理財規劃　(D)生活規劃。

（　）7. 個人職涯規劃中的職業選擇不會直接影響到未來的：　(A)個人工作收入　(B)家庭消費活動　(C)個人休閒型態　(D)家庭經營效用。

（　）8. 影響個人或家庭收入的因素不包括：　(A)工作績效　(B)職業技能　(C) 教育水準 (D)興趣專長。

（　）9. 個人理財生命週期所會面臨的重要財務決策不包括：　(A)儲蓄決策　(B)投資決策　(C)融資決策　(D)股利決策。

（　）10.個人理財三步驟的邏輯不包括：　(A)財務策略　(B)人生夢想　(C)資本結構　(D)財務目標。

（　）11.下列何者是公益導向價值觀者的財務目標：　(A)購車　(B)創業　(C)捐贈　(D)旅遊。

( )12.下列何者是事業導向價值觀者的財務目標： (A)購車 (B)創業 (C)捐贈 (D)旅遊。

( )13.下列何者是家庭導向價值觀者的財務目標： (A)購車 (B)創業 (C)捐贈 (D)旅遊。

( )14.下列何者是朋友導向價值觀者的財務目標： (A)購車 (B)創業 (C)捐贈 (D)旅遊。

( )15.下列何者是正確的個人理財實踐的流程： (A)財務目標→財務策略→財務規劃 (B)財務目標→財務規劃→財務策略 (C)財務規劃→財務目標→財務策略 (D)財務策略→財務規劃→財務目標。

( )16.家庭財務狀況分析的主要工具是： (A)家庭資產負債表 (B)家庭現金收入表 (C)家庭現金支出表 (D)家庭現金流量表。

( )17.風險性資產的報酬率分配： (A)不會小於0 (B)可能小於0 (C)不會大於0 (D)以上皆非。

( )18.家庭資產負債表的現金（活存）餘額減少的主要原因是： (A)收入減少且支出增加 (B)收入增加且支出減少 (C)收入增加且支出增加 (D)收入減少且支出減少。

( )19.家庭收支結餘表的年度結餘為負數的主要原因是： (A)家庭收入大於支出 (B)家庭收入小於支出 (C)家庭收入等於支出 (D)以上皆非。

( )20.下列哪一個選項會造成個人或家庭的財務破產？ (A)家庭收支結餘表有年度結餘 (B)家庭收支結餘表有年度短缺 (C)家庭資產負債表的淨值為正數 (D)家庭資產負債表的現金為負數。

得　分

個人理財
學後評量
CH03 生活收支與儲蓄投資

班級：_____
學號：_____
姓名：_____

（　　）1. 一般家庭收入不包括下列何者？　(A)紅利收入　(B)股利收入　(C)中獎收入　(D)補償收入。

（　　）2. 若家庭年度收入為$600,000，年度結餘為$250,000，則該年度的家庭支出應該是多少？　(A)$250,000　(B)$350,000　(C)$450,000　(D)$600,000。

（　　）3. 下列何者是個人理財常用的家庭財務報表？　(A)家庭現金收入表　(B)家庭現金支出表　(C)家庭收支結餘表　(D)家庭現金流量表。

（　　）4. 若年度家庭收支常發生赤字，則應該如何改善？　(A)保持現狀　(B)跟朋友借錢　(C)減少工作量　(D)增加理財收入。

（　　）5. 下列何種金融工具的風險最低？　(A)股票　(B)不動產　(C)國庫券　(D)共同基金。

（　　）6. 下列何種金融工具的預期報酬率最低？　(A)股票　(B)債券　(C)定存　(D)共同基金。

（　　）7. 下列何者是「富爸爸」的主要行為模式？　(A)努力工作以償還銀行借款　(B)努力工作以支付家用支出　(C)努力工作以累積資金來投資　(D)不用努力工作，賺多少就用多少。

（　　）8. 下列何者是「窮爸爸」的主要行為模式？　(A)省吃儉用以減少開銷　(B)假日不要去逛街以減少開銷　(C)努力賺錢來供子女花用　(D)努力賺錢來償還負債。

（　　）9. 「家庭收支結餘表」與「家庭資產負債表」主要是透過甚麼科目來建立連動關係？　(A)工作收入　(B)交通支出　(C)理財收入　(D)收支結餘。

（　　）10.家庭收入支出結餘表的記錄方式不包括哪一項？　(A)買賣總額法　(B)買賣差額法　(C) 買賣利潤法　(D)以上皆非。

（請沿虛線撕下）

(　　) 11. 下列對「窮爸爸」的敘述何者不正確？　(A)主要透過工作獲取家庭收入　(B)家庭收支有透支的情形發生　(C)償還小額的貸款本金與利息　(D)負擔沉重的家庭生計的支出。

(　　) 12. 下列對「富爸爸」的敘述何者不正確？　(A)擁有非常多的生息資產　(B)生息資產帶來豐厚的工作收入　(C)家庭收支通常有結餘　(D)現金流生生不息的循環。

(　　) 13. 近五年（2017~2021）臺灣家庭的儲蓄趨勢為？　(A)微幅下降　(B)微幅上升　(C)維持水平　(D)以上皆非。

(　　) 14. 臺灣家庭消費結構於2021年的最大支出是？　(A)食物類　(B)交通類　(C)居住類　(D)醫療保健。

(　　) 15. 下列哪一項對「報酬率」的敘述不正確？　(A)資產價值的成長率　(B)「高報酬、高風險」是定律　(C)個人理財的主要目的　(D))需同時考慮風險大小。

(　　) 16. 下列哪一項對「風險」的敘述不正確？　(A)資產價值的變動程度　(B)可以用統計學的平均數來衡量　(C)個人理財需要考慮如何規避風險　(D)投資績效需要同時考慮風險大小。

(　　) 17. 下列哪一項對「外匯市場」的影響最不顯著？　(A)人民的消費能力　(B)國際貿易的收支平衡　(C)國家的利率水準　(D)政府主導的政策。

(　　) 18. 「家庭資產負債表」與「家庭收支結餘表」的彼此連動關係不包括下列哪一項？　(A)收支結餘與現金餘額　(B)利息收入與現金餘額　(C)利息支出與貸款餘額　(D)工作收入與貸款餘額。

(　　) 19. 近10年（2012~2021）臺灣消費者物價指數是？　(A)逐年上漲　(B)逐年下跌　(C)維持不變　(D)以上皆非。

(　　) 20. 若購入汽車一部，價格為800,000元，頭期款440,000元，零利率分期付款，預期3年內需還清貸款。請問每月車貸支出是多少？　(A)10,000元　(B)12,000元　(C)15,000元　(D)20,000元。

得　分

全華圖書（版權所有，翻印必究）

個人理財

學後評量

CH04 專業職能與教育學習

班級：＿＿＿＿＿＿＿＿

學號：＿＿＿＿＿＿＿＿

姓名：＿＿＿＿＿＿＿＿

（　　）1. 下列哪一種因素與工作收入的關聯性最低？　(A)教育程度　(B)工作職能　(C)職業類別　(D)個人性向。

（　　）2. 下列哪一選項的期望工作收入最低？　(A)豐富的工作職能，人脈極廣　(B)10年金融業年資，主管職位　(C)初入社會，名校大學畢業　(D)20年工程師年資，碩士畢業。

（　　）3. 下列哪一選項不屬於個人進修學習的成本？　(A)因參與學習所佔用的時間　(B)學習時所繳交的學雜費用　(C)因參與學習而無法加班的減少收入　(D)因學習活動所擴展的人脈。

（　　）4. 下列哪一項教育學習的支出費用最低？　(A)赴國外念書以取得碩士學位　(B)在國內念私立研究所以取得碩士學位　(C)在國內念公立高中以準備進入國立大學　(D)赴國外念高中以取國外大學入學機會。

（　　）5. 念完研究所的平均月薪可以提高多少？　(A)5,900元　(B)9,900元　(C)15,000元　(D)19,000元。

（　　）6. 下列哪一項不屬於「投資類」教育基金的金融工具？　(A)債券市場共同基金　(B)貨幣市場共同基金　(C)外幣儲蓄保單　(D)台積電股票。

（　　）7. 下列哪一項是屬於「負債類」教育基金的主要金融工具？　(A)房屋抵押貸款　(B)大學就學貸款　(C)消費信用貸款　(D)外幣儲蓄保單。

（　　）8. 凡是有辦理就學貸款的大學生，在大學畢業前的就學貸款的未清償餘額應該是？　(A)逐年遞減　(B)逐年增加　(C)先減後增　(D)先增後減。

（　　）9. 凡是有辦理就學貸款的大學生，在大學畢業後的就學貸款的未清償餘額應該是？　(A)逐年遞減　(B)逐年增加　(C)先減後增　(D)先增後減。

（　　）10.辦理就學貸款的金融機構是？　(A)保險公司　(B)證券公司　(C)商業銀行　(D)基金公司。

（請沿虛線撕下）

( ) 11.大雄從大一新生起就辦理就學貸款到畢業為止,每學期學貸金額為48,000元,則寬限期所累積的學貸未清償餘額是多少?　(A)400,000元　(B)388,000元　(C)386,000元　(D)384,000元。

( ) 12.大雄從大三起辦理就學貸款到畢業為止,每學年學貸金額為80,000元,則寬限期所累積的學貸未清償餘額是多少?　(A)320,000元　(B)240,000元　(C)160,000元　(D)80,000元。

( ) 13.大雄從大二起開始辦理就學貸款到畢業為止,則畢業後的還款期限是多久?　(A)3年　(B)4年　(C)5年　(D)6年。

( ) 14.若今年飲食費是每月5,000元,衣飾費是每季2,000元,交通費是每月1,000元,若飲食上漲率2%,其他費用不調漲,則今年的年度生活支出是多少?　(A)80,000元　(B)81,600元　(C)81,200元　(D)80,800元。

( ) 15.若今年飲食費是每月5,000元,衣飾費是每季2,000元,交通費是每月1,000元,若飲食上漲率2%,其他費用不調漲,則明年的年度生活支出是多少?　(A)80,000元　(B)81,600元　(C)81,200元　(D)80,800元。

( ) 16.臺灣2021年每月總薪資最高的教育程度別是?　(A)國小　(B)專科　(C)研究所　(D)大學。

( ) 17.為鼓勵年輕人就學深造,以培養個人的專業職能,以增加進入就業市場的競爭力,政府對就學貸款的補貼是下列哪一項目?　(A)學貸還本金額　(B)學貸付息金額　(C)提供獎學金　(D)減免學雜費。

( ) 18.家庭資產負債表的淨值為負則代表:(A)家庭收支有赤字　(B)房貸付息金額太多　(C)家庭負債多於資產　(D)沒有無法清償負債的危機。

( ) 19.下列有關就學貸款的敘述何者不正確?　(A)有政府政策的保證　(B)不需經過信用審查　(C)家庭年所得120萬元以下為核貸標準　(D)目的幫助經濟弱勢的家庭成員能完成學業。

( ) 20.臺灣2021年每月總薪資最高的職業類別是?　(A)醫療保健　(B)金融保險　(C)住宿餐飲　(D)批發零售。

得　分

全華圖書（版權所有，翻印必究）

個人理財
學後評量
CH05 個人信用與消費支出

班級：＿＿＿＿＿＿＿＿
學號：＿＿＿＿＿＿＿＿
姓名：＿＿＿＿＿＿＿＿

（　　）1. 使用信用卡的延遲付款功能時，下列哪一選項正確？　(A)無最低應繳金額限制　(B)可享受零息付款　(C)屬長期資金融通　(D)需繳交延遲付款利息。

（　　）2. 下列哪一種情況不會動用個人信用？　(A)購物時想要先享受後付款　(B)購車時無法一次付清車款　(C)購物時以現金一次付清　(D)念大學時辦理就學貸款。

（　　）3. 個人如何獲得較高的信用評等分數？　(A)不動用銀行信用額度　(B)需要時可以逾期還款　(C)在上市櫃公司上班　(D)擺地攤獲取暴利。

（　　）4. 下列哪一種信用貸款的利率最低？　(A)小額信貸　(B)青創貸款　(C)信用卡預借信金　(D)就學貸款。

（　　）5. 下列何者不屬於信用貸款？　(A)青年創業貸款　(B)房屋貸款　(C)就學貸款　(D)小額消費貸款。

（　　）6. 下列何者屬於抵押貸款？　(A)青年創業貸款　(B)汽車貸款　(C)就學貸款　(D)小額消費貸款。

（　　）7. 下列何者屬於質押貸款？　(A)青年創業貸款　(B)汽車貸款　(C)就學貸款　(D)保單貸款。

（　　）8. 下列何者不是信用卡所提供的功能？　(A)延遲付款　(B)累積紅利　(C)免費拖吊　(D)跨行存款。

（　　）9. 張小明於大學時曾辦理就學貸款，大學畢業後卻不理會他應該要償還貸款本息的義務，請問張小明最可能會遭遇下列何種情境？　(A)交不到女朋友　(B)被學校撤銷畢業證書　(C)無法與銀行繼續往來　(D)被警察開罰單。

（　　）10.下列何者的貸款利率最高？　(A)小額信用貸款　(B)房屋抵押貸款　(C)保單質押貸款　(D)大學就學貸款。

（請沿虛線撕下）

（　）11.大雄與太太二人想安排五天的日本之旅，陽光旅行社提供團費每人25,000元，小費每人每天10美元，匯率是30元臺幣兌換1美元，則他們共需付給領隊與司機多少臺幣現金？　(A)100元　(B)3,000元　(C)50,000元　(D)53,000元。

（　）12.大雄與太太二人想安排五天的日本之旅，陽光旅行社提供團費每人25,000元，小費每人每天10美元，匯率是30元臺幣兌換1美元，則他們共需付給旅行社多少臺幣現金？　(A)100元　(B)3,000元　(C)50,000元　(D)53,000元。

（　）13.大雄於年初投資共同基金，選定年報酬率5%的成長型基金來投資一筆，投資金額20,000元，預期2年後基金價值為多少？　(A)21,000元　(B)22,050元　(C)23,152元　(D)20,000元。

（　）14.大雄與太太二人想安排五天的日本之旅，陽光旅行社提供團費每人30,000元，可分10期零息分期付款，則他們每個月需付多少分期款？　(A)3,000元　(B)6,000元　(C)9,000元　(D)12,000元

（　）15.大雄向銀行辦理信用貸款120,000元，經試算每月應付利息為1,250元，每月應還本金為2,000元，則他每月要付給銀行多少錢？　(A)1,250元　(B)2,250元　(C)3,250元　(D)2,000元。

（　）16.下列對信用卡的敘述何者不正確？　(A)提供預借現金的借貸功能　(B)有「虛擬貨幣」的稱號　(C)日常消費的重要支付工具　(D)避免攜帶現金的遺失風險。

（　）17.下列何者是向銀行申請小額信用貸款的時機？　(A)想要裝潢自家客廳　(B)向車商購買新汽車　(C)購買屋齡10年的房屋　(D)準備出國留學。

（　）18.個人與家庭所擬定的消費計劃是否能夠實施，需要經過下列何者的詳細驗證？　(A)財務策略　(B)財務目標　(C)財務費用　(D)財務規劃。

（　）19.下列對第三方支付的敘述何者不正確？　(A)需綁定信用卡　(B)可以用手機或手錶付款　(C)可防止實體信用卡被盜刷的風險　(D)實際消費時需出示實體信用卡片。

（　）20.家庭消費支出，需優先考慮實際需求與偏好，再根據需求來擬定實施的財務規劃，並進一步進行財務可行性分析，若財務上不可行，則要如何處理較適當？　(A)回頭修正消費計畫　(B)馬上向銀行借錢來消費　(C)向廠商要求更多折扣　(D)減少其他必要生活支出。

得　分

個人理財
學後評量
CH06 日常生活與交通支出

班級：＿＿＿＿＿＿＿＿＿

學號：＿＿＿＿＿＿＿＿＿

姓名：＿＿＿＿＿＿＿＿＿

（　）1. 下列哪一項是個人選擇交通工具的最重要因素？　(A)環保減碳　(B)品牌功能　(C)追隨時尚　(D)上班與生活需要。

（　）2. 下列何者是個人選擇以摩托車當交通工具的主要原因？　(A)停車不易　(B)花費較省　(C)安全性高　(D)機動性低。

（　）3. 下列何者是個人選擇以汽車當交通工具的原因？　(A)不易停車　(B)花費較多　(C)安全性高　(D)不易塞車。

（　）4. 下列何者是個人選擇以捷運當交通工具的主要原因？　(A)機動性低　(B)花費較高　(C)班次密集　(D)容易誤點。

（　）5. 分期付款購買一部新的汽車時，不包括下列何種支出？　(A)財務費用　(B)稅金規費　(C)仲介費用　(D)油耗費用。

（　）6. 購買新汽車的保險時，通常不包括下列哪一險種？　(A)責任險　(B)地震險　(C)強制險　(D)車體險。

（　）7. 購買車齡20年汽車的保險時，通常會投保下列哪一險種？　(A)責任險　(B)地震險　(C)火災險　(D)車體險。

（　）8. 最常見與購車支出相關的金融工具是下列何者？　(A)質押貸款　(B)抵押貸款　(C)信用貸款　(D)就學貸款。

（　）9. 購買新車時，若車商提供50萬元零利率分期付款的優惠活動，車價定價是80萬元，車商業務員願意給予5萬元現金折扣，則消費者需準備多少現金方可購買？　(A)25萬元　(B)30萬元　(C)45萬元　(D)75萬元。

（　）10.購買新車時，若車商提供60萬元30期零利率分期付款的優惠活動，車價定價是90萬元，則辦理分期付款的消費者每期需還款多少？　(A)4萬元　(B)3萬元　(C)2萬元　(D)1萬元。

（請沿虛線撕下）

( ) 11.進行交通工具的選擇,例如購買新車時的決策依據,首先就是要考慮哪一個因素? (A)價格便不便宜 (B)油耗省不省 (C)工作生活需求 (D)造型拉不拉風。

( ) 12.通常購車財務規劃所面臨的第一道難題是甚麼? (A)汽車停車位難尋 (B)何時可以買新車 (C)汽車品牌優不優 (D)汽車保固長不長。

( ) 13.若上班族原來以捷運當作交通工具,則購買新車後,日常生活的支出費用將會如何? (A)漸少 (B)增加 (C)不變 (D)以上皆非。

( ) 14.甲:騎腳踏車 乙:搭乘公共運輸工具 丙:自行開車,則交通費用支出金額的大小順序是? (A)甲 > 乙 > 丙 (B)丙 > 甲 > 乙 (C)乙 > 甲 > 丙 (D)丙 > 乙 > 甲。

( ) 15.以分期付款的方式來購車時,其家庭資產負債表會: (A)購車時汽車資產科目的金額減少 (B)後續年度汽車資產科目的金額增加 (C)購車時車貸負債科目的金額增加 (D)後續年度車貸負債科目的金額增加。

( ) 16.以一次付清的方式來購車時,其家庭資產負債表會: (A)購車時汽車資產科目的金額增加 (B)後續年度汽車資產科目的金額增加 (C)購車時車貸負債科目的金額減少 (D)後續年度車貸負債科目的金額增加。

( ) 17.以分期付款的方式來購車時,其家庭收支結餘表會: (A)購車時家庭收支結餘不會出現透支 (B)後續年度車貸支出總金額會逐年增加 (C)後續年度車貸支出總金額會逐年減少 (D)後續年度車貸支出總金額是固定的。

( ) 18.以分期付款的方式來購車時,其家庭收支結餘表會: (A)後續年度車貸還本金額會逐年減少 (B)後續年度車貸還本金額會逐年增加 (C)後續年度車貸還本金額是固定的 (D)後續年度車貸付息金額是固定的。

( ) 19.信用卡對日常生活交通支出的好處不包括下列何者: (A)以信用卡自助加油時可減收油費 (B)百貨公司或賣場提供免費停車 (C)汽車拋錨時享有免費維修 (D)汽車拋錨時享有免費拖吊。

( ) 20.車商為了促銷其主力車款,會提供許多的購車優惠活動,但通常不包括下列哪一種優惠方案? (A)購車分期零利率 (B)購車免頭期款 (C)購車延長保固 (D)購車免付車款。

得　分	

個人理財
學後評量
CH07 子女養育與家庭計畫

班級：＿＿＿＿＿＿＿＿

學號：＿＿＿＿＿＿＿＿

姓名：＿＿＿＿＿＿＿＿

（　　）1. 近年來許多大學科系招收不到新生的主要原因是：　(A)人口老化　(B)國際化　(C)少子化　(D)商業化。

（　　）2. 臺灣人口與社會結構的最新趨勢是：　(A)早婚不生　(B)晚婚要生　(C)年輕化　(D)少子化。

（　　）3. 養育子女的教育支出不包括下列何者：　(A)學雜費　(B)書籍費　(C)保險費　(D)才藝費。

（　　）4. 養育子女的生活支出不包括下列何者：　(A)伙食費　(B)治裝費　(C)才藝費　(D)交通費。

（　　）5. 下列養育子女的支出費用中何者最龐大：　(A)學雜費　(B)治裝費　(C)生活費　(D)書籍費。

（　　）6. 與養育子女相關的金融工具不包括下列何者：　(A)留學貸款　(B)就學貸款　(C)房屋貸款　(D)信用貸款。

（　　）7. 下列何者的學雜費用最低：　(A)公立小學　(B)私立小學　(C)公立大學　(D)私立大學。

（　　）8. 下列何者不是就學貸款的特色：　(A)利息補貼　(B)寬限期短　(C)利率較低　(D)額度較高。

（　　）9. 一般養育子女的規劃到哪一個階段為止：　(A)中學階段　(B)大學階段　(C)碩士階段　(D)博士階段。

（　　）10.下列有關養育子女規劃的敘述何者有誤：　(A)必須準備足額教育基金　(B)規劃至子女大學畢業為止　(C)選擇公私立學校要衡量財務狀況　(D)養育子女的目的在於養兒防老。

( )11.下列有關組織家庭帶給個人好處的敘述何者有誤： (A)帶給人們幸福感 (B)使得家庭收入更多 (C)使人們過著更規律生活 (D)使人生更充實而健康。

( )12.大學階段屬於高等教育，學雜費用較多元，學雜費高低通常與何者因素相關： (A)公私立別 (B)師資水準 (C)教學設備 (D)教材教具。

( )13.養育子女需要長期且龐大資金的投入，因此每一個家庭都應該要： (A)預先準備、專款專用 (B)不需要累積平日儲蓄 (C)盡量向銀行辦理貸款 (D)不夠花費就挪用款項。

( )14.下列有關子女教育費用的敘述何者有誤： (A)出國留學的學雜費是留在國內求學的數十倍 (B)子女教育相關支出費用變異不大 (C)臺灣私立大學學雜費是公立大學的兩倍 (D)從子女出生至大學畢業為止的教育支出，少則數百萬元。

( )15.臺灣子女教育費用越小越貴的主要原因是： (A)教育品質 (B)學校設備 (C)生師比率 (D)教材水準。

( )16.結婚當年度的家庭收支結餘表應該： (A)當年度收支會有結餘 (B)生活支出費用會較婚前減少 (C)合併計算夫妻兩人的工作收入 (D)租屋支出會較婚前減少。

( )17.小孩出生當年度的家庭收支結餘表應該： (A)貸款還本開始出現 (B)現金餘額開始減少 (C)當年度收支會有結餘 (D)托育費用開始出現。

( )18.小孩從公立中小學到私立大學畢業的家庭收支結餘表應該： (A)子女養育費用增加 (B)子女養育費用減少 (C)子女養育費用固定 (D)子女養育費用先增後減。

( )19.小孩從出生私立托育到公立幼兒園的家庭收支結餘表應該： (A)子女養育費用增加 (B)子女養育費用減少 (C)子女養育費用固定 (D)子女養育費用先減後增。

( )20.為什麼組織家庭與養兒育女是人生重要目標： (A)養兒防老 (B)父母要求 (C)社會常規 (D)幫忙家務。

得　分

個人理財
學後評量
CH08 居住選擇與購屋計畫

班級：＿＿＿＿＿＿＿＿＿

學號：＿＿＿＿＿＿＿＿＿

姓名：＿＿＿＿＿＿＿＿＿

(　　) 1. 下列有關常見購屋計劃的敘述何者有誤：　(A)貸款期限長達20～30年　(B)人生金額最龐大的支出　(C)一生最多只會交易一兩次　(D)不會排擠其他財務目標。

(　　) 2. 購屋計劃要考慮的主要因素不包括下列何者：　(A)家庭需求　(B)個人偏好　(C)朋友口碑　(D)財務負擔。

(　　) 3. 近幾年的臺灣房屋自有住宅率已達：　(A)95%　(B)85%　(C)75%　(D)65%。

(　　) 4. 一般而言「房貸負擔率」在多少以下才合理：　(A)20%　(B)30%　(C)40%　(D)50%。

(　　) 5. 近年來臺北市的「房價所得比」已突破：　(A)8倍　(B)12倍　(C)16倍　(D)20倍。

(　　) 6. 下列何者不是購屋相關的稅費支出：　(A)印花稅　(B)牌照稅　(C)房屋稅　(D)契稅。

(　　) 7. 下列何者是「房價所得比」的意義：　(A)不吃不喝幾年可以買得起房屋　(B)數值高代表房價相對便宜　(C)數值低代表所得相對低　(D)不能跨國比較房價。

(　　) 8. 房屋貸款的額度通常是屋價的幾成：　(A)2成　(B)4成　(C)6成　(D)8成。

(　　) 9. 一般而言，若屋價是1,000萬元，自備款應該是多少：　(A)200萬元　(B)400萬元　(C)600萬元　(D)800萬元。

(　　) 10. 當購屋的財務規劃發生下列何種情況時，應該重新檢視購屋計畫：　(A)家庭收支結餘表發生赤字　(B)家庭收支結餘表有結餘產生　(C)家庭資產負債表的現金餘額為負數　(D)家庭資產負債表的現金餘額為正數。

（請沿虛線撕下）

( )11.當購屋的房價為6,000,000元，耐用年限60年，殘值為房價的8成，則每年折舊費用是多少？ (A)10,000元 (B)20,000元 (C)30,000元 (D)40,000元。

( )12.「房價所得比」應該如何計算？ (A)平均房價除以家庭所得 (B)家庭所得除以平均房價 (C)平均房價除以理財所得 (D)理財所得除以平均房價。

( )13.購屋後的家庭資產負債表若出現嚴重財務缺口，原因是購屋後的家庭年度收支增加了下列哪一項？ (A)還本付息支出 (B)投資理財支出 (C)房屋修繕支出 (D)房屋租金支出。

( )14.向銀行辦理房屋貸款時，一般銀行皆會要求辦理購屋貸款者必須購買下列哪一選項？ (A)強制與責任險 (B)健康與醫療險 (C)旅行與平安險 (D)火災與地震險。

( )15.向銀行辦理購屋貸款時，當年度的家庭資產負債表會如何變化？ (A)房屋資產會減少 (B)房貸餘款會減少 (C)房貸餘額會增加 (D)房貸利息會增加。

( )16.向銀行辦理購屋貸款後的各年度，家庭收支結餘表會如何變化？ (A)房貸還本金額逐年減少 (B)房貸還本金額逐年增加 (C)房貸付息金額逐年增加 (D)房貸付息金額每年固定。

( )17.臺北市「房價所得比」是全國平均的： (A)0.6倍 (B)1.2倍 (C)1.6倍 (D)2.0倍。

( )18.在計算房貸每年應付利息的金額時，會用到下列哪一個函式？ (A)PPMT (B)PMT (C)IPMT (D)IRR。

( )19. 在計算房貸每年應償還本金的金額時，會用到下列哪一個函式？ (A)PPMT (B)PMT (C)IPMT (D)IRR。

( )20.學習「個人理財」時，最重要的基本功夫是下列哪一項？ (A)追求最大投資報酬率 (B)正確編製家庭財務報表 (C)規避投資風險 (D)配置家庭資產。

得　分

個人理財
學後評量
CH09 風險管理與金融工具

班級：＿＿＿＿＿＿
學號：＿＿＿＿＿＿
姓名：＿＿＿＿＿＿

（　）1. 下列有關「人生風險」的敘述何者正確：　(A)包括突發疾病或交通事故　(B)會造成公司財務上的損失　(C)可以事先進行預防　(D)可以預期發生的時間點。

（　）2. 「人生風險」的特性包括下列何者：　(A)發生的確定性　(B)事先預防的確定性　(C)損失大小的確定性　(D)發生時點的未來性。

（　）3. 下列何者屬於自然的風險：　(A)交通事故　(B)航空罷工　(C)颱風地震　(D)過失傷害。

（　）4. 下列何者屬於人為的風險：　(A)森林火災　(B)航空罷工　(C)颱風地震　(D)大雨洪水。

（　）5. 對人生風險不確定性所造成的損失，近代有一種制度（或組織）可以提供損失的彌補，稱之為？　(A)基金　(B)保險　(C)股票　(D)債券。

（　）6. 保險可以保障的範圍，包括下列何者：　(A)道德的風險　(B)責任的風險　(C)政治的風險　(D)以上皆非。

（　）7. 商業保險可以保障的人身風險範圍，不包括下列何者：　(A)疾病　(B)身故　(C)醫療　(D)破產。

（　）8. 商業保險可以保障的財產風險範圍，不包括下列何者：　(A)汽車　(B)房屋　(C)股票　(D)飛機。

（　）9. 下列何者屬於商業保險可以保障的責任風險：　(A)機車強制險　(B)汽車車體險　(C)房屋火災險　(D)房屋洪水險。

（　）10. 下列有關人生風險管理的步驟，何者正確？　甲.風險管理方法的選擇　乙.確認風險種類　丙.方案的規劃與執行　丁.評估風險頻率及損失大小　(A)甲→乙→丙→丁　(B)乙→丁→甲→丙　(C)甲→乙→丁→丙　(D)乙→丁→丙→甲。

( ) 11. 下列何者屬於人身保險所要解決的問題： (A)死得太晚 (B)活得太短 (C)病得太短 (D)活得太久。

( ) 12. 下列何者屬於人身保險所要解決活得太久的金融工具： (A)意外保險 (B)年金保險 (C)終身壽險 (D)醫療保險。

( ) 13. 下列何者屬於人身保險所要解決死得太早的金融工具： (A)意外保險 (B)年金保險 (C)終身壽險 (D)醫療保險。

( ) 14. 下列何者屬於人身保險所要解決病得太久的金融工具： (A)財產保險 (B)年金保險 (C)終身壽險 (D)醫療保險。

( ) 15. 下列何者屬於人身保險所要解決病得太長的金融工具： (A)財產保險 (B)年金保險 (C)終身壽險 (D)醫療保險。

( ) 16. 下列何者是「一桶金累積資產」與「源源不絕孳息資產」的主要差異： (A)投資次數 (B)收入次數 (C)利息高低 (D)投資金額。

( ) 17. 下列何者不是「源源不絕孳息資產」的金融工具： (A)權證 (B)年金 (C)基金 (D)債券。

( ) 18. 下列何者不是具有保險功能的金融工具： (A)選擇權 (B)期貨 (C)股票 (D)產物保險。

( ) 19. 下列何者不是創業開店做生意時，應備齊的保險工具： (A)僱主責任險 (B)產品責任險 (C)長期看護險 (D)公共意外責任險。

( ) 20. 下列何者應列為「保險資產」： (A)定期醫療險 (B)終身壽險 (C)旅行平安險 (D)汽車強制險。

個人理財
學後評量
CH10 樂齡生活與退休計畫

得　分

班級：＿＿＿＿＿＿＿
學號：＿＿＿＿＿＿＿
姓名：＿＿＿＿＿＿＿

（　　）1. 當我們辛苦工作一輩子後，到達哪一年齡層時，將面臨人生另一個重要階段，那就是從職場引退，開始享受較為優閒的樂齡生活：　(A)50~55歲　(B)45~50歲　(C)60~65歲　(D)55~60歲。

（　　）2. 退休金的運用應該首先考慮：　(A)與朋友一起創業　(B)投資高報酬基金　(C)追逐股市明牌　(D)餘命的生活所需。

（　　）3. 「退休生活」的特性包括下列何者：　(A)生活方式的自由度降低　(B)個人體力衰減　(C)生活目標明確　(D)家庭收入增加。

（　　）4. 各國政府為保障所有人民退休後能安享晚年，提供他們退休生活的基本保障，這是各國政府努力實施的甚麼制度？　(A)孝養金制度　(B)退休金制度　(C)福利金制度　(D)保險金制度。

（　　）5. 下列何者不屬於政府主辦的退休金制度：　(A)社會安全制度　(B)勞保老年給付　(C)公保退休金　(D)全民健康保險。

（　　）6. 由政府負責退休金的撥付，若退休基金因管理不善而有所短缺時，政府就需編列預算來彌補其不足額，是屬於下列何者：　(A)確定提撥制　(B)確定給付制　(C)不確定提撥制　(D)不確定給付制。

（　　）7. 由政府、企業與員工共同提撥繳付某一金額至員工的專屬帳戶，並由員工依照個人的風險屬性，決定其退休基金的操作方式，是屬於下列何者：　(A)確定提撥制　(B)確定給付制　(C)不確定提撥制　(D)不確定給付制。

（　　）8. 依據勞工保險局的規範，凡符合下列哪一條件者，可以辦理離職退休並領取勞保老年年金的給付：　(A)年滿60歲，保險年資合計滿15年　(B)年滿65歲，保險年資合計滿15年　(C)年滿60歲，保險年資合計滿25年　(D)年滿65歲，保險年資合計滿25年。

( ) 9. 我們一般要擬定的退休計畫,將涵蓋哪一個期間: (A)從退休60歲起至75歲平均壽命止 (B)從退休65歲起至80歲平均壽命止 (C)從退休70歲起至85歲平均壽命止 (D)從退休75歲起至90歲平均壽命止。

( ) 10. 個人退休規劃最基本目標之一,就是必需維持一定程度的: (A)生活水準 (B)生活公約 (C)生活節奏 (D)生活目的。

( ) 11. 在國外一般認為,擁有退休前生活水準的何種比率,將是較佳的退休生活: (A)40%~50% (B)60%~70% (C)10%~20% (D)80%~90%。

( ) 12. 下列何者是「所得替代率」的公式: (A)退休前工作收入/退休後退休收入 (B)退休後退休收入/退休前工作收入 (C)退休後工作收入/退休前退休收入 (D)退休前退休收入/退休後工作收入。

( ) 13. 個人退休金來源的三大支柱不包括: (A)政府提供 (B)個人準備 (C)親友支援 (D)企業提撥。

( ) 14. 下列何者屬於企業提撥的退休金來源: (A)勞保老年年金 (B)勞工退休年金 (C)國民年金 (D)公保退休金。

( ) 15. 下列何者屬於個人準備的退休金來源: (A)勞保老年年金 (B)勞工退休年金 (C)商業年金 (D)國民年金。

( ) 16. 下列何者不是「以房養老」的特性: (A)屬於逆向貸款 (B)屬於個人理財的支出面 (C)每個月從銀行收取一筆年金 (D)收取的年金已扣除貸款利息。

( ) 17. 下列何者屬於年金形式的退休金融工具: (A)養老保險 (B)銀行存款 (C)股票基金 (D)以房養老。

( ) 18. 由勞保局所規範,分成17個級距,用於計算勞保老年給付的是下列何者: (A)實際薪資 (B)投保薪資 (C)平均薪資 (D)年度薪資。

( ) 19. 下列何者是家庭財務結構不健全的現象: (A)儲蓄率向上趨勢 (B)負債率向下趨勢 (C)淨值向上趨勢 (D)收入小於支出且擴大趨勢。

( ) 20. 臺灣即將實施的新制公務員退撫制度是: (A)確定提撥制 (B)確定給付制 (C)不確定提撥制 (D)不確定給付制。

得　分

全華圖書（版權所有，翻印必究）

個人理財

學後評量

CH11 穩健投資與健全理財

班級：＿＿＿＿＿＿＿＿

學號：＿＿＿＿＿＿＿＿

姓名：＿＿＿＿＿＿＿＿

（　　）1. 下列哪一項不是一般家庭緩慢累積財富，離財富自由的理想越來越遠的原因？　(A)生活只能量入為出　(B)收入只依靠微薄工作所得　(C)透過投資來增加收入　(D)銀行存款利率低。

（　　）2. 下列哪一項投資工具較不適合在家庭長期理財規劃時來運用？　(A)股票　(B)ETF　(C)共同基金　(D)期貨選擇權。

（　　）3. 下列哪一項投資工具不可以領利息並回收本金？　(A)債券　(B)股票　(C)票券　(D)定存。

（　　）4. 下列哪一項不是純投資工具？　(A)股票　(B)共同基金　(C)保險　(D)定存。

（　　）5. 開放型基金交易必須依據甚麼價值來買賣？　(A)賣方出價　(B)買方出價　(C)單位淨值　(D)收盤價。

（　　）6. 下列哪一項投資工具不是透過交易所來買賣？　(A)股票　(B)ETF　(C)開放型基金　(D)期貨選擇權。

（　　）7. 下列哪一項投資工具的流動性（變現）最差？　(A)股票　(B)藝術品　(C)ETF　(D)共同基金。

（　　）8. 下列哪一項投資工具的報酬率最低？　(A)股票　(B)債券　(C)銀行存款　(D)共同基金。

（　　）9. 下列哪一項投資工具的風險最高？　(A)定存　(B)債券　(C)票券　(D)期貨選擇權。

（　　）10.下列哪一項投資工具最能分散風險？　(A)某公司股票　(B)某公司債券　(C)某投信共同基金　(D)不動產。

（　　）11.若家庭常常急需用錢時，哪一種投資工具是較佳的選擇？　(A)不動產　(B)藝術品　(C)創業　(D)共同基金。

（請沿虛線撕下）

( ) 12.下列哪一項不是投資活動的「再平衡」觀念？ (A)投資績效偏離預期過大 (B)重新配置投資標的 (C)重新檢視投資組合 (D)調整家庭理財活動。

( ) 13.在Excel中產生隨機亂數的指令是？ (A)＝Round（） (B)＝Rate（） (C)＝Rand（） (D)＝IRR（）。

( ) 14.如何挑選基金來做為理財規劃的投資工具？ (A)不用參考個人風險偏好 (B)在可接受的風險範圍內，挑選夏普指標最高者 (C)在可接受的風險範圍內，挑選夏普指標最低者 (D)不用參考基金的變異數。

( ) 15.分析投資活動對整體家庭財務目標的影響程度，這是屬於財務管理的甚麼觀念？ (A)損益兩平分析 (B)敏感度分析 (C)趨勢分析 (D)比率分析。

( ) 16.甚麼時候會出現資金周轉不靈的財務警訊？ (A)收支結餘小於0 (B)現金流量小於0 (C)現金餘額小於0 (D)以上皆非。

( ) 17.基金投資報酬率小於0（虧損）的機率是下列哪一項？ (A)右尾機率 (B)pdf (C)cdf (D)ETF。

( ) 18.為什麼某年度家庭收支結餘表的利息收入為負值？ (A)因為某年年底銀行活存為負值 (B)因為某年度收支結餘為負值 (C)因為前一年發生資金缺口 (D)以上皆非。

( ) 19.如何確保家庭理財的規劃與執行是健全的？ (A)追求投資報酬率極大化 (B)打聽分析師的股票明牌 (C)穩健投資並管理風險 (D)降低慾望並減少財務目標。

( ) 20.下列何者是投資活動的全球發展趨勢？ (A)高槓桿投資以追求暴利 (B)短線當沖與以小博大 (C)智能交易與績效優化 (D)保守應對與持有現金。

(請由此線剪下)

歡迎加入　全華會員

● 會員獨享

會員享購書折扣、紅利積點、生日禮金、不定期優惠活動⋯⋯等。

● 如何加入會員

填妥讀者回函卡直接傳真 (02) 2262-0900 或寄回，將由專人協助登入會員資料，待收到
E-MAIL 通知後即可成為會員。

如何購書　全華書籍

1. 網路購書

全華網路書店「http://www.opentech.com.tw」，加入會員購書更便利，並享有紅利積點
回饋等各式優惠。

2. 全華門市、全省書局

歡迎至全華門市（新北市土城區忠義路 21 號）或全省各大書局、連鎖書店選購。

3. 來電訂購

(1) 訂購專線：(02) 2262-5666 轉 321-324
(2) 傳真專線：(02) 6637-3696
(3) 郵局劃撥（帳號：0100836-1　戶名：全華圖書股份有限公司）
※ 購書未滿一千元者，酌收運費 70 元。

OpenTech.com.tw
全華網路書店

全華網路書店 www.opentech.com.tw
E-mail: service@chwa.com.tw

※ 本會員制如有變更則以最新修訂制度為準，造成不便請見諒。

讀 者 回 函 卡

（請由此線剪下）

填寫日期： ／ ／

姓名： 生日：西元 年 月 日 性別：□男 □女

電話：（ ） 傳真：（ ） 手機：

e-mail：（必填）

註：數字零，請用 Φ 表示，數字1與英文L請另註明並書寫端正，謝謝。

通訊處：□□□□□

學歷：□博士 □碩士 □大學 □專科 □高中・職

職業：□工程師 □教師 □學生 □軍・公 □其他

學校／公司： 科系／部門：

・需求書類：

□A. 電子 □B. 電機 □C. 計算機工程 □D. 資訊 □E. 機械 □F. 汽車 □I. 工管 □J. 土木

□K. 化工 □L. 設計 □M. 商管 □N. 日文 □O. 美容 □P. 休閒 □Q. 餐飲 □B. 其他

・本次購買圖書為： 書號：

・您對本書的評價：

封面設計：□非常滿意 □滿意 □尚可 □需改善・請說明

內容表達：□非常滿意 □滿意 □尚可 □需改善・請說明

版面編排：□非常滿意 □滿意 □尚可 □需改善・請說明

印刷品質：□非常滿意 □滿意 □尚可 □需改善・請說明

書籍定價：□非常滿意 □滿意 □尚可 □需改善・請說明

整體評價：請說明

・您在何處購買本書？

□書局 □網路書店 □書展 □團購 □其他

・您購買本書的原因？（可複選）

□個人需要 □幫公司採購 □親友推薦 □老師指定之課本 □其他

・您希望全華以何種方式提供出版訊息及特惠活動？

□電子報 □DM □廣告 （媒體名稱 ）

・您是否上過全華網路書店？（www.opentech.com.tw）

□是 □否 您的建議

・您希望全華出版那方面書籍？

・您希望全華加強那些服務？

～感謝您提供寶貴意見，全華將秉持服務的熱忱，出版更多好書，以饗讀者。

全華網路書店 http://www.opentech.com.tw 客服信箱 service@chwa.com.tw

2011.03 修訂

親愛的讀者：

感謝您對全華圖書的支持與愛護，雖然我們很慎重的處理每一本書，但恐仍有疏漏之處，若您發現本書有任何錯誤，請填寫於勘誤表內寄回，我們將於再版時修正，您的批評與指教是我們進步的原動力，謝謝！

全華圖書 敬上

勘 誤 表

書 號				
頁 數	行 數	書 名		作 者
		錯誤或不當之詞句		建議修改之詞句

我有話要說： （其它之批評與建議，如封面、編排、內容、印刷品質等・・・）